儿童世界的意义阐释

周兴国 ◎ 著

人民出版社

责任编辑：王　淼
封面设计：姚　菲
版式设计：姚　菲

图书在版编目（CIP）数据

儿童世界的意义阐释 ／ 周兴国著. -- 北京 ： 人民
出版社，2024. 11. -- ISBN 978－7－01－026948－1

Ⅰ. D431. 7

中国国家版本馆 CIP 数据核字第 2024JL6095 号

儿童世界的意义阐释
ERTONG SHIJIE DE YIYI CHANSHI

周兴国　著

人 民 出 版 社 出版发行
（100706　北京市东城区隆福寺街 99 号）

北京建宏印刷有限公司印刷　新华书店经销

2024 年 11 月第 1 版　2024 年 11 月北京第 1 次印刷
开本:710 毫米×1000 毫米 1/16　印张:19
字数:331 千字

ISBN 978－7－01－026948－1　定价:86.00 元

邮购地址 100706　北京市东城区隆福寺街 99 号
人民东方图书销售中心　电话 （010）65250042　65289539

国家社科基金后期资助项目
出版说明

  后期资助项目是国家社科基金设立的一类重要项目，旨在鼓励广大社科研究者潜心治学，支持基础研究多出优秀成果。它是经过严格评审，从接近完成的科研成果中遴选立项的。为扩大后期资助项目的影响，更好地推动学术发展，促进成果转化，全国哲学社会科学工作办公室按照"统一设计、统一标识、统一版式、形成系列"的总体要求，组织出版国家社科基金后期资助项目成果。

全国哲学社会科学工作办公室

目　　录

前　　言

一

　　儿童在日常生活世界中,总是以其所作所为来显现其自我。这似乎是一个不言自明的前提,但由此却向教育者提出一个重要的问题,即到底"怎么看"儿童在生活世界中的自我显现。"怎么看"的问题是一个涉及认识或把握儿童通过行为来显现其自我的问题,是关注于行为本身,还是关注其自我显现的问题。教育儿童,并不仅仅是教育者怎么"对待"儿童的问题,而首先有一个教育者"怎么看"儿童的问题。因此,"怎么看"则是微观教育过程中的首要问题。正是"怎么看"决定着教育者采取什么样的方式来对待儿童(教育)。

　　"怎么看""儿童在生活世界中的自我显现",通常有两种基本的视域。一种是社会或生活世界视域,即从社会或生活世界的维度来"看"(理解)所观察到的一切。在这种视域下,儿童的日常显现总是由社会的价值观念、学校的日常规范以及教育者的理想人格期待所框定,儿童的日常显现也基于此而被评价。外在规范性要求成为衡量和评判儿童言行的准则。这种视域看到了"儿童在生活世界中",却没有看到儿童的"自我显现"。儿童的自我需求在这里往往被视而不见,或被教育者所忽略。另一种是儿童的视域,即从儿童出发来"看"(理解)所观察到的一切。这种视域以儿童的自我显现为指归,突出儿童通过日常行为显现自我的当然性和无可比拟性。自我显现意味着儿童总是通过其所作所为操心自身、操持自身,并将其自我显现出来。在这个操心和操持中,自我也就因此而得以建构和确立。这种视域看到了儿童的"自我显现",却没有看到这个"自我"又总是在生活世界中显现出来,因而这个"自我"便不得不受到生活世界的影响和限制。两种视域各执一端,尽管可以简化对儿童的认识,但由于简化的认识于无意之中被等同于儿童的实际发展本身,在演绎逻辑的作用下而被绝对化,其结果是,寻此逻辑而发生的教育活动的展开,就会于不经意间形成不适合的教育活动,其结果反而造成理论与实践之间的断裂,从而影响到儿童的健康成长。

　　以"努力"为例。在通常的观念意识下,教育者以及整个社会都期待儿童努力学习和生活,因而社会或生活世界的视域已经赋予"努力"这个词以积极的社会学意义,即把它理解为个体尽力去做社会所要求去做的事情。社会的期待,以及儿童行为与社会期待的一致性,成为"努力"的基本内涵。反此一切,都不在"努力"的范围之内。因此,儿童与社会期待相符合的一切付出,都可以用"努力"来描述。这里的关键,不是儿童不断从自身出发,在"努力"中争取一个"现在"和"位置",从而使自身得以安放;而是儿童力求使自身朝向社会要求,并使自身适合社会所确定的"位置"。努力由此而与社会或生活世界联系在一起。从儿童视域来"看","努力"意味着个体为安放自我的存在所做的一切,因而意味着儿童安放自我的各种各样的行动,无论这个举动是正向的或符合社会规范要求的,还是反向的即不符合特定规范要求的。幼儿在幼儿园里用社会所允许的词汇言说自己的老师,这种言说是一种努力;儿童拒绝上学,这种拒绝同样也是一种自我维护的努力。儿童的视域,在于把努力与自我紧密地联系在一起,一切的努力都在于自我同一性的建立。儿童的视域将努力与儿童自我联系在一起,只是忽略了这样一个基本事实,即自我统一性的建构,无法脱离生活世界,并在生活世界之中来完成的,努力离不开生活世界。

　　单纯的社会视域或生活世界的视域或单纯的儿童视域,都不免因视域单一而使对儿童的认识陷入片面。因此,"怎么看"儿童的日常表现,需要一种新的视域,即社会——儿童的视域,即从社会和儿童的双重视域来"看"(理解)所观察到的儿童的各种表现,既重视儿童的自我显现,同时又将儿童的自我显现放在社会或生活世界中来理解和认识。儿童并不是孤立自在的,自我建构也不是孤立展开的,而是在社会或生活世界之中,在社会的关系网络中得以完成。同伴的嘲笑构成了儿童成长中的惧怕的对象。

　　除了"怎么看"的视域问题外,还有一个"怎么想"的思维方式问题。至少有两种"怎么想"的思维方式:一种是自然思维或前反思的思维方式,另一种是反思性的思维方式。自然的或前反思的思维的"怎么想",是个体处理日常事务的思维方式。人们看到儿童的所作所为,为此自然而然地进行思考并与之交往。通过这种自然的或前反思的思考而获得的认识以及基于此认识而进行的交往,在通常情况下自己是不会认为有什么问题的。在通常情况下,人们也都不愿意自己的思考方式和行为方式被人质疑。因为这样的质疑将意味着对自我的否定。人们当然地认为,自己这样去想问题是确定无疑正确的。人们对事物进行分类,却很少有人去质疑这样的分类本身是否有问题。人们在行动之前总是要提出"是否有用"的问题,而很少有人去质疑这个问题本身是否有问题。反思性的"怎么想",则将在日常生活世界中的看所形成的"看法"或"想法"作为思维的对象，并试图去思考这样的问题：这样去"想"或这样去"看"合适或合理吗？反思性的"怎么想"意味着对所形成的看法之质疑，对理所当然的判断进行追问。将理所当然的思考方式和行为方式看作是理所不当然，并对此进行质疑和追问，需要有超常的理智力和自我怀疑的勇气。质疑是一种挑战，是对常人思维的挑战，也是对自我的挑战；质疑也是一种批判，自我批判，通过对习以为常的东西进行批判性反思，人们就能够更好地理解交往的对象。

反思性的"怎么想"往往是从人们的日常表达开始。教育者的日常话语，既是他们对教育世界的关切，同时也是他们的教育观念的日常显现。"现在的学生难管"，一些教师常如是说。思维或前反思思维对此种看法以及隐含这种看法背后的观念并不持任何质疑。但反思性的思维则对此判断提出追问：合适或合理吗？这里的"学生难管"，是学生的行为难管，还是由行为而显现出来的自我不符合教师的期待或要求？若是行为难管，则从反思的立场来看，此即意味着教师面对学生问题行为的一种意识或观念，即以外在控制的方式来要求、约束并管理学生。此种意识或观念适合吗？是否符合现代学校教育的理念或精神要求？更深层次的问题则是，由难管的行为而显现出来的学生自我问题，即学生的自我建构或自我发展存在着什么样的问题？从反思性的思维角度看，需要重新思考由直接管理而引发出来的"难管"问题，并打破直接管理的思维惯性。

二

社会—儿童的"怎么看"视域以及反思性的"怎么想"思维方式，让我们把关注的焦点指向儿童在生活世界中的自我，指向儿童自我的显现上。儿童自我的显现有多种形式，如与儿童相关联的话语，如可直接观察的儿童行为表现。于是，在这里，教育者便会面临如何准确理解和把握儿童显现之问题。教育学能否在这里提供一些指南或帮助呢？不是单纯告诉教育者"应该如何"，即提供教育实践的规范或原则，而是教育规范或原则之应用的前提，即原则或规范之应用与儿童自我及其意识体验之是否切合。从这个意义上讲，儿童的自我及其意识体验，或者说儿童在其生活世界中所显现出来的自我，或者在一般的意义上，儿童的意义世界，就成为所有教育活动展开的预先前提。不清楚这个前提，也就无法确定什么样的教育方式更适合儿童。因此，儿童世界的意义阐释，就不仅仅是教育理论的重要课题，而且亦是教育实践的重要课题。从实践的角度来看，儿童世界的意义阐释即意味着对儿童自我之把握,而这种把握的重要途径是儿童在日常生活中的"显现"。

在教育者的日常话语中,由教育者话语所表达出来的实践困惑,在不同程度上都与教育者对儿童意义世界之不明有着密切的关系。例如,有教师抱怨,"学生上课不听讲"。儿童"不听讲"的日常表现,总是与教育者"讲"之对象的意识切合性不可分割。然而,这个意识切合性问题并没有得到应有的阐释,其结果是,教育者总是认为,儿童出了问题。然而,如果教育者真正地理解并把握了其"讲"与儿童之"听"之间存在一个意识切合性的关系,那么反思的意识就会促使教育者去反思"讲"的问题,反思"讲"与"听"者的意识体验之切合性,并在意识层面认识到,需要改变的并非是儿童的"不听",而是教育者之"讲"的方式与内容。在传统的教育中,这个原本不是问题,但在现代学校教育中,它却成了令教育者心烦的问题。在传统教育中,"听"是最基本也是应用最为广泛的受教方式。因其最基本和最广泛而从未受到人们的质疑。"听"相对应的是"说",此"说"并非是个体的自我言说,而是教育者的言说或言谈。"听"意味着对未知的接受,对所知的敞开;"听"意味着要求集中注意力,要求去领会,去理解所"听"到的内容,并且能够身体力行地表现出来。在传统社会,有限的知识掌握在少数人手中,因而掌握有限知识的少数教育者,构成了绝对的权威。更为关键的是,知识的载体不像现代社会那样可以便捷地存在并获取,例如书籍、数字化的形态等。知识的可便捷性地获取,意味着"听"的作用的弱化;知识的可便捷性地获取,使得人们对于如何使用这些知识成为现代人最为关心的问题。在学校教育中,它当然不能通过全然地在实践中的表现来加以检验。"听"则成为获得知识的主要来源,而"说"也就成为使个体所掌握的内在化的东西外显化的基本途径。但问题在于,教育的普及化所带来的全民教育,使得"说"已经并不必然能够为所有的儿童所理解。"听讲"在一对多的班级授课制下就成为一个实践问题。而如何反思性地理解儿童上课时的"不听讲"行为也就成为教育实践更为前置性的问题。

儿童世界的意义阐释是有其内在结构的。首先是行为之辨识,即将某种行为辨识为某种行为,这是一种表层的行为阐释。这种意义上的阐释,是以行为所发生的背景以及教育者所拥有的先在的意识为前提。在通常的情况下,这种意义上的阐释不需要理论为它提供依据。常识可以帮助解决辨识问题。海德格尔将这种阐释称为"释义"。教育者将儿童的某种行为视为"讲话",这是对行为的辨识。其次,是行为之意义。在儿童那里,即行为之意图及其与之相伴随的体验。概言之,阐释即是去理解由行为表现而显现出来的儿童自我。这里的关键,不是教育者赋予某种行为以意义,而是儿童的自我及与之相伴随的意识体验。教育者赋予的意义往往与儿童所生活的外部世界有关,而真正的理解则是儿童行为对其自我的显现。最后,是行为之关系。从逻辑上看,行为之关系有双重的意味,即儿童与生活世界的关系,以及儿童行为与其自我的关系。但这里的重点是儿童之表现与其生活世界的关系。相关的评价与教育的要求正是在这里出现。一种先于阐释而在的生活世界,是教育者同时也是儿童的处身所在,无可逃避的责任所在。儿童自我正是在生活世界中得以建构,也是在生活世界中得以显现与发展。离开了生活世界,则对儿童自我的理解也就失去了根基。

三

　　儿童在生活世界中的自我之显现,同时也是儿童在生活世界中的自我之发展。这种发展是通过儿童与生活世界的互动来实现的。在这个过程中,教育是儿童自我之发展的约束性条件。作为约束性条件,教育保障儿童顺利进入生活世界而不偏离方向,因而教育性约束是儿童不得不面对的现实,也是儿童自我建构与发展的根源。作为约束性条件,教育将儿童内在的自我与外部生活世界有组织地统一起来,从而使儿童在参与生活世界的过程中,也同时建构起一个独特的自我。因为有约束,所以儿童在发展过程中,就会表现出各种各样的不合意行为。但这里所说的"不合意行为"只是相对于教育者而言才能成立,只是相对于生活世界来说才是恰当的。值得注意的是,一些教育者把"不合意行为"视为教育的失败,而没有看到,显现儿童自我的"不合意行为",其本质上则是生活世界与儿童自我之关系的表征,由此而显现出来的儿童发展的可能性,以及教育介入的时机,正是在这里出现了教育的责任和义务。本质上,教育在约束儿童的同时,也在帮助儿童实现自我的确证与超越。超越表现为对精神的向往和追求。

　　教育须适合儿童而不是让儿童适合教育。这一现代教育理念意味着,适合的教育需要把握"这个儿童"在日常生活世界中所显现出来的自我。儿童在生活世界的自我显现,不是抽象的观念表达,而是具体的行动。就其现实性而言,它总是"这个儿童"在生活世界中的自我显现。这就向教育者提出了理解的要求。从表面上看,对"这个儿童"的理解带有回顾的性质,而教育总是前瞻性的,是面向未来的,因而二者之间存在着悖论性。其实不然,这是因为,回顾性的儿童理解恰恰是前瞻性的儿童教育之坚实的基础,也是教育理论和实践之间的媒介和连接。回顾性的儿童理解将能够为教育确立起正确的出发点,并为儿童的教育探寻恰当的起点。教育的起点不是教育目的,而是教育者所面对的儿童。对于教育者来说,回顾性的理解,表面上是对儿童自我的简单化表达,但实际上则是教育者努力去把握所面对的复杂的个体;而力图去把握一个现实的个体,其中却暗含着对未来理想人格的追寻。需要反思的是,现代教育,以及当代教育理论,因为过于关注前瞻性以及理想性,而难以顾及回顾性理解。这使得回顾性理解成为一种奢望,一种修辞意义上的呼唤。正是因为如此,我们便特别地提出反思性的回顾性理解之于有意义教育实践之必要。而这也意味着对教育者提出了新的要求,即要求教育者具有一种敏感性要求。此敏感性要求不是帕斯卡尔(Blaise Pascal)意义上的"敏感性精神",是一种直觉的精神,实践的精神,或对日用原则的直接把握的精神。"这些原则几乎是看不见的,我们毋宁是感到它们的而不是看到它们的……这类事物是如此之细致而又如此之繁多,以至于必须有一种极其细致而又十分明晰的感觉才能感受它们,并根据这种感受做出正确而公允的判断来。"①此敏感性要求是对于儿童行为之意义的把握和理解,是马克斯·范梅南(Max van Manen)所谓的敏感性要求,即"能敏锐地洞察到语言的细微的含义以及语言方式,能倾听世间各物对我们说的话"②。教师的专业化发展,应有敏感性要求,因为敏感性确实是好的教育者必备的品质,也是好的教育不可或缺的基本要求。从立德树人、教书育人的角度来看,敏感性都是教育者最基本的品质。

就本书而言,反思性的回顾性理解是主旨和目的;而就儿童发展而言,反思性的回顾性理解则是有意义教育之手段。反思性的回顾性理解是为了更好地教育,是为儿童更好地发展,是为了儿童在自我与生活世界之间建立起内在的同一性或有机的平衡性。

---

① [法]帕斯卡尔:《思想录》,何兆武译,商务印书馆1985年版,第4页。
② [加]马克斯·范梅南:《生活体验研究——人文科学视野中的教育学》,宋广文等译,李树英校,教育科学出版社2003年版,第147页。

第一章　儿童教育中的意义问题

意义问题是儿童教育中的核心问题,因而也是教育学理论研究中的突出问题。但在儿童教育的理论研究及实践中,意义问题在反思的意识中,在前反思的意识中,都是一个或多或少不被关注的问题。在前反思的意识中,教育者通常只是根据自己的自然的态度对儿童的各种表现作出判断,并据此而进行教育。在这里,儿童表现的状态及其行为性质而非意义,成为教育展开的依据。而在反思的意识中,文化教育学虽然已经提出了意义问题,但这个意义问题主要还是表现为历史意义的理解,而较少涉及生活世界的意义,特别是较少涉及儿童行为之意义。因此,有必要从反思的立场出发,对儿童教育中的意义问题进行考察和分析。

第一节　儿童与教育

在前反思的意识层面,儿童教育中的意义问题主要发生在儿童和教育者之间。正是因为意义问题是发生在前反思的实践层面,因而它也构成了作为反思性的问题之基础。就后者而言,就需要对儿童和教育者进行反思性审视。

一、儿　　童

教育通常被看作是教育者有意识地对受教育者施加影响的活动。[①] 然而,教育学理论并没有对"影响"进行深入的阐述。通常关于教育影响,多从教育学的立场,从一个描述或说明的立场,或从教育者的立场出发,把影响看作是外在刺激作用于人的心灵并使心灵发生变化的过程。但从儿童的立场出发,"教育影响"又意指什么呢?是外在物对于心灵的干预或介入?还是不得不接受的一种安排?抑或个体对外部生活的有意识地嵌入?从教育者的立场看,教育影响是主动而为;从儿童的立场看,教育影响是被动而受。在许多时候,教育者根据直观和经验判断,他有意识地施加的教育影

---

① 参见《中国大百科全书总编辑委员会·教育》,中国大百科全书出版社 1985 年版;叶澜:
《教育概论》,人民教育出版社 1991 年版。

响,往往并没有成为现实。就是说,教育者采取的教育行动并不能够产生他所期望的那种结果,即没有出现外在的可观察到的状态或表现。那么这是否意味着,"有意识地施加影响"仅仅停留在教育者的主观意识层面,而没有在儿童那里引发出某种改变或变化呢?倘若能够明证这个所"施加的影响"确实没有发生,就是说没有产生预期的改变或变化,那么由此而引发出来的问题便是:这个教育影响,是作为结果而存在的某种状态,还是作为过程而进行的某种状态的展开?尽管我们可以凭经验而说,每一种外在的教育努力都会在儿童那里产生不同性质不同程度的影响,但如果我们这样来表述,那么"影响"一词在这里就发生了意义的改变,即"有意识地施加影响"与"会产生不同的影响",前者意指着眼于通过儿童外部生活世界的改变而促使儿童内在的意义世界的改变,后者意指相对于儿童外部生活世界改变的内在世界改变。

例如,一个教师对某个学生发出指令或要求,意味着老师在施加一种有意识的影响,然而学生在可观察的行为表现上却显得无动于衷。作为教师该如何理解这一事件的本有意义呢?学生的无动于衷的表现,是否意味着教师的指令行为就没有对学生产生影响呢?从外在的表现来看,确实如此。但是,教师指令行为后的学生意识是否会有变化,发生了怎样的变化,以及这样的变化对其自我概念的形成有着怎样的作用,却是一个值得分析但又未加分析的问题。一个指令,如果学生确实听到了指令,并且有着细微的动作行为,如抬头或目光的转移,或者故意装作没有听到,那么学生的这个细微动作行为,仍然表现了教师指令行为后的意识体验活动。即便学生表现出无动于衷的样子,这其中也包含着某种意义,即对于教师指令行为的意义理解,对于他和发出指令的教师之间的关系,以及他对指令内容的态度。只是由教师指令或要求引发的意识并没有以外显的身体活动而显示出来。由此我们可以说,教师指令行为在学生那里,必定会产生某种影响。只是这种影响未必就是教师所期望的产生身体活动变化意义上的那种影响。专注于某个事情而没有听到指令,或听到而没有理解指令的意义,或理解但行为上无所表现,显然是性质不同的三个问题。

以上分析表明,外部世界的改变,总归会在不同程度上引发生活于其中的个体内在的意义世界的变化。因此,影响总是在发生。然而,教育者却并没有在儿童那里观察到可明证的身体显现。外在事物所引发的意识活动,因为身体而被隐藏了起来。这个被身体隐藏起来的意识,恰恰需要通过反思性的审视来把握。

教育的影响总是相互的。绝不存在只是单向度的师—生指向的影响,即所谓的教师影响学生,而必定同时存在学生对教师的影响,即生—师指向的影响。教育影响的相互性,是由主体间相互成为对方的外部世界所决定的。个体进入某个场域,这个场域对于进入的个体而言是外部世界。同样,个体的进场,也使得场域内的个体的外部世界发生改变,进场者也因此而成为在场者的外部世界。还是以指令行为为例。一个指令行为的执行或不被执行,必定会引起教师相应的意识体验活动,如愉悦、满意,或不快、愤怒等,也一定会通过外在的行为而表现出来。这就是说,在教育实践中,师生无时无刻不处在这样的由相互影响而引发的体验之中:教师的意识体验中有学生的意识体验,学生的意识体验中亦有教师的意识体验。这种意识体验中的他人在场,构成了儿童个体日常行动的不可或缺部分。每个人都无法逃离他者的影响,一个人的所作所为,总是会在不同程度上影响着与其关联着的他者,只是因为自然态度,人们感受到了这种影响却并没有使这种感受上升到意识层面,或者说自己没有意识到这种影响而已。而当一个人意识到他者的影响时,这个时候思维就已经进入反思层面了。一般情况下,这种意识体验只有在人们的反思性的思维中才能够被清晰地把握。

上述问题的探索,特别是有关对"施加影响"之本质的反思,要求我们引入两个最基本的概念,即儿童和教育者。在教育学的语境中,教育者总是一个与受教育者相对应的概念。但在现代教育体系中,受教育者的概念要比传统教育中的受教育者的概念在外延上要宽泛得多,不仅包括作为受教育者的儿童,也包括一些作为受教育者的成年人。由于受教育者所涵盖的对象太广,超出了本书所研究的问题域,因而我们将"受教育者"仅限于"儿童"———一个在学校接受教育的特殊群体。而教育者则主要涵盖两类对象,一是与学生相对应的学校的教师,二是担负起儿童教育职责的父母或长辈。

儿童是一个人的自我概念形成的重要时期。在内罗杜(Jean-Pierre Neraudau)看来,不同历史时期关于儿童的年龄划分各有不同,儿童具有不同于成人的政治地位和法律地位。[①] 但是,权利意义上的儿童概念,尽管具有政治和法律的意义,却不具有教育学的意义。这就是说,作为个体成长特定阶段的儿童,对于有关教育的论述,并没有起到决定性的作用。儿童是不成熟的,这种不成熟既具有生理学的含义,也具有社会学的含义,更具有教育学的含义。因为不成熟,所以儿童需要在家庭或到学校接受教育。从政

① 参见[法]让-皮埃尔·内罗杜:《古罗马的儿童》,张鸿、向征译,广西师范大学出版社2005年版,第4—5页。

治和法律的角度来看,儿童的不成熟意味着政治权利和特定的法律权利的否定或排斥;从教育的角度来看,儿童的不成熟则意味着其教育权利的确立。

儿童作为教育学的学科话语,其内涵和外延取决于言说者的语境,因而表现出不确定性的特征。儿童是特定对象的概念化表达。这个概念化表达在不同的历史语境中,其所指涉的对象却有很大的不同。至少有两种关于儿童的习俗性的用法。一是人生的论域,即从人生的年龄阶段划分而使用儿童概念。例如,在日常生活世界中,人们通常所说的"少年儿童"即是这个概念意义上的儿童。在人生的阶段划分上,人们通常把人的一生划分为婴儿、幼儿、儿童、少年、青年、壮年、老年。据此,儿童大体相当于人生的6—12 岁的未成年人,在我国的教育制度安排中,这个时期的儿童处在接受初等教育的年龄阶段。二是律法的论域,或者说从具体的行动能力和责任能力来确立儿童的用法。在政策和法律层面,儿童的概念所指涉的对象更为广泛。1989 年 11 月 20 日,第 44 届联合国大会第 25 号决议通过《儿童权利公约》,明确规定"儿童系指 18 岁以下的任何人"①。由此,儿童作为特定的概念,其内涵有了明确的规定。1990 年召开的世界儿童问题首脑会议通过了《儿童生存、保护和发展世界宣言》和《执行九十年代儿童生存、保护和发展世界宣言行动计划》,亦是在此意义上来使用儿童的概念。1992 年国务院下达的《九十年代中国儿童发展规划纲要》、2001 年国务院颁布的《中国儿童发展纲要(2001—2010 年)》、2011 年国务院印发的《中国儿童发展纲要(2011—2020 年)》,其中所涉儿童都是在《儿童权利公约》的意义上来使用的。这样,我们就有了有关儿童的两种理解,一种是生理年龄上的理解,另一种是律法意义上的理解。前者是人生阶段的概念,后者主要是行动能力和责任能力的概念。然而,无论是人生阶段的概念还是责任能力的概念,儿童都是人生发展的奠基阶段,也是个体接受基础教育的阶段。本书主要是在律法的意义上来使用儿童的概念。这就是说,儿童是一个分布于基础教育阶段的受教育群体。然而,在具体的案例分析中,我们有的时候也会以教师来替代教育者,以学生来替代儿童。

二、教育者与儿童的意义关系

人们一直试图从技艺的层面或者因果关联性的层面来思考并回答教育者对儿童的教育关系问题。这就是说,教育者和儿童之间的教育关系,主要

---

① 《儿童权利公约》,见 https://www.unicef.org/zh。

是外在的因果作用关系，或主体与客体的关系，而不是主体间的交往关系或意义关系，即不是外在的教育影响与儿童内在体验的关系，由此形成一种非意义关联的教育关系。这种非意义关联的教育关系在现实的教育生活世界中的主要表现就是，教育者总是对儿童提出这样那样的要求，把儿童当作"他"来对待。儿童在其成长过程中尝试通过对外部世界的介入来实现其自我的建构，往往因此而被打破。马丁·布伯（Martin Buber）的教育哲学试图打破儿童与教育者的这个外部因果关系，进入并关注儿童个体作为存在者的意识体验层面，进入到意义关系层面。这就是说，马丁·布伯试图从存在论的角度来思考这些影响关系，从而将站在教育者视角来看所形成的"我—他"关系变为"我—你"关系，即将主客体关系转换为主体间的意义关系，存在与存在的关系。马丁·布伯说："人之为生命，其生活并不就是一揽子及物动词。并不就是一些要以什么为对象的具体活动。"①由此，从存在论的角度来思考的问题，即把教育者和儿童都看作是作为"我"的存在，一个教育活动由以展开的出发点并通过对话，教育者将作为学生的"你"拉入进来，作为共在的主体。同样，列维纳斯（Emmanuel Lévinas）的"于对话中被开启的原初社会性"②，预示着儿童的社会性发展的依托所在。

　　当教育者把儿童看作他者，看作对象，那么教育者就会采用外在的方式来与儿童建构起因果关系。在这里，教育者并没有把儿童看作是与自己一样的"共在"，没有将其教育行动与儿童的意义世界相关联，或以儿童的意义世界为先决条件。这样一来，儿童亦会采用同类的方式来应对教师的影响与努力。无论是否承认，我的世界——心理世界抑或精神世界，可以在不同的程度上归之为意义世界或意识世界。在这个意义世界或意识世界中，总是有作为意识对象的"他"的存在。"他"是我的意识之内容。儿童也和教育者一样。在儿童的意识中，无论是否承认，作为他者的教育者都居于儿童的意识之中，并构成儿童的意识内容。但问题在于，教育者往往意识不到这一点，甚至在各种教育行动中，有意或无意地把儿童作为对象来处理，当作外在于他的、与他无关的自在存在而非自为存在。其结果是，教育者会引入一个"第三者"，一个理念型的儿童概念，一个想象的希望儿童所应之是的抽象。理念型儿童形象的引入，意味着对现实的儿童具体的否定，而这种否定又不得不求助于"被规定的师生关系"的描述，即所谓的理想的或应在的师生关系的判断，构成了一个"第三者"，以此作为评判或建构的标准。

---

① ［德］马丁·布伯：《我和你》，杨俊杰译，浙江人民出版社 2017 年版，第 5 页。
② ［法］列维纳斯：《论来到观念的上帝》，王恒、王士盛译，商务印书馆 2019 年版，第 228 页。

正如萨特(Jean Paul Sartre)所说的那样:"一切外在的关系,既然不是被它的各相同的项构成的,就要求一位见证人来设定这种关系。"①在学校教育中,师生关系也是如此。教师对学生行为的否定,正是建立在外在的"第三者"的设定上。这个"第三者"是一个无主体的存在,不在场的在场,作为见证,作为背景,作为使在场者得以显现的结构域。例如,对学生特定行为的否定,恰恰是设定了规范——无主体的标准行为——的在场,儿童在某种情况下就应该表现出来某种样态的理念设定。教师之所以持一种强烈的外在的规范性立场,在于他把"第三者"视为始终的在场者,而把在场的学生视为有待否定的对象。这就是说,他把学生在特定情境中所表现出来的行为,看作是对"第三者"的否定,结果就是,教师就以"第三者"来否定学生。这种双重的否定所带来的一个直接的后果,就是在现实的教育生活中教师对自我的否定。这是一种多重的相互否定关系——教育者、儿童和"第三者"。这多重相互否定关系恰恰是建立在教育者把儿童看作是待教育对象的基础之上。

"第三者"作为见证人,作为理念化的儿童,在不同的场合中是有着不同的形象的。人们经常用语言来描述这种类型化的存在,例如,"好孩子""懂事""勤奋好学懂礼貌"。"第三者"是隐性在场的,它通常会以"守则""公约""行为规范"的形式而出现。它或者张贴在教室里,或者化身为艺术形象,或者显现为政府表彰的楷模。由此,教师连同"第三者"一起建构起对于儿童的权威。虚构的权威并没有建立起对儿童真正的权威,而现实的权威也同样没有建构起自己的权威。结果只能是,"第三者"成为与儿童针锋相对的东西。换言之,教师是通过"第三者"的形象来认识这个儿童的。

教育哲学告诉人们,儿童是教育的主体。这究竟想要传达什么意思呢?显然,教育哲学并没有对此命题进行深入的考察和阐述。存在主义教育哲学倾向于认为,儿童是教育的主体,其真正的含义是,儿童必须作为对教育者的内在否定或自我超越而出现在教育者面前,并且因而对教育者提出主体化的要求:通过对话向他呼唤,建立起精神的关联而实现精神性的交往,在这个精神性的交往中实现儿童的社会性发展。这就是说,只有当教育者在内心深处建立起与儿童意义世界的内在联系,儿童才真正获得了主体的地位,即作为一个有意识的个体而被对待。儿童的意识不是独立于教师的,而是教育者意识体验的组成部分,是教育者行动的前提和基础。儿童和教

---

① [法]萨特:《存在与虚无》,陈宣良等译,杜小真校,生活·读书·新知三联书店2014年版,第294页。

育者共同建构着教育活动,共同负有教育展开的职责,只是职责各不相同而已。在共同建构的教育活动中,教育在生成,儿童在发展,教师在成长。因此,教育者不是这个儿童,但同时又是这个儿童。教师同时是这个儿童意味着教师是在反思性理解儿童的基础上,将自己所理解的儿童对象化,然而这个对象化的儿童却又绝不是教师对儿童的认知,而是教育者的理念寄身于儿童的意义世界,并在其教育的行动及教育言说中显现其自身。教育者和儿童的真正关系,是富有教育意义的影响儿童的关系,也是内在的否定关系,这种内在的否定关系表现为,教育者既以儿童来规约自己,又以自己来规约儿童。

教育者与儿童,因而我与你,不是两个实体,而是一个共在,共在特定的教育场域中,并因而结成否定关系——彼此相互约束又相互成全的关系。这个共在关系不只是发生在认知层面,更是发生在意义层面,见之于生活世界。因为是我与你的关系,在面对你的时候,我的行事和言说就不能不顾及你的感受,就不能毫无顾忌,不能想怎么做就怎么做,这是因为有"你"在。只有在把与之交往的对象看作是"他",当作是一个纯粹的客体对象,一个人才会想着去摆布那个"他",而无须顾及这个"他"的感受、体验和意识。例如,在学校教育中,我们经常能够看到教师在和学生交往的时候,把学生看作"他"的现象:命令、要求、责罚等。当然我们也会在一些交往行为中看到教师把学生看作是"你"的现象。在日常生活中,在绝大多数情况下,我们每个人在另外一个人的眼中都是"他人",但这个"他人"却是你无法脱离的,因而在实际的交往中总要求这个他人是以"你"的身份而出现在你的面前。这个世界不是由单子构成的世界,而是由社会关系所构织的世界。我正是在你的阐释中,在你的言说中,在你指向我的行为中,我才有可能成为我意识中的那个"我"。尽管我们彼此作为对方的他人,但存在的本性要求是我把这个他人看作是"你"。离开了他人,我就什么也不是,一个世界上飘零的孤魂而已。正是由他人所构成的背景,正是在与他人的交往中,生存的意义乃至事物的意义才凸显出来,我的存在意义也才凸显出来。教育者之为教育者,其经验正是建立在儿童经验的基础之上,并且是这个教育者经验的基本内容。

三、儿童发展与教育意识遮蔽

对于儿童来说,他们往往在自己的想象中建构自己的生活世界。但儿童通过想象而对生活世界的建构,因为不符合成年人的要求而被粗暴地中断。

奶奶:早上没有吃煮鸡蛋啊!

小孙子:奶奶,没事,中午吃蛋炒饭。

奶奶:那不行,蛋炒饭不行。必须要吃煮鸡蛋!(奶奶和小孙子对话片段)

在这样的对话中,我们可以看到成人在儿童教育问题上的自我意识模糊。显然,小孙子理解了奶奶所要表达的意思,或者说理解了奶奶所提出的问题,因此他试图采取"中午吃蛋炒饭"的办法来解决这个问题。然而,奶奶却偏离了她原本的关切,即偏离孩子每天要吃鸡蛋的构想,而将自己的某些潜在的意识显现出来,即必须早上吃,必须吃煮鸡蛋。这种潜在意识的显现也意味着由表述而显现出来的意图的否定。这样的对话是如此无意识地每天发生着,却会对儿童的成长产生潜在的影响。这就是说,在他提出有关事物的看法时,这个看法本身已然包含着对生活案例世界的建构,但这个体现在其看法中的生活世界之建构却在对话的展开中被否定掉了。由于是无意识地发生着,因而这样的否定就会经常发生。无意识的行为往往是因为经常发生而成为无意识,达到了习惯的层面,这就是人们常说的"习以为常"或"日用而不知"。这样的一种以教育者的意志为导向的教育倾向,在许多家长身上发生。他们自认为在教育儿童,却不知道自己实际是在否定着儿童的自我意识之发展。其危害在于,教育者还意识不到他在伤害他的教育对象,总是以自己的意志来否定儿童的意志,以自己的意识来断定儿童的体验。

又如,5 岁大的幼儿用铅笔写"6"。结果要么是写成一个睡倒的"ง",要么就写成一个反向的"9"。于是父母就说,你写错了。听到这样的评价,孩子就哭叫起来,表示不写了。先不论让 5 岁左右的幼儿学写字是否适合。这里要提出的问题是:父母的教育行为是否有问题? 如果认为父母的教育行为是有问题的,那么这个问题到底出在哪里? 对于 5 岁的孩子来说,他的手臂的肌肉还不够发达,对于执笔、握笔以及运笔还缺少足够的力量。在这种情况下,要把一个"6"写好,确实不容易。书写技能是与机体的成熟有着密切的关系的。然而,父母的提前教育,以及对孩子书写的否定性评价,都极有可能引发儿童对被否定对象的厌恶。幼儿的书写、父母的评价以及孩子的哭叫之间,我们可以看到双重的依赖关系。孩子的书写和建立在对孩子的书写知觉基础上的父母的评价,父母的评价与孩子因评价而来的伤心体验,伤心源自父母评价预示的孩子书写的失败。孩子在书写时是认真的,也是很努力的。尽管所书写的"ง"或"9"在形状上与标准的"6"有很大的出入,但是"6"的样子已经成形了。只是你要从不同的角度来看。由此来看,孩子的心里已经有了一个"6"的形象,这个形象就体现在他所写出来的"ᴗ"或"9"中,只是书写出来的"6"还有一个位置关系的错位。不是形状,而是位置关系。这个和儿童的外在运动能力、与儿童再现他的知觉对象有关,而不是与他的认知有关。实际上,在儿童所做的每一件事情中,总是他的理智的、情感的、技能的以及多种能力综合运用之结果。对事情之存在样态的评价,不能只是看事情之结果,而需要在结果样态的分析中,发现他的合理选择之处。同时对错误的评价,亦需要置于其合理选择的总体背景下。对于成长中的儿童,总是成熟与不成熟的交织,两者是辩证关系而不是对立关系。一方面的存在总是以另一方面的存在为背景,否则这一方面的存在就难以显现。这样来看,儿童的任何错误之处,无论是认知上的还是行为上的,都是以他的正确之处为条件,并且在错误的地方总是包含着正确的内容,而正确之处也是以他的错误之处为代价。就此而言,父母在孩子书写"6"时所表现出来的行为,所表明的恰恰是一种成人的视角或认识,并且以他构建的世界来要求孩子所构建的世界。

尽管上述个案只是一种家庭教育的现象。但实际上这种现象也可以在学校教育中看到,即教育者对儿童表现方面的认知,往往是有缺陷的甚至是错误的。例如,学生完成三道算术题如下:"3+2=5,3+4=7,5+2=8",教师对三道算术题的直接知觉,往往指向"5+2=8"这个错题上,并且指出,做错了一道题。这样的知觉对不对?当然是对的,是符合他所看到的这个世界的本身。然而,从对象向教师所显现出来的整体来看,这样的认知是有问题的。这个问题主要表现为,对局部的知觉遮蔽了对整体的知觉,知觉到错题和没有知觉到正确答题,形成了鲜明的对比。正确答题成为错误答题的背景,并且将错误答题显现出来。观察到的东西遮蔽了那些未被注意到的对象。这个知觉或认识上的片面性作用于他人时,特别是作用于受教育的儿童时,它的消极的负面的影响就会表现出来。这就是说,它起到了一种唤醒的作用,唤醒儿童对自己错误的关注,并且也会强化儿童的这样一种"错误意识"。他的行动没有获得教育者对他的认同,反而将他引向他自身的缺陷或不足,引起对自我的否定。

于是这里可以发现,教育者对儿童表现的知觉及其对知觉到的意义之理解,其实是一个在日常教育生活中被忽略的问题。教育学理论往往只是对教育者的表现作出评价,亦如教育者对所面对的儿童作出评价一样,而忽略了教育者依赖进行评价的知觉之本身的理论分析。教育者在面对儿童时,或者在向儿童提出某种教育要求时,必定会同时有一个对儿童行为的知觉过程。而知觉到的结果则成为教育者作出相关评价的依据,或者说正是知觉到的对象成为评价的内容。这个知觉的对象就和教育者的注视密切相关。外在的规范要求、世界的理念型表现,是对注视到的对象所评价的东西。然而,从理论分析的维度来看,正是教育者对儿童表现的知觉本身,构成了教育学理论的有意义的考察对象。

四、儿童与教育者的"相互构成问题"

梅洛-庞蒂(Maurice Merleau-Ponty)在其知觉现象学的论述中提出了一个颇有教育学意味的问题:"每个人在他者面前都成了问题,但在谁的面前他们都成了问题呢?"①的确,当教育者谈论儿童的行为问题时,梅洛-庞蒂的问题就有了它的教育学意涵:儿童的表现在教育者面前成了问题。无论我们是否承认,"每个人在他者面前都成了问题"都构成了我们最基本的生存经验或体验。也可以说,在我们所经验到的世界中,这个世界总是或多或少是有问题的,我们总是把他人看作是有问题的。而在他人的眼里,其实我们也成为他者,因而也必定是有问题的。这意味着,每个人在彼此面前都成了问题。但更需要我们反思的是,并不仅仅是在谁的面前成了问题,而是"成了问题"具有什么样的教育学意味?

在柏拉图对话中,特别是对于那些与苏格拉底对话者来说,这个他者就是苏格拉底,因而每一个对话者所显现出来的观念对于苏格拉底来说都是有问题的。而之所以成了问题,在于对话者所持有的普遍的判断并不能全然涵盖苏格拉底所列举的个别事物。在苏格拉底的面前,参与对话的他者对问题的回应都"成了问题"。而将他人问题显现出来,则是苏格拉底的拿手好戏——苏格拉底式的对话。苏格拉底式的对话,使得他人的意识问题,特别是有关自我及对世界的认识问题都暴露无遗。因此,我们可以说,每个人在苏格拉底面前都成了问题。只要他尝试去回答苏格拉底提出的问题,并且一直不断地回答下去,认识方面的问题——无知、谬误、偏见等就会暴露出来。这是因为,在苏格拉底那里,他已经设定了关于正确认识(知识)的一套衡量标准,这个标准不是内容方面的或实质性的,而是形式化的,逻辑意义上的。就是说,他已经设定了关于某一问题的正确答案的形式化的评判的标准,即关于答案之是否正确的衡量在于它是否符合形式逻辑的要求,抽象和具体、普遍和个别的内在逻辑关系,从普遍的前提出发将要得出的结论,和在问题的答案中在先设定的逻辑前提,二者之间的一致性或矛盾

---

①　[法]莫里斯·梅洛-庞蒂:《意义与无意义》,张颖译,商务印书馆 2018 年版,第 35 页。

性关系。这个衡量标准就是理性，每个人的认识都需要经过理性的检验。对于苏格拉底来说，判断认识之是否正确的依据是逻各斯，而不是某种已经存在的被社会奉为圭臬的东西。因为理性的标准，并且用这个理性标准来衡量每个人，那么每个人就必定会暴露出他的问题。因此，"每个人在他者面前成了问题"就变成每个人在理性面前都成了问题。

由此来看，"每个人在他者面前都成了问题"至少包含着三层含义。一是在他者的面前我是有问题的，或者反过来说也成立，在我的面前，他者是有问题的。例如，参与苏格拉底对话的对话者，至少在对话中所暴露出来的判断的不周延，暴露出对话者在相关问题的认识上存在问题。二是每个人都对他者构成了问题，这就是说，给他者制造了麻烦或带来了困扰。每个人都对他者的在世构成了妨碍，无论是自觉自为的还是不经意的或无意识的。我的在场，总是会对他人带来一些困扰。三是每一个人对他者来说，都是一个有待认识的对象、一个有待理解的对象、一个需要对其意识体验加以阐释的对象。每个人对他者来说都是一个谜、一个有待探索的领域。

如何避免他者对我而言是问题或成为问题呢？从存在论的立场看，他者并不对我表现为对象，而是表现为"自身的在场"。每个人在他者面前都成了问题，是他者将我视为对象的结果。这就是说，我们每个人之所以在他者面前都成了问题，是主客关系意识、主体意识的结果。我和他者、教育者和儿童，关于生活世界，有着不同的意识和经验。无论我们身处何种境地，都会面临他者与我的经验的关系。然而，人们关于这个关系，却有着不同的说明。萨特指出："'他人'的意义也不能来自经验或来自经验而起作用的类比推理。正好相反，恰恰是借助他人这一概念，经验才被说明。"①这就是说，"他人"的意义并不是依据经验或推理来说明的，而是相反，正是"他人"才对经验作出说明。这是一个关于自我与他人关系的完全不同的设定，抑或真实的生活世界中人与人关系的本质的揭示，尽管这个所揭示出来的本质与人们的日常感受全然不同。个体的所有经验总是在不同程度上以他人为主角，并依赖他人来作出说明的，当然自己也是这个经验中的他人之一。这就是说，在经验中，自己已经不是经验的主体，而是经验中的对象，一个已经外在于自己意识的对象。

因此，关键是要重新审视教育者与儿童之间的教育实践关系。教育者与儿童的实践关系，并非全然是传统教育观念中施加影响或塑造的关系。

---

① ［法］萨特：《存在与虚无》，陈宣良等译，杜小真校，生活·读书·新知三联书店2014年版，第296页。

施加影响或塑造的关系,是主客体关系、实践与对象的关系、认识与存在的关系。站在有意义教育的立场来看,如果教育者与儿童的关系不是我—他关系,而是我—你关系,那么教育者和儿童的关系就是存在者的相互认识和理解的关系、相互改变的关系、存在与存在的关系、共在关系、相互依赖和相互超越的关系。与儿童的超越关系构成了教育者的存在意向,从而也构成了教育实践意向之本质。相互超越关系意味着,他人并非是问题,而是自我存在的镜子。正是通过他人,一个人才能够发现自己的存在。"任何他人都是在别人中发现自己的存在的。"①每一个人都离不开他人。教育者也同样逃不过这个宿命。然而,教育中的经验主义和自我中心主义、改造哲学和主体哲学,将自我置于这个世界的中心,置我于主宰的地位。由此,在教育实践中,教育者总是倾向于把他人视为实践和改造的对象,并通过各种努力去建构一种对象性关系。

在直接照面的教育生活世界,就一般意义而言,儿童和教育者互为他者。站在儿童的视角来看,教育者是他者;站在教育者的视角来看,儿童是他者。因此,不是每个儿童在教育者面前都成了问题,而应该是,何以成为问题以及什么性质的问题。从问题性质来看,这里的问题,既是教育者必定要面对的教育问题(实践问题),也是教育者必须要弄清楚的儿童的意识问题(理解问题或意义问题),同时还是一个儿童反过来对教育者产生困扰的问题(生存问题)。例如,孩子自出生之后,在其成长的过程中,父母就是这样的他者。孩子在父母的面前总是成了问题。在教育者的眼里,儿童的表现总是有问题的。儿童成长中出现的问题,教育者要努力去解决,但在解决问题的过程中会发现,问题的解决非常之难,以至于教育者往往产生挫败感而导致教育的放弃。而造成这种失败之根源,在于儿童本身就是待认识的存在,儿童教育是一个有待教育者不断探索的领域。对于作为他者的教育者来说,要解决的儿童发展问题既是实践论的,也是认识论和生存论的。每个人在他人面前都成了问题,在于他人往往并没有真正地理解他所面对的另外一个人的意识体验。从这个意义上看,探索永远是教育者教育儿童的一门必修课程、一门需要终身研修的课程。

儿童之成为问题的根本原因在于,在教育实践中,教育者往往以自己的经验来说明他人的意义,也就是将自己作为尺度来裁剪他人的行为。"人是万物的尺度"由此也转换成"我是事物的尺度"。正是这种客观化的立

---

① [法]萨特:《存在与虚无》,陈宣良等译,杜小真校,生活・读书・新知三联书店 2014 年版,第 318 页。

场,导致教育者对儿童意义世界的忽略。相反,那些较为成功的教育者、那些能够让儿童进入自己意识世界同时也使自己进入儿童意识世界中的教育者,正是借助儿童来说明自己经验的结果。本质上,成功的教育经验也好,失败的教育经验也好,都不能不借助儿童来加以说明。而借助儿童来说明教育者的经验,意味着对于儿童意识体验的理解。显然,有意义的教育,光有单纯普遍认识是不够的,需要对儿童的意识体验能有一个真正的理解,最终把儿童的意识体验纳入我的自然态度之中,并对此自然态度进行反思性理解。我在一定生活条件下的决定并不是全然建立在对自己的认识基础之上,相反,我的决定是建立在我自己对这个世界以及对自己的意识体验基础之上。对自我的认识总是包含着反思性,是自我反思的结果。而一个人的决定或行为是以意识体验为条件。至少,意识体验是所有决定中最不可或缺的因素。这并不是说反思性的理智活动或者工具理性思维对于决定或行为没有影响,不如说,反思有可能对决定何以产生有一个更为清晰的把握。由于各种教育理论总是把有关儿童教育的未来选择建立在有关儿童认知而非儿童的意识体验基础之上,儿童由此而成为与教育者相对立的对象,并形成对象关系而非相互依赖和超越关系,或者说在各种教育学理论中,教育者已经被设定为是绝对的自为存在,在面对儿童时总是针对儿童。在面对和针对中,教育理论试图把教育者描画成试图通过各种努力来确立他自己的主体性意识,并且是在儿童的合意性表现中来见证自己的主体性存在。

在传统的观念意识中,教育者与儿童之间的教育关系是单纯的实践关系,即教育者对于儿童的"教育关系",而没有意识到,这个教育关系是以教育者对儿童的认识为其前提和条件的。无论是怎样的教育,其中都包含着教育者对儿童的认识和探索关系,且认识和探索关系总是要优先于教育儿童的实践关系。只是,这种认识未必符合儿童的那个本真的"自我"。必须要强调的是,教育者对儿童的认识,不是在一般或抽象意义上的认识,而是在具体意义上的认识,即认识直接教育对象的"这个儿童"。这就是说,教育者对儿童的意识体验的把握,涉及对具体存在的儿童之理解,而不是在关于儿童或抽象意义上的儿童的理智之认识,后者属于普遍性的认识范畴。"个体要求的正是它作为个体的完成,即对它的具体存在的认识而不是对普遍结构的客观说明。"①显然,有意义的教育实践,需要有教育者对儿童个体存在的认识,而不仅仅是有关儿童普遍结构的教育学、心理学以及哲学的

---

① ［法］萨特:《存在与虚无》,陈宣良等译,杜小真校,生活·读书·新知三联书店2014年版,第303页。

客观说明。萨特的论述有助于我们去认识理解儿童作为特殊存在群体的个体存在特征之重要价值。

　　从实践论出发，则需要具体辨明对"具体存在的认识"之主体及对"普遍结构的客观说明"之主体。前者是实践论意义上的范畴，却包含着认识论的内容；后者属于认识论意义上的范畴，却包含着实践论的指向。有意义的实践，即能够体现实践主体理念的那种实践——尽管在任何情况下这都是不完全的，在最好的情形下也只是近乎理念而已，总是存在偏离和缺陷——同时需要理解和说明，即既需要对具体存在的理解，也需要有对个体存在普遍结构的说明。前者依赖于实践者对于具体存在的理解，后者则依赖于理论的研究和前人的经验总结。即便是有关普遍结构的客观说明，亦是以个体为目的，而不是以普遍结构为认识目的，就是说，有关普遍结构的客观说明，旨在实现个体的作为自为性的存在。因此，建立起教育者与儿童的认识关系，最具教育意义的行动乃是探索意义上的"反思性理解"——通过探索儿童而去理解儿童。没有这样一种反思性的理解活动，教育者与儿童之间难以产生实质性的教育关系之困境也由此而产生。传统教育学的问题恰恰在于，它只是强调教育者对教育对象的构成性认知，而不关注教育者对儿童意识体验之把握。

　　具体与普遍的关系，实践论已经对此有系统的论述。然而，一般意义的实践论在教育实践中，却仍然显得缺乏自明性，或者说教育者没有深刻地意识到自身的问题所在。毛泽东同志在延安整风运动时期所批判的"经验主义"和"本本主义"，恰恰是对实践偏于普遍性认识维度之偏颇的最好概括。经验主义强调对具体事物的认识，而教条主义则把普遍的理论认识奉为圭臬。对个体作为具体存在的认识，需要进一步追问：认识什么？如何认识？我们每个人都是为他人的存在。在教育实践中，这个为他人的存在在教育者身上表现得更为突出。例如，在学校教育中，教师因为学生而凸显出自己的存在性意义，或者说教师的存在是建立在学生存在的基础上，正是这一点规定了教师为学生存在的本质。他人对我显现为对象，这已经成为人们的最为常见的态度。恰恰是这样一种意识，支配着人们的日常行为。"对象就是在别人中的我"①，因此对他人的认识，就是对自己的认识。

　　在有关儿童的具体认识上，教育者往往面临着儿童意识体验的意向性障碍。生活世界向我们呈现的乃是一个整体，儿童在生活世界中的显现，亦

---

① 〔法〕萨特：《存在与虚无》，陈宣良等译，杜小真校，生活·读书·新知三联书店2014年版，第304页。

使得这种显现与生活世界背景融为一体。我们的视域是无限的，然而每个人对所显现的现象只能是有限的感知，只能是有选择的感知。"当我感知到一物的那一刻，我感到它已经先于我而在那里，在我的视觉场之外。围绕着我的诸物视域是无限的，我真正能够捕捉到的是其中少量的部分。"①意向性障碍，遮蔽着教育者对儿童意识体验的深入而全面的理解，从而形成对儿童有限的和局部的把握。这种有限的和局部的把握将会成为观察和理解某个儿童的观念图式或框架，并基于此种观念图式来看待儿童在特定情境中的行为表现。虽然教育者总是想要求全，但个体在这个世界中的位置决定了教育者关于儿童的认识，只能存在于局部与不完全中，这个局部与不完全为走向全面提供了一个支点。

第二节　意义问题与教育学研究

儿童的意义世界，关涉儿童作为存在的意识、观念、思想、情感、精神、价值等，一个与儿童所生存的外部生活世界相对的范畴、一个内在的世界。所谓"相对"只是在思维的层次上，而在现实的层次，儿童的意义世界是无法脱离生活世界而独立存在的，它总是儿童生活于其中的生活世界的意识化的结果。意义世界尽管属于儿童世界的主观方面，但它却是儿童自我及其将成为什么的内在构成，并在外部世界的作用下推动着儿童成为如其所是的意识动因。一个人将成为什么，是一个关系到他未来的可能的存在问题，对于儿童来说，就是儿童将要实现的自我——一个将来的我、我之所应是的我。在时间序列中，当下的我，总有无数可能的我在前方。这个应是之我，当然并不完全是由儿童所生存的客观环境所决定的，而是儿童的意义世界和生活世界相互作用生成的结果。一般的原理是如此。关键是在教育实践中，教育者如何应用这个原理来实施教育。教育的原则要求是，从儿童的意义世界出发。这里，既不单纯是根据生活世界的外在要求来教育儿童，也不单纯基于教育者的儿童理念来施以教育。生活世界的外在要求为教育提供依据和规范，教育者的儿童理念则指出了教育的方向。教育者一方面要对生活世界的外在要求有一个正确的理解，另一方面要把握理念型的儿童形象。当外在要求和儿童理念已经具备时，一个必不可少的要素作为良好教育的前提就会被提出来，那就是教育者对于儿童意义世界之把握。这是一个决定性的前提条件，是只有教育者在教育实践中通过对这个或那个儿童

---

① ［法］莫里斯·梅洛-庞蒂：《意义与无意义》，张颖译，商务印书馆 2018 年版，第 32 页。

的意义世界的进入才能够把握住的。没有对这个决定性的前提条件的把握,则外在要求和儿童理念不过是教育者虚幻的假象。

一、教育学研究中的问题属性

根据问题逻辑,问题可以分为事实问题、价值问题、规范问题、意义问题等。当人们观察到某种现象,并且提出这样的问题:发生了什么? 所发生的现象随处可见吗? 这种现象经常发生吗? 为什么会发生? 如何发生的? 那么我们就可以说,这里提出的乃是有关事物发生发展的事实问题。如果人们置身于某种特定的处境中,并且提出这样的问题:人们所期待的最好的状态是什么? 人们最向往的存在样态是什么? 什么是人们最值得期待的? 这个时候人们所提出的就是价值问题。面对困境或实践中存在的障碍或困境,人们不断地思考:我应该如何行动才能摆脱困境或解决目前存在的问题? 这个时候人们就提出了规范问题。而当人们面对一个符号或一个表达式,或者面对某个具体情境中的具体行为时,人们提出这样的问题,这个符号或表达式有着什么样的含义? 那个行为究竟意味着什么? 这个现象隐含着怎样深层次的意念? 或者像舒茨(Alfred Schutz)那样提出这样的问题:"所谓行动者赋予其行动以意义,所指何为?"[1]这个时候人们所提出的就是意义问题。人们在交往过程中,特别是在借助言语及行为而进行的交往中,意义问题就会不断地显现出来。这就是说,对于生活世界中交往的人们来说,首要的并且是不可回避的,是人们对于用来表达思想、情感、体验等符号或行为的意义理解问题。当人们在存在性交往过程中提出这样的问题:"你所说的是什么意思? 或者他如此这般是想表达什么?"人们就是在进行意义的探询。

不同逻辑性质的问题,对教育的理论研究提出了不同的方法论要求,并因而形成教育理论建构的不同取向。教育学的科学化和普通化,深刻地影响了教育学对教育实践问题之选取。教育学的科学化,由于采取实证研究的取向,因而在方法论上多持价值中立的立场,重点考察教育中的事实问题,搁置教育中的价值问题和规范问题。相反,教育学的普通化,在实践规范的意义持目的—手段取向,关注教育中的价值问题和规范问题。综合地看,近代以来的教育学,特别是赫尔巴特的《普通教育学》问世后,教育学一直聚焦教育中的事实问题、价值问题和规范问题,由此而形成教育科学、教

---

① ［奥地利］阿尔弗雷德·舒茨:《社会世界的意义构成》,游淙祺译,商务印书馆 2012 年版,第 20 页。

育哲学和实践教育学。尽管在教育学的发展过程中,文化教育学作为与实证教育学相抗衡的教育学派,强调文化与自然作为研究对象的逻辑鸿沟,聚集社会文化中的意义问题,提出了另外一种教育学的研究范式,即有别于自然科学研究的文化研究的理解范式,但对于中国的现代教育学来说,这种研究范式却因为实证主义的过分强大而淹没在教育学发展的历史潮流中,终未成为教育研究者所认同的研究范式。换言之,与教育实践密切相关的意义问题,从而有关儿童个体在具体情境中的意识体验问题,终未得到应有的关注而成为实证科学取向的牺牲品。教育学发展中的实证化取向和普通化取向,使得教育实践中的意义问题被不恰当地遮蔽起来,成为一个被教育学研究所忽略的问题领域。

问题的提问方式,使得某些现象成为关注的对象,而另外一些现象则被遮蔽起来。每一个问题的提出,即意味着与之相对应的问题的遮蔽。在现有的教育理论研究中,教育的事实问题、价值问题和规范问题总是在遮蔽着教育的意义问题。教育的本质在于从儿童的意义世界出发,并在儿童个体与生活世界的相互建构过程中充实儿童的意义世界。教育者看着儿童并对他们说话做事,然而,教育者只是看见"他们"而不是"他",且教育者的言行在许多时候并不能够为儿童所理解或转化为对儿童意义世界的影响力;教育者对儿童提出各种各样的要求,但在他们眼里往往没有儿童,有的只是来自生活世界的外在要求和儿童所置身其间的外部世界。人们只是从目的出发,而忘掉了教育的根本出发点是儿童。从儿童的意义世界出发就会发现,儿童能成为什么样的人,并不完全取决于教育者,同时也取决于儿童个人的努力及其生存的处境。对于教育者来说,现代教育似乎不得不在两个方面作出抉择:或者成为教育者(社会)所期望的人,或者成为你自己。两者之间似乎存在着冲突和对立。然而,这种冲突和对立并非是必然的,而是由我们的思维方式所致。人生活在社会之中并在社会之中接受教育。人们在受教育的过程中,总归会将社会内在化为自我,并使自己明了社会的要求。这就是说,一个人受教育,总是与他者密不可分,而不可能是单纯的单子化的自我;人的社会的内在化也必定是由个体自己完成的,并通过自己来实现。因此,个体的社会化过程本质上既是社会的内在化过程,同时也是成为一个人自己的过程,是在他者中发现自我并实现自我的过程。从认识论上看,认识你自己很难;从生存论上看,成为你自己更难。成为你自己意味着在成长的过程中,要求外在的教育力与儿童内在的生长力的切合,要求教育者的期望与受教育者的自我期望的切合。如此一来,儿童的意义世界问题,就成为教育学理论研究中的一个不可回避的问题。当教育学理论把教育的本质看作是交往实践时,意义问题在教育实践中就成为一个特别突出的问题,成为制约教育影响的最具决定性的前提。

二、教育问题与教育学理论建构

自赫尔巴特的《普通教育学》发表以来,教育学流派纷呈。各种不同的教育学流派,除了各自所立论的哲学基础以及价值观不同外,一个重要的分歧在于对教育问题性质的不同态度。从教育学理论的逻辑及理论建构的方法论出发,或许能够发现教育问题的选择之于理论建构的关系。

（一）教育事实问题

无时无刻不在的教育,究竟发生了什么? 何以发生? 已经发生或正在发生的事情对儿童成长究竟会产生怎样的影响? 这些都属于教育实践的事实问题。事实问题,与儿童的成长及其影响因素密切相关。事实问题有赖于教育的实证主义研究范式,即采取一种客观中立的立场,对于教育过程的各种因素及其相互关系加以考察,以期揭示教育的发生规律。实证主义的研究范式,特别关注个体发展的因果关系,强调个体之受外部因素的影响和作用。从认识论的角度看,这个关于个体成长影响因素的立场当然具有部分的合理性。所谓部分的合理性,是这样一种意思,即个体在其成长过程中,确实受到外在环境的影响,包括我们称之为学校教育、家庭教育和社会教育的影响。探索这个外在的影响因素,就成为实证主义研究范式的逻辑起点。或许正是这个本体论立场的部分合理性,使得实证主义教育学的方法论,成为自赫尔巴特以来教育学发展的基本取向。其最为突出的教育学流派就是实验教育学。拉伊(Wilhelm August Lay)在《实验教育学》中就明确指出,"我们要在理论上和实践上证明,为了解决教学和教育中的各种问题,可以卓有成效地采用实验的研究方法,即特别适宜在教育上运用的实验、统计科学和客观或系统的观察"①。尽管实验教育学并没有取得如拉伊所说的成功,但教育学的实证研究取向并没有因此而衰落。相反,在教育学理论研究发展的进程中,特别是在科学哲学和分析哲学的影响下,研究者进一步尝试采用经验—分析的范式来研究教育学理论建构的逻辑和方法论,并且始终把实证主义的教育研究作为教育学科学化的必由之路。②

从教育的本体来看,事实问题当然是教育中的基本问题。教育实践的展开,儿童的成长,总是受到外部世界各种因素的影响,同时也受制于教育

---

① ［德］W.A.拉伊:《实验教育学》,沈剑平、瞿葆奎译,人民教育出版社 2007 年版,第 1 页。
② 参见袁振国:《科学问题与教育学知识增长》,《教育研究》2019 年第 4 期;袁振国:《实证研究是教育学走向科学的必要途径》,《华东师范大学学报(教育科学版)》2017 年第 3 期。

本身及儿童身心发展规律的制约。教育实证研究试图探明那些客观存在的影响因素,揭示儿童身心发展的规律和教育自身的规律,发现制约儿童发展和教育发展的因果关系,不仅必要,而且对于中国教育学的发展来说也非常急迫。但如果在研究者眼中只有教育学的实证研究,有意或无意地排斥非实证的教育研究,那么,教育科学研究就会陷入一种偏执,并最终会妨碍教育学的科学化发展。

（二）教育价值问题

在传统社会中,教育价值是由社会的伦理价值或由宗教观念来予以确立的,因而教育价值是一个需要理论予以辩护的问题。传统社会的解体以及宗教在教育价值定位上的失落,使得教育价值定位日益成为一个需要加以确定的问题。由此,与教育目的有关的价值问题便显现出来。对于现代公共教育来说,首先需要明确的,是教育目的的问题,即培养什么样的人的问题。价值问题涉及有关教育的目的以及对所确立的目的的辩护。例如,为什么是个体的全面发展? 早在 19 世纪初,赫尔巴特（Johann Friedrich Herbart）在《普通教育学讲授纲要》中就明确指出,"教育学作为一种科学,是以实践哲学和心理学为基础的。前者说明教育的目的;后者说明教育的途径、手段与障碍"[①]。德国的分析教育学者布雷钦卡（Wolfgung Brezinka）也认为,"规范的教育目的概念不仅涉及教育者（或其委托者）想要获得的东西,而且包含应该获得的东西,即指向应该的要求或一种规范"[②]。此外,还有一些基本的且与教育目的无涉的问题,在现代公共教育中也日益凸显出来,如教育公平、教育平等、教育均衡发展。相应地,为什么要教育公平? 需要什么样的教育公平? 为什么要推进均衡发展? 如此等等,这些问题并不能靠实证研究范式来加以解决,而是依赖于教育哲学的辩护,通过分析、批判、辩护和反思等方法,以确证相关的教育价值对于社会、对于人的必要性和可能性。当教育实践提出"应该获得的要求""应然的要求"时,相关的辩护问题就凸显出来。在传统的教育学中,确保教育目的的价值是由实践哲学来提供保证的,如赫尔巴特在建构其普通教育学时所进行的理论实践那样。不管教育目的是如何提出并加以说明的,辩护总是其基本的方法。这是因为,教育目的涉及社会有关共同的理想人格问题。不同的社会对理想人格有着不同的要求。在一般意义上,共同的理想人格是由社会的基本政制所决定的。社会的基本结构及其构成,要求个体具有与此相对应的心

---

① 《赫尔巴特文集》(3),李其龙、郭官义等译,浙江教育出版社 2002 年版,第 187 页。

② ［德］沃夫冈·布雷钦卡:《教育目的、教育手段和教育成功:教育科学体系引论》,彭正梅译,华东师范大学出版社 2008 年版,第 132 页。

灵结构,这种心灵结构就构成了共同的理想人格。社会所要求共同的理想人格问题,显然是无法依赖教育学的实证研究来加以解决。它必须依赖于教育哲学的辩护和反思。在更加广泛的意义上,社会共同的理想人格仍然依赖于赫尔巴特所说的实践哲学。不仅教育目的涉及价值问题,即使是教育手段,在规范的意义上也同样涉及价值问题。至少,规范有关个体行为的应然状态,离不开价值的约束与指向。事物之价值,总是相对于主体的存在而言。事物的众多性以及主体的多样性,促成了价值的多元性。然而,这并不意味着像自由主义者所认为的那样,多元的价值是相互排斥的或没有共同的基础。① 问题在于,生活在社会中的个体,总是试图将自己所持有的价值凌驾于其他价值之上,从而造成共同价值之难以获得认可。唯有理性的力量,即依靠理性的辩护,才能解决共同价值之分歧问题。理性要求摒弃外在的利益诉求,而服从于社会内在的指令。

(三) 教育规范问题

教育实践者则更为关心实践应该如何展开、教育实践面临的问题应该如何解决。普通教育学要阐明的,恰恰是与此类问题相关的普通的规范和原则。规范问题涉及应该采取哪些有效的教育策略、方式和教育手段来教育儿童以实现教育目的或目标问题。教育目的确定之后,如何有效而合乎伦理的、道德的和教育的要求而实现教育目的,就成为教育实践中的最突出的问题。实现教育目的需要特定的行动,一些行动要求执行,一些行动则被规定和禁止。这就涉及一些道德、法律等规范问题。② 规范问题是有关"应该怎么做"的问题。目的的实现,绝不仅仅是手段的合理有效选择问题,同时也是一个合目的性合伦理性要求的手段之选择问题。这就是说,任何教育手段的应用,不仅要满足合理性和效率性原则,同时也必须要满足合伦理性的要求。一种教育手段可能是有效的,因而被现代社会中的教育者视为是合理的,然而却不一定是合乎法律的、伦理道德的规范要求。卢梭的自然教育思想,恰恰是提出了手段选择的价值性的要求。教育学当然要说明,什么样的教育方法、途径、手段等能够实现教育目的。这就是说,规范性的问题是教育学的主要问题,特别是在传统的教育学中,教育学实际上是有关教育规范(教育原则、教育方法、教育途径等)的陈述和说明。正是在这个意义上,英国的赫斯特(Paul Hirst)才提出,教育理论是"一种实践性理论(practical theory),即有关阐述和论证一系列实践活动的行动

---

① 参见[英]以赛亚·伯林:《自由论》,胡传胜译,译林出版社2003年版,第49页。
② 参见[德]沃尔夫冈·布列钦卡:《教育知识的哲学》,杨明全、宋时春译,华东师范大学出版社2006年版,第11页。

准则的理论"①。规范问题一直都是教育学的基本问题,或者说教育学一直试图为教育实践提供规范、指令、原则、告诫等,一直试图向教育实践者提供可靠的实践建议。乌申斯基就曾经指出:"教育学不是科学原理的汇集,而只是教育活动规则的汇集。所有德国的教育学,实际上都是这样一些规则或称教育处方的汇集,它相当于医学院中的治疗学。所有德国的教育学一直是以'命令式的语气'来表达的。"②传统的规范教育学相信,存在解决教育实践问题的一般的原则和要求。教育者遵循这样的准则和原则,就能够保证教育实践的有效展开。

上述事实问题、价值问题和规范问题既是教育实践绕不开的问题,也是教育理论研究绕不开的问题。然而,不同的教育问题,其理论建构的逻辑和方法论却有着很大的差异。关注教育事实问题的教育科学,更加突出教育研究的实证原则及其相应的建构方法论;关注教育价值问题的教育哲学,更加强调教育价值的思辨、辩护、反思和分析;关注教育规范问题的实践教育学,即广泛应用于日常教育实践的理论体系,综合教育哲学和教育科学的研究成果,从价值和事实两个方面来厘定教育实践的规范要求。不同问题性质的教育学理论建构,使得教育的科学化和普通化都有其实践的合理性。然而,如哈耶克(Friedrich August Hayek)所指出的那样,普遍的知识和原理只是有效教育实践的必要条件,除此之外,"现实生活中无疑还存在一种极其重要但却未经系统组织的知识,亦即有关特定时空之情势的那种知识"③,它们则是有效教育实践的充分条件。后者当然也涉及事实层面的信息,例如受教育者的年龄、家庭背景、学习基础、兴趣爱好、父母的教育取向、同伴交往的情况、日常时间安排等。这些与教育对象有关的知识和信息,我们可以称之为教育对象的外部知识和信息。然而,更为重要的是儿童的精神世界和意义世界,即儿童的生活处境以及由此处境所决定的儿童所赋予的可感知物的意义,儿童对这个世界的理解,他们的经验和体验、思维、情感和意识等。显然,这些难以通过事实的考察来获得,只有通过言语和行为的表现来予以理解。教育意义问题由此而提出。

---

① [美]赫斯特:《教育理论》,见瞿葆奎主编:《教育学文集·教育与教育学》,人民教育出版社 1993 年版,第 441 页。

② [俄]康·德·乌申斯基:《人是教育的对象——教育人类学初探》,张佩珍等译,人民教育出版社 2004 年版,第 8 页。

③ [英]F.A.冯·哈耶克:《个人主义与经济秩序》,邓正来译,生活·读书·新知三联书店 2003 年版,第 121 页。

三、当代教育学中的教育意义问题及其显现

教育意义问题,伴随着传统教育理论难以解决的理论和实践问题而显现出来。教育中的事实问题、价值问题和规范问题都至关重要,但它们只是表明了教育实践中的某个方面的特质或要求,而难以涵盖全部教育实践。由日常教育生活世界表现出来的儿童交往存在性,预示着解决教育意义问题的现实紧迫性。

对每个人来说,存在是一种交往性存在。这就是说,只有在交往中,人的自存性才得以实证。对于儿童来说,还远不止这些。儿童既是交往性存在,同时更是交往性发展。通过交往,儿童的自我才得以确立,儿童的自我超越才得以实现。交往性存在使得教育中的意义问题变得紧迫起来。波兰哲学家沙夫(Adam Schaff)曾经指出:"意义问题总是出现在指号情境中,或者用另一个较简单的说法,意义的问题总是出现在人的交际的过程中……人的交际过程就是应用指号来传达思想、感情等等的过程,就是产生指号情境的过程。""意义……只是相互交际的人们通过应用某些对象或事件来互相传达他们关于周围世界的思想。"①人与人之间的交往,都无法绕开意义问题。沙夫所论意义问题涵盖人的所有交际或交往领域,因而有关意义问题产生的论述无疑有助于教育意义问题的反思。根据沙夫的观点,意义就是指号所表达的意思,即在特定的情境中,某种指号在传达某种意思。在人们的交往实践中,用以传达思想、情感的指号,不仅是指能够表达意思的各种符号,而且主要是指最能表达意思的言语和行为。在通常的情况下,人们主要是通过言语和行为来传达思想和情感的。在这种情况下,也就有了"行为的意义"。我们可以在更广泛的意义上来使用"指号",即把行为也看作是传达意义的指号。行为的意义就是行为者用以表现的思想和情感。意义问题是这样的问题,即如此这般的指号,究竟表达的是什么意思?要回答这样的问题,显然不能孤立地来理解指号,而需要把指号放在特定的情境之中。唯有情境或背景才能够真正地显示出指号的意义。

教育作为交往性活动,确证着儿童的实存性与发展性。意义问题总是出现在交往过程中;那么,确定无疑的是,意义问题也总是始终贯穿在教育活动中。交往以理解为前提。如果教育者和儿童不能相互理解对方行为的意义,教育交往就会以失败而告终。这样来看,意义问题乃是教育实践

---

① 〔波兰〕亚当·沙夫:《语义学引论》,罗兰、周易合译,商务印书馆1979年版,第213、217页。

中的根本问题之一。这个问题,本质上涉及实践者对交往对象的思想、情感、体验、经验、意识等理解和把握问题,涉及行为的意图或动机。个体的言行总是在表达什么? 这个所表达出来的对象,我们可以把它看作是行为意义的范畴。对于有意义的教育实践来说,理解儿童是其首要的前提。迄今,教育学对"理解儿童"已经进行较为广泛的探讨,但究竟该如何把握"理解儿童"所表达的应有之义,理论上并没有进行深入的分析和讨论。在最直接的意义上,理解儿童,就是理解儿童情境行为的意识与体验;而在更为深层次上,所谓的理解儿童,则在于通过对情境行为的直观,来把握儿童的思想、情感、体验、经验、意识等。这正是意义问题提出的本源所在。可以说,意义问题作为教育实践的根本问题之一,是与其他教育问题如规范问题乃至事实问题紧密地关联着。然而,传统的教育学主要关注有关教育的事实问题、价值问题和规范问题,却在不同程度上忽略了有关教育的意义问题,特别是有关儿童行为意义的理解问题,没有给予应有的关注。

　　意义问题既无法依赖于哲学的辩护或反思,也不能够通过实证的方法来揭示,而只能依赖人文科学的方法来反思性理解。与之交往的对象,能够根据其类型化的经历对个体特定情境中的行为加以辨识。这种得到辨识的行为,亦是关于行为的意义理解,通常情况下是基于外在的参照而实现的。例如,我们把某种行为视为闯红灯的行为。在通常的情况下,教育者亦是根据外在参照来对儿童行为进行辨识,如阅读行为、做作业行为,如此等等。行为的辨识是有关行为意义的表层理解。这种关于行为意义的理解,是基于行为者的经验以及关于事物的认识。如果我们不是从常识的角度来理解行为,而是从意向性的活动来理解行为,那么行为的观察者就不得不面临这样的问题,即那些可辨识的行为到底反映着儿童什么样的思想、情感、体验、经验、意识等? 这是有关行为意义的深层理解。许多时候,人们只是表层理解行为的意义,而较少深层地理解行为的意义。在教育实践中,教育者通常也摆脱不了这种局限性。

　　为此,教育学研究需要进一步反思实证主义所主张的假设和事实验证的研究范式。有关儿童在特定情境中的行为意义,不可能采取同一种实证主义的方法论来把握,而是要通过儿童本人的叙述,采用理解、同情、移情等来把握儿童对周遭世界的体验、意识、情感、思想、思维等。这意味着,教育学研究需要采用一种人文科学的研究方法、一种现象学和解释学的方法,通过叙事性的语言意义阐释,来研究教育实践中的意义问题,来把握儿童的意义世界。人是叙事性的存在。查尔斯·泰勒(Charles Taylor)指出,一个人

"只存在于某种语言中,并由这种语言所构成",并且"我们用叙述把握我们的生活",因而,"我的生活总有这种程度的叙述性理解,即我以'因而随后'这个形式理解我的现在行为:有 A(我是什么),因而随后我做 B(我计划要成为什么)"。① 无独有偶,麦金太尔(Alasdair C.MacIntyre)也认为:"人不仅在他的小说中而且在他的行为与实践中,本质上都是一种讲故事的动物。""一种特定的叙事历史结果成了描述人类的基本的和的样式。"②人在现实的生活世界中建构着生存的意义,而这个生存的意义则是具体表现在他所经历的事情之中,这些事情构成了他人生的故事,并以叙事的方式而显现出来。恰恰在叙事中,人体验自我、建构自我,并且因此而形成自我。人的存在的本质决定了理解意义的方法选用。叙事性的意义阐释,本质上是语言阐释,但语言阐释本身不是目标,目标是儿童的体验、意识、思想、观念、情感等,最终发现儿童存在之所是。因此,在具体的研究方法上,教育者的叙事和儿童的叙事构成了教育学研究的直接对象。儿童的自我叙事则能够让我们看到他的内在精神世界和意义世界,同样,教育者的叙事能够让我们看到儿童存在之外显。此外,教育者的叙事还能够让我们看到教育者在实践中所持有的实践观念、原则和信念,正如赫斯特所说的那样,"实践性对话会包括关于特定的教育实践和教育机构的独特的技术性术语、信念和原则"③。这是一个可附带的收获。有意思的是,正是教育者所持有的教育观念、信念和原则,也让我们看到儿童之所是的生存处境,即儿童在教育者那里的自我显现。

　　理解儿童,从认识论的角度,即获得有关儿童意义世界的具体知识。这种知识是如此地带有情境化的特征,以至于一般的儿童心理学所提供的相关知识,只是描述了有关儿童心理的大致轮廓和一般结构,其细致入微的描画有待于教育者自己的努力。从意向性的角度看,理解儿童,就是理解儿童行为的意图与动机、意识与体验。而这正是教育学研究意义问题的主旨所在。从这个意义上看,意义问题总是涉及个别与具体,涉及情境与意向。意义问题是化普遍于具体,化理论为方法的中介环节,是由一般上升到个别、由抽象上升到具体的可行之途。

---

①　[加]查尔斯·泰勒:《自我的根源:现代认同的形成》,韩震等译,译林出版社 2001 年版,第 48、69 页。
②　[美]A.麦金太尔:《追寻美德:伦理理论研究》,宋继杰译,译林出版社 2003 年版,第 274、264 页。
③　瞿葆奎主编:《教育学文集·教育与教育学》,人民教育出版社 1993 年版,第 454 页。

第三节　"意义"的意义

意义是一个颇令人困惑的概念,"意义"的意义也是哲学上最困难的问题之一。张祥龙说,"意义真是一个幽灵,现代西方哲学里大家为了捕捉这个幽灵,尤其是分析哲学那一边,不知花了多少精力,但最后还是不行。证明意义没法被定住。你想把它定住:说意义是什么,那意义马上就脱开跑了,只留个躯壳在那儿,意义本身就扭身而去"①。虽然如此,为着我们讨论的需要以及为着确定一个可靠的逻辑起点,我们还是不得不在有关意义理论研究的基础上,提供一个关于意义的解释。不过这里关于意义的解释,并不着眼于解决意义本原的哲学问题,也不是试图解决维特根斯坦所提出的意义如何可能的问题,而是一个旨在确立有关儿童意义世界之理解和把握的支点和前提的问题。对意义的概念进行辨析与区分,只是要剥离出我们所需要的东西。

一、意义理论关于意义的不同理解

"意义"这一概念所蕴含的意义的多样性,促使研究者去探讨"意义"所表达的意义,探寻意义的本质及其起源,并因此而形成意义理论。意义问题一开始与符号表达有关。胡塞尔(Edmund Gustav Albrecht Husserl)的《逻辑研究》(第一卷),就表述与含义所展开的讨论,正是从符号含义开始。整个讨论由符号开始,然后是表述,再到行为,最后就行为的意义和语词的意义进行了系统的分析。胡塞尔认为,每一个符号都有一个含义,一个借助于符号而"表述"出来的意义。表述则是指那些有含义的符号,相应地,表情和手势等属于具有表示意义的动作,但不属于具有话语意义上的表述,但表情和手势确实"意味着"某些东西,"意味着"行为者的"心灵状态"。话语意义上的表述具有两个方面的构成:一是表述的物理性质,如发出的声音、文字符号等;二是与表述相联结的心理体验。但胡塞尔认为,这种心理体验还不能称之为表述的意义,尽管在通常的情况下人们都是这么认为的。相反,胡塞尔对表述的意义作出了更为细致的区分,将表述的意义区分为表述所"传述"的东西和表述所"意指"的东西。前者才是指心理体验,后者是表述所指向的对象。由此,表述就具有两种意义,即交往意义和认识意义。表述的交往意义就是,在交往话语中表述是作为符号在起作用,表述是说者思想

---

① 张祥龙:《现象学导论七讲:从原著阐发原意》,中国人民大学出版社 2011 年版,第 102 页。

的"符号",是说者的赋予意义的心理体验。表述即是在传诉,但表述中的东西与传诉却不相同。给自己的年迈父母打一个电话,并不在于要传诉什么,而仅仅是传诉而已,传诉着子女对父母的思念。传诉的内容已经无关紧要,重要的是通过电话来表示交流、抚慰、问候等,即被传诉的心理体验。不过,传诉又有狭义和广义之分。狭义的传诉即指那些给予意义的行为,而广义的传诉还包括听者"根据说话者的话语而附加的所有行为"①。一个儿童陈述某个愿望,意味着儿童在传诉,这个传诉包含了两层意义:一是对某个意愿的陈述,是一个陈述行为,在陈述一个愿望,在这个意义上,可以说一个人的意愿在广义上得到了传诉;二是愿望本身的内容,即它要陈述的内容,对愿望的判断便在狭义上得到了传诉。胡塞尔在讨论表述意义的基础上,进一步分析了行为的意义。从表述本身所包含的差异上看,表述都有两个方面:表述本身和所表述的作为它的含义(它的意义)的东西。从激活意义来看,胡塞尔把表述区分为表述的物理现象以及行为本身。正是由于行为,表述才不仅仅是物理现象,而是在意指某物,与对象性之物发生关系。因此,关于行为的意义,胡塞尔从行为的实在关系和行为对象或行为内容的观念关系两个方面来阐述。行为的实在关系,主要涉及表述现象和赋予意义的或充实意义的行为;行为对象或行为内容的观念关系则涉及表述本身、它的意义和隶属于它的对象性。行为的实在关系,其含义可归纳如下:表述总是要表述某个对象。这个所表述出来的对象就是意义。关于表述的所表述之物,胡塞尔又区分为主观的意义内容和客观的意义内容。教师在黑板上写出"2+2=4"的算式,这个算式的意义,人们都能够理解它,这是这个算式的客观意义;教师何以要写出这个算式,它所要传诉的内容是什么,这属于这个算式的主观意义。因此,任何一个有意识的行为,都可以包括两个方面的含义:"一方面,是那些对于表述来说本质性的行为,只要表述还是表述,就是说,只要表述还是激活意义的语音,这些行为对于表述来说就是本质性的。我们将这些行为称之为赋予含义的行为,或者也称之为含义意向。另一方面,是那些尽管对于表述来说非本质的,但却与表述有着逻辑基础关系的行为,这些行为或多或少合适地充实着(证实着、强化着、说明着)表述的含义意向,并且因此而将表述对象关系现时化。我们将这些在认识统一或充实统一中与赋予含义的行为相互融合的行为称之为含义充实的行为。"②

---

① [德]埃德蒙德·胡塞尔:《逻辑研究》第二卷第一部分,倪梁康译,上海译文出版社1999年版,第26—36页。

② [德]埃德蒙德·胡塞尔:《逻辑研究》第二卷第一部分,倪梁康译,上海译文出版社1999年版,第36—40页。

胡塞尔在这里所要告诉我们的是,任一行为都可以区分为直观的行为(物理现象)、什么行为(赋予意义)以及什么意思(内容)。

沙夫在评述胡塞尔的意义理论时指出,胡塞尔"把这种了解表达的个人的活动作为出发点:在把个人——即那个和给定的经验情况有关的个人——的个性中的各种变化不定的因素扔掉之后而剩下的这些个人经验中共同的东西,就被引申出来了"①。这就是说,胡塞尔的意义理论试图抽象出关于意义的共同本质的东西,而把在交往过程中个体意义的独特性东西抽取掉,即将意义真正表达出来的行为情境抽取掉。这种情况的后果之一就是,人们在日常交往过程中,往往只关注到那些个人经验中共同的东西,而忽略了那些与情境密切相关的、个性化的、各种变化不定的因素,或者说受情境或环境影响的个体最为独特的意识体验的东西被舍弃掉了。对于有意义的教育来说,更为重要的,恰恰是那些个性化的、因儿童差异而显现出来的这些变化不定的意识体验的因素。尽管对于不同的儿童来说,这些因素充满着差异性和变化性,但对于给定的特定儿童来说,这些被视为变化的因素却是自我同一性的保证,因而具有对儿童个体来说的同一性和共同性。因此,需要重新发现那些个性化的因素。它们是儿童行为意义的重要内容。

胡塞尔关于表述与含义的研究,开启了意义理论的问题与方法之源。在此基础上,舒茨对行为的社会意义作了进一步深入的研究。在舒茨看来,个体的行为总是具有社会性,即个体的行为并非是单一的个体的身体的有意识的活动,而是个体在与他人进行特定的交流。这种交流所要表达的意思,既由个体行为的意向所赋予,同时也是他人诠释个体行为之结果。至少在经验的层面,个体的行为之意义是可理解的。由于个体行为既是意向性的,也是诠释性的。这就是说,行为对行为者来说是富有意义的,对一个他人来说也是富有意义的。个体的行为恰恰是以有意义的方式而与他人发生关联。因此,从表面上看,行为是社会关系的中介,但从根本上讲,是行为的意义才把个体间的社会交往关联起来。显现为他人的身体变化的行为具有指针功能,既指示着行为者的意识体验,也指示着行为者与他人的关系。由此,身体成为个体体验的表达媒介。

舒茨主要是从现象学社会学的视角,将行为的意义划分为行为的主观意义和行为的客观意义两种类型。根据舒茨的分析,行为的主观意义乃是行为者赋予行为的意义,亦即行为的意向意义或意味意义,它与行为的情境密不可分,并且总是具有独特性和具体性。在这个层面,意义就是"有理性

---

① [波兰]亚当·沙夫:《语义学引论》,罗兰、周易译,商务印书馆1979年版,第237页。

的人对待事物时所采取的态度"①。而行为的客观意义则是个体行为观察者对所观察的行为之解释的意义。就是说,某种行为一旦发生,他人都能够对这种行为属于什么社会性质的行为作出客观的判断和辨识。行为的客观意义具有匿名性的特征,即它独立于具体的个体的行为、思想、判断活动,它无须考虑行为者的处境,因而它是一个客观的表达。每一个体行为之所以能够被理解,恰恰在于每个行为都具有相应的客观意义,与之交往的个体都能够理解它,而不需要考虑行为者的具体情境。而行为的主观意义,亦即行为者所赋予行为的意义,或者说行为的意向意义,仍需要结合行为者的具体情况来加以理解。从主观意义看,对于不同的行为者来说,相同行为的客观意义亦是相同的,但其主观意义或所赋予的意义则是不同的,因而行为的主观意义具有偶然的性质。这样,关于行为的意义就有两种意涵。一个是行为者所赋予的行为的意义,另一个是行为的观察者所赋予的意义,脱离行为者而获得的行为之意义。

　　舒茨关于行为意义的理论,不仅具有社会学的意义,同时亦具有教育学的意义。至少,下面的区分是有意义的,即采取行动的儿童与进行解释的行动者(教育者):儿童的行动与教育者的理解(进行解释的行动者)。儿童行为的意向与教育者所观察到的儿童行为的客观意义,两者之间有着很大的不同。在许多时候,尽管教育者赋予儿童行为的意义并不妨碍教育交往的展开,但由于没有深入到儿童行为意义的内在体验层次,或者说没有理解儿童赋予其行为的意义,教育往往会因为标签化行为而导致失败或无效。标签化策略是教育者利用舒茨称之为"经验基模"的东西来诠释行为的客观意义之结果。这主要是因为,在现实的生活世界,在通常的情况下,我们能够辨识行为之类型即行为的客观意义,大体就能够满足日常交往,而无须去把握行为者所赋予的行为之意义。在素朴的生活态度中,我们直接体会到自己的行为是有意义的,活在自然的世界观中,我们"深信"他人也会以类似我们的方式体会到自己的行动是有意义的,而且正如同我们对该行为所体验的那般意义。此外,我们一般会深信不疑,自己对他人行动意义所进行的解释,大体上是适切的。② 这个信念支配了教育者对儿童行为的诠释,也支配了教育者日常教育行为的展开。

　　在世界中生活,一个人总是与他人共同生活,人们的日常行动在不同程

---

① ［奥地利］阿尔弗雷德·舒茨:《社会世界的意义构成》,游淙祺译,商务印书馆 2012 年版,第 38 页。

② 参见［奥地利］阿尔弗雷德·舒茨:《社会世界的意义构成》,游淙祺译,商务印书馆 2012 年版,第 10—11 页。

度上是指向他人的。当我把与我们共同生活中的人体验为他人、同时代人、邻人、前人或后人，而与他们一同采取行动或一起工作，引发他人表明立场或被他人引发表明立场之时，我就已经在尝试理解这个人的行为，并且也假定他人理解我的行为。许多时候，我们并不想去追问他人行为的主观意义。按照舒茨的说法，这种非探寻的策略，是由利益决定的。例如，在学校的教育活动中，作为受教育者的儿童在特定场景中的行为在表达着什么，作为教育者的教师往往并不去思考和追问。一个学生在课堂上讲话干扰了其他的学生及老师，人们一般只是从行为的客观意义及其所产生的消极的结果出发来理解行为，即讲话是干扰行为，是违反课堂纪律的行为。这就是说，教师对这个讲话行为作了类型化的理解、客观化的理解。对于这个学生何以要在这个时候讲话，教师往往没有时间也没有精力去追问，更多的时候是由于缺乏一种反思性的理解能力而难以洞察或把握。对主观意义的非探寻取向，已经成为教师的集体无意识。由于客观意义是理解主观意义之诠释基模，因而在实际的交往中，特别是在成年人与未成年人的交往中，作为教育者的成年人只是简单地把理解的诠释基模视为行为主观意义，从而造成主观意义的损耗或遮蔽。

　　和舒茨不同的是，哈贝马斯则从其语用学的意义理论出发，对交往中的话语行为意义进行分析。对于哈贝马斯来说，意义与表达有关。表达的形式不仅是符号，亦是行为，而所要表达的东西，即表达所表达的内容就是意义。哈贝马斯认为，交往所使用的表达是要表达某个言语者的意图（或经验），表现事态（或言语者在世界中所遇到的事物），确立言语者与接受者之间的关系。这样，言语者自身就某事与他人达成理解的三个方面也就反映了出来。这就是说，交往所使用的表达至少包含着三重意义——意图、事态和关系。意图表达着言语者的意向或意愿，属于言语者主观的诉求；事态指向言语者所面向的事物或事情，属于行为对象的内容；而关系则涉及言语者与其交往对象的相互关系。因此，任何表达并不仅仅具有单一的意义，而是多重意义。只是受交往者经验和交往意图的局限，人们往往只是领会或理解了表达的某一个方面的意义，而将其他的意义忽略掉或因凸显的意义而将其他附带的意义遮蔽掉了。实际上，如果我们把行为也看作是一种表达，那么个体在具体情境中的行为也就同样具有三重意义，这就是说，行为者通过行为不仅是表露意图，而且也是在表现事态和表达关系。只是通过行为而表达的事态与言语行为所要表现的事态不同，前者实际上所反映的是行为者的生存处境。与此同时，在这个多重意义表达的行为过程中，行为者还会产生相应的意识体验。例如，儿童在课堂教学过程中讲话的行为，不仅可能表达着对教师课堂教学的某种态度,而且亦在这个表达中获得一种较为独特的愉悦体验;而举手以示抗议,其中可能伴随着愤怒的体验等。个体意识之向外的表达和向内的生成,是行为的意义之最基本的内容。

与哈贝马斯关注交往行为的意义不同,塞尔(John R. Searle)的意向主义的意义理论在语句的意义或语词的意义与说话人的意义或话语的意义之间作出明确的区分。语句的意义是由语词的意义和语词在句中的排列所决定的,而言说的意义或话语的意义则表达着言说者的言说意图。"语句的意义是由语词的意义和语词在语句中的句法排列来决定的。但是,说话人在说出这个语句时所意味的东西,在某种限度内,完全是属于他或她的意图问题。"①就后者而言,理解意义就是理解言说者言说的意向性。"意义是派生的意向性的一种形式。说话人的思想的原初的或内在的意向性被转换成语词、语句、记号、符号等等。这些语词、语句、记号和符号如果被有意义地说出来,它们就有了从说话人的思想中所派生出来的意向性。它们不仅具有传统的语言学的意义,而且也具有有意图的说话人的意义。"②对于塞尔的意向主义意义理论来说,"意向性"是一个重要的概念。在《意向性——论心灵哲学》一文中,塞尔把"意向性"定义为:"为许多心理状态和事件所具有的这样一种性质,即这些心理状态或事件通过它而指向(direct at)或涉及世界上的对象和事态。"③意义的意向性意指意味着,理解一个人言说的意义,关键是要理解说话人的"传达性意向"即意谓。这个意谓有两层意思:一是言说时所表达的心理状态,二是言说时想要完成的、并使该言说成为其所是的言说意向。④ 尽管塞尔在语句的语言学意义与说话人能够在说话时运用语句来意谓的东西之间作出明确的区分,但二者之间又有着不可分割的联系,至少言说的意义或话语的意义离不开对语句或语词意义的理解。显然,把握说话人的话语意义,需要从语句意义或语词意义入手。说话人的意图需要通过语词或语句来表达出来。一种说出来的表达,既具有语言学的意义,也具有言说者的意图意义。塞尔所探讨的尽管是心灵哲学的问题,然而,它却具有教育学的意味,对于教育意义的理解是有启发意义的。

---

① [美]约翰·R.塞尔:《心灵、语言和社会——实在世界中的哲学》,李步楼译,上海译文出版社 2001 年版,第 136—137 页。
② [美]约翰·R.塞尔:《心灵、语言和社会——实在世界中的哲学》,李步楼译,上海译文出版社 2001 年版,第 137 页。
③ [美]约翰·R.塞尔:《意向性——论心灵哲学》,刘叶涛译,上海人民出版社 2007 年版,第 1 页。
④ 参见[美]约翰·R.塞尔:《意向性——论心灵哲学》,刘叶涛译,上海人民出版社 2007 年版,第 167 页。

至少,在我们尝试去理解言说者的意图意义时,我们不能只是关注其意向意义,同时也需要关注其心理状态即言说时的心理体验。

以上表明,自哲学对意义的意义进行探究以来,哲学家关于意义的本质,就有着不同的立场。沙夫在《语义学引论》中曾经指出,意义的用法多样混乱,至少有 23 种不同的含义。这些多种多样的意义之含义,大体可归结为如下三类:一是把意义看作是对象,符号或指号是关于对象的名称;二是把意义看作是理念的对象;三是把意义看作是人们的交往关系。① 就胡塞尔、舒茨、哈贝马斯、塞尔关于意义的立场来看,他们之间既有很大的不同,但也有着许多共同之处。无论是表述(语词)的意义(胡塞尔)、行为的意义(舒茨),还是表达的意义(哈贝马斯)、语句语词的意义或言说的意义(塞尔),都注意到了表述者和行为者的内在意识、体验、意向或意图——心理体验、主观意义、意图、意向。意义理论作为讨论有关符号、表述或指号之意义本质的理论(在沙夫的语义学理论中,或者在胡塞尔的理论意义理论中,意义是一个与指号、表述密切相关的概念),对于我们阐述行为意义之内涵,提供了很好的参照。这种参照的依据在于,我们把个体的行为、身体行为或言语行为等,亦视为一种表述,视为个体内在意识体验的外在指号。在这种情况下,意义理论关于符号和表述的意义之解释,就能够用作儿童世界的意义阐释之理论基础。

二、个体行为的意义

通常在以下三种情况下,都会出现意义问题。一是指号或符号的意义问题。一个信号,在特定的情境中总是在表达某种特定的含义,那么它们各自表达的是什么? 信号灯、斑马线、指示图、文字等,在特定的情境中都有其特定的意义。二是表述的意义问题。人们的言语行为,在相关的语境中,言语行为总是在向对话者传达什么,或者是命令,或者是请求,或者是陈述,或者是希望,或者是裁决,或者是承诺等。但是言语行为,或说出的一句话,可能既有字面的意义,也有"言外之意"。这个"言外之意",契合哈贝马斯所谓交往话语的三重意义。这样,与言语行为相关的意义,就能传达言说者的意图、言说者所指称的事态以及言说者和听者之间的关系。言外之意实际上就是言说者想要向他人传达言语之外的意思,如言说者的某种特定的思想、情感、体验等。三是身体行为的意义问题。个体的有意识的身体活动,总是其内在意识体验的外化。正是借助身体的活动,个体的意识体验才得

_____

① 参见[波兰]亚当·沙夫:《语义学引论》,罗兰、周易译,商务印书馆 1979 年版,第 214—215 页。

以外化或对象化,即通过身体而显现于他人。个体的意识体验在许多时候是借助言语行为而传达的,但在许多情况下,身体行为则更为直接地显现出个体的意识体验,例如紧握拳头来表达愤怒或恐惧。在不同的语境中,行为可能会表达不同的意思。如果说言说行为可能被言说者有意用来隐瞒自己的思想、立场和观点,但身体总是很诚实的。即便是出色的表演者,他的身体都难以隐瞒他的内在意识体验。身体会如实地向那些具有理解力的人显现它自身。一般而言,身体行为总是和言语行为相伴随。从广义上看,言语行为亦属于身体行为。行为既是指那些明显的可观察的行为,也是指那些内隐的诸如态度、信念、期待、动机和渴望等主观行为。① 对我们的研究来说,所谓意义就是行为的意义,即个体通过行为而显现出来的东西。

　　尽管哲学家对意义理论关于意义的解释并没有达成共识,但这些有关意义的解释对于个体行为意义的分析还是有启发价值的。例如,一个行为既可以被视为一种指号,并赋予这种指号以人们都能够承认的含义;也可以被视为一种自我的处境,反映出个体在这个世界中的生存处境。在日常生活中,这个生存处境往往并不为交往者所关注。这样,个体行为也就具有了指号的意义和处境的意义。在日常的生活世界中,为着交往和生存的需要,个体的行为都会被作上标记,这种标记以动词的形式出现。这样,动词便被视为指号意义的显现,而世界则成为其指涉的对象。在交往实践中,由于指号意义的存在,交往者通常首先对行为进行辨识,即把行为看作是什么行为,由此而对它加以标签化、概念化。在许多时候,人们是这样来赋予行为意义的。一个将胳膊向上伸起的动作,在特定的语境中,我们把它理解为"举手"。然而,行为还有它的生存(处境)意义,即行为所要表达出来的行为者的生存处境,或者是行为者关于自我的认知,或者是行为者所面临的生存困境,或者是行为者所试图建构的某种社会关系等。还是以"举手"为例,这个"举手"动作可能表明学生有话说,可能表明学生试图想要回答教师所提出的问题,也可能表明学生对教师所提问题的质疑等。而在深层次上,这个举手行为还反映出举手者的生存体验,即学生在特定的情境中与这个世界(教师、教学、所提问题)的关系,以及由此关系所决定的他的自我意识。对于在教育语境中的儿童行为而言,被观察到的具体行为总是包含着指示和处境的双重含义。当教育者观察到儿童的某种行为并试图给出相应的标签如违规、做小动作等,这里仅仅是指出了行为的指示意义,却并没有

---

① 参见[美]A.麦金太尔:《追寻美德:伦理理论研究》,宋继杰译,译林出版社 2003 年版,第263 页。

给出这些行为之于行为者的生存(处境)意义。行为的生存(处境)意义表明,行为乃是一种意向性的活动,此意向性的活动(行为)将外在的生活世界和行为者的意识世界连接在一起。例如,爱总是爱某个对象,恨也是恨某个对象,意识总是与特定的对象相关联,意识总是意识到什么。这里不存在单纯的爱或恨或单纯的意识,有的只是爱与恨的什么。通过特定的行为方式,爱与恨及其对象得以表达。如果我们将沙夫的指号概念作广义的理解,即将个体的身体行为视为带有表现意涵的指号,且也显现其生存处境,那么意义阐释问题也就主要是一个反思性地去把握那些显现给我们的现象之本质的问题。

　　行为不只是一种意向性的活动,也是一种关系性的活动。从交往实践看,则意义还是沙夫所谓"互相交际的人们和交际过程所涉及的那些对象",在这里,"互相交际的人们"正预示着某种关系的存在。人们之所以能够相互理解交往对话的言说和行为,是因为这些言说和行为总是发生在特定的情境之中。情境使得言说和行为,包括各种指号等,显示出它们的差异性。因此,"当至少两个人为了相互传递他们关于某个对象——即论域,他们的交际所谈到的东西——思想,以及情感和意志等等的表现,而应用指号相互交际的时候,那么指号情境就出现了。换一句话说,每当指号和指号情境出现的时候,指号必定直接地或间接地涉及对外对象,并且在应用指号的交际过程中至少必须两个人,一个人应用指号来传递他的思想,另一个人感知和解释这个指号,从而理解这个指号"。① 正是从这个意义上讲,意义也是应用指号的人们之间的关系,也正是关系使得人们应用指号来互相传达他们关于周围世界的思想成为必要。交往一方面指向外在世界的某物,另一方面也是在传递某种思想,因而在生活世界和行为者的意义世界之间,总是存在着各种各样的联系,两者之间无法切割;行为是人们交往实践的重要指号。由于行为所要表达的东西并非直观地显现给他人,因而就有一个理解的问题。沙夫指出:"某个人想激起另一个人的行动,想把他的思想、感情等告知另外一个人,并且从这个目的出发来应用指号,即姿态、语词、镜像等等,如果这个想要达到的效果实现了,即是说,如果有关的思想事实上已经传达给别人,那么我们就说,这个指号的意义已经为听话的人了解了。"② 沙夫关于意义的说明表明,在社会交往实践层面,社会关系的最核心的纽带,是行为的意义而不是行为。儿童的行为引起了教育者的反应。对于儿

---

① ［波兰］亚当·沙夫:《语义学引论》,罗兰、周易译,商务印书馆1979年版,第225、226页。
② ［波兰］亚当·沙夫:《语义学引论》,罗兰、周易译,商务印书馆1979年版,第264页。

童来说,其行为的意义已经为教育者所理解。行为的关系意义提醒我们,关系是儿童世界意义阐释的重要内容。学生在课堂上的小动作行为,至少蕴含着对教师课堂教学的排斥或忽视关系。儿童一些行为之所以会引发教育者的非理性反应,主要是因为教育者把某些行为理解为是对教师的贬低或侮辱。

三、儿童行为意义之规定

在教育实践中,儿童的行为总是意义给予的行为。所谓意义给予,旨在表达这样一种关于行为的含义,即有意识的行为总是具有指号、处境和关系这三重意义。但是由于人们生活在意向行为之中,因而人们总是看到相应的行为,而忽略了它们乃是意义给予的行为,这就是说,或者是忽略行为总是在表达一定行为者的某种意思,或者是无视行为所表达的含义。在教育实践中,教育者往往注意到了某种特定行为的指号意义,而意识不到行为的处境意义和关系意义。儿童的行为总是会与某些对象发生关系,但对象性的关系与行为的意向永远不会完全表现在同一层面。不同的儿童,其行为可能是相同的,然而他们的行为意向却极有可能是完全不同的。这种情况在陈述中也同样存在,相同的陈述,所指对象相同,但所表达的意向(含义)却可能不同。在一个陈述中,人们表述其判断,但也表述感知、意指、意向和关系。

儿童的思想、意识、情感、体验、判断、精神等,乃是儿童意义世界的基本内容。这些内容的一个显著特征,在于它的内隐性。这就是说,它们并不是直接显现于他的交往者或观察者,而是借助于言行或其他事物如服饰、发型、书画、涂鸦、文字等而显现出来,并通过交往者和观察者的理解而被把握。儿童在日常生活中,在与世界的交往中,在不断扩大的生活实践领域中,逐渐形成了他们的思想、意识、情感、体验、判断、精神等。这些属于主观世界的东西,逐渐地成为支配其行为的内核。换言之,尽管这些属于主观性的东西主要地受制于客观世界,但一旦形成,就会成为儿童个体行为的支配性的力量。意识层面的东西尽管是由客观世界所决定或支配的,但一旦形成,就有其自成性和自洽性,成为一种独立的力量。在考察儿童的行为时,在阐释儿童的意义世界时,这个外在的生活世界乃具有决定性的作用,同时亦具有方法论的意义,即倘若要改变某个儿童特定的行为方式,那么外在生活世界的改变乃是首要的条件。这个外在的生活世界,不只是客观的自然环境,更是儿童所置身于其中的社会世界,而这个社会世界的核心乃是由儿童及其在交往中所形成的社会关系,包括影响儿童生活的那些相关人员,如教师,父母等。他们及其一个总和的总体,则成为决定儿童主观世界的客观因素。然而,这些属于刺激性的客观因素,总是向儿童提出这样那样要求的社会环境,并不是直接地引起儿童行为反应的,而是通过形塑儿童的意义世界而间接地决定着儿童的行为表现从而决定着儿童的自我形成。正是在这个意义上,儿童的意义世界,就应该成为教育学特别关注的领域。

儿童的意义世界并不是直接显现于他的相关者,即并不直接显现于既是教育者又是观察者的教师。儿童的意义世界是借助于其可直观的外在行为而间接地显现出来。由此,儿童个体的行为就成为儿童意义世界显现的中介或意思表达的指示。儿童的行为亦如成年人的行为一样,一头连接着生活世界,一头连接着其意义世界(经验和体验)。这是就行为的构成而论。行为总是指向外部生活世界——特定的人或事物,然而,这个指向具有深刻的内在体验的意味。至少,行为者与外在世界的关系,正是其行为与内在体验的关系的反映。由此,行为成为指示的信号。在这种情况下,行为及其所指向的生活世界,并非是行为的意义所在。相反,它只是指号。行为的意义是由行为所表现出来的体验、思想、感情、意识、关系等。

在狭义上,我们把儿童的行为看作是儿童的身体动作及其言语行为,即把那些可直接被给予的肢体的活动视作行为。而在广义上,则将儿童的意义世界,即儿童的思想、意识、情感、体验、思维、判断等亦纳入行为的范畴。不过,在本书中,我们将把这些内隐的通过肢体的活动而显现出来的东西称为意义。这样,外显的行为与内隐的意义,就形成了一个综合体。不过,相对行为而言,意义还有更多的含义。它不仅指行为由以表现的意义世界,还包括行为试图去实现的意向。实际上,我们只有把行为及其指向的外部事物联系在一起,才能够对行为加以辨识。综上,儿童行为的意义就包含了三层含义:一是行为所关涉生活世界的指号关联着生活世界,将使一个交往者或观察者获得对行为的辨识并加以命名,从而使人们知道这是一种什么行为。二是行为总是显现行为者的内在体验、经验、观念、思想、情感等。在这个层面上,我们把因行为而表现出来的东西称之为行为的内在意义或生存意义或处境意义。三是行为总是在表现着并建构着行为者与外在世界的关系,或者是与事物、事情的关系,或者是与他者的关系,特别是与儿童交往较密切的教育者的关系。在这个层面上,我们把行为的意义称之为行为的关系意义。行为既在表现行为者与生活世界的关系,同时也借助行为而建构其与生活世界的关系。

在日常生活中,教育者和儿童通常是通过理解行为的指号意义、处境意义和关系意义来实现其教育交往的。教育者凭借着经验和常识,通常能够理解儿童行为的三重意义。但在现实的生活世界中,教育者往往不能准确而完整地把握儿童行为的三重意义,而只是把握了其中的某个方面的意义。在许多时候,教育者甚至忽略了儿童行为之意义,而直接在规范意义上对儿童行为进行评价。对行为的评价也需要对行为的意义加以理解,但理解已经不是教育者交往实践的首要任务。对行为的规范判断将使得儿童行为的某些方面显现在教育者的视野之中,从而又将行为的另外一些方面遮蔽起来。由于更多关注行为与规范要求的切合性,其结果是,教育者在教育实践中的规范判断总是先于意义理解。实际上,教育者关于行为的规范判断,多是立足于行为的指号意义而忽略了行为的生存意义或关系意义。然而,影响人的身心活动即教育,恰恰需要教育者深入地理解儿童行为的生存意义和关系意义。

第二章　儿童之所是

儿童是教育的对象。这个能够为经验所把握的对象却未必能够在观念中得到回应。从整个教育观念史来看，观念中的教育对象并非一成不变，而是随着人们对教育的认识深化，特别是哲学关于人的认识的深化而发生着变化。进一步分析会发现，作为观念意识的"儿童是教育的对象"，实际上与教育实践仍然有着很大的不同。至少在观念意识中，教育的对象乃是抽象的儿童概念。在教育实践中，教育者总是要面对具体的个别的儿童，而不是抽象意义上的儿童。然而，在实践层面，教育者往往又是把具体而个别的儿童当作抽象的对象来处理，即当作类来处理。这是认识与实践的矛盾所在。尽管如此，人们已经在反思的层面开始认识到"儿童作为教育对象"的观念缺陷，因而有意识地去把握"这个儿童"作为教育对象的实践意义。本章将重点分析"儿童之所是的"问题。通过探讨与分析教育对象观念的演变，阐述当代教育理论把"这个儿童"作为教育之对象的教育学意义。

第一节　教育对象的观念演变

人们关于教育对象的观念或教育对象观，预设了教育的出发点，或教育实践由以展开的前提。教育实践业已表明，对教育对象的不同理解，将会形成全然不同的教育方案设计。在教育实践中，尽管教育直接面对的对象是儿童，然而人们却往往并不把这个直接的对象看作是儿童，或者把现实中的儿童真正作为其教育实践的出发点。这就是说，经验的东西与人们在反思意识中所把握的东西并不相同。在观念的反思层面，人们关于教育对象的认识有一个发展变化的过程。前现代社会的人们，在各种有关教育问题思考的著述中，即便在有关教育对象的论述中出现了"儿童""孩子""童子""稚子""幼童"等概念，这些概念也只是为了指称教育的对象，而不是作为反思的对象。只是到了近代，随着人的意识的觉醒以及教育的规模化发展，儿童作为概念才真正进入到理论的反思意识之中，成为教育学理论反思的对象。通过对教育对象观念史的考察可以发现，反思意识中的教育对象有一个从"人"到"儿童"再到"这个儿童"的发展历程。①

一、"人是教育的对象"

在教育学关于教育对象的思考中,在相当长的历史时期里,人们都坚持认为,教育的对象是人或人是教育的对象。这是关于教育对象的最为常见的观念,人们对此也较少提出质疑或反思。蕴含在"人是教育的对象"这个命题中的"人"之应有之义,是教育哲学一直关注的主题。对于作为教育对象之"人"的不同理解,发展出不同的教育理论,并由此决定着教育实践的形态和方式。在教育实践中,教育者也总是有意识地或无意识地有着自己对这个教育对象的理解,并决定着他的具体的教育实践的展开。教育观念的历史考察能够很好地显现"人"这一概念在教育学史中的观念演变。

自柏拉图开始直至近代教育学,教育理论都是从人的本质规定出发来谋划儿童教育。把人作为教育对象来思考教育问题,在古希腊哲学家那里就已经出现。在《理想国》第二卷中,针对格劳孔和阿得曼托斯的有关正义观的对话中,苏格拉底显示出人们有关"人"的理解对于政治、教育的奠基性作用。在《理想国》中,城邦正义问题先于人的正义问题被讨论,有关对象讨论的先后次序,已经明确了教育方案的实践逻辑起点。教育既受制于城邦的规定,同时也受制于人的灵魂的规定。人的灵魂的规定性,即理性、欲望和激情,决定着教育的展开环节。教育即引导,包含着对人的理性的张扬,即通过有意识去看理念的世界,而使人获得一种理性的能力;同时,教育也是引导个体以理性来控制自己的欲望的过程,从而形成人的德性。理智是智慧的,是为整个心灵的利益而谋划,激情则服从和协助理智来控制欲望。教育就是灵魂的转向。② 可以说,《理想国》关于儿童教育的谋划,恰恰是从人的本质的追问开始的。人作为教育的对象,意在促进其完善性。在这里,儿童只是人的完善过程中的一个阶段、一个环节。人的本质成为主导性和规定性的因素。这种观念为亚里士多德所继承,在《政治学》中,亚里士多德所说的儿童的理性不成熟,所表达的正是这种思想。③

---

① 值得注意的是,在相当长的历史时期里,人们关于教育的论述主要指向与儿童有关的方面,因而我们在这里所讨论的教育对象观,也主要局限于人们有关儿童的教育的观念和认识,不涉及现代学校教育体系所涵盖的高等教育、职业教育和成人教育的对象,其对象域主要限于我国基础教育所涉及的范围。

② 参见[古希腊]柏拉图:《理想国》,郭斌和、张竹明译,商务印书馆1986年版,第157—168页。

③ 参见[古希腊]亚里士多德:《政治学》,颜一、秦典华译,中国人民大学出版社2003年版,第26页。

中世纪阿拉伯哲学家阿威罗伊(Averroes)在论述教育问题时亦秉持同样的立场,认为儿童时期所受教育的意义在于,德性的卓著依赖于幼年时期的德性教育。"只有从年轻时开始,一个人才能获得习惯,通过习惯,技艺的实践才能逐渐提高。"①儿童在这里仍然是完善之人的过渡阶段,是完善之人的展开环节。尽管这些论述似乎并没有触及教育对象问题,但决定这些论述展开的基本前提,恰恰是"人的本质规定性"这一命题。人之作为教育的对象意味着,教育是立足于人的完善性的实践。即便是指向儿童的教育,也是服务于人的完善性这一目的的。后来的教育家们基本循此思路展开对教育的思考,并在洛克那里得到了系统的论述。② 更为明确阐述这种思想的则是康德。康德就指出,"人只有通过教育而能成为人。……人只有通过人,通过同样受教育的人,才能被教育"③。儿童作为人生阶段,在这里只具有辅助性的地位和作用。人的完善通常也以个人修身的论述而出现。人对完善性的追求,作为主体性实践之一种方式,被福柯以"关心自己"的话题而得到明确论述。"关心自己作为一个律令,不只是和从青少年到成年的这段时期的教育危机有关。关心自己是一个必须伴随整个人生的持久的义务。"④

前现代西方教育哲学关于教育对象的论述,用梅洛-庞蒂的话说,就是对儿童"漠不关心"。梅洛-庞蒂说:"众所周知,古典思想并不重视动物、儿童、原始人或疯子。"对儿童的不重视导致的直接结果是,"我们不是试图理解他们如何生活,而是衡量他们与表现正常的成人或健康人之间的距离"。在梅洛-庞蒂看来,古典思想之不重视儿童,正是因为古典思想相信,"有一种完美的人",他们"原则上能够穿透事物的存在,构建一种最高知识,解释包括物理自然现象、人类历史和社会现象在内的所有现象,分析它们的原因,最终在使儿童、原始人和动物远离真理的身体的某种偶然性中发现他们的非正常性"。⑤

我国古代教育家关于教育对象的论述,也一直把"人"作为其原点。《管子》中的《弟子职》,记学生事师、受业、馈馈、洒扫、执烛坐作、进退之礼。朱熹站在后人的立场,把它看作是"言童子入学受业事师之法"。清代洪亮

---

① 《阿威罗伊论〈王制〉》,刘舒译,华夏出版社2008年版,第32页。
② 参见[英]洛克:《政府论》下篇,叶启芳、瞿菊农译,商务印书馆1964年版,第34—43页。
③ [德]伊曼努尔·康德:《论教育学》,赵鹏、何兆武译,上海人民出版社2005年版,第5页。
④ [法]米歇尔·福柯:《主体解释学》,余碧平译,上海人民出版社2005年版,第92页。
⑤ [法]梅洛-庞蒂:《1948年谈话录》,郑天喆译,商务印书馆2020年版,第25页。

吉认为《弟子职》"乃古塾师相传以教弟子者"①,清代庄述祖也认为是"古者家塾教弟子之法"②。实际上,《弟子职》把受教育者称为"弟子",其中所涉对象乃较为广泛。是否一定是"童子",还需要明辨。从所提出的具体要求来看,一些事情未必是童子所能做的,因而"弟子"乃是在与"师"相对的意义上来讲教育对象。尽管《弟子职》主要阐述弟子应做应为之事,但全篇却没有关于"弟子"的论述,这就是说,《弟子职》全文没有讨论如何看待"弟子"的问题,而是对"弟子"言行的具体规定和要求。这种有关弟子言行的规定和要求,乃是站在礼俗的规范性立场而提出的。孔子的理想人格,即培养君子——圣人或贤士,同样为儿童的教育谋划提供了逻辑前提。尽管孔子主张因材施教,而这意味着人的现实性应该成为实践教育活动的出发点,但最终指向的却是要把个体培养成孔子所期望的具有"复礼"之志向的君子。我们也可以说,孔子的教育对象具有双重的属性,即人的理想性及其现实性。孔子关于教育的主张,正是建立在对人作为教育对象的思考之上,所谓"中人以上,可以语上也;中人以下,不可以语上也"(《论语·雍也》)。孟子讲恻隐之心、羞恶之心、恭敬之心、是非之心,"人皆有之""人皆有不忍人之心"(《孟子·公孙丑章句上》)。又说,"仁,人心也;义,人路也"(《孟子·告子上》)。荀子说,"人之性恶,其善者伪也"(《荀子·性恶》)。又说,"凡人之患,蔽于一曲,而暗于大理"(《荀子·解蔽》)。都是在抽象的人性意义上并以此为出发点来讨论教育问题。《中庸》开篇就说:"天命之谓性,率性之谓道,修道之谓教。"尽管其中没有具体涉及教育对象的论述,但性、道、教的关系,已经隐含着人作为教育对象的观念及反思。

　　综观中西方,前现代社会的教育思考都是把人作为教育的对象。这种关于教育对象的认识,在19世纪俄罗斯教育学家乌申斯基那里得到了更明确而系统的阐述。乌申斯基以前所未有之气概直接申明,"人是教育的对象",并明确指出,"如果教育学希望全面地去教育人,那么它就必须首先全面地去了解人"。因此,"一个教育者应当力求了解人,了解他实际上是什么样,了解他的一切弱点和伟大之处,他的一切日常琐细的需要以及他的一切伟大的精神上的要求。一个教育者应当了解在家庭中、在社会上、在人民中间、在人类世界中的人,以及在暗中具有自己的良心的人;应当从各方面来了解人,这包括一切年龄、一切阶段、一切境遇,在忧与乐时,在贵与贱时,在精力充沛或生病时,在抱着无限希望时和在临终榻前,当人的安慰话已经

---

① (清)洪亮吉撰:《弟子职笺释》,清光绪三年授经堂刻本。
② (清)庄述祖撰:《弟子职集解》,清光绪十四年江苏书局刻本。

无效时"①。这就是说,直到19世纪中叶,即便卢梭已经在反思意识层面将儿童作为理论反思的对象和教育实践的出发点,人作为教育对象的观念还在深刻地影响着欧洲教育学者对教育问题的思考。

二、儿童是教育的对象

近代教育学不同于古典教育学的一个最显著的特点,在于教育对象在观念上的转变。与古典教育学从理念人或人的本质规定出发来建构教育谋划的取向不同,近代以来的教育学则出现了教育谋划在对象观念上的转变,即从理念的或抽象的人的形态转向儿童,并把儿童作为教育的对象,形成教育学建构的"儿童对象观"。

儿童对象观并非近代教育学家的独创。实际上在中世纪的教育论述中,儿童已经作为论述的概念出现了。例如,在奥古斯丁的《忏悔录》中,在维夫斯的《论教育》中,在蒙田的《论儿童的教育》中,我们都可以看到儿童的概念表达。奥古斯丁在《忏悔录》中写道:"儿童厌恶学习,酷爱游戏。""大人们懒散就要算作是正经事,而如果儿童懒散,那么这些大人们就要责罚儿童。"②"儿童"与"大人"对举,反映了奥古斯丁已经认识到作为生命阶段的儿童在其人生中的不同地位。阿奎那(Thomas Aquinas)在《神学大全》中也从年龄的角度论述儿童。他说,"儿童是由一代人所产生的,而他们在结婚之后,又生出另一代的儿童。无论就判断或知识来说,本来也会有精神能力上的差异"③。在这里,儿童是作为抽象的概念而呈现在读者的面前,但在这里已经能够看到西方中世纪的哲学家关于儿童之不同于成人的直观认识。维夫斯在《论教育》一文中,交替使用诸如"儿童""孩子""儿子"一词,从中我们可以看出人文主义学者对特定年龄阶段的儿童教育的关注。维夫斯甚至提出,"安排每个孩子学习他似乎最适合学习的东西","用鼓励和适合他们的小小的奖赏或指出谁讲得好等方法来激励儿童,比用责备方法要好","在儿童时,我们批准一些东西,但是等到成人了就不需要了"。④ 蒙田则把他的一篇论文题目直接确定为《论儿童的教育》。在这篇论文中,蒙田从人类天赋的身心能力和谐发展出发,提出用理性和经验而不盲目地运用权威的主张,由此来建构出他的一套人文主

---

① 〔俄〕康·德·乌申斯基:《人是教育的对象——教育人类学初探》,张佩珍等译,人民教育出版社2007年版,第16、26页。
② 吴元训选编:《中世纪教育文选》,人民教育出版社2005年版,第4、5页。
③ 吴元训选编:《中世纪教育文选》,人民教育出版社2005年版,第49页。
④ 吴元训选编:《中世纪教育文选》,人民教育出版社2005年版,第258、280、281页。

义的教育方案。需要注意的是,人文主义教育学者讨论的儿童教育问题,以及对传统教学方法的批判,并非是将儿童作为出发点,而是把人的身心能力作为出发点。

中世纪有关教育的论述,儿童只是作为现实的教育对象而出现,用类比和隐喻的方式来刻画儿童的整体形象,教育论述中的儿童形象描述和刻画并非是作为观念的反思概念而出现。这就是说,中世纪的教育论述,只是把儿童看作现实的存在,是在描述而非在理性批判的意义上作为观念的存在。

真正把儿童作为教育对象并在观念意识层面进行反思的论述来自于卢梭。卢梭的《爱弥儿》确立了教育对象的观念转变。卢梭的"哥白尼式的革命"在于他真正发现了儿童。"我们对儿童是一点也不理解的:对他们的观念错了,所以愈走就愈入歧途。最明智的人致力于研究成年人应该知道些什么,可是却不考虑孩子们按其能力可以学到些什么,他们总是把小孩子当大人看待,而不想一想他还没有成人哩。"①这是教育论述中最具颠覆性的教育对象的观念转变,即"人是教育的对象"一变而为"儿童是教育的对象"。然而,另一方面,卢梭又无法摆脱从目的论出发来考虑教育问题的传统立场,思考着如何"把他们培养成我所想象的人"②。在这里我们可以看到卢梭教育思想中的传统与现代的矛盾与交织。但是,新的问题已经提了出来:儿童按其本性来说可以成为什么样的人? 儿童通过教育能成为什么样的人? 这是近代教育哲学的基本理论问题,也是现代教育的根本问题。能否根据教育者的意愿把一个儿童培养成他所想象的人? 对于这样一个教育哲学的基本问题,至少卢梭是持肯定态度的,或者说如果教育是从儿童的本性出发,教育者的意愿是可以实现的。不仅卢梭,现代教育理论,无论是何种流派,也都是持这一立场的。

在我国,明代教育家王守仁关于"儿童之所是"的论述,也同样意味着一种全新的教育对象观的确立,尽管我们还不能将相关的论述纳入近代教育学的范畴,但儿童作为教育的对象,已经引起了思想家的思考。这种思考表明,明清以来,我国的教育对象观也在悄然改变之中。王守仁指出:"若近世之训蒙稚者,日惟督以句读课仿,责其检束而不知导之以礼,求其聪明而不知养之以善,鞭挞、绳缚,若待拘囚。彼视学舍如图圄而不肯入,视师长如寇仇而不欲见,规避掩覆以遂其嬉游,设诈饰诡以肆其顽鄙,偷薄庸劣,日

---

① 〔法〕卢梭:《爱弥儿》,李平沤译,商务印书馆1978年版,第2页。
② 〔法〕卢梭:《爱弥儿》,李平沤译,商务印书馆1978年版,第4页。

趋下流,是盖驱之于恶,而求其为善也。"王阳明认为:"大抵童子之情,乐嬉游而惮拘检,如草木之始萌芽,舒畅之则条达,摧挠之则衰萎。今教童子,必使其趋向鼓舞,中心喜悦,则其进自不能已。譬之时雨春风,沾被卉木,莫不萌动发越,自然日长月化。"因此,应"顺导其志意,调理其性情,潜消其鄙吝,默化其粗顽,日使之渐于礼义而不苦其难,入于中和而不知其故"①。从《弟子职》《论语》《孟子》关于弟子的表述,到王阳明关于"童子"的转换,我们同样可以看到教育对象观的演变。

近代教育学所建立的儿童对象观拥有一个共同的特征,即近代教育学已经开始意识到,儿童是教育的对象。这种教育对象观的确立意味着需要放弃前现代教育学把人作为教育的对象这个当然之前提。然而,近代教育学尽管已经在教育对象观上迈出了重要的一步,但还没有意识到儿童作为具体存在而具有的存在性特征。无论是在理论上还是在实践中,儿童是作为抽象的对象而出现并被对待,是普遍观念意义上的儿童,是人们对具体而个别儿童共同特征的把握之结果。从表面上看来,通过认识这些普遍的特征,教育者能够实现他们的教育意图,却没有意识到每一个儿童都有其个别性和存在性特征。他们的主体意识——即便这种主体意识还处于朦胧的发展过程之中,也仍然支配着他们自身的活动,并且会对与之交往的成年人产生影响。这种影响是无意识的,是无形之中的,是成年人所感觉不到的。苏格拉底以对话的方式来施以教育,恰恰意识到了人有自己的意识、想法、观念等。教育者如此,受教育者亦如此。

从人是教育的对象,到儿童是教育的对象,这个转变是革命性的。它让教育者从想当然的理想的起点转向现实的起点。杜威(John Dewey)从卢梭那里开始,再前进一步,开始进入到儿童的心理世界,并且课程以及教学的展开,都是建立在儿童心理学基础之上。由此,儿童的需要、能力、兴趣、本能等,成为现代教育理论的基本范畴,成为教育实践的根本前提。这就是说,仅仅把儿童看作是儿童是不够的,还需要把握儿童的内心世界。这个儿童的内心世界仍然具有普遍性的特征,因而是儿童的兴趣、需要、能力等。行为主义心理学为杜威的教育理论提供了心理学基础。在《我的教育信条》中,杜威提出如是的主张:"唯一的真正教育是通过对儿童能力的刺激而来的,这种刺激是儿童自己感觉到所在的社会情景及各种要求所引起的。这些要求刺激他,使他以集体的一个成员去行动,使他从自己行动和感情的原有的狭隘范围里显现出来;而且使他从自己所属的集体利益来设想自

---

① 孟宪承编:《中国古代教育文选》,人民教育出版社1979年版,第286页。

己。"这样一种教育的主张是建立在如下的前提之上,即"儿童具有自己的本能和倾向"。①杜威关于儿童的认识,尽管不是建立在现象学反思的基础之上,而是建立在他作为哲学家的理性分析之上,但这些判断却超出了人类两千多年来关于儿童的认识。从抽象规定的人,到儿童,再到儿童的本能、倾向、兴趣、爱好,教育理论对教育对象的认识开始逐步深化。可以说,近代教育学发现了儿童,发现了儿童有着不同于成年人的独特性。这种教育对象观的确立并不是突然发生的,而是有其思想渊源的。文艺复兴时期的人文主义学者、西班牙的维夫斯就已经开始注意到儿童的性情问题。"在决定怎样对每一个人进行教学的时候,应该考虑他们的性情。仔细考虑这个题目属于心理学的研究。"②据此,维夫斯提出教学必须要考虑的心理能力、心理差异、心理的对象、心理的活动以及心理变化等问题。区别在于,近代教育学对儿童的关注,并将儿童作为教育的实践逻辑前提,乃是在普遍的意义上展开的,而不是像中世纪那样只是在个别的教育论述中出现。儿童是作为特殊的类群体而存在,并且近代教育学家们试图发现可归属于儿童的普遍的自然属性或心理特征。

"儿童是教育的对象",这一观念支配着近代教育乃至现代教育的理论建构。儿童心理学的发展,有关儿童年龄特征身心发展规律的认识,为教育实践提供了理据,也使儿童作为教育的主体观念成为教育实践的支配性观念。问题在于,儿童仍然是一抽象而普遍的概念,是类的集合。当儿童作为抽象而普遍的概念出现时,有关儿童普遍性的特征,以及关于儿童的普遍性的知识,就成为教育理论追求的目标。相应地,则是提出有关儿童教育的普遍性原则和要求。探寻儿童的普遍性知识以及教育理论对实践提出的普遍性原则和要求,与现代教育的班级授课制天然地切合起来,从而成为支配的观念而盛行。

三、"这个儿童"作为教育的对象

儿童不是想象中的抽象,而是现实生活中进行有意识活动的个体。马克思、恩格斯在《德意志意识形态》中指出:"社会结构和国家总是从一定的个人的生活过程中产生的。但是,这里所说的个人不是他们自己或别人想象中的那种个人,而是现实中的个人,也就是说,这些个人是从事活动的,进行物质生产的,因而是在一定的物质的、不受他们任意支配的界限、前提和

---

① [美]约翰·杜威:《学校与社会·明日之学校》,赵祥麟、任钟印、吴志宏译,人民教育出版社1994年版,第3、4页。
② 吴元训选编:《中世纪教育文选》,人民教育出版社2005年版,第266—271页。

条件下活动着的。"①概念的抽象性与普遍性与现实生活的具体性和情境性，构成了理论和实践的本质区别。然而，概念的普遍性特质又会对人们的具体生活产生深刻的影响。近代以来对个体的发现，特别是马克思关于人是社会关系总和的论述，开启了当代教育学的教育对象观的新论述，也开启了现代教育实践新探索。这是当代教育对象观演变的思想基础。当代教育对象的个别化取向，使得人们开始认识到，儿童既是作为类的存在，同时也是作为具体的存在，其个体间的差异是教育理论和教育实践必须要面对和正视的问题。不同年龄阶段的儿童，同一年龄阶段的不同儿童，其性情、性格、兴趣、爱好、能力、意志、情感等，有着很大的不同。全民教育的理念，以及促进每个儿童全面而有个性发展的价值追求，也加快了教育对象观的转变。这是当代教育对象观演变的实践基础。教育对象观现代转变的主要表现为，当代教育学由普遍意义上的儿童转向为具体的现实的儿童，即从"儿童"转向为"这个儿童"。每个儿童都有其独特的兴趣、爱好、意识、体验等，因而"理解儿童""走进学生的内心世界"就成为现代教育理论的基本论述。当加拿大教育学者马克斯·范梅南提出这样的主张即"理解此时此刻什么对这个孩子才是最恰当的"②的时候，教育对象的具体和个别性特征才得以真正的发现。"这个儿童"成为教育对象，预示着教育对象观的一大进步。由此，教育学理论把"这个儿童"作为教育对象来加以论述，同时把它作为教育的起点来谋划教育的展开。抽象的教育对象观开始成为教育观念史的遗产。这是古代因材施教教育思想在当代的另外一种表达。近代以来的教育学试图在班级授课制下恢复古代教育的因材施教。教育实践之所以屡遭挫折，除了教学组织形式发生了根本的变革外，一个根本的原因就是关于教育对象的理论认识并没有转向具体的儿童，而是停留在普遍抽象的儿童层面。

　　从古典教育理论的抽象本质规定的人，到近代教育学具有普遍特征的儿童，再到当代教育学的"这个儿童"，教育对象越来越从抽象和一般上升到具体和个别，反映了教育学理论关于教育对象认识的不断深化。但这并不意味着"这个儿童"作为教育对象，已经普遍地为教育实践者所接受。普遍化的教育原则仍然是教育理论阐述的内容，也为教育实践普遍要求遵循。因此，系统阐述"这个儿童"的应有之义，并掌握真正把握这个"这个儿童"

①　《马克思恩格斯选集》第1卷，人民出版社2012年版，第151页。
②　[加]马克斯·范梅南：《生活体验研究——人文科学视野中的教育学》，宋广文等译，李树英校，教育科学出版社2003年版，第195页。

之所是,是当前教育理论的一个迫切任务。然而,教育对象的"这个儿童"却面临理论化的难题。理论是剥离具体情境并进行抽象和概括的结果。教育理论也难以逃脱理论的这个魔咒。显然,就一般意义而言,教育理论难以逐个地理解和认识"这个儿童"。它只能在一般的意义上把握儿童的类的特征以及发展机制。理解和认识"这个儿童"恰恰是教育理论赋予教育实践者的实践义务和职责。教育理论在这里只能提供一种理解和认识"这个儿童"的方法论上的提示。

第二节　从"人所应是"到"是其所是"

1941 年,毛泽东同志在《改造我们的学习》一文中,把"实事求是"作为"马克思列宁主义的态度"而提出。毛泽东同志对"实事求是"的解释是:"'实事'就是客观存在着的一切事物,'是'就是客观事物的内部联系,即规律性,'求'就是我们去研究。"①实事求是是马克思主义哲学对待客观事物的态度,也是我们研究和理解儿童的态度。我们需要思考的问题是,儿童之"是"究竟是什么? 本节将把儿童作为考察的对象,着重考察"儿童之所是"及其教育学意义。

"教育是培养人的活动"。这个看似简单而又平淡的命题,实际上包含着极为丰富而复杂的内容。自人们开始思考教育问题以来,与此命题相关的问题就已经提出。这个命题的丰富性和复杂性在于,古今教育哲学对命题中所呈现出来的"人"有着不同的理解,并因此产生了极大的分歧。从语义上看,这个"人"既可以作为"现实的人"来理解,也可以作为"将完成的人"或"理念的人"来理解。但是,什么是"现实的人"呢? 什么是"将完成的人"或"理念的人"呢? "现实的人"和"将完成的人"或"理念的人"又存在着怎样的关系? 就教育而言,上述问题都涉及有关教育对象把握的问题,即"人是什么"和"人应该是什么"。对于这个问题,古今教育理论对此作出了不同解释。由此,则有"人所应是"与"人之所是"两种不同的观念,并形成不同的教育哲学和理论谋划。"人所应是"关注人的应然状态,关注人的抽象性和人的本质性;"人之所是"关注人的实然状态,关注人的普遍性特征。对人的不同认识引发教育理论的不同建构,并影响到教育实践的展开。可以说,一部教育理论和教育观念史,无不以其对作为教育对象的人之理解为基础。总体上看,教育理论关于教育对象的论述,有一个从古典到近代再

① 《毛泽东选集》第三卷,人民出版社 1991 年版,第 801 页。

到当代的发展历程。古典现代教育理论将抽象的人作为教育的出发点,从"人所应是"出发来设计教育方案,因而人的本质规定性成为教育理论的基本问题;近代教育理论则把儿童作为教育的出发点,从"人之所是"出发来考虑教育问题,因而人的普遍性特征,即儿童之为儿童,便成为教育理论的聚焦对象;当代教育学则尝试从具体而个别的儿童出发,从普遍和一般的教育对象走向具体的教育对象。

一、"人所应是":古典教育论述的出发点

古典教育理论把"人所应是"作为教育实践的对象。柏拉图在《普罗泰戈拉篇》中提出的问题可以说是对人的本质规定及其教育关系问题之思考的开始。当希波克拉底想去见普罗泰戈拉,并请苏格拉底陪同时,苏格拉底问道:"通过与普罗泰戈拉的交往,你自己想成为什么样的人?"在苏格拉底的启发下,希波克拉底不好意思地承认,如果与普罗泰戈拉交往,他就会成为一名智者。在苏格拉底看来,与普罗泰戈拉交往,并成为他的学生,意味着把自己的灵魂交与此人,而"灵魂的好坏关系到你的整个幸福",因而接受某个人的教育,应当慎之又慎。① 在这个对话片段中,希波克拉底希望成为像普罗泰戈拉那样的智者。在苏格拉底的启发下,希波克拉底则为自己要成为智者的想法而感到"可耻"。这种经启发而产生的情感反应——可耻,预示着像普罗泰戈拉那样的智者不是苏格拉底意义上的真正的人,由此而来的问题则是:通过教育,希波克拉底应该成为普罗泰戈拉还是成为苏格拉底? 苏格拉底的问题虽然是针对希波克拉底的,因而具有某种针对性,然而当我们进一步去思考这个问题背后针对性的根基时,则这个问题就不仅具有与情境有关的独特性,更是一个有关人之本质及其教育的根本性问题。在此语境中,作为所是之人而存在的希波克拉底的当下,与作为应是之人而存在的希波克拉底的未来,以及通过教育后的所成之人,这之间的关系绝不是无关紧要的。

古典教育理论对于教育问题的思考,一个重要的立论前提,就是对人的本质或人的抽象性的判断,即对"人是什么"问题的回答。教育的本质,即那可称之为完善的教育或理念的教育,是一个无法与人的本质相分离的问题。当古希腊社会因智者的教育主张而提出"美德是否可教"的问题时,人的本质问题也随之提出。美德是否可教,在很大的程度上取决于人们对"人所应是"的理解。古典教育理论一致认为教育应基于"人所应是"而展

---

① 参见《柏拉图全集》第一卷,王晓朝译,人民出版社 2002 年版。

开,但一涉及"人所应是"的"是""是什么"这个问题时,就会立即出现分歧。例如,在柏拉图看来,"人所应是"的"是"乃在于人的理性。人的灵魂有三个组成部分,即理智、血气(激情)和欲望。应是之人就是那种理智在血性的辅助下控制自己的欲望从而成为真正主宰自己的人。灵魂的内在美德与善同在,并且产生政治效果。在这种人论的支配下,教育就是灵魂的教育。"教育的总和与本质实际上就是正确的训练,要在游戏中有效地引导孩子们的灵魂去热爱他们将来要去成就的事业。""教育乃是从小在学校里接受善,使之抱着热情而坚定的信念去成为一个完善的公民,既懂得如何行使又懂得如何服从正义的统治。……正确地接受教育就是接受我们所说的善。"①教育就是培养以追求真理为己任的哲人。

在亚里士多德看来,"人所应是"的"是"则指向政治,人是政治(共同体)的存在。因而,较好的生活方式就是实践的或政治的生活方式。人只有加入共同体,和他人共同追求有利且正义的事物,人才能发挥全部潜力。而要使得人们共同追求,就必须要使人们分享某种有关善或正义的生活方式的观念。于是,建立好的共同体(善良的城邦)不仅是亚里士多德所要实现的政治目标,也是个体完善的基本条件。然而,"要想成为一个善良之邦,参加城邦政体的公民就必须是善良的",于是与政治实践相关的教育问题由此产生:怎样培养一个更加善良的人? 在亚里士多德看来,成为善良之人的途径有三,即本性、习惯和理性。人的本性是人之成为人而不是动物的属性即人的身体和灵魂。而最根本的乃在于人的灵魂是由理性构成的。本性、习惯和理性三者应该彼此一致。由此,亚里士多德为善良之邦所设计的教育体系的全部原则就是:由于孩童们与生俱来地具有愤怒、意愿以及欲望,而只有当他们长大后才逐渐具备推理和理解的能力;因此,教育应当首先关心他们的身体,尔后是灵魂方面,再关心他们的情欲,而关心情欲是为了理智,关心身体是为了灵魂。此外,根据善良的城邦与善良的人之间存在的依赖关系,亚里士多德提出,教育应该与政体相适应,应该教育公民适应他生活于其中的政体;应对所有的公民实施同一种教育。②

上述关于"人所应是"问题的思考,预示着古典教育理论试图把教育建立在人的抽象的本质规定基础之上。首先,"人所应是"作为教育论述论证的前提,意味着教育的哲学思考,教育的实践谋划及展开,是从人的抽象性

---

① 《柏拉图全集》第三卷,王晓朝译,人民出版社2002年版,第389页。
② 参见[古希腊]亚里士多德:《政治学》,颜一、秦典华译,中国人民大学出版社2003年版。

本质出发的。其次,"人所应是"不仅是教育理论建构的前提,也是教育理论争论的焦点和内容。不同的哲学立场提出不同的人性论,即对"人所应是"之"是"提出不同理解,由此引发对人的抽象性本质的争论,并成为教育理论的基本内容之一。最后,"人所应是"或人的抽象性本质,不仅是教育哲学理论建构的前提,也成为思考全部教育问题的起点和归宿,成为教育实践最终要实现的目标。"人所应是"作为教育的目标或终结表明,教育最终是要使人达到一种完善的状态、一种人的理想形态,成为人之为人的人。不同的教育哲学立场从人的抽象性出发而设计的教育方案,通常总是要借助表征人的抽象性特征的最高范畴,诸如培养"哲人"或"圣人"等,来表述其相应的教育目标。

二、"儿童之所是":近代教育学建构的理论前提

如果说,古典教育理论把"人所应是"作为教育学建构的理论前提,那么近代教育学则从"人之所是"出发,来反思教育逻辑前提问题,并由此来建构解决教育问题的方案。近代教育学从"应是之人"向"人之所是"的转换意味着,古典教育理论中的本质性的人("人所应是")开始为近代教育学的普遍特征的人("人之所是")所取代。其突出的表征就是,哲学意义上的"自然"概念开始正式进入教育学领域。当夸美纽斯(Johann Amos Comenius)提出"把一切事物教给一切人类"的主张时,教育涉及的人的普遍性问题便已然提出。① 教育学意义上的人的普遍性范畴在实践层面则转化为普遍的人,转化为普遍的教育对象。与人的普遍性的教育诉求相适应,则是教育遵循自然的实践原则。在这里,人的抽象性原则开始为普遍的自然性原则所代替。教育学开始从古典时代高调的"人所应是"还原为现实的"人之所是"。尽管教育最终是要达到"人所应是"的目标,但其基础和出发点或起点已经不再是"人所应是",而是"人之所是"。然而,这并不意味着"人所应是"的抽象性原则失去了教育学的意蕴,毋宁说通过教育学建构的前提转换,"人所应是"成为教育实践展开的指向与目标,而不是当作教育的实践前提或依据。概言之,教育对象观的转变是古典教育理论与近代教育学的重要区别之一。古典教育理论从"人所应是"出发,来否定"人之所是",从而实现"人所应是";近代教育学则相反,是从"人之所是"出发来

---

① 参见[捷]夸美纽斯:《大教学论》,傅任敢译,教育科学出版社2014年版。

超越"人之所是",通过对人的教化或惩罚①来实现"人所应是"。

近代教育将"人之所是"作为教育的对象,意味着教育实践出发点的下降,即从人的理想状况下降到人的实际状况。无论是夸美纽斯的儿童的"自然的秩序",还是卢梭的儿童的"自然",抑或杜威的"儿童的天性",都清晰无疑地说明了这一点。例如,在卢梭看来,"我们的才能和器官的内在发展,是自然的教育;别人教我们如何利用这种发展,是人的教育;我们对影响我们的事物获得良好的经验,是事物的教育"。"自然的教育完全是不能由我们决定的",教育要想获得成功,"就要使其他两种教育配合我们控制的那种教育"。② 在这里,教育应基于人的自然性得到了最为充分的阐述。这种观念后来在现代教育学中,特别是在杜威那里得到了进一步的阐发。杜威明确指出,"儿童具有自己的本能和倾向","教育必须从心理学上探索儿童的能量、兴趣和习惯开始……这些能量、兴趣和习惯必须不断地加以阐明"。③

近代教育学人性基础的变化给教育带来了极其重要的变革。这种变革主要表现为,"人之所是",即人的普遍性特征成为教育的依据,而"应是之人"则成为教育的目标。对此,康德曾明确地指出:"孩子们应该不是以人类的当前状况,而是以人类将来可能的更佳状况,即合乎人性的理念及其完整性规定——为准进行教育。"④如果说在古典教育理论中,"人所应是"既

---

① 中世纪阿拉伯哲人阿威罗伊认为,德性有两种实现方式,一种是教化的方式,一种是惩罚的方式。阿威罗伊指出:"我们说在政治性的人类灵魂中实现德性,大体上有两种方式。一种就是通过修辞的和诗性的论证在他们的灵魂中建立意见。这限于将理论学问介绍给大众,而被选中的少数人学习理论学问的方法才是真正的方法。……在教给大众智慧的时候他使用修辞和诗性的方法,因为在这个问题上他们有两种情况:要么他们能通过推理论证了解它们(即理论真理),要么他们根本不了解它们。第一种情况是不可能的,第二种是可能的——因为每个人获得与其天性和准备相符的人类完善性。而且对第一原理和终极因的认识程度只要符合他们的天性,对他们获得相称的其他道德德性和实践技艺就有裨益。一旦道德德性和实践技艺以第一种方式在他们灵魂里建立起来,两种论证方法(即晓之以理和动之以情的论证)并用,也能够引导他们去实行这些技艺和德性,这能使他们追求好的品质。这第一种教育之道只对自幼就受这种教养长大的居民才是可能的。在两种教育之道中,这一种是自然的。第二种教育之道针对的是敌人和不能德化之人。这是镇压和体罚之道。很明确,这种教育之道不能施之于德性城邦的居民,或者即使应用,也只是为了有效训练他们学习纪律,即学习战争技艺和军事训练。至于其他不善之族,行止不仁之族,除用战争来强制他们接受德性之外别无他法。"参见[阿拉伯]阿威罗伊:《阿威罗伊论〈王制〉》,刘舒译,华夏出版社 2008 年版,第 28 页。
② [法]卢梭:《爱弥儿》,李平沤译,商务印书馆 1978 年版,第 7—8 页。
③ [美]约翰·杜威:《学校与社会·明日之学校》,赵祥麟、任钟印、吴志宏译,人民教育出版社 1994 年版,第 4、5 页。
④ [德]伊曼努尔·康德:《论教育学》,赵鹏、何兆武译,上海人民出版社 2005 年版,第 8 页。

是教育的依据和出发点,同时也是教育的目标与归宿;那么进入现代社会以来,则"人所应是"则一变而成为教育的目标和归宿;而教育的基础和出发点则归于"人之所是"。换言之,教育以人的抽象性为指归,而以儿童的实际状况为起点。"人之所是"使教育变得更加切合实际。在近代教育学语境中,"人之所是"已经摆脱了哲学意义上的抽象的"人"的概念,而进入普遍的现实的人的概念。教育不能从一种抽象的人出发。这是教育起点的一次下降,但却是一种积极意义上的下降。抽象的人为普遍意义上的人所替代,为教育的普及以及全民教育的实现提供了观念支持。

造成近代教育学人论基础转换的原因是多方面的。

首先,传统的教育理论目标定位太高,以致无法实现,对近代社会开始实施普及教育来说是不可接受的。传统的教育理论与古典政治哲学有着密切的关联。古典政治哲学从人应当如何生活着眼,试图在追寻最好的政治秩序的时候,塑造与这种最好的政治秩序相契合的公民德性之实践。"一切自然存在者,至少是一切有生命的存在者,都指向一个终极目的、一个它们渴望的完善状态;对于每一特殊的自然本性,都有一个特殊的完善状态归属之;特别地,也有人的完善状态,它是被人(作为理性的、社会的动物)的自然本性所规定的。"①相应地,古典教育理论遵从政治哲学关于人应当如何生活的要求,所立基的"人所应是",并非是此时存在的"人性"的现实状态,而是一种潜在的、有待实现的可能状态,或者说是尚未实现的潜在性。教育则是依靠人的理性指导与帮助,将这种潜在性变为现实性。古典教育理论认为,对理性尚未成熟的儿童而言,它不能单纯地依靠自己未成熟的理性,而必须借助外在于他的成熟的理性的引导,而使自己的理性成熟起来。这既是一个自然的过程,依靠自身理智的成熟而发展;同时也是一个人为的过程,即通过教育帮助儿童实现理性的成熟。教育所要做的,就是将这种潜在的理性转化为现实的理性。然而,古典教育实现这个目标,却是从理性的完善性概念出发,从"人所应是"出发来实现这个目标。这使得古典教育因其起点过高而难以实现。

"美德是否可教"的问题可以看作是这种教育取向内在困境的表现。为了摆脱这种困境,近代以来,人们所作的尝试之一就是,"将美德可教植根于绝大多数人绝大部分时间中的权威之物:他们的激情和自身利益。因此,现代思想家仅仅关注人的自然条件,关注他的所是,而非应是"②。此种

---

① 转引自贺照田主编:《西方现代性的曲折与展开》,吉林人民出版社 2002 年版,第 89—90 页。
② 转引自刘小枫、陈少明主编:《美德可教吗?》,华夏出版社 2005 年版,第 6 页。

变化既是政治哲学的,也是教育哲学的。由于古典教育学对人类知性改进所设定的人性目标太高而难以实现,因而恰当的知性之改进(教育),就必须要确立恰当的起点。施特劳斯认为,"老的方法恰恰因为目标过高而达不到应有的目的。建立在通过人的力量控制自己天性基础上的自我和德性,即知性改进所要达到的境界,只有通过适宜降低起点而实现"①。

　　这种变化的发生与马基雅维里(Machiavelli)对于政治哲学的探讨密不可分。在马基雅维里看来,古典的政治哲学立足于从好的生活和好的生活方式而探讨政制的建构问题,这种探讨由于要求太高而变得不可实现。为此,马基雅维里认为,政治哲学应当从人们的实际生活出发,"人们实际上怎样生活同人们应当怎样生活,其距离是如此之大,以致一个人要是为了应当怎样办而把实际上是怎么回事置诸脑后,那么他不但不能保存自己,反而会导致自我毁灭"②。政治哲学的这种变化对教育的实践原则产生了极为深刻的影响。正是这种影响,使得教育学的人性基础从"人所应是"转向"人之所是",即恰当的教育必须要从受教育者的实际出发,来考虑并选择相应的教育方案。这在卢梭有关教育问题的论述中表现得尤为突出。当卢梭提出"要按照你的学生的年龄去对待他"时,这种主张所包含的,正是教育应从"人之所是"出发的立场。这种立场的核心思想是,把孩子当作孩子来对待。"最明智的致力于研究成年人应该知道些什么,可是却不考虑孩子们按其能力可以学到些什么,他们总是把小孩子当大人对待,而不想一想他还没有成人哩。"③因此,卢梭一方面是对传统教育的实践原则进行批判,而批判主要指向古典教育理论从"人所应是"出发;另一方面则是对教育实践原则进行重新的厘定,突出教育应从"人之所是"出发。

　　其次,近代社会主张实现人的潜在性的观念,也促使教育学的立论前提由"人所应是"转向"人之所是"。古典教育理论把"人所应是"作为实践方案设计和教育实践的出发,使得教育的前提过于理想化而不切合实际,并使教育充满着不确定性。这对于科学技术正在取得突破性进展的近代社会生活以及教育普及化发展趋势而言,是不可接受的。近代社会的发展对人提出普遍的启蒙要求,人的可教性以及普遍可教化观念成为教育的支配性观念。近代社会科学技术的发展,以及由此而带来的人的主体地位的确立,要求在教育实践中,从人的现实性出发,而不是从人的完善性或神性出发来组

---

① ［美］列奥・施特劳斯等主编:《政治哲学史》,李天然等译,河北人民出版社1993年版,第523页。

② ［意］尼科洛・马基雅维里:《君主论》,潘汉典译,商务印书馆1985年版,第73页。

③ ［法］卢梭:《爱弥尔》,李平沤译,商务印书馆1978年版,第92页。

织教育实践。教育开始成为实现人的潜在性而非完善性的手段。这种无意识的有关教育终极目标的替换,意味着一种外在地看待人的教育的思想开始为更加内在地看待人的教育的思想所取代。完善性是外在的要求,而潜在性则是内在的拥有。要实现人的潜在性就必须要做两件事情:"第一,应当揭露出隐藏在人类身上的道德潜力,必须教会人们发现他们能够遇到但是没有帮助就不能发现的(道德)标准。第二,必须认真规划一种真正赞成和奖赏道德行为的环境以帮助人们遵从这些标准。这两项任务都很明显地需要专业技巧——首先是教师的技巧,其次是立法者的技巧。"①这两件事情都涉及人自身的现实,涉及人的现实规定。其结果是,人们开始不得不调整教育学的思维方式,思考教育实现"人所应是"的可能性条件。

最后,近代经验主义哲学对近代教育学的影响。近代经验主义作为一种认识论,强调人类知识起源于人们的感觉经验,并以经验的领会为基础。在经验主义哲学思潮的影响下,经验与事实成为人们关注的对象。这一点在近代教育学的思考中也同样反映出来。洛克的"白板论"不仅表达了人的知识来源的经验基础,更表达了全部教育知识的经验基础。正是在这个背景下,基于事实来谋划教育,从"人之所是"出发来设计教育方案,便成为一个普遍性的要求。在近代的教育学家眼里,"人之所是"之"人",具体化为儿童,而"是"是指儿童的本性、天性或自然。因此,近代教育学提出的一个响亮口号就是,教育应当遵循人的自然。尽管近代教育学家对人的自然是什么存有分歧,但"人的自然"则成为近代教育学共同的出发点。例如,洛克教育学的人论基础深深地植根于他对自然法和自然权利的观念之中。人之本性即人的自然状态。人的自然就是自我保存,就是趋乐避苦,追求幸福;人在追求幸福的时候,要用理性来权衡利弊,选择真正的幸福和最大的快乐。因此,教育必须与对儿童、他们的本性、动机以及欲求的理解结合在一起。由此,教育的主要目标就在于获得这样一些知识和技能,即"在自然法的范围内控制我们的行为,有责任处理我们的财产和人身,以及避免遭受他人的完全控制"②。尽管卢梭的教育学观与洛克不同,但在教育遵循自然的原则这一点,两者却有共通之处。只是他们对"自然"有各自的理解,且这种理解还存在着较大的分歧。对于卢梭来说,人的自然主要是人的情感,如阿伦·布鲁姆(Allan Bloom)所评述的那样:"自然的人……享受着他自己生存的情感,既关心着自己的保存也对同类的创造物的苦难抱以同情,他

① [英]齐格蒙特·鲍曼:《后现代伦理学》,张成岗译,江苏人民出版社2003年版,第30页。
② [英]洛克:《教育片论》,熊春文译,上海人民出版社2005年版,第19页。

是自由的,可以完善的。"①对于洛克来说,人的自然是指奠基于人的经验的理性。

从"人所应是"到"人之所是",近代教育学经历了一个由基于完善的、理念人的要求设计教育纲领和行动方案,到基于人的自然本性,特别是基于儿童的天性而设计教育行动纲领的巨大转变。这种转变过程与教育规模的不断扩大以及义务教育日渐普及、义务教育年限不断延长的趋势相伴随。从某种角度来看,可能恰恰是教育对象的不断扩张,而促使教育家们从更加切合实际的角度出发,来思考教育的依据或出发点问题。

三、"是其所是":现代教育学的理论谋划

不管人们对"人之所是"的"是"有着怎样的理解,对"儿童之所是"的理解总是在一种普遍的意义上。它试图认识和描述儿童的普遍性特征,并以此为依据来设计教育方案。教育学的科学化以及儿童心理学的发展,正是对此要求的回应。但是,教育规模的不断扩大以及由此而来的教育普及,使得近代教育关于教育应从"人之所是"出发的主张,面临着巨大的挑战。"人之所是",所思考和讨论的仍然是儿童的一般性特征,儿童的普遍性的显现。然而,儿童的普遍性总归只是普遍性而已。教育必须要面对具体的,充满着思想、情感、意识以及富有生活经验的活生生的个体。真正有意义的教育,需要从具体的个体出发,针对每个受教育者的独特性来开展工作。在这种情况下,单纯依据"人之所是"展开的教育理论谋划,已经远远不能满足教育实践的全民教化要求。由此,现代教育学提出"所是之人"的理念,要求教育必须基于"所是之人",并从"是其所是"出发。从"是其所是"出发来展开教育实践,意味着要求教育者必须要从具体的个人出发,通过把握受教育个体的独特性来确定相应的教育方法和手段。这就是说,仅仅理解"儿童之所是"是不够的,对于有意义的教育来说也是不充分的。现代教育不仅需要理解"人之所是"——这一任务主要是由社会科学和心理学来完成的;同时还需要在把握"人之所是"的基础上,进一步去理解并把握"是其所是"。

现代教育学建基在近代教育学提出的"人的可教性"这个理念之上。但现代教育实践发现,这是一个极难实践的教育理念。人的可教性理念与现代教育实践结果之间所产生的巨大反差,一方面促使现代教育理论更加

---

① [美]列奥·施特劳斯等主编:《政治哲学史》,李天然等译,河北人民出版社 1993 年版,第653 页。

努力地从工具理性出发来探索有效教育的方法与手段;另一方面也促使教育学自我反思,不断对近代教育学所提出的人的可教性理念进行反思。结果发现,与人的可教性理念相关联的,是"人之所是"的人性立场。不管现代教育理论建构出多少不同的教育方案,但这些繁杂多样的教育理论拥有一个共同的前提,即全部的现代教育仍然是从近代教育学所提出的"人之所是"出发来思考教育问题。这就是说,"人之所是"作为教育的实践原则和要求,已经不加改变地被继承下来。然而,现代教育对人的发展的要求较之近代教育更加高远。结果是,基于近代"人之所是"观念来实施现代教育,很难达到现代社会对教育提出的更高要求。

近代教育学认为人有其自然性,因而主张教育者应根据儿童的自然性来施教。现代教育学不仅承认人的自然性,而且承认每个人的自然倾向存在很大的差异,教育应该根据受教育个体与个体之间的差异,来确定相应的教育内容、教育方法与手段。具体地说,每个人的兴趣、需要、爱好、自然性情等是不一样的。近代教育学从"人的天性"或"人的自然"出发,而现代教育学则从"这个人"或"那个人"出发。"只有当教育者根据学生成长的各个阶段的真实需要和兴趣来设计教学时,管教的问题才不会出现。因为管教的出现是学校教学设置的错误,而不是学生的错误。"①这个对于"管教问题"的反思很有意思。"管教"之所以成为问题,其根本的原因就在于教育是建立在普遍性的要求之上。顺应差异性,"管教"也就不成其为问题。

现代教育学的立论前提深刻地影响到现代教育的理论谋划,要求把"是其所是"作为教育首要考虑的问题,即从学生的差异性与独特性出发,来设计教育的纲领与方案。显而易见,对于有意义的教育来说,仅仅把握住了"人之所是"是不够的。"人之所是"只是发现了儿童的普遍性特征,而无法解决每个受教育者的独特性问题。单纯从"人之所是"出发,无法解决现代教育不得不面对的受教育者的多样性与差异性之严峻挑战。

如果在古典教育理论与现代教育学之间作一比较分析,那么我们或许会发现,古典教育理论更多的是从人与动物的区别中来探寻人的本质问题,由此来构建相应的教育方案;近代教育学侧重区分人的应然与实然、儿童与成人,并从儿童的实然出发来建构教育方案;现代教育学则从儿童与儿童的区分出发,从儿童的差异性存在出发来设计相应的教育方案。由此而形成教育学之古典、近代与现代之分野:古典教育理论更多的是从人的抽象性出

① [美]杜普伊斯、高尔顿:《历史视野中的西方教育哲学》,彭正梅、朱承译,北京师范大学出版社 2006 年版,第 9 页。

发来思考教育问题;近代教育则从人的普遍性出发来思考教育问题;现代教育学则既试图努力理解和把握人的抽象性和普遍性,又非常强调从儿童的独特性和具体性出发来谋划教育问题。"人所应是""人之所是"与"是其所是"开始结盟,人的抽象性、普遍性以及具体性,开始成为现代教育方案设计的人论基础。例如,存在主义教育学从"存在先于本质"这一命题出发,指出人的存在关涉人类对自身处境的清楚意识,因而存在即主体性存在,是人的自觉意识。因而在教育上,存在主义主张应从个体的独特性出发,"唤醒人的潜在的本质",并使每一个人都"能够成为他自己"。① 在自由主义教育学看来,人之有别,既不在于拥有理性,也不在于发明了工具与方法,而在于选择的不同,人在选择而不是被选择时才成为自己。② 因而教育不应该灌输和强制,而应该给予每个受教育者更多的选择机会,让受教育者在自我选择中学会理性的选择。

从人的具体和个别以及从人与社会关系的角度来思考教育问题所带来的最重要的后果之一,是承认人在社会交往中所发展出来的人的差异性。每个人都拥有独特的存在价值。教育就需要从不同的角度看到人之为人的某个方面的特质,并试图通过其自身的努力而彰显每个人所具有的独特性。"人所应是"为教育提供了可辩护及可欲的目标;"人之所是"为教育提供了普遍意义上可理解的人及其特质;"是其所是"则为教育提供了可理解的具体的对象。"人所应是"作为教育目标,亦即人之成为普遍抽象意义上的人,需要通过"是其所是",通过实然状态的具体实在的人而达到。

现代教育制度、结构与体系是建立在近代开始确立的"人之所是"的基础之上。这与现代教育主张从"是其所是"出发的教育理念相冲突,由此而使现代教育面临实践困境:如何基于"人之所是"和"所是之人",在普遍性的教育实践框架和体系中来培养每一个有独特要求和偏好的个体? 现代教育学解决这个困境的一种策略是,从古典教育的人的完善性取向走向一种更具现代性意义的发展性取向,在人的发展性而非完善性的范畴下,能力、主体性、自我意识、批判性思维、个人的解放、理性自主、自由与选择等,则成为现代教育的核心诉求。每一种诉求都有其存在的合理性,然而却又无法否定其他诉求的合理性。人的自然已经让位于人的社会性存在。各执一端的人性观也使得现代教育理论及其相应的教育实践呈现出各自的特色与多元取向。在多元共存的社会背景下,教育不能也无法做到将冲突的人性观

---

① 参见[德]雅斯贝尔斯:《什么是教育》,邹进译,生活·读书·新知三联书店 1991 年版,第9 页、第 54 页。

② 参见[英]以赛亚·伯林:《自由论》,胡传胜译,译林出版社 2003 年版。

进行综合或采取实用主义的策略。根本的原因在于,"成为什么样的人"可以在理论上得到辩护,而要真正成为这样的人,不仅面临受教育者个体的挑战,更需要学校及教育者个体的意志努力和实践行动。这是一种对"人所应是"的重新理解和诠释的策略。

现代教育学解决这个困境的另一种策略选择是,改造现行的教育体系和结构,建立与"是其所是"作为教育出发点相适应的教育体系和结构。这种教育体系和结构的基本原则是一种多元论的立场。其核心思想是,尝试把教育建立在人性多维分析的人论基础之上。一方面是"人所应是"的统一性,另一方面是"是其所是"之人的多样性,两者以人的普遍性("人之所是")为纽带。人在本质上是统一的,然而又是多方面的和多维度的,既包含人的自然性,也有人的社会性和人的精神性①,因而是抽象性、普遍性与具体性的统一。这种人论立场既不同于单纯一元论的人论立场,也不同于二元论的人论立场,而是试图统合与融通现代多元论的人论假设,把具体性融合到一元论之中。这种人论立场我们或可称之为"一元多维论"。它是一元论的,因为这种人论强调人之为人有其本质的构成,教育应该追求"人所应是";它是多维的,因为它承认人的多样性和差异性,并且在教育实践中以"是其所是"为出发点,以培养人的个性为指归,努力去实现这种多样性和差异性。从一元论出发,则教育不仅要基于人的自然性,更要突出人的社会性和精神性;从多元论出发,则教育在注重人的全面发展的同时,更加重视人的个性发展。以多元人论为基础的现代教育是否会取得成功,以及这种人论对于教育实践所可能产生的影响,尚须留待人们进行理智的思考和实践的检验。

第三节　"儿童之所是"的内在与外在

以马克思主义理论来指导儿童的意义世界之阐释,在于确立一种理解儿童的方法论,即从儿童作为具体的存在出发,以儿童的生活体验为观照对象,将儿童置于其所生存的环境之中,把儿童的当下状态看作是社会关系的产物,并尝试根据儿童的生活世界来阐释儿童的生活体验。理解儿童意义世界的马克思主义方法论,在于摒弃一种普遍主义的教育学立场,即摒弃将

---

① 近年来,有学者对"人所应是"作了进一步的分解,在人的社会性基础上提出人的精神性,进而提出这样的观点:"从历史上关于人性的理解出发,认识完整的人性应包括第三个范畴,那就是人的精神性。所谓人性,应是人的自然性、社会性和精神性这三个维度特性的综合。"参见王坤庆:《关于人性与教育关系的探讨》,《教育研究与实验》2007年第3期。

儿童视为抽象对象而设计教育方案的理论取向,不是将儿童从他的生活世界中相抽离,而是置儿童于生活世界之中,设身处地站在儿童的角度来看问题,来把握与其所作所为相伴随的意识和体验。

一、"儿童之所是"的总体叙述

儿童与世界的关系,与其说像海德格尔(Martin Heidegger)所说的那样,是被抛入这个世界的,不如说他更像巴什拉(Gaston Bachelard)所说的那样,"在某种程度上打开了世界"[1]。打开世界意味着对生活世界的进入或入场,意味着儿童的"来到"。[2] 世界总是先于儿童而存在。生活世界已经预先地以其既清晰又模糊的样态呈现在儿童面前,因而如何入场就成为一个突出的问题。入场的问题,既是一个进入的问题,同时也是一个生活世界的意义建构问题。儿童进入生活世界之中并建构他的意义世界。所有这一切,都取决于儿童的进场,进入这个世界。从这个意义上讲,儿童既是生活世界的承受者,也是生活世界的未来创造者。

首先,儿童来到生活世界,并置身于生活世界之中,是在生活世界生存的。"来到"意味着进入这个世界,意味着生活世界对来到者的容纳以及责任。来到生活世界,这是绝对的来到,是其他一切来到的基础。来到某处只是这个绝对来到的进一步延伸,而绝对来到则是来到某处的前提条件。来到意味着打扰,更意味着新生,意味着他在这个世界中并不是孤立的存在,而是有人相陪伴。来到者对于已经在世的人来说,是新来到者。这个新来到者是否能够在世界之中生存、成长并融入生活世界,取决于在世者是否能够尽到其维系世界之持存的责任。每一个人都负有对来到者的伦理和责任。这是生活世界维系的必要前提。我们不仅要尽情地拥抱并欢迎作为来到者的儿童,而且还要为儿童确立其置身世界的权利,并尽我们的努力来为其赋能。从这个意义上讲,我们对于作为来到者的儿童,都是从属者。在这里,儿童已经不是相对于我的他者,而是作为共在的我们而存在。

其次,儿童在与生活世界的互动中建构他的意义世界。生活世界的各种经历、所作所为以及生活世界所给予儿童个体的各种显示,建构儿童的意义世界,即儿童各种各样的意识、体验、思维、情感、判断等。这并不是说儿童在生活世界和意义世界之间来回折腾,而是说儿童确实一方面行走于现实的生活世界之中,与生活世界中的各类人等进行交往互动;与此同时,身

---

[1]　[法]加斯东·巴什拉:《空间的诗学》,张逸婧译,上海译文出版社 2009 年版,第 200 页。

[2]　参见[荷]格特·比斯塔:《超越人本主义教育:与他者共存》,杨超、冯娜译,北京师范大学出版社 2020 年版,第 44 页。

体和外部世界的接触也在生成他的意识和体验。当一个人静静地躺在床上还没有进入睡眠状态时,他的身体接触床单、周围的黑暗的或略带亮光的房间,他知觉到所能知觉到的周围的一切,然而睡眠前的思绪却又是无尽的,各种经历过的或想象中经历的场景会涌现在他的脑海里,这一切都是在他的意识中发生的。一个偶尔发生的声响,可能会触发他新的念头。因此,不在场,只是身体的或空间的或生活世界意义上的不在场,然而在自我意识中,那些曾经发生过的或触碰的人仍然是在场的。这种在场是意义世界中的在场、心理世界中的在场,是表现为那种意识深处对自我的提醒或呼唤。对于儿童的健康成长来说,需要生活世界中的在场,这个在场有助于其建构积极的意识世界。积极的意义世界,意指一个人朝向生活世界的积极的态度以及对于生活世界的渴求。日常生活所带来的情绪上的问题,有赖于父母的抚慰。生活世界中的不在场提供不了儿童所需要的抚慰。这就是说,并不仅仅是海德格尔的"共在"关系,更需要列维纳斯的"面对面"关系或"与……在"的关系。恰恰这种不在场和在场的对立与统一,建构儿童的生存处境并对儿童产生积极的或消极的影响。例如,父母的外出工作,使得儿童往往面临父母的不在场,这个不在场则构成了儿童孤独或虚空的体验,而这个孤独或虚空的体验则引发儿童对外在事物的过度接触以弥补那个虚空。由此我们可以看到"儿童之所是",以外在充实来化解内在空虚。然而,这个用以填补内在空虚的外在充实往往是虚假的、暂时性的。一旦时过境迁,内在的空虚感就会更加强烈。不理解"儿童之所是",也就无法理解儿童的那些往往被教育者或学校所禁止的或被限制的行为之何以发生。

再次,儿童通过意义世界的建构而融入生活世界。从总体上看,世界向儿童开放着,并以其包容来安置儿童。但同时儿童也向世界开放自我,否则儿童是难以融入这个世界的。从这个意义上讲,儿童是开放的存在。儿童作为存在的开放性,既是他融入世界的保证,同时也是他融入世界的障碍。从儿童视角来看,是他融入世界。因此,融入世界的意向,确保儿童能够产生特定的能动行为。而从世界的立场来看,则是世界融入儿童。从教育者的角度来看,世界之是否能够融入儿童,则取决于教育者在儿童和生活世界之间所担负的责任。正是在这里,儿童的开放性又可能会造成他融入世界的障碍。因为开放,所以儿童接纳并使自己在世界之中,与他人共在,直接面对面或借助于外在事物而间接相遇;因为开放,所以儿童又可能因为不照面而使自己外在化、对象化,并使自己成为他所趋向的对象的奴隶,例如儿童用手机玩游戏而不能将自己从这个外在的事物中解放出来,从而阻隔着他朝向更广阔的世界融入。儿童开放性的自我矛盾与对立,使得教育者成为可居间调和的主体。这正是教育之必要以及教育之可能的意义所在。

最后,儿童在生活世界中如其所是地显现其自身。儿童在生活世界的所作所为并不仅仅是那些在成年人看来呈现出某些"好"的表现,而是儿童所表现出来的一切,或如莱恩(Ronald David Laing)所说的那样,"一个人之所是的一切"①。这一点非常重要。儿童无论做什么,都是其"所是"的显现,就是他的"存在"的显现。由此,儿童意义世界之探究,根本的目的就在于透过其显现而探寻"如其所是"之"是"。教育者在日常生活中所照面的儿童的一切,以及在一切照面之中所蕴含的思想、意识、观念、情感、体验等,是儿童"所是"的本质内涵。儿童的所是,外在地看就是儿童的所作所为,就是在特定的教育情境中直接给予教师的一切;而内在地看,则是他的意识体验。所有给予教育者的"所是",都是一种显现,即意义世界的显现。例如,考试中的作弊,由这个作弊行为而表现出来的"是"究竟是什么? 不仅如此,像偷窃、欺凌、攻击、破坏、贬低、哭闹、谩骂、讽刺、嘲笑、羞辱等被教育者所标识的"问题行为",也仍然是"儿童之所是",只不过教育者以其所拥有的观念、规范,对儿童某个直观给予的所是行为给予了价值评判而获得的行为之辨识。对于教育者来说,对具体的行为辨识很重要,也是教育由以介入的条件,但这个辨识还没有真正把握"儿童之所是"。辨识是对特定环境中所表现出来的行为的表层理解,或者说是对舒茨所谓行为之客观意义的把握,但还没有把握这个特定行为的本质之所在。这样来理解这些行为所表现出来的"是",就没有真正地理解儿童。上述所列举的行为都属于负面的行为,或者如日常生活中的惯用语那样,属于"问题行为"。但即使是"问题行为",也是"儿童之所是"的表征或表现。当莱恩将其关注的焦点集中在"疯狂行为"的生存论分析时,当教育者总是将关注的焦点集中在健全的或健康的或规范的行为期待时,本研究则将关注的焦点集中在儿童的"负面行为"或"问题行为"上,试图从那些"负面行为"或"问题行为"的理解中来把握"儿童之所是"。与常识性的理解以及实证主义试图从客观世界探寻行为的原因不同,我们更加关注"负面行为"或"问题行为""之所是"的内在的东西,即关注儿童的由意识体验所构成的意义世界及其存在性状况。站在道德的或规范的立场对这些行为加以指责或批评当然有其实践意义,但却并无沽名钓誉和教育学意义。因为这种指责或批评并不能解决问题。当然,这并不意味着否定批评作为教育方法在儿童教育中的价值,而是要阐

---

① ［英］R.D.莱恩:《分裂的自我——对健全与疯狂的生存论研究》,林和生、侯东民译,贵州人民出版社 1994 年版,第 6 页。

明这样一种立场,即教育者即便采用一种批评的教育方法,也不能只是简单地以某种行为管理或约束为手段,而是要立足于儿童行为表现中的意义世界。只是关注行为的管理主义的策略,即当儿童出现某种问题时,对儿童施以惩罚(这其中包括批评),是有其教育局限性的。真正有意义的教育,是从儿童的行为入手,由此而明了"儿童之所是",明了儿童的意义世界之内涵。

二、"儿童之所是"的外在方面

"儿童之所是"的外在方面,是儿童在教育活动中、在生活世界中反复出现并且能够为人们所观察、所理解的所作所为。我们由以与儿童进行互动的,恰恰是基于儿童的行为,我们得以对儿童施以教育的,并且据以作出教育决策的,也正是儿童的行为。行为是个体有意识的活动,是个体对外部世界的反应。行为之于儿童亦是如此。对儿童的理解,涉及关于对个体行为的总体判断,亦即对行为的本质之判断。我们把儿童行为视为儿童作为存在者的"所是"之表征,即通过身体的动作而使儿童个体的意义世界向他人显现出来。如此,我们就需要对行为之概念作现象学之描述并进行类型的分析。

儿童在特定情境中所表现出来的一些本能行为,例如课堂上的哈欠行为,乃是"儿童之所是"的外在方面:个体困倦时嘴张开,深深吸气,然后呼出,是血液内二氧化碳增多,刺激脑部的呼吸中枢而引起的生理现象。课堂上的哈欠行为虽然表现了儿童个体的身体困倦,表面上看是指向教师的课堂教学,但本质地看是只有儿童自己才能够意识到的某个特定的对象及其与身体的关系。当这样的一种生理现象被教师辨识为"课堂困倦行为"的时候,这种辨识只是觉察到行为的外在特征,是教育者基于可辨识的身体活动所作出的行为判断,并没有触及这个可辨识的身体行为的本质所在。特定教育情境中所表现出来的"问题行为"同样是"儿童之所是"的外在表现。例如,考试挟带写了考试内容的纸条,作为直观显现的外在行为,通常被教师辨识为"作弊"。作弊的对象是特定科目的考试,而所显现出来的则是儿童与所学科目、儿童与学习、儿童与所教科目教师的关系;在更深层次的意义上说,它所显示的则是儿童关于自我的认知或认同、自我与考试的关系以及自我与这个世界的关系。一个真实的自我和一个儿童所期待展示的自我,这个期待展示的自我是待实现的自我,是能够为教育者或重要他者所认同或肯定的自我。这种认同或肯定能够给儿童赋予自我生存以意义和价值。由于将儿童挟带纸条的行为辨识为"作弊",其结果是,这个通过所谓的"问题行为"而折射出来的"儿童之所是"被遮蔽了。这个遮蔽是由教育者自己在无意识中完成的。同样,一个表述行为、一个言说,其表述行为本身是"儿童之所是"的外在表现。例如,儿童向妈妈表示,希望玩半个小时的游戏。正是在儿童的言说中,儿童的内在自我隐含在其外在表现中。

　　一方面是"儿童之所是"的显现行为,另一方面是"儿童之所是"显现行为的直接指向对象。儿童行为所关联的外部世界,特别是那些具体的事物,那些在身边的工具性物品,往往能够成为我们理解儿童行为的重要对象。例如,儿童始终抓在手中不愿放手的布娃娃,或者那些带有攻击性的动物玩具,都在不同程度上暗示着儿童的内心世界,暗示着某种特定的自我。攻击暗示着脆弱,暗示着不安全感;而不愿放手的布娃娃则暗示着依赖或无助。弗洛伊德(Sigmund Freud)在《自我与本我》一文中,描述了这样一个故事。一个偶然的机会,弗洛伊德和一个儿童在一起住了几个星期,发现孩子在重复着一个动作,并且在做出这个动作时会发生同样的声音。弗洛伊德写道:"他常常喜欢把凡是能拿到手的小玩意扔到屋子的角落里,扔到床底下这一类地方。结果寻找和拾捡这些东西常常成为要尽快的事情。他一面扔东西,一面口中还要拖长声调喊着'噢—噢—噢—噢',同时脸上带着一种感兴趣和满足的表情。"弗洛伊德和孩子住了一段时间后,才发现了那个"不断重复而又令人不解的活动所包含的真实意义",即在游戏中的主动角色,能够使其获得一种控制的本能,或者是孩子对母亲离开的一种报复,从而该游戏就有一种对抗的意义。① 或者反过来说,儿童将体验转变成一种游戏。在孩子的外在行为中,蕴含着需要经过长时间的探索才能够理解或把握的意义。而这个意义突出地显现在行为所指向的对象之中,因而行为所指向的对象便具有了象征性的意义。巴什拉在《空间的诗学》中写道:"每个简单的伟大形象都揭示了一种灵魂的状态。""一个经历过一有风吹草动就躲进壁橱的儿童,在那些受诅咒的日子过去很久以后,画出窄小、冰冷和封闭的家宅。"②因此,虽然画出的是外形,但家宅总是暗示着内心。在这里,儿童的显现并不仅仅是他所表现出来的行为,还有行为所指向的事物或对象。许多时候,教育者在理解"儿童之所是"的外在方面,往往忽略了儿童直接照面的外在事物,而关注那些关联到他人的行为,从而丧失了理解儿童意义世界的良好契机。那些最能够显示儿童意义世界的外在事物,即儿童行为所指向的或关联的事物,由于教育者的匆忙或无意识或无知而被略过,结果

① 参见[奥地利]西格蒙德·弗洛伊德:《自我与本我》,林尘等译,上海译文出版社 2011 年版。

② [法]加斯东·巴什拉:《空间的诗学》,张逸婧译,上海译文出版社 2009 年版,第 77 页。

是,理解儿童意义世界的机会丧失了。

三、"儿童之所是"的内在方面

"儿童之所是"的内在方面,是儿童的意义世界,是儿童的自我意识与认知,是儿童在其生活处境时的意识和体验。每一个"所是"行为都在表现着某种东西。这个所表现的东西往往隐而不显,只有通过教师的反思性理解才能够把握,只能经过长时间的探索才能够确知。还是以考试作弊为例。被教师所辨识的作弊行为,其直观的显现是考试挟带纸条,所表现的是什么呢?唯有对这个问题有一个准确的回答,"儿童之所是"的内在方面才被揭示出来。而教育者对儿童行为的辨识策略,往往既忽略了儿童行为的直观与外在所是,同时也遮蔽了儿童行为的内在所是,即遮蔽了世界的意义。其结果,作弊行为是外在因素作用的结果,例如学习不认真、监考不严肃等。这样的判断导致下列问题的遮蔽,即儿童作弊行为的本质是什么?经验和常识往往对这类问题作出简单而错误的回答。本质问题很少被探究。

"儿童之所是"的内在方面,就是通过外在的身体行为而显现出来的东西,是将这个儿童与另外一个儿童区别开来的东西,或者如海德格尔所说的那样,就是"那个在变居不定的行为体验中保持其为同一的东西,就是那个从而同这种多样性发生关系的东西"①。儿童个体行为具有多样性的特点,但"儿童之所是"的内在方面则具有同一性。这样来看,"儿童之所是"的分析,恰恰是把握在儿童的行为体验中保持同一性的东西。然而,"儿童之所是"的内在方面,需要诉诸外在所是的行为及其关系这两个概念。行为是多种多样的、变动不居的,以关系的形式而反映出来的则是变化之中那个不变的东西,即所谓同一性的东西。正是这个同一性,这个变化的行为外观下保持不变的东西构成了"儿童之所是"的内在方面。这个同一性的东西就是儿童的自我,决定着儿童的行为方式,决定着儿童与外部事物的联系,决定着行为的外部事物指向。对于儿童来说,这个同一性还没有成形,还处在正在形成的过程之中,或者就还不是已成的东西,而是需要通过不断地否定和超越才能够实现的东西。然而对于那些成熟的成人而言,这个是个人成为谁的同一性东西,是已经形成的东西。

但是这样来理解"儿童之所是"就会面临一个矛盾,即变动不居的行为和同样处于变化之中的有待形成的同一性的自我之间的关系。一方面是变

① ［德］马丁·海德格尔:《存在与时间》,陈嘉映、王庆节合译,生活·读书·新知三联书店 1987 年版,第 141 页。

动不居的行为,另一方面则是在儿童同一性的形成过程中对自我的不断超越或瓦解,最终达到一种如其所是的同一性。从人的未完成性这个角度来看,这个过程就是在不断地超越中去生成自我的过程、一个自我超越的过程,或如列维纳斯所说的那样"去是"①。就具体的个人而言,一个人总是未完成的存在物,总是处在待完成的人生旅途之中;就抽象的人而言,人也是处在不断完成的历史之中。实际发生的情形是这样的,儿童的那个有待形成的同一性的东西,实际上是借自我的超越或瓦解而去实现的自我,构成了自我发展的最突出的特征。自我恰恰是在变动不居的行为在与对象发生"我—世界"关系的过程中通过超越而形成。"我—世界"的关系是一种相互促成的关系,即一方面儿童通过外在化的行为而表现自己,另一方面则在这个表现自我过程中发展自我,与此同时儿童又借助外在化的行为而影响着这个世界。由此可以看到,"我—世界"的关系,包含着三层含义,即显现意义上的"行为—表现"的关系、发展意义上的"行为—建构"的关系,以及影响意义上的"行为—事物"的关系。② 其中,第一层、第二层意义上的关系属于行为与自我的关系,第三层意义上的关系属于行为与世界的关系。实际上,儿童任何时候的在场以及在场的任何时候,都可理解为"我—世界"的表现、建构与影响关系。由此,变动不居的行为、儿童作为此在与对象的关系与其有待形成的同一性的东西之间,就形成了一种辩证关系。从教育学的角度看,儿童通过外在化的行为而融入生活世界,在这个融入的过程中儿童生成了他的意义世界,同时也会在不同程度上改变着这个世界。同在的变动不居、相互的否定与超越,由此儿童不仅实现了对生活世界的融入,而且还实现了对生活世界的改造和创造。在这里,我们把儿童通过外在变动不居的行为所表现出来的"内在所是"看作是外在生存处境的折射。这就是说,儿童的表现无论是良好的表现还是不良的表现,都折射出他与世界的对象关系和建构关系。当儿童的对象关系发生紊乱时,这种紊乱的关系必定会表现为一种单纯根据自己的意愿而施及的行为——"问题行为"。

　　从生存论的角度看,需要把儿童变动不居的行为看作是儿童的"自我给予",即向那个与之交往的对象显现自己的那个"保持其为同一的东西",这个"保持其为同一的东西"是儿童的当下所是或者说"去是",是需要借助教育者的引导和帮助,并在自我努力下要加以否定或超越的对象。儿童的

---

① ［法］伊曼纽尔·列维纳斯:《另外于是,或在超过是其所是之处》,伍晓明译,北京大学出版社 2019 年版,第 12 页。

② 这里所谓的"行为—表现"和"行为—世界"是借用哲学家瓦朗斯的说法。参见［法］莫里斯·梅洛-庞蒂:《行为的结构》,杨大春、张尧均译,商务印书馆 2010 年版,第 12 页。

当下所是则是其过去所是的延续和发展，又是未来之所是的根基和条件。正是在这里，教育学提出理解儿童的当下所是的实践要求，而这个对当下所是的理解又需要理解儿童的过去所是。当然，这个理解是以认识儿童的生存环境和交往对象为条件。而教育者的帮助和引导，则不仅要考虑过去、当下之所是，更要考虑他的未来所是之可能。这个未来所是之可能，包含着外在的规范和要求，也有着儿童当下所是之规定。前者立足于社会的期待，后者立足于儿童个体自我之规定。

四、"儿童之所是"的内在与外在之关系

"儿童之所是"的内在与外在是这样的关系，即内在"所是"总是赋予外在行为以表现意义。换言之，儿童的言行总是表示或显现"儿童之所是"。严格意义上，并不存在"儿童之所是"的内在方面和外在方面。"儿童之所是"的内在与外在，只是出于分析的需要。本质上，它们是一个整体，都是"儿童之所是"，是儿童的存在显现。只是，外在可直观的行为具有指示的意义，是一种向教师显现的富有教育意义的指号，而所是的内在方面需要借助外在的行为显现出来。作为一个整体，它们都是为"这个儿童"而存在。因此，行为即是一种意义表达，即借助于行为者身体的动作而使行为者的意识体验表现于外。如舒茨所指出的那样，"作为他人行动之基础的他人身体之变化"，"具有指针功能，指向他人的意识体验。因为身体不仅是属于外在世界的事物，不仅是如同自然界的无生命对象那样的一块物质而已，而且是他我身心整合体（我们称之为他人）体验的表达领域"。① 关于行为的这种解释，即赋予行为以指示的意义。与此不同，行为也是被视为满足需求的最佳方式。例如，格拉瑟（William Glasser）就认为，"我们所有的行为都是为了以最好的方式满足根植于我们基因结构的五大基本需求"②，这就是安全感、归属感（包含爱）、权力、自由和乐趣。姑且不论这五个方面的需求是否是人的基本需求，但至少可以确定，行为也可以看作是内在需求的外在表达。从这个意义上看，行为同样具有指示的意义，既指示着个体的体验，也指示着个体的需求。

学校只是儿童生活世界的一个特殊方面。在学校教育中，无论教师对儿童在教育教学情境中所表现出来的行为持何种态度和立场，都不能够否

① ［奥地利］阿尔弗雷德·舒茨：《社会世界的意义构成》，游淙祺译，商务印书馆2012年版，第25页。
② ［美］威廉·格拉瑟：《了解你的学生——选择理论下的师生双赢》，杨诚译，首都师范大学出版社2011年版，第14页。

定其行为自身显现出来的意识体验或内在需求的意义。"问题行为"作为行为，亦如其他行为一样，是儿童意识体验或内在需求的表现，都是为获得某种意识体验或满足某种特定的需求而实施的，是儿童意识体验或内在需求的指示器。"问题行为"所显示出来的，正是儿童为了满足自己的基本需求而作出的努力，因而"问题行为"也暴露出儿童在"去是"中所面临的问题。站在儿童自身的立场来看，"问题行为"之"问题"是儿童在实际的教育生活和学习生活中，在内在需求满足和行动能力之间所显现出来的不平衡性的表现，是解决他的内在需求问题或意识体验问题的自我努力。儿童和成人一样，都要满足一些基本的需求。当儿童无法满足班主任或教育者外在教育任务从而也使得自己的内在需求（如被认同）无法得到相应的满足时，即当外在的要求超越了儿童的行动能力时，儿童就会凭借自己偏离外在教育要求的努力来满足其基本需求，只是这种需求的自我满足在许多时候是以违反规范和要求为代价而实现的。这种站在儿童立场对"问题行为"的理解意味着，还存在另外一种站在教育者立场或成人立场对"问题行为"的意义理解，即行为的观察者如班主任所理解的行为与规范的不相符合。前者是儿童通过问题行为而表达出来的意向、意图、需求或意识体验，后者是班主任基于成规而对某个行为的"问题"之辨识，即作为观察者的教育者基于行为表现、过去经验及有关其他信息而对行为意图所作出的价值判断。

　　"儿童之所是"的内在与外在之关系，或者说把行为理解为儿童意识体验之表达，既具有认识论的意义，亦具有实践论的意义。从认识论意义上讲，如果说理解儿童的意识体验或内在需求是有效教育的前提，那么去把握儿童行为所蕴含的这个内在意涵，则恰恰是教育者需要去实施的认识或探索活动。这个认识活动所获得的结论将为儿童的教育提供认识论前提。这意味着，儿童的教育首先是建立在教育者对"这个儿童"意义世界的理解和把握基础之上，而不仅仅是教育者意志的展开过程。关于"这个儿童"的认识，需要以哲学、心理学或其他社会科学关于人、关于儿童的普遍认识为基础，同时关于"这个儿童"的认识，也是一种关于"这个儿童"的具体的认识，属于情境性的个别性的知识范畴。从实践论意义上讲，在日常的教育实践中，教育者面对儿童而采取特定的教育策略，乃属于实践决策的过程，这个实践决策表现为某个"决定"，而这个"决定"则是实践推理的结果。在形成某个"决定"的实践推理中，对"这个儿童"的认识，乃是其实践推理的重要前提，也是教育者作出正确的"教育决定"之重要的前提。不理解儿童"问题行为"究竟是为了满足怎样的需求或追求什么样的意识体验，就难以决定采取什么样的策略来应对儿童的"问题行为"，也就难以"理解此时此刻什么对这个孩子才是最恰当的"①。

第四节　作为现实的个体
——关系中的儿童

个体在生活世界中的表现，都是其特定的社会关系的反映。人是社会关系的总和。马克思指出："生命的生产，无论是通过劳动而生产自己的生命，还是通过生育而生产他人的生命，就立即表现为双重关系：一方面是自然关系，另一方面是社会关系；社会关系的含义在这里是指许多个人的共同活动，不管这种共同活动是在什么条件下、用什么方式和为了什么目的而进行的。"②

儿童的日常行为既表现特定的社会关系，同时也建构特定的社会关系。日常行为的这种既表现又建构的作用，类似于批判话语分析理论所论述的话语功能。③ 这就是说，儿童的行为并不是自我指向的，如孩子一个人在玩着自己的游戏那样——即便在这种情况下，孩子的游戏也是儿童体验的游戏化表达。在游戏中想象着另外对象的存在，关联着他人，是儿童进入生活世界的一种方式。共同活动将一个人与他人联系在一起，至于这个共同活动是什么，则是由每个人的日常生存及其环境所决定的。社会关系是人们社会交往的网络，个体不过是这个关系网络中的一个结点而已。这个结点意味着，共同活动总是由某个个体触发并进而引发其他个体相应的活动。由此可以看到，个体的行为或某个具体的活动并不仅仅受着内在的意识体验和内在需求的支配，同时也受到来自社会关系网络的外在的束缚。每个人都不可能随心所欲地去做他想要做的事情，总是要面对外在的他人。当他人出现在面前的时候，他人的出现就构成约束。因此，从内在的方面说，理解儿童就是理解儿童的意义世界；从外在的方面说，理解儿童也就是理解儿童的关系世界。而儿童内在的意义世界恰是其外在社会关系世界的反映，反过来，儿童的社会关系也内含其意义世界。

一、儿童的教育关系

儿童的社会关系，首先表现为教育关系。对于儿童来说，作为实现存在

---

① ［加］马克斯·范梅南：《生活体验研究——人文科学视野中的教育学》，宋广文等译，李树英校，教育科学出版社2003年版，第195页。
② 《马克斯恩格斯文集》第1卷，人民出版社2009年版，第532页。
③ 参见［英］诺曼·费尔克拉夫：《话语与社会变迁》，殷晓蓉译，华夏出版社2003年版，第59—60页。

的个体,其最重要的社会关系就是在教与学的活动中所形成的教育关系。从某种意义上讲,教育本身即是教育者和儿童共同的活动,尽管在教育中教育者和儿童形成了某种相互要求的关系,即教育者的要求构成了儿童必须要履行或完成的任务,反之亦然。在教育过程中,各种职责、义务、规范与责任等外在的要求,构成了教育活动得以顺利展开的规范性条件。正是在各种要求之中,共同的活动才得以顺利进行,意识中的教育关系才成为现实的教育关系。

儿童的教育关系在"塑造"这个概念中表现得淋漓尽致。教育者在日常的教育生活中,总是会对儿童提出各种各样的要求,而这些要求恰恰意味着一种塑造或构造。这个塑造或构造是由教育者提出并依据教育者的自我。所以,梅洛-庞蒂说:"我依据我的形象构造他人。"①的确如此。大凡有过教师经历的人大概都能够体会到,教师总是想把学生教育成像自己那样的人。这是另外一种生命的延续,自己的精神生命的延续。不过,总是会遇到各种各样的抵制,遇到来自儿童的反抗。根本原因在于,如果我们将这个儿童看作是他人,那么我们在儿童眼里也就成为他人。由此我们就会发现这是儿童与教育者的一种相互否定的辩证关系。"塑造"本身即意味着否定,而抵制也恰恰同样是否定,只不过两者作为否定都落实在行为层面,落实在活动层面。在教育实践中,不仅每一个教育者都有强烈地构造他人的愿望和行动,而且每一个儿童也有着一种反向的构造冲动。儿童行为是受其内在的精神世界所支配的,行为是个体意义世界的外在表征。儿童这种内在的意识体验,总是有着外在化的动机,有着否定直接照面的教育者的倾向。儿童在得到教育者指令时的无动于衷或充耳不闻,儿童通过哭闹来迫使父母屈服等,即是明证。然而,儿童又无时无刻不面临着来自教育者的外在要求。在日常的教育生活中,教育者不断向儿童提出各种各样的教育要求。这种教育要求本质上是教育者对儿童当下的否定,或者说是教育者对儿童自我超越的期待,以及对儿童按照教育者自己所设想的样子发展的努力。这些教育要求在不同程度上反映着社会总体对个体的发展要求,即便那些看起来是武断的甚至是不合理的要求,也是如此。而所谓要求的不合理性,主要是因为教育要求与儿童自我适应这个要求的能力不相匹配而已。教育者向儿童提出各种要求,儿童亦向教育者提出要求。教育过程中的要求绝不是单向的,而是双向的、相互约束的。只不过,教育者向儿童提出的要求是以普遍的形式出现,而儿童的要求既包含着普遍性的要求,同时

---

① [法]莫里斯·梅洛-庞蒂:《世界的散文》,杨大春译,商务印书馆2005年版,第151页。

又以具体的形式而出现。

儿童的教育关系具有多维性和复杂性。人的多重形象,例如,国家关于人的形象、教育者的理想形象以及儿童的自我形象等,最终都在儿童融入生活世界的过程中呈现出来并交织在一起,构成多维关系。现代教育不得不面对人的多重形象之可能的冲突。仔细审视教育改革提出的各种理念和要求,审视想将自己的理念传递给学生的教育者,审视儿童面对外在的对其存在不断加以否定的力量时的抗拒与抵制,大体可以看到教育者对于儿童个体的牵引力量。这里的关键是理解儿童行为所表现出来的意义。如果理解儿童行为是教育成功的必要条件和不可或缺的前提,那么准确地理解儿童通过其行为而建构的社会关系,就是教育者面临的一个迫切的任务。由此,需要把握儿童个体行为的结构性特征。这种行为的结构性特征,适合于用来分析在不同情境下发生的各种社会关系。实际上,只有充分地认识到儿童个体行为普遍意义上的结构性特征,对儿童行为意义的理解才是可能的。

二、儿童在教育中的关系显现

儿童在教育中的关系,最突出也是最核心、最具教育影响力的是师生关系,或儿童与教育者的关系。受到政治哲学意义上的社会关系及其构想,在传统的教育学理论建构中,师生关系主要表现为主客关系,即将受教育者视为对象,视为可自由支配或控制的客观对象。这种主客意义上的师生关系,自进入现代社会以来,就不断地受到来自理论上的或实践中的批判,由此而引发出师生关系的多维理论建构。在教育哲学的理论建构中,针对主客关系所面临的问题,首先提出来的理想关系被设想为“我—你”关系——在存在主义教育哲学看来比较理想的师生关系。与此相对应的,则有舒茨所谓的“我们—关系”,即我并不是作为单子式的个体的存在,而是类的存在,因而总是在集体性的生活中形成我们彼此之间的关系——一种无法逃逸的关系网络。此外,还有海德格尔的“共在”关系及列维纳斯的“面对面”或“与……在”的关系。

在现实的教育生活世界,受管理绩效主义影响,师生关系主要表现为一种“我—它”关系。当梅洛-庞蒂意识到“我依据我的形象构造他人”时,他不过是将现实存在的状况直接地描述出来而为人们知晓而已。在这种情况下,“我”总是会将交往对象视为“它”,从而人们总是试图在与他人的交往中建构“我—它”关系。然而,存在主义哲学家对此却表示强烈的反对并对此进行猛烈地批判。例如,存在主义哲学家马丁·布伯就认为,人与人之间的关系可以有两种,一种是我与你的关系,另一种是我与它的关系。目的理性或策略理性支配下的关系，乃是"我—它"关系，即把与之交往的对象当作自己的工具。然而，如果一个人放下预期和目的，以其全部本真与一个人建立关系时，我就会与这个存在的全部本真相遇，这种没有任何预期和目的的关系，即"我—你"关系。"我—它"关系不仅会发生在一般的社会交往中，有些时候也会发生在最亲密的人之间。例如，父母和自己孩子的关系，既可能是"我—你"关系，也可能是"我—它"关系。一些父母总是要把自己的意愿和希望强加给孩子，在这种情况下，父母和孩子之间的关系就是一种"我—它"关系。但如果父母能够站在孩子的立场和角度来看这个世界并与之交往，能够从孩子的体验、情感、意识等出发来与之交往，那么这种交往下的亲子关系就是"我—你"关系。在教育实践中，师生关系也是如此，可能是"我—它"关系，也可能是"我—你"关系。而在现实的教育活动中，可以看到更多的"我—它"师生关系。在"我—你"关系中，儿童不是教育的对象，而是在教育者帮助和引导下的成长者。建立"我—你"关系的要义在于，从儿童的意义世界出发，基于儿童的意义世界来建立教育者与儿童的教育关系。一个较为普遍的错误认识是，儿童的意愿或需求有可能是不合理的，因而从儿童的意愿或需求出发来给儿童提供引导和帮助，只会让儿童的发展背离社会的规范和期待。这种认识的错误在于，在正常的生活世界中，儿童的意愿或需求本身并无所谓合乎或不合乎社会规范的问题。只有满足其需求的行为才会有合乎规范或要求的问题。马斯洛的需要层次理论，向我们所提出的五种需要，并无规范的和道德的性质。它们仅仅是针对人的需求而言。只有满足需要的方式，才有一个是否合乎规范或道德要求的问题。

　　与提倡交往中的"我—你"关系相呼应的，是一种由舒茨提出来的"我们—关系"。舒茨从其现象学的立场，认为应该关注另外一种关系，即"我们—关系"。在"我们—关系"中，我的所作所为总是要把你的感受考虑在内，并且总是试图从你的感受、体验出发来选择有计划的行动。谁逾越了这种交往中的感受性，谁就会陷入自我的孤立之中。可以这样说，"我们—关系"是一种"你—取向"的相互关系，即你指向我，我也指向你，我把你的经验考虑在内，你也把我的经验考虑在内。但也可能存在虚假的"我们—关系"，一种"你—取向"的单向性关系，即我把你的感受考虑进来，你却不把我的感受考虑在内。"我们—关系"的确立，意味着个体在生活世界，必须要参与到另一个自我的意识生活之中。例如，在日常言语行为中，我们作为生活世界的在世者，必须要理解与我相对的另外一个人的话语所表达出来的语词的客观意义，同时还必须要去理解和把握言说者所表达的主观意义。

这是"你—取向"的最显著的标志。所谓参与另一个人的意识生活，也就是准确地理解和把握话语所蕴含的意义。

如果说"你—取向"的教育关系，意味着教育者总是要在与儿童交往中理解和把握儿童的感受和体验，那么这种对儿童感受和体验的把握还需要进一步作空间性的领会。海德格尔从其存在主义哲学的立场出发，提出了一个共在关系的命题。共在关系，是一种只有从空间性上才能够把握和领会的关系。首先，如海德格尔所说的那样，"他人倒是我们本身多半与之无别，我们也在其中的那些人"，因而在存在论意义上具有共同性，并与他共同存在。世界为我存在，也为他而存在。教育者在自己的空间为其生存而工作，儿童亦在其空间为发展而接触这个世界。世界是教育者的世界，亦是儿童的世界。在此意义上，教育者与儿童并没有本质上的不同，只是各自的生存状态不同而已。其次，照面是让世内在场的事物来照面，"他人随同劳动中供使用的用具'共同相遇'了，而'工件'就是为这些他人而设的"①。儿童与教育者的共在关系，无处不在。儿童并不总是和教育者进行直接的交往或对话。在某些情况下，儿童是作为"他人"出现在教育者面前，例如，当教师在批改学生作业的时候，当教师在反思学生在课堂教学中的表现时，表面上看来这个儿童这个时候已经纯然是一个"他人"。然而，这个作为"他人"而出现的儿童，并不就是一个客观的对象，而仍然需要通过作业、手工作品而与教育者照面。最后，如海德格尔所论述的那样，无论是教育者还是儿童，总面临着"独在"。然而，这个独在"是共在的一种残缺的样式"②。从某种意义上讲，所有的人只是为了共在而不得不"独在"。儿童独自完成作业，或者独自在家里练习，总是有一个教育者所给予的任务。因此，不能孤立地来审视儿童的"独在"及其表现，而需要将这个"独在"时的表现放在共在对此在的规定中来理解。"工作"或"作业"是共在的联结形态。

当人们在思考儿童与教育者的教育关系时，许多时候人们总是突出直接的交往关系，因而将"我—你"关系设想为最理想的状态，而没有意识到在儿童和教育者之间确实还有一个共在的关系，总是在那里通过器具而照面，通过诸如作业、任务等而照面。不过，还有一种被忽略的情形，即在劳动、爱、认识、活动时所建立的那种关系，需要彼此的合作才能够完成某种任务，实现某个目标。这不是海德格尔所说的通过器具而照面，而是面对面、

---

① ［德］马丁·海德格尔：《存在与时间》，陈嘉映、王庆节合译，生活·读书·新知三联书店1987年版，第148页。
② ［德］马丁·海德格尔：《存在与时间》，陈嘉映、王庆节合译，生活·读书·新知三联书店1987年版，第148页。

肩并肩的关系。因此,如果说共在与独在的阐释构成了非直接照面的生存论意义,那么我们还需要对儿童和教育者的"面对面"教育关系作一番审视。当海德格尔说"他人随同在劳动中供使用的用具'共同相遇'了"①的时候,这种在用具中的相遇意味着共在的关系,也被视为一种"肩并肩"的关系。而马丁·布伯所言的"我—你"关系则是一种以交互性为纽带的交往关系。与此不同的是,则是列维纳斯的"面对面"的关系。共在的关系,并不仅仅是通过他人制造的工具来实现我与他人的相遇,与一个不在场的他人器物性相遇;共在的关系以器物为中介的非直面关系,是在场与不在场的交织,既表现为在场的出现,也表现为不在场的显现。"我—你"关系,则表现为以对话为特征的交互性交流。人总是处在交流之中,或者是与一个不在场的他者,或者是与一个在场的他人,或者是与自己内心深处的自我。而"面对面"关系则是"与……在"的关系。它不是以器具为中介,也不是以交互性为纽带的交往关系,而是表现为在场的认识、爱或劳作等亲身亲力亲为,表现为"肩并肩的集体性"或"'我—你'的集体性"。这是一种时间维度上的存在关系。列维纳斯说,"与将来的关系,将来在现在中的出场,看上去都已经在与他人的面对面中被完成了"②。另一个自我——他者,即面对面的同伴。教师和学生其实只是面对面的同伴关系而已。

　　尽管上述有关主体间关系的探讨,是在最一般的意义上来论述的,然而面对这些关于主体间的关系之构想,面对教育实践中的主体关系之建构,我们到底该取怎样的教育哲学立场呢? 实际上,当人们试图在上述各种不同的主体关系中进行择取的时候,这种择取本身就意味着把主体间的关系视为单一的关系模型,而不是多维的或受多情境支配的。如果我们把上述关于各种关系的理论视为对某种特定关系的系统论述,那么多维观照下的教育关系,就应该是多面向的、多层次的、多向度的。这里同样包含着传统教育理论所提出的主客关系说。这就是说,在教育过程中,绝不仅仅是"我—你"关系,或"你—取向"关系,或共在关系,或面对面关系,而是在不同的情境下呈现出某种特定的关系。从这个意义上讲,教育者与儿童之间的主客关系也并不能全然否定。当教育者在给儿童下达指令的时候,这个指令本身就隐含着教育者作为主体以及儿童作为客体的立场。在以交往为纽带的师生对话中,教育者和儿童之间应该表现出"我—你"关系。而在日常互动

---

① [德]马丁·海德格尔:《存在与时间》,陈嘉映、王庆节合译,生活·读书·新知三联书店1987年版,第 145 页。

② [法]伊曼努尔·列维纳斯:《时间与他者》,王嘉军译,长江文艺出版社 2020 年版,第91 页。

过程中,教育者需要有一种"你—取向"的意识,而在活动或共同完成某项任务时,这种情况下所表现出来的可能绝不只是"你—取向",而是一个以面对面的关系为主导的多维关系的显现。

因此,立足于"儿童之所是",意味着要求教育者要从单向性的关系维度走出来,多维度地审视他与儿童的教育关系。它要求我们把自己的经验,把我们的经验作为思考和反思的对象。在这种情况下,我们需要从"我—它"关系或"你—取向"的单向性关系中走出来,暂时性地中断对他人关系的建构。当各种单向性的关系中断后,"事后想一想",就应该成为主要的思维活动。在这里,"我"已经抽身于具体的行动,而进入纯粹的思考之中,把"我"的意识、行动、计划以及行动中所获得的各种经验作为考察的对象。对于教育者来说,这并非是一件易事。"我—它"关系思维一旦建立,要中断这种关系,就会变得极为困难。事后的归咎于外,就是这种困难的典型表现。

反思是对过去形成的共同经验进行回顾性把握。生活世界中的反思介入越多,则对于生活世界的直接体验就会稀释,离开活生生的具体的个人就越远。在这种情况下,作为直接经验对象的同伴,就会成为思想的对象。只有从思维定式中的关系中走出来,我们才能够发现,我对于他人的理解,是否是准确的。在日常教育活动中,准确地理解学生是教育成功的基本条件。因此,直接的"我们—关系"或"你—取向"关系,就会变得非常重要;相反,"我—它"关系意识在这里就会在不同的程度上干扰教育者对儿童的理解和把握。换言之,在直接照面的生活世界,在教育者和儿童或教师和学生的面对面交往中,对于儿童经验的理解往往会受到教育者已经拥有的理论或习俗性的观念的干扰,从而造成教育者难以直面儿童的经验而使得误解发生。在这种情况下,就需要教育者的抽身,需要教育者以一种多维视角来审视已经建构起来的各种教育关系。

随着多维师生关系视域的确立,教育者和儿童就会真正地建构起一个共生共在的有教育意义的生活世界,由此而实现一起成长(教学相长)的生存意义。和我面对面的人、我的同伴、我的学生,我们在同一个时间和空间条件下经历着同样的事情,有着同时存在的经验。这个经验不能说是与我的经验相同的,但至少是同时存在的。即使我们所做的事情完全一样,我们也不能因此就说,我们的经验是相同的。这种同时存在的经验正好表明,我们(教师和学生)的成长是同时的。你有了经验,我也有了经验。同一件事情,与我是好的,与你是坏的;与我是积极的,与你是消极的。即使如此,我们也在一起成长。坏的、消极的事件对于你是一种经验,好的、积极的事情对于我也是一种经验。

在这里,儿童以何种方式取向教育者,就会成为一个所有的教育者都绕不过去的问题。不仅仅是教育者以何种方式取向儿童,更重要的是,儿童以何种方式取向教育者。"在各种面对面情境中,我通过观察我的同伴的那些具体的、对于他在共同的我们大家—关系之流中所具有的主观经验的表现过程,就可以获得有关他的这个方面的特殊知识。"①对儿童的理解,一个重要的方面,就是儿童以何种方式取向教育者。这是一个有关儿童的特殊知识。这个特殊知识的获得,不能停留在思维层面,依靠理念也无法获得有关这方面的特殊知识。它只能通过教育者对儿童意识体验的反思性理解与探索。

三、教育关系的显现与遮蔽

在日常教育生活中,儿童的教育关系,既显现也被遮蔽。

显现表现为某种关注。单纯的关注,例如在某种场合中因为无聊而对某个陌生人的关注,仅仅是关注,所体现的可能就是偶遇时的兴趣,也仍然是显现,特定的对象在关注者那里的显现。在教育活动中,教师的关注意味着一种潜在的社会关系的现实化。以儿童课堂行为为例。如果把儿童在课堂的行为划分为两大类,即扰乱行为和守纪行为,那么就会发现,教师在课堂教学的时候更加关注课堂上的扰乱行为。这是因为,儿童在课堂上的扰乱行为所显示的,恰恰是紊乱的社会关系。儿童在课堂上的扰乱行为往往会引发教师的关注,但这个关注遮蔽了另外一个未被关注的对象,即那些静静地坐在课桌椅上听课的行为,以及该生在一些情形下的听课行为。在课堂上的扰乱行为可能只是暂时性的,相反,守纪行为可能是一个常态。但恰恰这个常态行为被忽视而不为教师所关注。两者之间形成鲜明的对比。但所谓的"对比"只是看到了某个方面,真实的情况是,静坐行为为扰乱行为的显现提供了背景,并使扰乱行为凸显出来。由此来看,课堂上的扰乱行为便无法脱离听课行为而孤立地显现。扰乱行为的意义依赖于那些听课学生的背景性因素。梅洛-庞蒂在论述有关电影画面的意义时指出,"一个画面的意义依赖于影片中先于它播放的那些画面,而它们的前后相续创造出一种新的现实,它并非被使用的各个元素的简单叠加"②。电影画面的意义如此,现实生活画面的意义也是如此。整体上的显现,并不单单是扰乱行为,

---

① ［奥地利］阿尔弗雷德·许茨:《社会实在问题》,霍桂桓译,浙江大学出版社 2011 年版,第 31 页。

② ［法］莫里斯·梅洛-庞蒂:《意义与无意义》,张颖译,商务印书馆 2018 年版,第 71 页。

也包括那些守纪行为,它们是一个整体。恰恰是这个整体赋予某些行为以扰乱的意义,赋予另外一些行为以听课的意义。这是梅洛-庞蒂关于知觉的"场的构形"概念的意涵所在。在这里,教师只是根据其对课堂纪律的理解,根据其身体的世界处境而对扰乱行为进行选择性关注。动与静的反差,以及由此而造成的冲击性的效果,造成教师心理上的不适和情绪上的紊乱。扰乱行为在此并非是扰乱,而是显示与扰乱者即学生与教师之间的相互关系,一种让教师感受到自己的存在方式受到压迫的难堪,一种自我在世方式的破坏。扰乱行为往往会引发教师情绪上的反应,而"情绪就是当我们陷入走投无路的境地时发生的一种紊乱反应"①。在这些情绪反应中,愤怒有时是较为常见的一种情绪、一种奇妙的举止。人们在愤怒时放弃在世界中的有效行为,在想象中装出一副全然象征性的满足。教师课堂里的情绪性反应,无论是愤怒还是生气,其实都意味着对于其在世方式的不能忍受。而这个在世方式,并不是教育者的孤立在世,而是不得不面对儿童,从而不得不将儿童纳入视野的在世。在世总是相互的,而相互性的在世是否能够被忍受,又取决于一个人对于在世的态度和意识。而教师之所以不能容忍学生的扰乱行为,从根本上来讲就是教师将自己的在世方式看作要比儿童的在世方式更为重要也更为优先,在于教师在面对学生时秉持"我—它"意识,而不是"你—取向"意识。

遮蔽则表现为无视或忽略。即那些已然直接给予教育者的各种体现教育关系的显现,并不为教育者所察知、关注或意识,而是在教育者的视域边缘,以其模糊性和含混性而衬托出其他的显现者。这里不仅仅是一个人对另一个人的态度、认识、看法问题,而是连同这个主观经验在内的行为及其表达方式问题。当一名教师面对多名学生时,教学活动的整体性开展,往往使得每个学生的独特性被消解。与其说是一对多,不如说是一对"类",区别于日常生活中的一对一,课堂教学中的学生往往被匿名化了。学生只是作为抽象的个体而存在,因而客体化从某种意义上讲恰恰是现代教学组织形式——班级授课制不得不为之付出的代价。教育关系的遮蔽带来的一个后果就是,教师往往顾及不到指向教师的学生"你—取向"问题,更不用说教师通过学生的"你—取向"来理解他在教学活动中的感受和体验。真正进入主观视域的,是将教师和学生联结在一起的教学活动,是在特定时空环境中的教师单向性关系取向,即"我—取向"——客体化的对待学生,将学生视为教育的对象。教师只是考虑如何通过自己的行为来有效地影响学

---

① [法]莫里斯·梅洛-庞蒂:《意义与无意义》,张颖译,商务印书馆2018年版,第69页。

生,从而实现自己的主观意图。教师没有去考虑这样的问题,即如果不把学生如何取向教师及其教学问题考虑进来,则教师难以真正有效地影响学生。每个儿童都会以不同的方式取向他的教育者——父母或教师。这种取向方式或者被理解为积极的或正面的,或者被理解为消极的或负面的。即使学生有意无意地在回避教师,这种回避本身也是在表明一种态度和意识。

第三章　儿童的生活世界

"儿童生活在世界之中"或者"生活在世界之中的儿童",我们应该如何理解？儿童的生活世界,我们又该作如何理解？一般而言,儿童有他的生活世界并在其中建构其意义世界。儿童的意义世界和儿童的生活世界,二者永远相互关联在一起。理解和把握儿童的意义世界,离不开对儿童生活世界的考察与分析,更离不开对儿童与其生活世界之关系的分析。之所以要关注儿童的生活世界问题,乃是因为儿童生存处境,直接关系到儿童的健康成长与发展,而其生存处境却并非只是思维中的想象,而是现实生活中的当下,是与儿童所处的日常生活密切相关的当下。离开了儿童的生活世界,理解儿童当下之"所是",就纯粹是一种奢望。

第一节　儿童在生活世界中成长

在教育学的理论反思中,特别是在传统的教育学中,生活世界或世界都不是教育学的基本范畴。只是在存在主义哲学那里,在现象学那里,在晚近的批判理论那里,生活世界才逐渐被借用而成一个教育哲学乃至教育学的范畴。生活世界的概念被引入教育学的理论意味着,儿童的生活世界,作为制约儿童成长的极为重要的因素,是教育者有待去探寻的领域,也是需要教育者去进入的领域。正是通过生活世界,儿童如其所是地显现自我、发展自我。儿童在生活世界中成长,并通过生活世界而建构他的意义世界。因此,唯有进入儿童的生活世界,理解儿童即进入儿童的意义世界才有其现实的可能性。

一、生活世界的概念

生活世界的概念由胡塞尔提出。关于生活世界,胡塞尔在《生活世界和科学世界》一文中指出,"我们知道我们永远处在生活世界中。……我们知道,在这个境域中生活,总有着这样那样的目标,不管它是短暂易变的,还是始终如一的。一个指导我们的生活实践的终生志愿或是通过我们自己的选择,或是通过我们所受过的教育形成的。一旦有了固定的目标,我们就构造了一个规定边际的'世界'境域。从事一项职业的人们往往对本职业以外的事情不闻不问,视其职业界为世界,为其自己的现实性和可能性,即以此区分什么对他所生存的那个'世界'来说是'真实的'(相对于他的目标来说是正确的和真的),什么是不真实的(不正确的、错误的、假的)"①。胡塞尔关于生活世界的概念实际上描述了这样一个事实,即每个人都是在一定的时空界内生活、活动和工作,并且对于生活和工作的认识、评价、判断等,对于自我生存的诸问题之认识,都是以此为前提的。它是预先给予的、开放的,我们每个人都出入其中又要出于其外的存在域。对于我们每个人来说,生活世界就是那些在日常生活中向我们显现的一切,这个所显现的一切又是有其边界的,这个边界是由每个人的目标来界定,是由个体在主观上所关心的东西来界定并限定的。生活世界的边界,就是目之所及的模糊地带,是一个人的意识所可能触及的对象。从这个意义上看,生活世界其实就是一个视域、一个目之所及的领域,也是一个意识所及的意识域。即便目光可能停留在其他的领域,但这个停留也是极为短暂的。生活世界的目光总是相对稳定而又变化着的,它随着身体的移动而改变着自己的视域。而视域总是受自己的兴趣和生活目标所支配,对于无关的视域我们可能没有任何兴趣,偶尔会对这个无关的地带投去一瞥,却又会极迅速地收回目光。表面上看,视域是不固定的,因而生活世界本身也是变化着的。但是每个人的视域又是相对稳定的,因而在这个变化着的外在生活世界空间内,总有着某种一以贯之的东西在起着支配作用,一个内在的视域,一个可归属于我们称之为意义世界的内在领域。它们对我们的生活世界起着统合的作用,以确保自我的统一性和持存性。生活世界并不是仅仅是我自己的世界,总是有他人在。在与他人的共在中,我也是他人的生活世界的组成部分。

　　哈贝马斯从胡塞尔的生活世界概念出发,认为生活世界的概念不仅对于科学本身能够发挥原始的作用,而且日常交往实践也是以生活世界为其意义基础。人们的日常交往一方面需要具有交往实践的主题知识,另一方面则需要具有用以交往的语用知识。然而,仅仅拥有这两方面知识对于交往实践来说还不够,还需要一种将二者整合在一起的知识。这个整合二者的知识是由生活世界所提供的,哈贝马斯称之为非主题性知识。因此,生活世界对于人们的交往实践来说具有奠基性作用。

　　在哈贝马斯看来,生活世界具有绝对性、总体化力量及整体论三个特征。第一,生活世界具有绝对的明确性。"它赋予我们共同生活、共同经历、共同言说和共同进行行动所依赖的知识以一种悖论的特征。背景的在

---

① 《胡塞尔选集》,倪梁康选编,上海三联书店 1997 年版,第 1084 页。

场既让我感到历历在目,又叫人感到不可捉摸,具体表现为一种既成熟而又有不足的知识形式。"第二,"生活世界是一种总体性,具有一个中心和许多不确定的界限;这些界限是可以穿透的,但不可能逾越。……我们所经历的空间和时间永远都是具体的……它们都是我们所处的世界的解释坐标或表现坐标"。第三,生活世界的整体论特征"不同的要素在其中混杂在一起,只有用不同的知识范畴,依靠问题经验,才能把它们分离开来"。① 上述三个方面的特征,表明了生活世界背景的潜在性和前反思性。尽管如此,恰恰共有非主题知识(包括生活世界的背景知识),大量主体间的交往实践及言语行为的说服力才能得到保证。

　　生活世界之所以能够为人们的交往实践提供意义背景,根本的原因在于,通过生活世界,或者说在生活世界中,生活世界为有效交往实践提供了背景知识,并为交往实践提供了意义语境。在生活世界中,所有的日常交往,无论是协调一致的还是相互冲突的,都依赖于参与者从生活世界中所获得且与交往主题无关的知识。哈贝马斯把这种知识称为"非主题知识"。哈贝马斯又将这种非主题知识区分为三类:一类是与情境相关的视界知识,一类是依赖主题的语境知识,还有一类是有关生活世界的背景知识。视界知识与情境有关,相互交往的人们在言语交流中拥有共同的时空视界,从而使得表达和理解顺利地进行下去。换言之,视界知识使相互交往的人们能够对所表达的东西不存疑问。例如,在火热的夏天,当微视频里出现了一则某地大雪的新闻时,那些视频的观看者当然不会把它理解为某地已经下大雪了,而是理解为人们对火热酷暑的难耐以及对清凉的期盼。哈贝马斯认为,视界知识涉及言语交流的情境,一般是随言说的内容而一同出来。人们拥有视界知识,并且在交往中是从已经协调好的视界出发,但通常人们是难以觉察到视界知识的。只有在分析和反思的情况下,视界知识才会显现出真正的面目。语境知识与言说的主题密切相关且依赖于交往言说的主题,表现为言语者彼此能够理解的共同的语言范围、共同的文化范围、共同的教育范围等,表现在共同的环境或共同的经验视野里。离开了语境知识,人们的交往实践就难以持续。背景知识是一种更为基础的知识,一种"不能通过意向而表现出来"的更深层次的非主题知识,是任何交往行为都无法逃离的背景。② 交往的主题知识与语用知识正是通过非主题知识而整合在一起。

---

① ［德］于尔根·哈贝马斯:《后形而上学思想》,译林出版社 2001 年版,第 79—80 页。
② 参见［德］于尔根·哈贝马斯:《后形而上学思想》,译林出版社 2001 年版,第 76—77 页。

从交往实践的角度来看,生活世界是一个由符号建构起来的社会。"社会作为由符号建构起来的生活世界",涉及三层世界关系——与言语者的关系、与听众的关系以及与世界的关系。在言语行为中,这三层关系涉及生活世界的要素,即文化、社会整合和个性结构。"文化是储存起来的知识,交往参与者通过相互就某事达成理解,而用这些知识来支持自己的解释。社会是由合法的秩序构成的,它促使交往参与者属于一定的社会群体,确保他们之间能够协调起来。一切促使主体能够言说并且行动的动机和能力,我都把其归入个性结构。"①言语者在交往行为中所涉及的三层关系,各有其对应的对象:与言语者的关系塑造着个性结构,与世界的关系实现了文化再生产,与听众的关系则保证社会整合的实现。因此,生活世界被看作是日常交往的舞台和背景,是日常交往互动的前置性条件,是日常交往实践的核心,是扎根在日常交往实践中的文化再生产、社会整合以及主体的社会化相互作用的产物。生活世界不是个体必须克服其偶然因素的环境,也不是相互构成周围环境的系统,而是贯穿着不同表现形式和功能的意义语境,主体正是通过日常语言这个共同的符码,借助生活这个意义语境,而实现文化再生产、社会整合和主体的社会化。其中所谓"主体的社会化",即是主体被"社会意义关系和文化意义关系所渗透和重构"。主体社会化的双重意义渗透和重构,意味着个体与社会之间在构成上具有互动作用。"任何一种行为关系的社会整合,同时都是具有言语和行为能力的主体的社会化过程;在社会化过程中,主体在树立自己的同时,也确保了作为一切合法人际关系总和的社会能够保持稳定和得到革新。"由此来看,主体的社会化既是生活世界的内容,同时也是生活世界的手段。个体是在制度秩序建构或社会和文化传统之中来实现其社会化的。在这个过程中,交往主体各自把他们的生活世界当作是一个主体间所共有的整体背景。②

尽管生活世界具有总体事物的不透明性和模糊性,但生活世界概念却为我们理解儿童成长之处境提供了一个新的参照,扩张了传统教育思想对于教育环境之认识,即如果我们把教育学中的环境概念转换为生活世界的概念,那么至少我们可以获得这样的启示,即儿童处于生活世界之中,并把生活世界作为自我显现的背景,由此而获得有关与他人进行交往的背景知识。

---

① [德]于尔根·哈贝马斯:《后形而上学思想》,译林出版社 2001 年版,第 82—83 页。
② 参见[德]于尔根·哈贝马斯:《后形而上学思想》,译林出版社 2001 年版,第 86—87 页。

二、儿童的生活世界及其构成

外在的时空、时空中的事物以及我与他人的日常交往等,构成了生活世界的现实形态。儿童在这个生活世界中生存,也在生活世界中成长。这个成长表现为儿童在生活世界中的意义世界的建构与生成。可以这样说,儿童的意义世界是儿童对其生活世界进行感知和建构的结果。尽管这个生活世界可能与他人有交叉、有重叠、有融合,但本质上每一个儿童都拥有一个属于他自己的生活世界,他人只是偶尔闯进或介入其生活世界。在自己的生活世界里,儿童的欢乐、苦恼、兴趣、意识、感受、体验等得以形成,儿童的意义世界得以生成。生活世界是儿童成长的条件,而意义世界则既是儿童成长的标志,又是儿童成长的起点,因而也是确定教育实践展开方式的依据。在生活世界中,一个人形成了关于世界、关于人、关于社会、关于自我的自然态度。一个人的自然态度,既是生活世界的要素,同时也构成了对生活世界进行进一步探索的障碍。在教育实践者中,由生活世界所造就的自然态度,使得教育者往往不太关注儿童建构其意义世界的生活世界,或者将儿童的生活世界从儿童那里抽离出来,而孤立地看待儿童的日常所为,从儿童与生活世界的因果关系而非意义关系出发,来对儿童及其表现作出判断,并以此为依据选择他们认为是合理的教育方法。而当儿童没有做出令他们满意的表现时,教育者就会抱怨甚至是弃儿童于不顾。教育者往往被可观察到的身体行为所吸引,而看不到体现生命之本质的意义世界的根本性力量,看不到有生命个体的意义世界及其与外部行为的关联性。因此,需要重新审视并认识儿童的生活世界,并从根本上意识到,儿童的生活世界是由多重因素构成的。

首先,儿童生活在一个物理世界之中。物理世界表现为空间性,活动之范围、一个可能触及的领域。对于儿童来说,最常见的物理空间如家、学校、街道、商场、游戏场所等。物理空间构成了儿童最实在的生活世界,是儿童成长的安身之所,也是与自我关系最为密切的安全感的保证。生存需要身体的安置。物理世界与儿童的身体相对应,是儿童社会化的自然基础之保证,也是儿童意义世界的生成之源。城市和乡村、平原和山岳、海岛和湖畔、森林和草原、南方和北方,不同的物理世界形塑了儿童观察世界的思维方式,并实质性地赋予儿童透视其所处生活世界位置的视角。物理世界也是儿童与成人共存的世界。在传统的教育学中,人们也把这个物理世界称之为自然环境、地理环境等。然而,物理世界不仅仅如此,还涉及空间布局和时间安排。只是空间布局和时间安排已经并不全然属于物理世界的范畴了。儿童所有的行为都是发生在特定的物理空间之中。儿童自己的身体，特别是儿童的生理形态也归属于物理世界的范畴。至少，身体的形态及其向他人的显现，将影响着反向的意识和态度。但是，这里需要提示的是，物理世界并不是直接对儿童的行为产生影响的，而是如梅洛-庞蒂所说的那样，"是通过适合于每一种类及每一个体的环境之中介才与地理环境联系在一起的"①。这就是说，物理世界与儿童行为之间的关系，既是因果关系，也是意义关系，还是相互建构的关系。一般而言，儿童是通过行为并在行为中来表现自我的，同时也是通过行为来建构自我的。两者并不能简单地分开，而是相伴而生。儿童的行为受着物理世界的影响，同时在自我与物理世界的相互建构过程中，生成儿童的意义世界并使外在世界的影响成为现实。儿童的每一个行为都具有双重建构的意义，即既建构他的意义世界，同时也建构他的物理世界。譬如，儿童的来到，无论是来到这个世界，还是来到某个特定的场所，都会在不同的程度上改变着共在的他人。

其次，儿童生活在一个文化世界之中。儿童所置身其中的周围世界，除了物理世界，还有文化世界。它们在内容上涉及以下几个方面：一是环绕着人类社会制造出来的东西，如建筑物、道路、园林、工具、生活用品等。它们是儿童借以与人交往的器具。从文化哲学的角度看，它们也是人类社会的物质文化。二是社会的道德、风俗习惯、时尚、法律、政策以及与日常生活相关的各种习俗、风尚等。它们作为规范而成为文化世界的重要内容。个体生存于文化世界，就必须要服从这样或那样的规范要求。儿童在生活世界中的成长，从教育学的角度看，就是接受这些外在的规范，内化这些规范，并使个体自我服从这些规范的要求。当一个人能够在日常生活中自觉遵循这些外在的规范要求时，人们就可以说，一个人已经完成了他的社会化。社会化本质上就是外在规范的内在化以及外在规范的行动化，就是理解并遵循这些规范的要求而行事。这个外在规范表面上看是约束，是对个体自由的妨碍，但反过来看，如果没有这些外在的规范约束，那我们每个人都可能会陷入他人的妨碍之中而变得不自由。三是符号系统，各种象征性的符号、技术、语词和理论等。它们表述意义世界，表述历史的和当下的理想和追求，表述人们意会的那些东西。四是行为和情感方式，在不同社会中，儿童置身于不同的生活世界而面对特定的行为方式。社会之行为方式有其总体的特征，从而构成一个社会或民族的独特性，例如由家庭生活而塑造的生活方

---

① ［法］莫里斯·梅洛-庞蒂:《行为的结构》，杨大春、张尧均译，商务印书馆 2010 年版，第203 页。

式、由社会生活而塑造的交往方式和生存方式、与特定的交往方式和行为方式相伴随的情感方式等。儿童的行为方式,就其共通性而言,总是受到文化的影响。儿童的行为方式处在不断变化之中,但在不断变化的过程中,总是会形成某些共通的行为方式。五是信念价值,或曰精神层面的东西。从某种意义上讲,学校教育就是促进文化的再生产,即儿童在他所处的文化世界之中,接受文化世界所呈现出来的规范、价值、符号及行为方式等。除了教育的作用外,文化是重要的影响因素。文化的影响往往是悄然发生的,是在儿童的无意识的情形下自然发生的。文化世界不仅支配着儿童的外显行为,而且还支配着儿童对事物的看法及其评价。情感的形成亦是如此。不同的文化世界塑造儿童不同的情感体验。儿童降生于社会之中,作为社会之成员,在其发展过程中逐渐掌握生活的产物,获得人们所许可的生活样式。

最后,儿童生活在意义世界之中。这个表述有双重意义:一是这里所说的意义世界,其主体并非是儿童个体,而是社会。当我们把社会作为儿童生活的意义世界时,这个意义乃是由生活世界向儿童显现出来且与社会的精神、意识、观念、思维、判断等有关。儿童并不是孤立地或单独地生活于这个世界之中,而是与他人在这个世界中的共在。这种共在既是物理世界和文化世界的共在,也是意义世界的共在。在物理世界中,时间和空间使得儿童能够在身体上和他人相面对。这些面对的身体及其意向是能够为儿童所理解和把握的。在文化世界中,有一种相遇是"共同相遇",借助物件,例如玩具、绘本、动画、书等而相遇。儿童在把玩、阅读和观看的过程中,不仅实现了自我社会化,而且还实现了社会的文化再生产——社会实践所不可缺少的知识之传递。玩具、绘本以及动画等背后是不照面的个体。他们通过符号、构件以及想象而实现与儿童的共在。在意义世界中,每种显现出来的并且为儿童所看到的东西都具有共在的意义。显现出来的事物并非只是自然物或文化物,同时也是意义物。它们以物的形式而呈现自己的意向,其中包含思想、情感、意识、思维、判断以及文化物的创造者的体验等。二是儿童有他自己的意义世界。在日常生活中,儿童总是要与父母、亲人以及邻人相遇。这是直接的照面。彼此打招呼、问候、交流,即便是在他人看来相当无聊的对话,也在无意之中建构着儿童的自我。在此过程中,儿童的自我得以不断完形——无论是社会所期待的还是不期待的。直接的照面总是儿童自我的核心构成。

上述物理世界、文化世界和意义世界,是在生活世界中显现出来的。因而它们的总体构成了所谓的生活世界。儿童正是在生活世界中生存和成长的。这个生活世界总是儿童要面对的、不可逃避的,也是儿童所感知和经验到的。因此,儿童处在生活世界中,生活世界也归属于儿童。

三、儿童与生活世界的联系

儿童与生活世界的联系是通过交往实践而实现的。一方面,交往实践为个人的意义世界与生活世界建立起联系,日常语言是主体间交往的共同符码。没有交往实践,就不会有社会学意义上的个体社会化,更不会有心理学意义上的心理结构的形成,也就不会有存在论意义上的意义世界的生成。通常认为,学校是负责儿童教育的社会组织或机构。不过,我们也可以把学校视为一种行为系统——一种文化再生产的行为系统。所谓行为系统,意指学校是在社会的演化过程中发展出来的交往实践场所。它既有一般交往实践的属性,同时也有教育交往实践的独特属性。师生之间的交往、同学之间的交往,具有一般意义上的规范性要求,同时这种交往属于教育性交往,以学生的成长为指归。从这个意义上讲,学校作为行为系统,并不是一个独立的系统。至少,日常语言是教育性交往和一般交往所共有的东西。"通过日常语言这个共同的符码",作为行为系统的学校(也包括法律、家庭等)都"和生活世界的总体性之间保持着联系"。① 因此,当教育内部试图进行各种变革时,如果不考虑这种与生活世界的总体性联系和关系,则任何教育变革都将趋于失败。另一方面,儿童通过交往实践而实现其自我成长,或者说通过交往实践,儿童作为如其所是的存在而安身于这个世界,并成为生活世界的主人。如果说交往实践为个体与生活世界建立起联系,那么这种交往实践在微观层面就表现为交往行为互动。它是生活世界总体性的微观表现。正是在日常交往互动中,个体实现对自我的认识、对自我的实现。这种交往并不仅仅是言语的互动,更是借助工具而实现对物质对象的形塑即劳动。作用于外在事物的操作性的活动,也是交往的形态或类型。在这种情况下,交往者更具匿名性和隐藏性,无论是在哪一种情况下,儿童都是把生活世界当作共同的背景。微观层面的交往实践意味着,儿童绝不是卡夫卡小说《地洞》里的动物,为追求绝对的安全而不停地建造栖所,通过建造栖所来实现对自我的确证,在确证中表明自己的存在。② 虽然自我存在需要确证,却并不仅仅是通过辩解或建造,更多时候是通过交往。而在交往实践中,个体获得对自我的重新认识,从而实现自我。问题在于,背景的因素总

① 参见[德]于尔根·哈贝马斯:《后形而上学思想》,译林出版社2001年版,第84、85页。
② 参见[德]瓦尔特·比梅尔:《当代艺术的哲学分析》,孙周兴、李媛译,商务印书馆2012年版,第137页。

是容易被忽略掉,就如哈贝马斯所说的那样,"在他们获得表现和成为对象的瞬间,这种总体性必定要消失"①。这种总体性的消失往往会带来一种假象,似乎个体当下的如其所是是某种策略行为作用的结果。因此,儿童微观层面的日常交往,既可以看作是儿童成长的手段或途径,同时也是儿童成长的标志或表征。在这里,我们可以看到儿童的自我建构及其与生活世界的关系,乃是一种辩证关系。生活世界并不与儿童的发展相对立,两者是有机地融合在一起的。

交往实践将儿童自我与生活世界联系在一起,因而交往实践乃是促进自我意识形成的最基本的途径。实际上,交往实践不仅具有促进个体自我形成的功能,同时也具有社会整合和文化再生产的功能。马克思在论述劳动的作用时曾指出:"当他通过这种运动作用于他身外的自然并改变自然时,也就同时改变他自身的自然。他使自身的自然中蕴藏着的潜力发挥出来,并且使这种力的活动受他自己控制。"②尽管马克思所论指向劳动,实际上如果我们把劳动也看作是一种独特的交往实践,那么马克思的结论也同样适用于交往实践的功能分析。这就是说,交往实践具有既指向世界又指向个体自我的双重功能。而教育哲学要关注的是,生活世界影响儿童自我形成的作用机制问题。儿童个体自我的形成是个体的内在精神结构的形成。这个过程主要是发生在生活世界之中并受到生活世界的影响。这个影响是如何发生的?教育学关于此问题并没有给予关注。布迪厄(Pierre Bourdieu)的场域理论将这种作用机制称为惯习或性情倾向系统,是由人们所置身其中的客观社会关系形塑并表现为客观社会关系,这个惯习既是稳定的也是可变的。舒茨的周遭世界,即与邻人共在的世界之对个体的影响,是建立在个体对周遭世界的知觉基础之上。换言之,他人的行为意向不可避免地成为个体行动运思的内容。在这个过程中,个体的行为意向、体验、情感等得以形成。与布迪厄强调惯习、舒茨强调行为意向性知觉不同,哈贝马斯则将关注的焦点集中到交往行为这个概念上。这就是说,个体是通过交往行为而建立起与生活世界的联系的。生活世界作为个体交往的背景,不仅仅是作为一个整体而表现出来的客观存在。生活世界是一个总体性的存在,同时也是由要素构成的世界。正是在个体的交往实践中,个体自我得以形成,生活世界也得以更新与重构。交往实践既是主体与生活世界联系的中介,也是促进个体自我发展的核心。从这个意义上讲,教育的本质就是

① [德]于尔根·哈贝马斯:《后形而上学思想》,译林出版社2001年版,第85—86页。
② 《马克思恩格斯选集》第2卷,人民出版社2012年版,第169页。

交往。

　　儿童的交往实践,有多种多样的形式。一是以语言为中介的互动,哈贝马斯由此把社会看作是由符号建构起来的生活世界,确实抓住了交往实践最基本的形式。二是儿童与其他人共同活动的交往实践形式、一种组织起来的交往实践形式,类似于儿童的游戏。例如,在一个夏令营组织的篝火晚会中,老师和一群儿童围着篝火欢快地跳跃、歌唱、奔走,有序的群体交往实践以篝火为中心、以乐意为中介,从中可以看到儿童在特定场景中对于秩序的维护和建构,以及对于同伴的接纳。显然,这是一种不同于以语言为中介的交往实践形式。不过,其中仍然伴有老师的呼喊和要求。例如,一旁的老师在拍照,而当儿童走过镜头时则呼喊"看着我"时,有组织的群体的活动是以语言为媒介的协调。三是合作以完成某项任务的交往实践。当四五个儿童组成一个小组去捕捉昆虫时,各自的任务分配,以及具体实施过程中的每个成员的活动,甚至是在无声的情况下,也同样实现特定目的交往。这个过程也离不开语言的中介。四是不照面的交往实践,以海德格尔所谓"共在"的形式而实现的交往实践。这种交往实践以器具为中介,或以交换符码如货币为中介。

　　在这里,我们可以发现生活世界影响儿童自我形成的作用机制,即生活世界所给予的背景性知识乃是其中最重要的作用机制。从表面上看,有效交往实践源出于社会行为系统的符码,但根本起作用的则是与生活世界紧密联系的背景性知识。交往的失败,如沟通不畅或儿童不能理解成人的教导或成人不能理解儿童的所作所为,人们往往把它归咎于其他方面的因素,而忽略或没有意识到背景性知识这个时刻在场又难以言明的东西。教育之所以能够顺利地展开,儿童之所以能够在日常生活世界中实现其成长,或者说教育者和儿童之所以能够在共同的生活世界中进行有关教与学的交流活动,在于教育者和儿童都拥有保证交往得以展开的背景性知识。有效交往实践所共有的背景性知识难以言明,但却是实实在在地发挥着保证交往成功的作用。即便在一个人初入人世,还处在牙牙学语的阶段,其表达甚至并不符合语法的或者是逻辑的要求,其背景性知识的积累就已经开始,因而语言表达所指向的事物,仍然能够让父母明白他要表达的意思。在这个过程中,客观存在的事物已经不仅仅是儿童体验的对象,而且亦成为思考对象。

　　需要在与保证交往的有效性和教育的有效性之间作出适当区分。交往的有效性是指人们使用言语来进行交流能够为他者所理解;教育的有效性则是特定的教育意图在儿童身上得以实现,教育者关于儿童发展的构想正在成为儿童的日常显现。交往的有效性乃是保证教育的有效性的条件而不是其结果。就教育活动的展开而言,背景性知识乃是至关重要的知识。只是教育者和儿童在进行交往的时候往往并不能意识到背景性知识在其中所发挥的作用。人们在交往实践中总有一些共享的东西,即便是激烈的冲突或对立,也是建立在这些共享的东西的基础之上。冲突或对立是以某些共有的东西为基础。即便是价值冲突,人们也还是承认那些对立的价值观念的存在,否则冲突就不会发生。从某种意义上讲,教育的失败就是教育交往的失败。但交往的成功与教育的成功则完全是两回事。冲突发生了,我们可以说是交往实践已经展开了,交往的有效性也得以呈现。但冲突往往意味着教育的失效。这就是说,即便是失败的教育,也是建立在交往有效性保证的背景性知识基础之上。

第二节　与生活世界相关概念的辨析

哲学、社会学以及教育实践的话语,使得与儿童成长有关的类似于生活世界的概念变得复杂起来。当为着儿童的意义世界之阐释而将生活世界的概念引入教育学的论述中时,就需要对时下较为流行的几个概念进行辨析,以期在辨析的比较中更好地把握生活世界概念的意涵。为此,我们把目光转向教育学借用的其他学科如社会学和语义学的相关概念,转向传统教育学中的环境概念、布迪厄社会学理论中的场域概念、舒茨现象学社会理论中的周遭世界概念,为生活世界提供多维意涵阐释。

一、教育学中的环境概念及其局限

在传统的教育学思考中,人们很少用生活世界这个概念来描述儿童生于此与长于此的安身所在。人们很早就认识到,儿童所处的生活环境具有重要的教育作用。不过,在传统的教育论述中,有关儿童发展成长的外在条件,并不是以环境这个概念的思维形式来显现,而是以具体事物的象征方式来表达。例如,在中国古代的教育思想中,可以见到类似"孟母三迁"这样叙事性的教化叙述,也可以见到荀子"居必择乡"(《劝学》)的论述。荀子不是用"环境"这个现代思维形式,而是用"乡"这个具体的生活场景来阐述环境影响儿童成长的思想。此外还有类比的应用,如"染于苍则苍,染于黄则黄,所入者变,其色亦变"(《墨子·所染》)。用"岁"来阐述一种大环境的思想,如孟子的"富岁子弟多赖,凶岁子弟多暴"(《孟子·告子上》)。王充说,"蓬生麻间,不扶自直,白纱入缁,不染自黑"(《论衡·率性篇》)。颜之推特别强调,"人在少年,神情未定,所与款狎,熏渍陶染,言笑举动,无心于学,潜移暗化,自然似之;何况操履艺能,较明易习者也? 是以与善人居,如入芝兰之室,久而自芳也;与恶人居,如入鲍鱼之肆,久而自臭也。墨子悲于染丝,是之谓矣。君子必慎交游焉"(《颜氏家训·慕贤》)。通过这类叙述或论述,我们可以看到古人已经认识到环境对一个人成长有着极为重要的作用。

同样的思想也可以在西方的教育论述中见到。关于伦理德性的形成,亚里士多德提出了这样的观点,"理智德性大多是由教导而生成、培养起来的,所以需要经验和时间。伦理德性则是由风俗习惯沿袭而来"①。这个风俗习惯,乃是人们日常生活的规范,为每个人所遵从。风俗习惯实际上就是人们生长的社会环境。儿童的成长无不受到社会风俗习惯的影响,并且也使自己成为践行风俗习惯的社会成员。卢梭在《爱弥儿》中更是以类比的手法,论述了环境对于灵魂的影响,强调要"趁早给你的孩子的灵魂周围筑起一道围墙,别人可以画出围墙的范围,但是你应当给它安上栅栏"②。

从以上所引来看,在传统的教育学论述中,环境的概念主要表现为通过具体事物或类比的方式而获得其相应的意义。由此,"乡""岁""苍""黄""麻""缁""芝兰之室""鲍鱼之肆","风俗习惯""围墙""栅栏"成为最为常见的概念隐喻。这种隐喻、类比或象征的表达方式,暗示着不同的生活世界对于儿童的不同影响。总体上看,传统教育学有关环境的概念是模糊的,但对环境有教育价值和功能的认识还是清晰的。也正是在这个意义上,中国古代的教育家们就特别地关注儿童所生活的环境问题,并且就儿童生活环境提出了相应的要求。人们凭其直觉和经验已经认识到生活世界对于儿童成长的影响。在传统教育思想中,作为教育者的成人,是客观的营造者,是外在于环境而独立存在的。这就是说,传统的教育思想把教育者视为环境之外的因素。正是在这个意义上,我们可以看到人们对于环境之于儿童成长的三种态度:选择、隔离或改造。"孟母三迁"、荀子的"居必择乡"强调对环境的主动选择,而卢梭的"安上栅栏"之喻则主张一种隔离的立场。前者更加突出一种对于环境的积极态度,后者则表现出一种防范环境消极影响的思想。而杜威则把改造环境的立场发挥到了极致,提出应当使学校成为一个"简化现实的社会生活"③。然而这并不意味着这三种立场没有可通约

---

① [古希腊]亚里士多德:《尼各马科伦理学》,苗力田译,中国人民大学出版社2003年版,第25页。

② [法]让-雅克·卢梭:《爱弥儿》,李平沤译,商务印书馆1978年版,第6页。

③ [美]约翰·杜威:《学校与社会·明日之学校》,赵祥麟、任钟印、吴志宏译,人民教育出版社1994年版,第6页。

性,实际上这三者都是把教育者视作环境之外的因素。

现代教育学理论开始了对教育中的环境之反思性的再理解和阐释。这种再理解和阐释不仅涉及环境对儿童个体成长影响的问题,而且还涉及环境的教育作用的阐释问题。也就是说,现代人已经开始了对儿童成长的环境之本质的探索,在这个探索过程中人们试图去把握环境与儿童成长的关系、环境的本质规定以及环境的构成。这种探索是从人的发展的影响因素开始的。教育学的理论研究以及过往的经验使人们认识到,个体的发展涉及内部和外部的种种因素,其中"外部的因素总称为环境",这样,人的发展就被看作是"以生活体与环境的相互作用的过程而展开的"。① 这样一来,教育也就被纳入环境的概念之中。马里坦(Jacques Maritain)在更加广泛的意义上将人的"生存境况"的概念引入教育的思考之中。在《教育在十字路口》一书中,马里坦指出,"尽量使家庭和学校认识到,不仅它们之间的互助是必要的,它们之间的相互制约也是必然的;而且还要努力使它们认识到,从一开始——我是说从儿童时期开始——人的生存境况就是要去承受和抵御由母性为其生活所提供的那些有价值的、必不可少的支持",因此,"人类活动的所有领域,尤其是日常的工作和痛苦、友谊和爱的艰难体验、社会习俗、法律、体现于人类行为中的共同智慧、艺术和诗中令人鼓舞的光辉、宗教仪式和节目的深刻影响——所有这些教育之外的领域都会令人采取行动,在人的教育成就中,这种行动比教育本身更为重要"。②

在我国当代教育学的论述中,环境一直是人的全面发展教育中的重要概念。关于环境的理解,我国学者认为:"环境泛指个体生活于其中,能影响人的发展的一切外部条件。"就内容来说,环境涉及"为个体提供的物质财富、精神财富,个体生存期间周围世界发生的各种事件和与发展个体相关的各种人际关系"。③ 这是当代教育学理论的一个很大的进步。它至少申明了这样一种环境观,即构成环境内容的并不单纯是客观的存在,还包括那些无形的制约因素,如各种人际关系、社会风尚等。当代教育学理论对环境概念的论述尽管更加深刻,但亦如传统教育学,基本上还是站在一种客观主义的立场,即把环境看作是一种客观的、外在于个体的存在,从而面临以下几个问题。

---

① [日]筑波大学教育学研究会编:《现代教育学基础》,钟启泉译,上海教育出版社1986年版,第69页。
② [法]雅克·马里坦:《教育在十字路口》,高旭平译,首都师范大学出版社2010年版,第27页。
③ 叶澜:《教育概论》,人民教育出版社1999年版,第220、221页。

　　首先,是有关环境的客观属性问题。教育学理论所提出的"一切外部条件"以及相关内容,乃具有客观性的特征。现代教育学理论并没有对"一切外部条件",以及诸如"周围世界""个体生存期间周围世界发生的各种事件和与发展个体相关的各种人际关系"作进一步地分析,也没有进一步阐述"各种事件"和"各种人际关系"之于个体存在与发展的意义。环境所涉及的内容,乃具有纯客观存在的性质。它与个体的知觉或意识没有什么关系,有的只是单纯的影响和作用。这就是说,教育学理论所提出的环境概念,乃从属于客观性的范畴。所发生的各种事件对于每个人来说都具有同样的意义,譬如教师在课堂上同时批评犯有同样错误的两个学生,这样的批评对于两个犯错误的学生,乃至于这样的批评对于全班同学来说,都具有同样的意义。尽管我们不排除在生活世界中发生的各种事件总有其共同的意义,但同样不能排除的是,每个事件在不同的人那里总是会有独特的个人体验的意义,这就是说,同样的事件在不同的人那里,往往会有不同的感受。这种不同的感受,其中就是外在事件对于个体心灵的影响。同样的,环境对个体的影响亦是如此。在他者看来,环境是客观存在在那里的。然而,不同的个体对于环境的知觉是有很大差异的,个体的心境直接赋予环境以极具个体特质的意义。

　　其次,是环境的独立性问题。教育学理论所论述的环境,乃是把教育者看作是独立于环境之外在的旁观者。但其并没有意识到,教育者也是儿童生活世界中的重要组成部分。教育者独立于环境的思想,使得各种人际关系的概念在环境这里没有任何的地位,或者说它们并没有成为环境的内容。由此,我们可以看到这样一个有关环境概念阐释的前提,即无论是传统的教育学还是当代教育学,其中所涉及的环境概念都是成人或教育者所知觉到的环境而非儿童知觉到的环境。良好的环境乃是指那些符合教育者理念或愿景的环境,而唯独将受教育者对环境的感受置而不论。因此,关于环境的论述,其实质是立足于教育者的视角和立场、教育者的判断和感受。在这样的环境概念中,环境所包含的相互关系的内容消失了。有的只是单向度的观察,而看不到这样的事实,即教育者通过言行向儿童所呈现出来的东西,乃是为儿童所经验或体验到的东西。由此,教育者所显现出来的自我,与儿童的自我形成特定的关系,这种特定的关系进而影响到儿童自我的认知。这样一来,教育者就无可逃避地成为儿童成长环境的一部分。教育学理论将教育者的这种影响归之于教育的范畴。这样的类型划分有一定的道理,但要注意的是,并非教育者的所有行为都具有这样的意向性,在许多时候,教育者的行为意向性并不在此,而是指向日常生活的其他方面。但对于儿童来说,即便是指向其他方面,也是他所经验到的东西。教育者永远不是独立于环境之外的超然对象。

再次,是环境的生存处境问题。儿童所生活的周围世界,并不纯粹是客观的环境,还包括基于环境而感受到的生存体验,即个体的生存处境。环境是一个可视为客观的概念,而生存处境则是个体所理解、所经验、所体验到的环境。教育学理论在环境和处境之间没有作出应有区分,乃是上述两种倾向的最基本的原因。例如,儿童居家生活的周围有网吧,并且进出家门都要路过此网吧。这是儿童的生活环境。然而,这个进出都需经过的网吧未必就是儿童实际要面对的环境。不如说,当儿童内心的生活感受以及对自我的消极认知在现实生活中无法直接消除时,网吧才具有了向儿童开放的可能性。当儿童开始频繁出入网吧而逐渐放弃学业时,可以说这是儿童对自我生活体验的一种逃避。由此,儿童的生活状态、生存感受连同周边的网吧,便构成其生存的处境。在这个意义上,处境乃是个体心理的环境,是对客观环境的主观知觉。儿童的行为表现,表面上看是受到环境的影响,不如说是儿童个体生存处境的表征。行为的趋向意味着对相应对象的回避。不理解儿童要回避的对象,也就无法理解儿童行为要趋向的对象。

最后,是环境的影响机制问题。为了说明环境对于个体成长影响的作用机制,教育学理论进而提出"小环境"的概念。尽管教育研究者提出了"小环境"的概念,并把小环境看作是与个体直接发生关系的自然环境和社会环境,包括所在的家庭及其居住区、学习单位或工作单位;[①]但是,这种小环境究竟是如何与个体发展发生关系的? 其发挥作用的机制是什么? 与大环境又是什么关系? 这些问题都没有作更进一步的论述和讨论。换言之,现有的教育学理论只是描述了一种能够影响发展的存在,却并没有深入分析小环境何以影响着儿童个体的发展。从这个意义上说,教育学有关儿童发展之环境的讨论和分析还有待深入,还不够充分。这主要表现为,环境作为影响儿童个体发展的因素,其内容较之传统的教育学已经有了更明确的分析,但是这种分析只是把环境作为孤立的对象来处理的,而没有将与之密切关联的儿童个体作为与环境的关联性对象而进行分析。模糊的主体对象,与环境的关系只是简单的"影响"关系。这个影响是如何发生的? 这个外在于主体的对象是如何深入到主体的内在世界的? 由于不能够在外在的环境与个体之间建立起明确的关系,因而现有的教育学理论只有在一般意义上讲环境的优化,就是说,只是在经验的层次强调要净化被人们视为消极

---

① 　参见叶澜:《教育概论》,人民教育出版社1999年版,第221页。

的、不利于儿童发展的环境。人们以为，只要在自己看来不利的环境因素消除了，那么影响儿童发展的可能性障碍因素也就清除了。

二、场域的概念及其批判

场域的概念是另一个最近经常在学术研究中被借用的概念。这个概念来自布迪厄的反思社会学理论，一个类似于环境但主要侧重于关系维度且个体社会行为发生于其中的概念。对于布迪厄来说，社会世界是由无数小世界构成的，这些小世界各有相对的自主性，有其自身的逻辑，有其运行的必然性，有各种各样的社会关系。一个小世界就是一个场域，家庭是一个小世界，也是一个场域；班级、学校、小组等，无不既是小世界，也是相应的场域，都有其各自的自主性，以及主体在其中行动的规定性。"场域"概念不是时空意义上的物理概念，而是社会意义上的关系概念。布迪厄在这里秉持一种马克思主义哲学的立场，提出一个更为极端的命题——"现实的就是关系的"，把人看作是社会关系的存在，"在社会世界中存在的都是各种各样的关系——不是行动者之间的互动或个人之间交互主体性的纽带，而是各种马克思所谓的'独立于个人意识和个人意志'而存在的客观关系"①。场域就是客观关系的系统。这个系统与社会制度密切相关，是社会制度的产物。它体现在日常生活的具体事情之中，体现在社会得以运行的体制机制之中。每个场域都有其特定的逻辑，个体置身于其中，除非有非凡的定力，或者除非逃离到另一个场域，否则就有一种身陷其中而身不由己的感受。个体正是在各种客观关系中，如在支配关系、屈从关系、结构上的对应关系中，以各自不同的方式生成其性情倾向即惯习。场域规约个体的行为，形塑个体的性情倾向或惯习，这个性情倾向或惯习与社会小世界自身的逻辑及其必然性相适应。借助于个体、场域和惯习的概念，布迪厄由此建构了社会活动的个体与其生活世界的辩证关系。一方是外在的小世界——场域，另一方则是由场域形塑并可归属于个体意义世界的惯习。关于惯习，布迪厄给出的定义是："知觉、评价和行动的分类图式构成的系统"②。惯习的形成机制是这样的，在特定的场域中，个体行动者将外在的场域逻辑及其客观关系内在化。个体在现实生活中意识到感受到的各种社会关系，影响着个体的生存和发展。正是在特定的场域中，个体形成相应的惯习或性情倾

① ［法］皮埃尔·布迪厄、［美］华康德：《实践与反思——反思社会学导引》，李猛、李康译，邓正来校，中央编译出版社1998年版，第133、134页。
② ［法］皮埃尔·布迪厄、［美］华康德：《实践与反思——反思社会学导引》，李猛、李康译，邓正来校，中央编译出版社1998年版，第171页。

向系统。换言之,外在的社会条件和经济条件并不直接作用于个体,而是通过场域即社会关系来塑造个体的。"对置身于一定场域中的行动者产生影响的外在决定因素,从来也不直接作用在他们身上,而是只有通过场域的特有形式和力量的特定中介环节,预先经历了一次重新形塑的过程,才能对他们产生影响。"通过场域,个体的惯习得以形成,并成为支配其行为的内在基础。反思社会学理论跳出了流行的个体与环境之关系的行为主义立场,强调"人类的行动不是对直接刺激的即时的反应"。[①] 表面上的环境刺激背后则是社会关系作用的结果。由此,反思社会学理论就在个体行动与环境之间增加了一个内在的维度——性情系统倾向或惯习。而环境也不是传统的社会理论所谓时空之类的客观存在,或时空中的各种事物的集合,而是潜藏在各种交往行为背后的社会关系。借助这个内在的因素,个体的行为得以解释。这就是说,个体乃是受制于社会的客观环境的。这个客观环境借助于个体所生存的特定的环境类型,形成他的惯习或性情倾向系统,从而决定着个体的社会实践。于是,人们就可以在一个更加微观的层面上看到一种外在与外在的对应关系,场域、惯习与行动。特定场景中所观察到的个体行为,需要依赖场域和惯习或性情系统来加以解释。通过个体的行动,我们可以看到场域和惯习之间的关系,既是制约关系,也是知识关系。"一方面,这是种制约关系:场域形塑着惯习,惯习成了某个场域固有的必然属性体现在身体上的产物。另一方面,这又是种知识的关系,或者说是认知建构的关系。惯习有助于把场域建构成一个充满意义的世界,一个被赋予了感觉和价值,值得你去投入、去尽力的世界。"[②]

　　尽管布迪厄的场域理论是社会学的视野,但反思社会学所提出的有关特殊环境类型与个体行动之关系,特别是它所揭示的环境塑造人的复杂机制,对于教育学有关儿童的生活世界、意义世界及其行为表现问题的思考仍具有启发意义。儿童在特定情境中的行为,乃是其性情倾向即惯习(内在意识体验)的外在表现。而性情倾向系统(内在意识体验)的形塑与他的活动场域(生活世界)密切相关,这些活动场域包括家庭、班级、课堂、社区等,其中所反映的则是他所特有的经济关系、文化关系和各种社会关系,还包括诸如学校开展的各种活动,以及这些活动中所显现的结构性关系。一个儿童对于某项活动的拒绝,并不仅仅是没有兴趣的问题,而更有可能是个体性

---

①　[法]皮埃尔·布迪厄、[美]华康德:《实践与反思——反思社会学导引》,李猛、李康译,邓正来校,中央编译出版社1998年版,第144、168页。

②　[法]皮埃尔·布迪厄、[美]华康德:《实践与反思——反思社会学导引》,李猛、李康译,邓正来校,中央编译出版社1998年版,第172页。

情倾向系统对于某种场域的不适应或抗拒。例如,在某项活动中所形成的屈从关系引发出来的自我问题,由特定的社会地位所带来的自尊问题,等等。场域的结构,即活动于场域之中的各种社会关系,由社会物质生产所决定的人与人之间的关系,从而亦是教育者与儿童之间的关系,塑造着儿童的性情倾向系统,也塑造着儿童的行为倾向系统。例如,一个留守儿童的日常表现,只有通过他的家庭关系结构、师生关系结构才可以得到解释。留守儿童的各种日常表现,是在留守家庭的场域中形成的性情倾向系统的外在化。惯习对于行为及性情独特性有着至关重要的作用。"仅仅了解刺激,并不能使我们更多地理解它们所引发的即时反应和持续作用,除非你对惯习有所了解。惯习自身脱胎于一整套历史,它就和这整套历史一起,筛选着可能的各种反应,并强化了其中的某些反应。"①这种解释能够为教育实践的展开提供认识论基础。

　　与教育学的环境概念相比,布迪厄反思社会学的场域作为特殊类型环境的社会学之表达,因其将社会关系作为内核,从而揭示出抽象的环境概念对于个体行为之作用机制,以及社会学研究成果对于教育学的建构意义。这意味着,理论的建构需要在清楚地把握环境构成内容的基础上,进一步了解其内在的作用机制。就儿童所生活的整个社会环境而言,它作为一个客观的存在,是教育者所无能为力的。而场域中客观存在的社会关系,特别是那些与儿童密切关联的社会关系,即现代教育学所谓的"小环境",则是教育实践能够着力的地方。尽管这种着力需要教育者的主体自觉,尽管这种主体自觉亦非易事,但它至少指明了我们可以努力的方向。

　　与此同时,我们也不得不承认,场域的客观性立场对于儿童世界意义阐释之局限。这种局限主要表现为,儿童作为行动的个体出现在特定场域中,面对一个教育者时,这个教育者的加入,是否以及如何影响到儿童把场域建构为充满意义的世界,以及教育者又是如何形塑儿童的惯习的?儿童置身于场域之中,只是被动地受到场域的影响?人们固然受制于场域,但个体仅仅处在一种被动的消极的受支配地位?无论承认与否,个体的惯习也是建立在活动主体对于生活世界的知觉基础上。惯习并不是消极地被场域所形塑,惯习的形塑一定是以个体对场域的知觉为其条件。这就是说,一种客观存在的场域只有在被活动主体知觉的前提下,这种场域才真正构成了个体性情倾向系统或惯习形塑的前提条件。马克思指出,"人是环境和教育的

① [法]皮埃尔·布迪厄、[美]华康德:《实践与反思——反思社会学导引》,李猛、李康译,邓正来校,中央编译出版社1998年版,第168页。

产物",同时"环境正是由人来改变的"。① 从这个意义上看,场域的客观关系学说,只是指出了活动主体单方面的性情倾向系统与个体行为的关系,而没有看到特定场域中的关系方都有其相应的性情倾向系统或惯习。这意味着场域即活动主体的客观社会关系之应具有的含义,仍然是不清楚的。例如,教师在课堂上批评学生的某些不良表现的一番话,对于不同的孩子则可能有不同的意义:一些儿童可能从积极的方面来理解教育者的言行,而另外一些儿童则可能从消极的意义上来理解。这当然可以用布迪厄的惯习概念来加以解释。这番话可能会激发某个学生的自我防卫机制,从而证明教师课堂话语中所可能包含的多种意义。那些自我防卫的同学可能只是知觉到了符合儿童防卫的那个意义,而其他方面的意义则被忽略或无视。当儿童置身于课堂教学场域之中时,那个原有的惯习就会对特定的话语进行选择和评价,从而引发不同的行为表现。这样来看,不仅有一个场域与惯习的关系,还存在着场域与场域、惯习与惯习的关系,例如家庭的场域与学校场域的关系,儿童惯习与教育者惯习的关系,等等。

三、周遭世界的概念及其反思

在舒茨的现象学社会学那里,用以描述个体生存于其中的概念既不是环境的概念,也不是生活世界和场域的概念,而是周遭世界的概念。舒茨关于社会世界的类型区分,是以个体的体验和知觉作为划分维度。从邻人、同时代人、前人和后人的角度,舒茨将世界划分为周遭世界、共同世界和前人世界。

在舒茨看来,一个人的生活世界就是他的周遭世界,即我们每个人在生活中与他人交往的世界。本质上,它就是人们的日常生活。每个人在日常生活中都有对他人的意识体验的素朴理解,这个素朴理解与社会科学所使用的理解方式不同。在社会世界中,人们以其自然的世界观来交往和实践。不过,即便如此,我们有时也不是以体验的方式而是以反思的方式来面对他人及他人的行为。我们体验他人的意识,和他们共同生活,他人的身体出现在我们的前面,他人的行为向着我们显现,他人的身体和行为都有其特定的含义。基于对特定交往对象的理解,个体作出相应的反应,借助这个反应而实现与他人的交往,或者通过共同行动来改变我们所面临的社会现实。我体验着你,与你一起生活着。你也如此,在体验我的同时和我一起生活着。他人的行为及生活既是我们体验的对象,也是我们思考的对象。这样,

---

① 《马克思恩格斯选集》第1卷,人民出版社2012年版,第138页。

对一个人的行为意义的理解必定涵盖着对他人行为、他人生活、他人意识的阐释。我的有关行动的设想中总是包含了"你"及"你"的体验中已经发生了的行为。我们每个人的行为都是意向地与他人有所关联。共同世界是他人的生活领域,我未曾经历或体验过它,但只要我愿意,就可以进入其中,从而使得同时代人所生活的世界成为我的周遭世界。

与周遭世界不同,舒茨把共同世界定义为:一种存在但还未为个体所体验或知觉的社会领域。这样的社会领域,或者曾经体验过并可以再次以相同的方式经历它,或者是可能体验但到现在为止还未曾体验过。为了更好阐述周遭世界和共同世界的含义,舒茨借用"邻人"和"同时代人"来加以说明。"如果我们把周遭世界中的他我称之为邻人,共同世界中的他我称为同时代人,则我们可以说,我,和邻人一同活着,是直接经验到他们以及他们的体验,但我对于一同活着的同时代人却不直接掌握到他们的体验,尽管我可以合理地推测他们的类型性体验流程。"①

前人世界就是这样一个世界,先于我的过去存在,和我的体验永远不会一同存在,它已经过去、完成了。人们可以观察、思考它,却不能够体验它或对它采取行动。舒茨没有去详尽阐述三个世界的关系。实际上,这个社会领域受到更大范围的领域的影响和作用。每个人都有其周遭世界。这个周遭世界既与他人共有,同时也与他人交叉和不同。无数个周遭世界结合在一起而形成个体生活的共同世界。就个人行为形成而言,其意向的形成不仅受到他人行为意向的影响,同时也受到更大范围的社会共同世界的影响,也同样受到前人世界的影响。我们每个人都生活在具体的周遭世界之中,同时也生活在共同世界和前人世界之中。

尽管舒茨关于社会世界的构成分析,并没有提及教育学的"环境"概念,但其中对于周遭世界和共同世界的划分,仍然让我们看到一个更加有说服力的个体生活世界。至少,影响个体行为的,并非是抽象意义上的环境,而是我们每个人切实感知和体验到的那些领域。个体的行为并非是孤立发生的,而是在知觉和体验他人意向的基础上形成自己的意向性,此意向性决定着个体在特定情境中的行为方式。同样的道理,儿童的生活世界也不是一个内容涵盖漫无边际的社会世界的概念,而是儿童直接体验和能够感知和感受到的世界。对于儿童来说,无论是父母还是老师,他们的言行或日常生活本身就是他的生活环境。他生活在其中,知觉着周围的事物,体验着那

---

① [奥地利]阿尔弗雷德·舒茨:《社会世界的意义构成》,游淙祺译,商务印书馆 2012 年版,第 200 页。

些直接向他显现的一切。知觉到的世界是"透过我朝向它的活动而被我所意识到,只是我的整个经验世界中的一个片断而已,而这又是我所有可能经验到的世界的一部分,所以社会世界(作为'整个世界'的一部分)就其作为我的生命中每一当下状态的片断而言也只是我的社会周遭世界"①。那些环绕在儿童周围但并没有为儿童所体验或感受的事物或他人,不能算作他的生长环境,更不能算作他的生活世界。

舒茨的"周遭世界"概念,意味着我们需要对过往教育论述中的环境概念有一个重新论述。环境并不完全是单纯客观存在的事物,并不只是儿童所面临的客观事物以及时空关联。真正有意义的环境,是那些儿童直接照面的事物,是儿童在日常生活中最常与之打交道并能够使儿童产生切身体验的人,是对那些自我呈现有所感受和体验的人——他的表情、语言和沟通意向直接的展现。对于儿童来说,父母在家的陪伴之所以构成儿童的成长环境,正是因为父母在日常生活中的所作所为能为儿童所感知和体验。父母在陪伴过程中因儿童的表现而不断地给予各种反应,如训斥,这个在训斥中所显现出来的对儿童特定表现的否定,是一种教育,同时也成为儿童知觉到的环境的一部分。即便训斥作为教育的手段并不可取,知觉到的训斥作为周遭世界的构成,对于儿童意义世界的建构仍具有极为重要的意义。至少,训斥意味着父母的在场,意味着在父母的怀抱之中,依于父母而在。而留守则意味着依于父母的不复存在。而在这个过程中表现出来的亲子互动,能够为儿童所知觉和认识。这种知觉到的周遭世界,才是环境的本有之义。

舒茨的周遭世界的概念对于理解儿童的生活环境,具有以下几个方面的启发。首先,他人的照面以及在照面中所显现出来的自我直接影响着儿童。这个自我的显现是通过身体的动作、表情、言行等而实现。面对他人的自我显现,儿童并不会漠然处之,而是对此有着深刻理解和认识。与之照面的他人及其能够提供的发展条件,构成了儿童的生存处境。在这个生存处境中,他人的自我显现会深深地影响着儿童的自我认知。一个微笑意味着对儿童自我的肯定,而一个冷脸则意味着他人对儿童自我的不满和否定,并进而影响儿童的自我认同与建构:或引发儿童重塑自我的努力,或以另外的方式来实现对自我的肯定。其次,儿童和教育者总是相互参与并影响对方的行动构想。这是师生通过互动关系而实现的。教育者的行动构想之实现

---

① ［奥地利］阿尔弗雷德·舒茨:《社会世界的意义构成》,游淙祺译,商务印书馆 2012 年版,第 199 页。

依赖教育者的参与,同样儿童的行动构想之实现依赖教育者的参与。一个不按时完成作业的构想,只有在教师的参与下才有可能真正地变成不完成作业的行动。反过来亦如此。教师希望学生完成作业的构想唯有在学生真正去做作业的参与下才能够真正地变成现实。最后,儿童的生活环境和教育者的生活世界是相同的,也是不同的。一个外在事物的出现,对于同时直面该事物的儿童和教育者来说,其含义没有两样。"3+2=5"无论是对于儿童还是对于教育者,其含义都是相同的,但其意义却各不一样。同样,世界中的事物,如一棵树或一阵风,其含义都能够为儿童和教育者所理解,但其意义却有可能完全不同。社会关系中的师生关系,是事物的一体二面。师生关系所具有的含义对于儿童和教育者有相同的方面。然而,对于师生而言,这个关系又具有不同的意义。但这个世界对于儿童和教育者来说,都属于"我们的世界"。所以舒茨说:"我的环境与你的环境,也就是我们的环境,是一体而共同的。'我们'的世界并不是我的或你的私人世界,而是'我们的世界'、是一个我们共同的、互为主体的世界,它预先被给予在那里。"①

第三节　儿童与生活世界的关系

在世界之中的儿童,本质上看乃是在生活世界之中的儿童。这个生活世界总是儿童能够直接感知并获得体验的世界,而不是空泛的抽象的无意义的概念意义上的世界。在这种情况下,生活世界作为背景而将儿童凸显出来。儿童因为生活世界而显现,生活世界亦因儿童而变得生气勃勃。由此,理解儿童就不能不把握儿童与生活世界的关系,以及儿童融入生活世界的目的论要求。

一、儿童寄寓于生活世界的在世关系

儿童来到这个世界,意味着将自己寄寓在生活世界之中,意味着在世。

既是在世,儿童就不得不面临各种各样的要求,同时也有自己的欲求。这些要求或欲求就构成了儿童日常事务的根源。儿童所面临的要求或来自父母,或来自教师,或来自其他的人或社会。要求意味着职责,即在世必须要承担的义务,各种伦理的、道德的、法律的和社会的义务。职责和义务意味着要投入身体的活动(体力、精力)和时间(生命)。这些要求是由社会在

_____

① ［奥地利］阿尔弗雷德·舒茨:《社会世界的意义构成》,游淙祺译,商务印书馆2012年版,第237页。

其降临于世之前事先给定的。无论是谁,无论处于何处,无论是在什么时候,要求总是存在的,只是要求的内容会不同而已。寄身于世界的在世,要求儿童必须要学习尽心尽力地履职,尽心尽力地履行各种各样的义务。所有的学习,科学知识也好,伦理道德规范也好,都是为了更好地履行义务。从这个角度来看,寄身在世就是担责,就是负担,既有我对他人的负担,也有他人对我的负担。归结起来,就是海德格尔所谓的"烦忙"①。负担是相互性的,就如同劳动对象及劳动者自身改变的相互性一样。劳动在改变自然对象的同时,也在改变着自身的自然即劳动者自己的身心。在世就是承载着各种各样的要求,并且通过自己的践履来达成这些要求。从负担职责的角度看,所有的人都不得不服从他人,并属于他人。儿童的任务就是学习服从他人,学习更好地属于他人而又保持自我。儿童区别于成人之处在于,儿童在世的主要任务是学习如何去承担这些负担。从这个意义上讲,儿童在世的基本形式就是学习并适应。无论是幼儿园的活动,还是学校的课程,或者是家庭里的各种事务,包括同伴之间的游戏,都是儿童在世学习的具体样态。

既是在世,就得服从世俗性,就得为满足需求而学习生活世界所要求的技能和规范。这些学习既是需求满足之条件,也是生长之表征,此即意味着,儿童在世,即学习为那些平庸之事而忙碌。为平庸之事而忙碌是日常生活之常态也是在世之常态。日常事务处理确是平庸的表征。但表面化的平庸在世却隐藏着极其丰富的内心世界。只是我们中的绝大多数,都难以将自己的丰富内心外在化、表达化。即便有也往往是情绪化的表达,即在极其简单而粗鲁的发泄中,让内心的丰富情感得到平息。日常的重复性,也使得情绪化的发泄日复一日,只是大多数人将这种情绪压抑在心底。需求的满足是在世的世俗性表现。

既是在世,儿童就不得不学习用自己的方式去存在。每个人都有自己的存在方式,这种存在方式将自己与他人区别开来。尽管有的时候我们也可能羡慕或赞赏他人的在世方式,然而也只是羡慕或赞赏而已,因为在世的方式对于每个人来说都是独特的、无法复制的。在世的方式在儿童来到这个世界之时就已经以多样性而存在。儿童其实只是因袭,随着自我意识的觉醒和成熟而完成自我的建构。在生活世界的外部力量作用和协助下,一个人开始把自己的在世方式与他人区别开来。尽管每个人都从属于他人,

---

① ［德］马丁·海德格尔:《存在与时间》,陈嘉映、王庆节合译,生活·读书·新知三联书店1987年版,第149页。

但每个人都极力以自己独特的在世方式而掩饰这种从属。儿童的在世方式在不同程度上都源自其父母,并与其家庭生活方式有着同源性,但随着和生活世界接触范围的扩大,儿童的在世方式也在悄然变化着,直至他们成为独特的自己,但同时又分有着他那个时代的在世方式。

二、儿童适应生活世界的建构关系

在一般意义上,环境对于儿童生长具有影响作用,这一点已经为教育学理论所论述。然而,环境对于儿童发展的作用是多向度的、多重性质的。所谓影响,就是外在的事物生成个体的意义世界,从而使儿童发生各种可能的变化。个体是以主动的态度应对并在融入生活世界的过程中实现对生活世界以及对自我的双重建构。只是不同的人们融入世界的方式不同,因而与世界的建构关系也会有很大的不同。

第一,生活世界具有对儿童自我的建构力量。查尔斯·泰勒在论述自我的根源问题时,把自我放在道德空间中来考察,说明了道德和精神力量对于个体的建构作用。泰勒认为,人总是站在一定的立场来说话,从特定的视角来谈论某个话题的。一个人说话的立场、谈论的视角,主要是依据家谱、社会空间、社会地位和功能的地势、我所爱的与我关系密切的人来确定的,这其中起关键作用的是社会的道德和精神力量。正是这些道德和精神力量保证了谈话的方向感,定义着每个人的自我,回答着“我是谁”的问题。每个人都是在特定的道德空间中即在特定的道德和精神力量中生长并将这种道德和精神力量内化而形成自我。家庭和邻里,以及隐藏在家庭成员和邻居交往中的更大范围的社会风气,都在无形地影响着一个人的自我发展。时代精神、社会风气、道德规范风貌等,这些看起来作为描述大环境特征的概念,只是人们在日常生活中所总结出来的总体特征。正是通过人们的生活世界,时代精神、社会风气、道德规范风貌等才得以显现出来。那些能够对个体产生建构作用的时代精神、社会风气、道德规范风貌等,并不是纯粹的客观存在,而是个体能够切身感受到的、体验到的。只不过个体对于这些事物的感受和体验并不知晓而已。如此来看,对生活世界道德和精神力量的体验,才构成了环境对儿童个体影响的本源所在。正是在这个意义上,泰勒才特别强调体验对于自我的根源性作用。“我只能在某种公共空间中,通过我和他人这些为我们而存在的客体经验,才知道愤怒、爱、焦虑、对完满的渴望等等是什么。”值得注意的是,个体对外在对象的体验,乃是建立在语言的基础之上。因而,泰勒把人的存在看作是语言的存在,认为“研究一个人就是研究这样一个存在,他只存在于某种语言中,或部分地由这种语言所构成"①。实际上，当人被看作是语言的存在时，作为通过教育而成为人的儿童来说，语言对于教育同样具有本体论的意义，即教育在某种意义上就是由语言构成的。个体的成长，无论是在怎样的环境中，都无法逃脱语言对他的形塑和构造。离开了语言，一个人是否还能够成长为真正意义上的人，是难以想象的。

　　第二，为我而存在的生活世界构成了儿童成长和发展的体验对象，同时也建构了儿童自我。生活世界正是通过这种方式，即通过个体对生活体验的方式而产生建构作用。表面上看来是客观存在的生活世界，在儿童的生长中就表现为儿童体验的对象。通过积极的行动而产生的对生活世界的体验，儿童亦如成人，不仅建构着生活世界，也在建构着儿童自己的自我。对生活世界建构而形成的自我，在布迪厄的反思社会学中被抽象为"惯习"这个概念，在舒茨的现象学社会学中，它表现为"主观意义"这个概念，而在梅洛-庞蒂的现象学理论中，则表现为一种过程的概念，即体验或知觉。儿童的生长和发展，无论其表现是否符合生活世界的要求，都是主动体验或知觉生活世界的结果。尽管教育理论对个体与生活世界的相互建构关系有着不同的解释，但它们都表达出某种共同的立场，即生活世界或环境并不能够直接作用于个体，并不是像行为主义心理学所阐述的那样，是一种刺激与反应的关系，而是个体主动建构他自己对生活的知觉经验的结果。

　　对于生活世界中的儿童来说，任何在理论观察者看来纯客观存在的生活世界，或者说完全独立于儿童的客观环境——这在传统教育学以及现代教育学中都得到了充分的论述，实际上都是属我的世界。所谓的外在客观世界不过是研究者作为观察者而产生的观察视角的结果。或者如齐泽克所说的"视差之见"，即"观察者位置的改变提供了新的视线"②，从而获得完全不同的显现。观察者的视角使得观察者将自己置身于外。如果转换视角，即从观察者转换为行动者或实践者的视角，那么所见就会发生显著的改变。这就是说，从个体生存的角度看，则客观就并不是单纯外在于我的对象，而是经我知觉而形成的属我的世界。正是在这里，我们看到了主体与生活世界之间的非单纯的影响关系，也给单纯从主观意图出发来施行教育的教育者敲响了警钟。教育者借以表现意图的行为，也必定是儿童知觉或体验的行为。所直观到的行为已经不是客观的存在物，而是主观经验到的对

---

①　[加]查尔斯·泰勒：《自我的根源：现代认同的形成》，韩震等译，译林出版社2001年版，第50页。

②　[斯洛文尼亚]斯拉沃热·齐泽克：《视差之见》，季广茂译，浙江大学出版社2014年版，第26页。

象,并且是儿童赋予其意义的对象。主观性和客观性的界限在这里已经不复存在。不是物的对象性,而是物的意义即对我而言意味着什么,才更具有自我建构的意涵。这是视角转换的结果。

第三,儿童的自我是儿童对经验到的生活世界主动建构的结果。任何由对象物而被知觉的意义,经由儿童的认知建构而被纳入自己的意义世界。生活世界向儿童显现出来的东西,构成了对于儿童来说有意义的事物。"惯习"的形成也好,"意义"的理解也好,"个体组织"的建构也好,"完形结构"也好,这些东西仍属于一个统一的东西,只是在不同的研究者那里获得了不同的名称而已。它们既是儿童建构生活世界所产生的意义之结果,也是儿童意义建构从而形成自我的前提和基础。哈贝马斯关于交往所使用的表达的三重意涵的论述,指出了儿童对生活世界所显现出来的意义之主动建构的实质所在。任何一个表达,或者说任何一个个体行为,都具有三重意涵:表达意图、表现事态和确立关系。然而,由于表现的意义取决于交往者的理解,因而实际获得的意义,往往与交往者的意向性相关联。在这种情况下,某种意涵就会凸显出来而使另外的意涵被遮蔽。而被遮蔽的意涵可能恰恰是交往者所要表达的意涵。于是我们就能够明白,为什么在特定的情境中儿童对于同样的表达会有不同的反应。不同儿童对于同一个表达的不同反应,从根本上说与儿童的意义理解有着密切的关系。正如我们在上面所提出的那样,因表达而引出的行为反应,不仅是生活世界的意义建构结果,同时这个所引发出的反应也在建构着儿童的自我意识:如此理解的生活世界,将成为支配我们的未来的选择及对自我的认同。

一些事件发生了,因为与我相关,所以它总会在我这里引起系列的反应。这种反应不仅表现于外,表现为某种行为的反常,例如突然的沉默或多语;而且亦表现于内,表现对自我的重新认知和评价。生活世界对儿童的影响悄然发生于内在的自我评价。我的意图或愿望的实现或不能实现,如期待考试有一个好成绩而不得,意味着挫折或失败,而这种挫折或失败必将反过来要求对自我进行重新认识和评价,而由事件所引发出来的对自我的重新认识和评价,又会进一步决定未来行动的选择与评估,是继续努力或是放弃努力。始终处于贬抑之中的人生,必定会触发消极的人生态度,而导致一种随波逐流的处世哲学。每一个事件都是由若干主体参与其中的交往过程。意图与愿望、计划与行动、结果与需求满足……所有这些既是独立发生的,又是相互关联着的,却始终发生在生活世界之中,并且成为生活世界的一部分。每个人的行为都关乎着其他的人,在场的或不场的,照面的或不照面的。虽然时空把人们彼此割离开来,但许可或拒绝则将人们联系在一起。

一次考试成绩不良所引发的教师的批评,可能会对儿童的学业造成打击。

三、儿童融入生活世界的双重显现关系

儿童亦如成人一样,"不仅一般地活动在世界中,而且特别按日常生活的样式活动在世界中"①。儿童在与世界的接触中,即通过其身体的有意识的活动在与世界、与他人接触的过程中,形成了他的自我意识,成长为一个独特的存在者。儿童自进入这个世界,就在活动之中,从一个完全被支配的对象成长为依据他自己的意识来生存的人。这是一个双重的显现关系,即"行为—事物"的显现关系和"行为—表现"的显现关系。对于教育来说,这是一个由"行为—事物"关系逐渐走向"行为—表现"关系的过程。生活世界在这里是作为儿童成长的处境而出现的。个体的处境并不纯然是客观的环境,而是儿童在已有经验的基础上对环境知觉的结果。当个体在评论其生存的处境时,处境在这里就意味着个体与其所生存的环境之关系,即"行为—事物"的关系。"儿童在生活世界之中",此一命题所表达的,不仅是儿童与生活的相互建构关系,而且还是儿童的意义世界及对生活世界的显现关系,即"行为—表现"关系。个体总是既处在生活世界之中,同时也处在意义世界之中。生活世界是显见的,意义世界则遁迹于行为之后。

双重显现是以行为为中介,融入生活世界也是通过行为而实现。当行为作为"儿童之所是"的外在显现时,行为也同时实现了列维纳斯意义上的"去是",这个"去是"具有自我与生活世界的适应意味。由此,行为就成为理解儿童意义世界的最基础性的概念。行为是既将生活纳入其意义世界,同时也是意义世界的表达。由此出发,我们可以分析并把握所有可观察到的儿童的行为。不过在对所观察的行为进行分析和意义阐释时,需要教育者中止教育判断或道德判断,而如其所是的理解行为要表达出来的意思。

例如,我们观察到这样的行为,一个幼儿园的小朋友在老师上课的时候,会频繁举手来回应老师提出的问题。而频繁举手也是幼儿园小朋友在面对老师提问时所常见的现象。频繁举手意味着什么?或者说频繁举手的幼儿是一个怎样的存在?面对老师提问时的频繁举手,预示着一种有待教师确证自我的幼儿心态?抑或只是一种试图引起老师注意的尝试?或者只是一种从众的行为?当人们提出诸如此类问题时,这些问题本身实际上是在询问儿童举手行为与其意义世界的关系。当对举手行为作出如下的解

---

① [德]马丁·海德格尔:《存在与时间》,陈嘉映、王庆节合译,生活·读书·新知三联书店1987年版,第74页。

释,即在幼儿的成长过程中,成年人的肯定构成了儿童自我认同的重要条件。那么这种解释也就意味着行为的观察者给出了该行为的意义关联性。但是千万别忘记,儿童的频繁举手也反映出儿童与生活世界的存在关系,即儿童的举手显示出儿童之在世界的存在,同时也是面对老师的存在。"人的任何行为既然都是在世的人的行为,它就能同时向我们提供出什么是人、世界和统一它们的关系,只要把这些行为看成能客观地把握的实在,而不看成只在反思中被发现的主观情感。"①行为总是揭示着人与他人、与世界的关系。对于个体而言,关系极为重要。这个社会关系的状况预示着个体在社会生活中的处境,以及他是否已经建立起与这个世界的正常关系。人需要建立起一种和这个世界的正常关系。一旦这个关系出现问题,则人的精神世界也就随之出现问题。由此出发,行为不仅是个体由此而得以显现自我的中介,是儿童作为存在着的人的表现,反映着行为者的整个精神面貌、思想意识等;同时行为也不是孤立发生的,而是反映着个体与世界的联系和关系。对行为概念的这种理解,规定了理解行为意义及意义世界阐释的方法论,即无论面对儿童怎样的行为,我们都需要从"行为—事物"和"行为—表现"两个关系维度来加以理解和把握。

再如,儿童对喝水方式的过分关注,也同样体现出儿童融入生活世界的双重显现关系。半夜孩子要喝水,因为装水杯子是一个长杯子,一下子没有喝到水,因此而哭闹起来。对于常人而言,重要的是喝到水,而不在乎装水的杯子或喝的方式,但对于哭闹的儿童来说,喝的方式则成为关注的对象。显然,这其中所透露出来的意义,值得成人反思。其中的问题是:孩子干吗要讲究喝水的方式或形式呢? 显然,一种不合意的体验在主宰着儿童的行为表现。内在的不合意于无意中就表现为外在的哭闹行为,而中介则是"怎么是这个样子"的抗议式表达。半夜要喝水,又处在睡梦之中,在睡觉和喝水之间形成了一个矛盾,在相互抗拒着,从而产生不合意的体验。通过诉诸对外在方式的否定,孩子试图在外在的闹与内在的体验之间形成某种平衡。在这里,我们同样可以发现行为之表现意义世界和指向生活世界的双重显现。

儿童行为的意义真是值得去探究。每个人都总是试图按照自己的样子来塑造儿童,因而尝试把自己对教育的理解,通过行为命令的方式来让儿童接受。由此,就会在成年人和儿童之间发生冲突,从而使得儿童行为表现出

---

① [法]让-保罗·萨特:《存在与虚无》,陈宣良等译,杜小真校,生活·读书·新知三联书店 2014 年版,第 29 页。

不合理的状态。这种不合理的状态是成年观念作用的结果。实际上,许多时候,儿童行为不过是他自己对世界的理解或体验表达而已。即便在前幼儿园阶段的婴幼儿,其行为都已经在表达着他们对世界的理解或体验。只是这种理解或体验往往是成年人所不理解的。例如,儿童学轮滑,其实他并不是要成为轮滑的高手,而只是有若干小朋友一道学习,从而在交往中有愉快的体验而已。然而,一些成年人往往会对儿童轮滑的表现进行评判,并在儿童之间进行比较。这种比较所带来的负面作用要远远大于学习轮滑所带来可能益处。成年人并不知此,反而以为他的比较是正确合理的。比较的结果是,当儿童轮滑表现不太合意时,儿童就会非常沮丧。成年人对此往往感到不可思议,却没有意识到,恰恰是自己在无意中的比较性评价,造成了儿童的这种表现。其结果是,每个人在他者面前都成了问题。换言之,每个人的问题都是他者制造的结果。以儿童在课堂上的频繁举手为例,至少这种频繁举手的行为扰乱了教师所想象的世界,从而使得现实的世界正在远离教师所想象的世界。结果导致个体在世界之中的"心烦"。"心烦"是外部世界紊乱在精神世界的表现。教师没有看到,真正的儿童世界恰恰是儿童通过他的稚嫩的行为而实现的对世界的建构,从而在建构世界过程中实现他的自我认同。

　　儿童在这个世界中生存意味着,儿童与这个世界的关系既是传统哲学所理解的主体对客体的认识关系,还是主体对于世界的改造关系,也是主体与世界的生存关系。生存关系不可避免地包含着认知关系和改造关系,且认知关系和改造关系都服从于生存关系。在这个生存关系中,儿童总是要受到各种束缚的——身体性的束缚和社会性的束缚。这使得儿童通过教育来融入这个世界之中变得特别重要。因此,儿童与教育的关系本质上是儿童对于这个世界的融入关系。融入世界意味着,他既将这个世界的外在的物的因素转化为自我生存所必需的能量,同时又要接纳他所生存的社会之规范的要求,由此形成了他的思想、情感和焦虑等。而儿童的思想、情感和焦虑等,都是因那些被感知物而发生。所有这一切,都依凭儿童的积极活动或行为来实现。无论是儿童所生活的物理世界,还是他的存在感得以获得的社会世界和规范世界,都是儿童朝向的世界。儿童的行为是朝向诸物的行为,在这个朝向诸物的活动中,儿童的意识得以形成。儿童感知眼前所观察到的事物或他人,进行基于自己的生存处境而形成相应的自我意识。这个自我意识支配着儿童去面对那些将要到来的事物或他人,并成为他融入世界、采取特定的行为方式的基本结构。正如梅洛-庞蒂所指出的那样,"儿童知觉涉及的并不是对外部对象的一种单纯反射,不是对源于感官活动的材料的单纯分拣,而似乎是儿童对经验的真正构形(Gestaltung)"①。儿童在世界中的日常活动方式,是儿童融入这个世界的尝试。无论是什么样的活动,合乎社会的规范要求或者不合乎社会的规范要求,都是融入的尝试与努力。在融入世界的过程中,特别是在与外在世界的交往过程中,儿童逐渐形成较为稳定的思想意识("真正构形")。原初的生活处境,特别是家庭生活环境所给予的支配儿童未来行为的生活处境,将为新纳入的事物提供结构性支点。对某物的意识,总是在追求某种稳定性。一旦这种稳定性被破坏,儿童就会努力以自己的方式来恢复这个至关重要的稳定性——意识的稳定性。

　　从教育学的角度来看,对儿童行为本身的理解或对儿童意义世界的理解,在逻辑上先于教育实践展开。教育实践是人们在教育领域处理问题的一般方式,是习惯性、仪式化或习俗化的"行动"方式,通常是由多个实践方式所构成,具有社会实践网络的特征。② 教育实践由师生的交往事件所构成,即日常话语中所谓的"事情"。居于生活世界,就是儿童通过在家庭、学校以及社区所做的各种事情,而使自己与世界关联起来。因此,儿童的行为既具有赋予意义的教育学特征,也具有儿童融入世界的关系特征。一个被教育者视为违规的行为,预示着儿童融入世界的非适应关系。行为既表现意义世界,也表征生活世界。

第四节　学　习　体　验
——儿童与生活世界关系的确立

　　人生最初几年的学习可能要比他一生所学之和还要多。人生的绝大部分不可缺少的生活技能,基本上都是在儿童时代学习到的,如语言能力,其后的学习不过是在此基础上的进一步完善或更加使其精致而已。这些学习是如此重要,以至于如果最初几年的学习不良或有所缺失,那么在以后的人生岁月里,一个人就可能会遭遇到不可逆转的缺陷。遗憾的是,学习理论或教育理论对这个阶段的学习的理解和认识还非常模糊,还不能够有效地指导这个阶段的儿童学习。提出这样的问题,并不意味着要来建构某个基于现象学的学习理论,而是希望通过对儿童时期学习体验的分析,来更好地认识儿童学习的本质。

---

① 《梅洛-庞蒂文集》第 11 卷,郑天喆译,商务印书馆 2023 年版,第 52 页。
② 参见[英]诺曼·费尔克劳:《语言与全球化》,田海龙译,商务印书馆 2020 年版,第 36—37 页。

一、儿童学习的发生与条件

个体对于世界的认识及由此而产生的学习,是以某些先在的确定性前提或信念为其条件的。儿童对世界的认识,首先是建立在对世界直接感知的基础之上,并以这种直接感知为前提。在与世界的接触和交往中,儿童获得了关于世界的直接体验,以及由体验而得来的关于这个世界的最原初知识。例如,儿童对数的认识,是以对数的直接经验为基础。这是儿童关于数的符号表征学习的前提。没有这个符号表征的前提,儿童关于数的认识是难以发生的,至少在儿童进行数的学习之前,或者对数的概念并不能够理解的时候,就是如此。这就是说,儿童对数的认识并不是直接发生的,而是在日常的生活中,在对世界的经验和联系中逐渐地建构起来的。先于数的抽象认识的,是儿童对数的知觉或感知。这是儿童学习数的概念的最坚实基础。儿童在世界生活的最初几年,是奠定其系统知识之学习基础的关键时期。因此,当学校教育试图提供某些内容让儿童去学习的时候,这个所提供的学习内容已经预设了把握和理解这些内容的前提或信念。个体生命最初几年对生活世界的知觉与感受(学习),为其后的学习提供了经验的基础和保证。

对于在学校进行有计划学习的儿童来说,符号的学习是其学习最核心的内容,因而也是最重要的学习,至少对于现代社会中的每一个人来说都是如此。符号越来越成为表述这个世界的基本形式。世界并不仅仅是物质世界、社会世界、心理世界、精神世界,同时也是符号世界。然而,符号的学习及其对符号意义的理解,是建立在前符号知识基础之上。所谓前符号知识,是指这样的知识,即这些知识并不是以符号为载体,而是以经验或前反思的经验形式储存在个体的意识之中,并能够在日常生活中根据情境需要而自动地进行提取和应用。这个前符号知识基础是与儿童对世界的参与性体验紧密联系在一起的。正是对世界的经验和体验帮助儿童建立起学习的背景,并赋予各种符号以意义的理解。杜威的经验概念、哈贝马斯的非主题性知识概念①都已经确定无疑地说明了这一点。它们是科学文化知识学习的基础,是先于这些知识而为个体所建构的。例如,下雨天儿童要出门,雨具就成了出行的必要条件。而雨具的存放位置、雨具的具体使用等,则成了下雨天出行的背景性知识。尽管在其后的正式学习中,可能未必会应用到雨具使用的实践性知识,但出行、雨具和下雨的因果关系,则构成了经验或背

---

① ［德］于尔根·哈贝马斯:《后形而上学思想》,译林出版社2001年版,第76—77页。

景性的知识。这些知识都是儿童在接触世界的过程中所获得的。它以经验的形式储存在个体的意识之中,在条件具备的前提下则被激活。又如,儿童整理书桌,既是意向的行动,同时也是认知性的学习和情感性的体验。书桌的整理,依赖于关于物件的类型知识。这些关于物件类型的知识是先于物件的整理,即将物件摆放到适合它的位置。意向性的行动,即将学习用具放到某个地方,具有整理者的自我设计与构想。在这里我们能够看到儿童的独特性以及创造性。随着物件各自归入到相应的位置,书桌变得整齐而有序,这种整齐而有序的情况能够让置身书桌前的人感受到某种愉悦。这是与无意识的学习过程相伴随的学习体验。总是有某种性质的体验贯穿其中,不管是消极的体验还是积极的体验。不同性质的体验,对无意识的学习行为具有激发或规避的作用。

　　儿童在进入学校正式学习之前,就已经获得了丰富的实践系统中的前符号知识。这些实践系统中的前符号知识是儿童日常生活所必不可少的,也是理论系统知识获得的条件。它们不仅是日后有意识学习的条件,同时也是未来日常生活的条件。实践系统中的前符号知识涉及日常生活世界,涉及儿童在与世界的感知、体验和联系中必须要对各种外在的事物作出恰当反应的知识。对这类知识的学习,比斯塔(Gert Biesta)称之为"回应性学习",以对应所谓"获得性学习"。在比斯塔那里,所谓"回应性学习"是指个体在与外部世界的接触中所发生的学习,是在对外部世界的反应中所发生的学习,用比斯塔的话来说,就是"对他者与差异的回应,看作对那些挑战、激惹甚至妨碍我们的回应,而不是去获得我们想拥有的"①。与此相对应的"获得性学习"是指那些以获取、掌握、内化为指向的学习,表现为儿童在学校里通过学习来掌握某些特定的知识。比斯塔关于回应性学习的论述,揭示了一种独特的不同于人们习俗观念的关于学习的认识。

　　不过,我们更倾向于把比斯塔的"回应性学习"称为"无意识的学习"。它是个体进入生活世界的过程中对各种外在事物作出相应反应而形成的无意识的认识过程。它是通过无意识的反应而将对世界的认识储存在自己的意识之中,需要的时候则会自动提取出来并参与到对世界的行动之中。因此,就学习的意识状况而言,儿童的全部学习可以划分为有意识的学习和无意识的学习两大类。无意识的学习,是与世界相接触的体验,是儿童进入社会时进行符号学习的条件,同时更是儿童学习的真正发生。儿童自进入这

---

① ［荷］格特·比斯塔:《超越人本主义教育:与他者共存》,杨超、冯娜译,北京师范大学出版社 2020 年版,第 29 页。

个世界,并和这个世界打交道,就开始了这一类型的学习。它表现为儿童的日常经验和体验,表现为在和这个世界不断触碰中所形成的反应。这一类型的学习贯穿于儿童的日常生活之中,贯穿于儿童的游戏、活动和与成年人的交往之中,贯穿于独处或对世界的融入之中。这一类学习即便在进入成人时期也还继续进行。另一类可归为"有意识的学习",指儿童在成年人的安排下通过提供特定的内容而进行的学习。这一类学习,通常是在学校里进行,并且需要儿童作出有意识的努力才能够把握。在日常生活中,这一类的学习表现为某种特定情境中的特定行为。人们可以把这一类行为辨识为学习行为。与此形成对照的是,无意识的学习往往不会表现出具有稳定学习行为的特征,而是与玩耍、游戏、捣乱、破坏等行为联系在一起。对学习的类型分析,引发出两个不同的问题:与第一类学习相关联的,是学习与体验的关系;与第二类学习相关联的,则是体验与学习的关系。第一类学习我们可以表述为这样的命题,即在体验中学习,它是通过对世界的体验来学习的;第二类学习我们可以表述为这样的命题,即在学习中体验。后者能够解释,为何同样的情境、同样的内容,不同的儿童会有不同的学习表现。

二、儿童的最初学习:对世界的体验

学习对儿童意味着什么? 这个问题显然不同于下列问题,即学习对于让儿童学习的成年人意味着什么? 在成年人看来,儿童的学习就是获取相应的知识或外在的事物或外部世界,就是说,去掌握用于描述外在事物的各种概念、命题、判断等。然而,这样的回答显然不适用于儿童。学习对儿童意味着什么? 这取决于我们对学习、在此基础上所划分学习的类型以及在学习的过程中所获得的体验之理解。如果我们把学习看作是对不断变化环境的适应,即在不断变化环境的条件下儿童不断地调适自己以适应环境,那么我们就可以说,学习在本质上是个体适应环境的过程。这样的学习属于"无意识的学习"的范畴。如此,学习对于儿童而言,就意味着他在真实的生活世界中通过参与性的活动,而在自己和世界之间建立起相应的联系。因此,学习就是对世界体验的过程。

个体生命最初几年的学习就是对世界的体验。所有身边所遇到的物件、物件与物件的相互位置关系、儿童所能触碰到的一切东西,都构成了儿童体验的对象,也是儿童学习的对象。在与事物的接触过程中,儿童首先获得的是有关事物名称的学习,然后是事物用途的学习,包括最初对事物性质的学习,如红、硬、软、热、冷等。不过,对事物性质的学习要到学校教育阶段才真正发生。然而,如果没有生命最初几年里有关事物名称和事物用途的学习,则儿童有关事物性质的学习就变得难以完成或实现。儿童对世界的体验有多种不同的形式。这些具体的形式就是儿童的日常生活,就是儿童在日常生活中的处世、生存与交往。

(1)交往学习。交往就是学习,正是在交往中,儿童学习交往。对他人的知觉以及对他人的认识,都是交往的结果。儿童的交往是多方面的。父母的陪伴是儿童最为常见的交往形式。除此之外,还有和爷爷奶奶、家里的亲戚朋友、父母的同事、父母同事家的孩子的交往,还有日渐扩大的交往面,如幼儿园的同学、小区里的伙伴,在电梯里、楼道里遇到的熟悉的人,还有各类上门维修维护的服务人员、快递员、小区门口的保安、保洁……一句话、一个等让或者一声不太友好的呵斥声或赞叹,都既是交往,也是日常学习;还有进一步扩大的活动区域,如学校、商场、超市、游乐场所、旅游景区、训练营地乃至社会及所属文化和文明等。交往的对象在逐渐扩大,交往的面也在不断扩大。正是通过这些日常交往,儿童学习如何与他人打交道,学习如何为人处事,学习如何待人接物,学习如何面对他人。一些交往是发生在人与人之间的,还有许多交往是通过以物为媒介而发生的。孩子想要泡泡糖,是在小区广场玩耍回来后的愿望。购买泡泡糖,并且还不撕开封装,成年人往往并不能够理解这个举动的意义。成年人通常认为,孩子只是出于嘴馋或玩耍才要泡泡糖的。看到别的孩子在吹泡泡糖,孩子也想拥有它并且在其他同伴面前来吹,显示出孩子对于拥有泡泡糖的满足感。其实,真实的情形并不是这样的。满足孩子的愿望,陪着孩子一起去超市购买泡泡糖。在这个过程中,孩子就会将他购买泡泡糖的意图暴露出来。原来,在小区广场玩耍的时候,他的同伴送给了他一个泡泡糖,并且不只是送给他一个人,而是所有在一起玩耍的同伴都送了。孩子之所以买泡泡糖,原来是要在下午玩耍的时候回馈他的同伴。交往学习在这里已经开始,并且形成了某种潜在的交往规则意识,泡泡糖则成为儿童同伴之间交往的媒介。泡泡糖已经不再被儿童赋予吹乐的意义,而具有了社会交往的象征意义。

(2)观察学习。观察是最基本的学习。儿童对于世界的体验,直接表现为对世界的观察以及在观察过程中对于世界的触碰,甚至是对世界的改变。儿童进入生活世界,是以他对世界的可视为条件的。因此,观察学习对于儿童的教育和成长至关重要。儿童拨弄一个玩具,需要眼与手的配合,这是儿童学习的最直接外观。因此,不是像成年人所理解的那样,儿童拨弄玩具是在浪费时间。一只鸟在窗户边做了一个窝,生蛋、孵出幼鸟。成年鸟受到惊吓就会飞出鸟窝,甚至离开鸟窝,幼鸟会因此而死去。成年人的经验告诉他,尽量地不要去打扰鸟的生活。然而,当儿童发现这样一个鸟窝时,他可能就会每天都去观察鸟的生活,观察鸟下蛋的情形、观察鸟孵化的情形。劝阻在这里对于儿童并没有什么意义。他只是出于好奇心,想亲近鸟。对于儿童来说,劝阻在这里构成了对他的观察的束缚。他有自己的选择和方案,有自己的想法和立场。于是,我们在这里就会看到另外一种类型的冲突,即儿童的观察学习与对世界秩序之维护的冲突。这种冲突让儿童不得不面对进入世界所可能面临的挑战。这种挑战恰恰是儿童学习的起点和过程。对于成年人来说,最恰当的方式不是去阻止或劝阻,而是改变儿童观察这个世界(鸟窝)的方式,例如躲在窗帘后面悄悄观察,或者趁着成年鸟出去觅食的时候观察,或者使用观察工具,诸如此类。儿童与世界的联系并没有因此而中断,同时儿童在与世界的联系中也没有对自然或对外界事物产生干扰。儿童想进入鸟的世界,这个进入就是学习,但这个进入却也带来了对鸟的世界的干扰。于是在这个过程中就出现了双重意义上的学习,即进入世界的学习以及人与世界关系之处理的学习。学习过程中的任何冲突,都构成了第二重意义上的学习。只是在学校教育生活中,第二重意义上的学习通常被看作是学习的阻碍而不是学习本身。

(3)游戏学习。儿童所感兴趣的各类游戏,对于儿童来说同样是学习。在小区里骑自行车比赛,确立一个起点线、明确骑行的路线、最后的终点,以及最后所能够获得的奖品,将运动场上的运动项目演练一遍,这里面包含着对规则的强调。随着一声口令"预备——开始",游戏就进入了它的发展阶段。参与骑行比赛的小朋友个个鼓劲,社会性的学习伴随着游戏的发展而不断推进。在这个过程中,社会负面因素已经在游戏中显现,同时也发展出儿童负性的品质,如采取策略性的行为来迎合儿童游戏群体的需要以被这个同伴群体所接纳。在另外一些游戏中,儿童建构着游戏的意义,而这个建构的意义往往并不能够为成年人所理解。意义的建构预示着儿童对于游戏的意义之赋予。这就是说,这样一类游戏,可归属于儿童独特的自我世界或精神世界。例如,几本书竖立在地板上按照迷宫的形式排列,10厘米直径的圆球可以在其中滚动。孩子和爷爷趴在地板上,各拿着一根吸管吹动圆球在竖立的书本之间来回滚动。爷爷不能理解这个游戏的意义所在,但小孙子则玩得非常起劲。这个游戏需要游戏的参与者通过对吸管气流的控制,来控制圆球的滚动,需要掌控好吸管气流吹向圆球的位置,还需要观察竖立的书本之间的关系。于是,在无意识中,儿童所学习到的,就不只是游戏的规则或玩法,而是对于滚动的物体与气流关系的把握。在类似乒乓球这样的圆球滚动中,气流作为力的作用方,对于圆球的位置及走向起着至关重要的作用。这个恰恰是以后物理学习的感知性前提。

（4）叙事学习或在听故事中学习。故事是儿童经验世界的另外一种方式。实际上，故事已经不是在一个真实的世界里，而是体验一个由言辞所建构的世界。儿童的这种体验世界的方式，在他能够理解语言表达的时候，即已经开始。睡前的故事是正式学习的演练，也是正式学习的预先展开。在故事这种经验的形式中，儿童并没有直接地进入世界，而是通过虚构的世界而经验这个世界。例如，童话所建构的世界，是这个世界的想象性反映。正是在童话故事中，儿童进行了多方面的学习：童话中的动物或人与世界的关系、语言的应用、听童话故事与做其他事情的关系（这个关系本质上是儿童以不同的方式经验世界的矛盾与冲突）。在成年人看来，听故事是在浪费时间，而没有意识到，听故事也是在体验世界。成年人希望儿童进入那个具有真正日常合法性的现实世界，即便这个世界在某种程度上也是虚构的。

儿童对世界的体验是侵入式的，是对他所生活的世界的闯入。他进入这个世界之中，并且在与这个世界的接触中形成对这个世界的体验，或者说实现着他对世界的认识。在典型的学习意义上，学习即意味着体验；而在广义的学习概念中，体验同样也是学习。儿童的最初学习更多是体验式学习。通过那些参与世界的活动过程，儿童实现了多方面的学习——人、事、物、自然、世界、社会、文化、道德、习俗、规范……有意思的是，儿童的体验式学习往往带有破坏性质，即通过事物的重组而使成年人建构的有序世界陷入混乱的状态之中。由此，成年人往往把儿童的这种探索或学习称之为捣乱或不听话。例如，儿童会往一个带喷嘴的香水瓶里装上墨水，然后对着他感兴趣的物体进行喷射试验。他要看一看，这个墨水喷出后的样子。于是，地板沾上了墨渍，墙壁上也是，家里的许多事物改变了原来位置。儿童在家里什么事情都要去尝试一下。对于成年人来说是破坏，在儿童那里则是学习。一张白纸沾上水，贴在玻璃下，然后再揭下。儿童认为，这张湿纸可以吸掉玻璃上的灰尘。他不满足于自己的试验，而且一定要成年人在一旁观察，证明灰尘确实被湿纸带走了。

体验式学习往往具有破坏性，至少在成年人的眼中如此。有意思的是，对于成年人来说是破坏性的探索，对于儿童来说则往往是在建构一个有意义的世界。从一个角度来看是破坏，从另外一个角度来看即是探索或建构。任何科学的研究和探索，欲了解其机制和关系，就需要在不同程度上打破物质的形式。科学的探索过程往往伴随着对物的分解，而分解就是破坏。建构也同样建立在破坏的前提之上。建构就是要打破已经形成的格局，而发展出不同于此前的具体形式。在成年人看来毫无意义的事情，儿童则玩得津津有味。这种津津有味恰恰源于儿童所赋予的意义。无论如何，儿童所投入的每一件事对他来说都是有意义的。只是成年人由于日常生活的不同以及生存的需要,已经完全陷入另外一种生存状态,因而感觉不到儿童世界的意义。当儿童因为这样或那样的原因而只能待在家里的时候,那些平淡无奇的物件在儿童那里突然之间就都有了生命的活力。成年人的世界主要是人的世界,而儿童的世界不仅是人的世界,同时也是物的世界和生命的世界。正是在世界之物中,在世界之生命中,儿童学会了与世界相处,学会了如何融入这个世界;正是在对物的捉弄中,物的性质、物与人的关系得以在儿童那里显现出来。这种学习既是体验,同时也是回应。体验是内在的,而回应则是由内而外的表现。

儿童体验式学习具有身体性的特征。所有的体验都是基于身体而展开的。手、眼、耳、鼻,是儿童知觉世界的最直接器官。事物的性质,在儿童的观察、触摸、倾听和嗅闻中展现出来。在儿童面前呈现的世界和世界中的事物首先给儿童进入世界构成了挑战,这种挑战直接促进了儿童的体验学习。一个神秘的盒子出现在儿童面前,不打开不知道里面装着什么。打开就意味着破坏。然而,即便是破坏,也并非一件轻而易举的事情。它也同样需要技巧,需要找到一个破坏的着力点。一开始,儿童对此是一无所知的,他使用蛮力来尝试打开它。这就是说,面对神秘的物体,儿童一开始诉诸的是暴力。在几次的尝试后,儿童开始意识到,要一窥事物的秘密,就需要对事物构成的了解和把握。于是,他不再使用蛮力,而是先观察它的结构,探寻开启它的可能之处。

三、儿童对学习的体验

当儿童进入成年人所要求的学习世界时,学习就开始成为一种有意识的获取关于外部世界之认识的活动过程。这个时候,学习已经不是对世界的回应和直接的体验,而是对描述世界之知识体系的理解和把握,是一个需要作出有意识的努力之活动形态。正是在这里,儿童开启了对学习的体验。这个体验伴随着每个儿童的学习,区别在于,不同的儿童对于学习有着不同的体验,但不管是怎样的不同,儿童对学习的体验总有混合性特点,即消极的体验和积极的体验相互混合。

儿童对学习的体验,包括认知的、意向的和情感的三个层面。对认知的体验带有一定的反思性质,即学习之后的回望或对认知的意识。尽管并不是每个儿童都会有对认知的体验,也并不是所有的认知都会产生对认知的体验。但总归或多或少有认知的体验。在直接的意义上,对认知的体验即是体验到自己的认知。这是一个较高层次的学习体验。对意向的体验则属于一种前学习状态的体验,即形成了一种学习的意向,并且在反思的意识中体验到这种学习的意向。这种体验可以发生在学习行动之前,也可以发生在学习行动之中或之后,是儿童关于学习启动的自我意识。情感的体验则是与学习过程以及相应的学习结果紧密联系在一起的。对一个问题的解决,总能够引起一种令人愉悦的情感体验,而解决问题的屡屡受挫,则会给人以挫败感或无意义感的体验。外在的奖赏会给总体的学习行动以积极的情感体验。值得注意的是,由外在的奖赏所获得的情感体验,可能仅仅限于外在的奖赏本身。

总体上看,儿童对学习的体验并不只是认知的体验,同时也是意向的体验和情感的体验。认知属于思考的层面,意向属于行动的层面,而情感则属于感受的层面。其中,情感的体验则构成了学习动机的核心内容。儿童对学习的情感层面体验,与儿童进行学习这个行为在情境中的被评价以及被感知密切相关。儿童的学习行为都是在特定的情境中展开,并且会在不同程度上受到他者的关注、评价以及被接受或认可。他人关于儿童学习行为的关注、评价、接受或认可,反过来又会直接影响着个体对其学习行为的感受和体验。儿童的学习行为并不是孤立发生的,而总是在特定的环境和群体中,并且关涉到其他个体。当儿童的学习行为与群体的要求一致并能够得到较高认可时,其学习行为就会得到强化,并且使其产生积极的体验。在家庭日常生活中,家庭成员对待儿童学习的积极态度以及在日常生活中所表现出来的学习行为,会强化儿童对学习的积极体验。

温奇(Christopher Winch)认为,学习本质上具有社会的、实践的和情感的维度。[1] 学习的本质如此,儿童的学习体验也是如此。儿童对学习的体验同样具有社会性、实践性和情境性的特征。

首先,儿童的学习体验具有社会性特征。个体的行为总是嵌入社会关系模式之中,并受这个社会关系模式的影响。儿童对学习的体验也同样如此。所有的学习行为都是发生在特定的社会情境之中,并受社会关系模式影响。学习的社会性,使得儿童对学习的体验也必然是社会性的。所谓儿童学习体验的社会性,是指儿童对学习的体验并不纯粹是个体意义上的,而必定也是与他人紧密联系在一起的,与渗透在日常生活中的关于学习的社会无意识倾向联系在一起的。学习体验的社会性具体表现为,儿童对学习的体验总是牵涉他人——老师、父母、同学或者其他什么人,总是牵涉偶遇

---

① 参见[英]克里斯托弗·温奇:《学习的哲学》,丁道勇译,北京师范大学出版社 2022 年版,第 4 页。

之人对于学习的赞赏的态度。就某个学习行为而言，其学习可能是孤立展开的。例如，儿童静静地在卧室里读书或做作业或预习课文。然而这个孤立的学习也只是形式上的，其背后则由社会系统来支撑，包括所学习的内容、为谁学习、为了什么而学习、学习过程及结果的社会评价等。正是这些，使得儿童的学习体验总是关系到其他人。儿童对学习体验的社会性也是由人类生活的社会性所决定的。人类生活的社会性要求有规范性的活动，而人类活动是否符合规范性要求，就有一个合适不合适之分。正是在这个区分中，体验产生了。对学习的体验既有外在的社会规范性，也有内在的个体兴趣和需要。内在需求和外在规范性，两者相互渗透，不能指望我们能够分别地回答它们。积极的体验是内在需求和外在规范性评价的一致性，消极的体验则是内在需求与外在规范性评价的冲突与对立。

其次，儿童的学习体验具有实践性的特点。这就是说，儿童对学习的体验必定是对已经发生或正在发生的学习体验。儿童在摆弄玩具时，这些玩具本身都是为儿童而存在的，或者用萨特的话来说，就是"为他存在"。每一个玩具都被赋予特定的含义，若干玩具结合在一起，就构成了儿童的世界，在成年人看来是无意义的东西，在儿童那里就都充满了丰富的内容。这是一个由儿童自己来建构的世界。正是在这个世界建构的过程中，儿童将日常生活中的所见所闻转化为他所期望的世界。

最后，儿童的学习体验还具有情感性特征。无论是游戏过程的回应性学习，还是学校教育中的获得性学习，其过程充满着快乐的或痛苦的情感体验。这种或快乐或痛苦的情感体验则来自这样一个事实：学习的过程及其结果，或者如儿童自己和教育者所愿，或者不如自己和教育者所愿。无论是哪一种情况，都会产生特定的情感体验，或者是积极的快乐的情感体验，或者是消极的痛苦的或沮丧的情感体验。例如，儿童不停地变换各种玩具的位置，使每一种玩具都处于在儿童看来是最恰当的位置，充满着强烈的实践性意味。这个过程赋予儿童体验式学习以积极的体验。在成年人看来，儿童摆弄玩具，在儿童那里则成为学习的活动。这让儿童在游戏中会产生愉悦的情感体验，反之，游戏的被剥夺则会带来不愉快或令人难受的情感体验。儿童在学校学习的良好状态以及所产生的预期结果为教育者所肯定，必能给儿童带来积极的情感体验，反之就是消极的情感体验。

儿童学习体验的社会性、实践性以及情感性特征，意味着儿童的学习体验总以一定的方式如特定的学习行为而显现出来。如果我们把儿童的学习状态看作是学习体验的显现，那么儿童学习行为的系列显现实际上所反映的则是儿童与学习的关系，或者说在更广义上讲，它所显现的是儿童与所学学科教师、儿童与所学学科的关系,与学科所表达的相关世界的关系。但教师对儿童学习表现的观察,往往是看到某个单一的显现。当单一的显现渐次表现为系列显现时,被显现的儿童也就显出独特的存在之特质。因此,显现在某种意义上即意味着儿童的自我发展。儿童与显现的关系,并不只是单纯的表现关系,更是一种超越关系。每一次的显现都是儿童进行着自我超越。至于这种超越是否如人们所愿,则是另外一个问题。例如,对作业的逃避或拒绝,往往预示着儿童在学习上的一种否定的超越或消极的超越。因此,对于教育者来说,必须要做的事情,就是去通过儿童的学习表现来把握在此表现中所显现出来的儿童自我,通过重构教与学以改善儿童的学习体验,来促进儿童积极的自我超越。

　　问题在于,在体验式学习中,儿童总是主动的。当儿童进入体验的学习状态之中时,学习的主动性也在过程中显现出来。儿童有可能被动地进入某个学习场域,但进入学习场域后与世界的接触,也会转化为一种主动性的体验。然而,在纯粹被动的学习中,儿童对学习的体验就可能会极为消极或不堪忍受。关于被动性,萨特曾说:"当我经历了一种变化而我又不是这种变化的根源——就是说,既不是这种变化的基础,又不是它的创造者时,我是被动的。"①我的所作所为是我的存在方式。当我的所作所为并不为我所支配,并不由我来支配的时候,我就是被动的。这个被动性可以用来描述儿童的学习情形。显然,获取性的学习,即获得有关外在事物的知识或认识,亦有主动性和被动性之分。对于那些被动学习的儿童来说,获取性学习是一种非我的存在方式。这种非我的存在方式,只会带来非我的消极体验。而这种消极体验反过来又会产生消极的学习行为——抗拒或抵制学习。然而,被动并不是绝对的,被动总是孕育着主动,即孕育着由被动而来的各种积极的感受,这种感受绝不全是被动的,而是随被动而来的主动体验。这种主动的感受被萨特称之为"复活"。被动的学习所体现出来的是儿童与教育者的关系。在被动中,儿童作为存在者的意识被激发出来,并因此而采取主动的行动。尽管被动中的儿童可能为了避免因被动而来的消极体验而尝试某种主动的作为,并成为自我的创造者,但这种主动的作为可能会背离教育者的立场。儿童作为存在者的意识被激发,他们在背离教育者的行动选择中尝试着实现自我。

　　教育者在施展其主动性的同时也是被动者。他们不得不承受来自儿童

---

①　[法]让-保罗·萨特:《存在与虚无》,陈宣良等译,杜小真校,生活·读书·新知三联书店
　　2014年版,第16页。

的各种主动行为并因此而作出相应的回应。在不得不作出相应的回应这个意义上,教育者无疑是被动的。行为的选择可能是被动的,而因行为的选择而产生的感受或体验却是主动的,这种主动性与意识的自发性紧密相关。教育者完全能够主动地触动儿童的身体,但却无法去侵蚀儿童的意识或感受。反过来,儿童的体验或意识亦无法对教育者产生作用。它只能对自己、对自我产生作用。

我将要成为的那个我,必然是我现在所不是的。因而,我在自我的否定中实现对自我的超越。儿童总是处在不断的自我否定之中,处在不断的自我超越之中。否定对于不同的个体而言,有着不同的体验。无意识的或自发的否定往往不为我所知觉,而有意识的否定,例如学校试图通过教育赋予儿童的那些东西,对于一些儿童来说有积极的意义,总包含着积极的体验;对于另外一些儿童来说只是消极的意义,总包含着消极的体验。这两种不同的体验,表现在行为上,就是对待学习的不同态度。

第四章　儿童行为的意向及其表现

如果我们把行为看作是赋予意义的,那么行为就具有指号的特征,即具有表现的意味,由此而有"行为表现"这一概念。在教育实践中,"行为表现"已经成为最常用的日常惯用语。"表现好""表现不错""表现不良"等,已经作为规范性评价用语而为教育者所使用。"行为表现"在教育实践中的规范性用法,遮蔽了儿童个体借由行为而表现的意义。对"行为表现"的概念进行现象学分析,即把握行为的意向性,揭示儿童的行为表现之意义,就具有教育实践展开的逻辑前提之意义,理应成为教育理论研究关注的问题。

第一节　多学科视野中的行为本质及其内涵

行为是一个最为常见却又难以用语言来描述的现象。尽管如此,意义理论、语义学、行为哲学、意识哲学、现象学等,都对行为的本质进行过系统的探讨和分析。这方面的研究成果不胜枚举,为儿童行为的意义阐释提供了理论基础和思想资源,同时也为分析儿童的行为意向提供了参照和框架。

一、塞尔的行为意向理论

在塞尔看来,所谓行为,是指个体自愿的、有意向的行为。从结构上看,行为"由两部分组成,即心理部分和物理部分组成"①。行为的心理部分是意向,所谓意向是指心理的状态或心理的指向,如信念、愿望、期待、意欲、恐惧等,而心理状态总是指某物。意向将心理状态和世界联系在一起。个体的行为具有某种意向,并且运行身体,使某种意向得以成为现实。由行为的意向引发出来的行动,构成了行为的原因,塞尔称之为"意向的因果关系"。这就是说,身体的动作是由意向引起的。意向使事情发生,因而意向就是事情发生的原因。塞尔关于这一概念的使用,已经不同于科学哲学对于原因概念的使用。它将个体行为与外部世界的联系转向了内在关系。在通常的意义上,一事物引发另一事物的变化,我们就可以说前一事物是引起变化事

---

① [美]约翰·塞尔:《心、脑与科学》,杨音莱译,上海译文出版社 2006 年版,第 50 页。

物的原因,而引起变化的事物则是前一事物的结果。现在,塞尔特别强调,行为的引发是与行为者的主观意向或心理状态有关。但塞尔仅止于此,而没有再向前进一步,去追问意向形成的问题,即这个意向又是如何形成的。要知道,意向绝不是孤立发生的,而是生活世界和意义世界相互作用的结果。意向离不开客观世界,离不开人们的生活方式。正是客观存在的外部世界、人们的生活生产方式,使得人们形成了这样那样的意向,进而引发各种不同的行为。孤立地看,行为是由某个意向引发的。实际上,就个体的存在而言,同一时刻的意向在许多情况下并不是单一的,而是若干意向的混合,时而是这种意向浮现出来占据着主导地位,时而是另外一种意向浮现出来占据着主导地位。当某种意向处于绝对的主导地位时,则该意向就可能会引发出相应的行动。

　　理解塞尔的行为理论,意向是一个关键的概念。在塞尔看来,并非所有的行为都具有意向性。只有"那些预先思考的、作为某种预先计划结果的行动"才具有意向性,相反,那些本能的、不加任何预先思考的行动则并不具有意向性,如打喷嚏、打哈欠或打呼噜等。两者之间存在着根本的区别。与这种区分相对应,塞尔还对在先的意向与行动中的意向作出区分。前者是指在从事一个行动之前形成的意向,后者是指在我们实际从事一个行动过程中的意向。不过塞尔在这里对意向行为的要求有点过于严格。本能行为当然不具有意向性。但是,那些"不加任何预先思考的行动"却未必不具有意向性。由于思考本身已经演化为习惯性的思维,从而行为的意向性仿佛不存在一样。实际上,一些不加任何预先思考的行动同样具有意向性。意向被区分为"在先的意向"和"行动中的意向",这个区分很有意思。至少对于教育实践来说,教师的行为意向总是可以区分为在先的意向和行动中的意向。预先的教育方案的设计、教育计划的制订、一次找学生谈话的事先准备等,都属于在先的意向。然而,在许多时候,教师的行动意向属于行动中的意向,即伴随着行动的展开,一切都根据变化着的事态来确定自己的行动,就如同教师在同学生进行谈话那样。在自然态度的支配下,谈话往往并不具有反思的性质。但有的时候教师会停下来思考片刻,再确定应该说些什么。在这种情况下,教师说话行为就成为在先的意向行为。

　　塞尔认为,"在先意向的形成一般说来,至少是事实推理的结果。事实推理总在推理如何在冲突的愿望中确定最佳抉择"①。这种理性主义的行为立场,似乎更适合成年人的策略选择。的确,在许多情况下,特别是在经

---

①　[美]约翰·塞尔:《心、脑与科学》,杨音莱译,上海译文出版社 2006 年版,第 55 页。

济活动领域,个体行为是理性选择的结果。在这种理性选择的过程中,事实推理或实践推理乃具有至关重要的作用。对于许多人来说,行为的动力是某种愿望或某种需求的满足。但是愿望可能很多且相互冲突,这个时候就需要实践推理出场。但是儿童的情况恐怕需要另行考虑。对于儿童来说,居于主导地位的,往往不是在先的意向在推动行为。这意味着,在先的意向的形成对于儿童来说往往还需要作进一步分析。这涉及儿童的事实推理问题。例如,一个父亲希望他5岁的儿子晚上和他一起睡觉,并且许诺,如果和爸爸睡觉,儿子就可以看他想看的电视。由于儿子自出生就和奶奶睡而不愿意和爸爸睡,所以他就陷入两难之中,即在不想和爸爸睡觉和看电视之间的愿望的冲突。一开始儿子为了看电视而答应和父亲睡觉。但是在看了一会儿后,儿子断然拒绝看电视。这样,他就可以不和爸爸在一起睡觉了。在这里,我们就可以看到一个幼儿事实推理的现象。在幼儿日常生活中,这种现象并非不常见。许多时候,儿童总有一个主导的愿望在起作用。随着年岁的增长,儿童的愿望逐渐增多,将迫使他去进行事实推理,以此来形成某种选择。

塞尔对行为说明,主要是对行为意向的说明。因此,对行为意义的理解,也就是对行为意向的把握。由此就会引发出对行为之解释与行为之实际意向是否相同的问题。以塞尔的观点,“对一个行动的说明必须与行为者在行动时或在他作行动意向的推理时头脑中的内容相同”①。如此一来,对行为的理解就是在把握行为意向性基础上对意向的因果关系的说明。毫无疑问,在日常教育生活中,人们所观察的他人行为之意向,与其对该行为的说明,可能会存在很大的偏差。例如,教师观察到一个学生在大声喊叫。面对这样的行为,教师可能会倾向于认为该喊叫行为破坏了公共场合的肃静规则,并因而对此喊叫行为提出批评。依据塞尔的意向的因果关系理论,教师在这里可能并没有对学生的喊叫行为作出应有的理解。因为教师并没有准确地说明行为的意向因果关系,或者没有说明学生何以会在公共场合作出喊叫这样的行为,而只是关注喊叫行为与公共空间秩序的因果关系。行为意义的问题在这里以行为意向的形式显现出来,理解行为的意图也一变而为把握意向的因果关系。尽管塞尔没有提出意义的概念,但实际上有关行为结构的说明仍然涉及行为的意义问题。

需要看到的是,行为的意向往往是复杂的。在任何情境中,个体行为的

---

① [美]约翰·塞尔:《心、脑与科学》,杨音莱译,上海译文出版社2006年版,第57页。

意向都不是单一的,而是与其他一系列意向状态一起构成"意向性之网"①。一个行为的发生,往往是由行为的意向状态引起的。而这个意向状态通常以多个意向状态为背景,而起作用的意向状态作为满足了行为引发的条件而起作用。一个学生在公共场合大声喊叫,意味着该学生相信这种喊叫能够引起其他同学的注意,而这种注意能够满足个体期望在群体中获取相应的地位,同时也使得该学生在枯燥的课堂学习之后有一个放松自我的机会,如此等等。这里既有学生有关喊叫的事实推理,也包含了行为发生后的意向的因果关系。理解行为的意向的因果关系,就需要把握行为发生时的意向状态。如此一来,任何单一的行为都不是孤立发生的,而是行为者作为存在的反映。"意向性之网",是行为者的整个生活处境的主观反映。撇开儿童的生活处境,也就难以知晓儿童的"意向性之网",更遑论行为的"意向状态"及"意向"。从这个意义上讲,行为的意向、意向状态及"意向性之网",构成了儿童的意义世界。行为的发生,一方面是意向或意向状态,另一方面则是实现意向状态的能力,此外还有才能、倾向、习惯、性情、预设的前提以及技术手段等。这些乃是"意向性之网"的背景。以希望为例,希望不仅以某物之存在或某种生存方式为意向,同时也以一个人的能力为条件。对儿童的希望为儿童确立了某种意向状态,但这个意向状态之实现条件,却需要教育者提供各种帮助才能够满足。这种帮助实质上是要为意向之实现确定意向性背景。一个意向状态能否成为一个事实状态,即心理的意向成为实际发生的事态,取决于意向性的背景。在人们的日常生活中,这种意向性的背景是不言而喻的,却又往往被人们所忽略。

二、格拉瑟的总合行为理论

在格拉瑟看来,传统的教育理论可以归结为外在控制理论。外在控制理论主张教育者对儿童提出外在的要求并强制儿童按照要求进行学习。如果儿童不服从外在要求,则应该采取惩戒的手段,以逼迫他去学习。其结果是,许多在校的儿童失去学习兴趣,厌学甚至是弃学。相反,格拉瑟认为,教育应该从儿童最基本的内在需求出发,学校的教育活动应该被设计成这样:它们能够满足学生的五大基本需求——生理、归属、权利、自由和乐趣。格拉瑟指出,"不论事情多么简单或复杂,除非自己想做,没有人会只因为有人要他这么做,就去做任何事情(没有人会做任何别人要他做的事情)……而我们之所以会让我们的学校教育这么没有效率,就是因为我们忽视了什

---

① [美]约翰·塞尔:《心、脑与科学》,杨音莱译,上海译文出版社 2006 年版,第 58 页。

么是学生们最在乎的"①。格拉瑟认为,个体的行为其实都是为了满足自己的基本需求而作出的努力,无论这些行为是否符合社会、组织或他人的规范性要求,都是如此。因此,基本需求满足便成为行为选择理论的逻辑起点,基本需求满足也成为解释各种可观察的行为之理论依据。无论是简单的行为,如吞咽食物以维生,还是复杂的行为,如孤独时挣扎求援,都是为了满足这些基本需求。只是不同类型的需求,其满足的行为方式各不相同而已。这意味着,个体的行为源于其内在的基本需求,而非来自外在的刺激。个体的真正自觉行为是主动的,是由人的基本需求所激发的。外在控制所导致的被动行为,如果不能满足行为者的基本需求,那么这种外在控制导向的行为就难以维系。基本需求的满足,可能会激发个体产生某些非期待的行为。

　　总合行为是格拉瑟选择理论的核心概念。个体的行为实际上是一种总合行为。它由四个要素构成,即行动、思想、感觉和生理。例如,一名学生在课堂上突然"啪"的一声将书本合上或丢在地上,显然是学生选择的结果。在这个合书或丢书的行为中,外在可观察的行动,以及由此行动而显现出来的内在的思想,在此过程中所伴随的感觉,同时还有学生在施行这一行为时的生理状态,都是同时发生的。由于这四个方面的要素是同时发生的,这样的一个整体就构成了格拉瑟所谓的"总合行为"。格拉瑟提出,"无论我们选择什么样的总合行为,都是为了有效掌控我们生命的最佳尝试"②。每个人都处在一个真实的世界之中,同时又有一个我们向往的世界。这是两个不同的世界图像。而生命的掌控恰恰在于,努力地缩小两个世界之间的差距。例如,待在教室的无聊枯燥和逃学后在街上的闲逛自由,形成了一个巨大的反差。前者令人难受,而后者则令人满意,于是便会时常发生逃学行为。学生对自由的追求在逃学行为中得到满足。一个不愿意读书的孩子,当学业成绩不能成为他掌握自我的有效手段时,"破罐子破摔"反倒成为其掌控自我的更好选择。因此,面对那些"问题学生",重要的不是对于那些所谓"问题行为"的矫正,而应是努力创造这些"问题学生"基本需求满足的机会,从而使他们能够真正获得自我效能感。

三、舒茨的社会行为理论

　　在舒茨的现象学社会学中,"行为"是一个重要的概念。舒茨对这个概

---

① 〔美〕威廉·格拉瑟:《了解你的学生:选择理论下的师生双赢》,杨诚译,首都师范大学出版社 2011 年版,第 8 页。
② 〔美〕威廉·格拉瑟:《了解你的学生:选择理论下的师生双赢》,杨诚译,首都师范大学出版社 2011 年版,第 60—61 页。

念的分析,是和对韦伯的"行动"概念的批判性分析紧密地联系在一起的。对于韦伯来说,理解社会学的任务就是对社会行为作出诠释性的理解。韦伯把社会行为看作是行为个体赋予主观意义且关涉他人的行为。社会行为的这个释义包括以下几个要点,即社会行为涉及与之相关的他人,行为者所赋予行为的意义,行为是可理解的,行为的指向性——指向外部世界,同时指向行为者的内在世界。针对韦伯关于社会行为的解释,舒茨提出了三个问题:所谓行动者赋予其意义,所指为何?对于自我而言,他我如何以有意义的方式被给予?自我如何理解他人的行为?① 为了回答这三个问题,舒茨从行为者自我生命流程中的意识体验入手,并对"社会行为"概念进行了现象学论述。

　　在舒茨看来,对于出现在我们身边的人及其体验,我们只是把他当作体验的对象,即与之交往,与之共同处理事务或相互交流各自的想法。在许多时候,我们并不是把身边的人及体验作为思考的对象。所谓思考的对象,就是去追问我们与之交往的人之意识构成。这种思考可能是最终的目的,也可能是达成进一步理解的手段。与之交往的人之体验,是我行为的依循,即我的行为不是以他的行为为依据,而是以他人行为的体验为依据。实际上,在日常生活中,人们在与他人交往的时候,往往说做事要顾及他人的感受,就是这个意思。所以我们努力去理解我们与之交往的人的体验。这个时候就需要对他人体验之思考了。这是一种情况。再一种情况是,我想有所行动以便促使我与之交往的人产生某种行动,亦即在我试图实质性地影响他人时,在这种情况下,我们也同样需要对他人体验进行思考,以便把握他人的意识体验。思考在这里就是将目光移到他人的体验层面,而不只是紧盯着他人的行为。但是,朝向他人的行为、实质性影响他人的行为,在许多时候并不是依循于对他人体验的思考,而是直接基于他人的体验。这至少也是日常生活中的事实。体验他人的体验,每个人都不一样。这个不一样既表现在对他人体验的内容上,也表现在对他人体验之体验的方式上。前者是掌握他人有什么样的体验,如愉悦、担忧、痛苦、生气、焦虑等;后者主要是通过什么样的途径获得他人的体验,阅读他人的日记、观察他人的行动、考察他人的身体动作及其指向,此外还有诸如书画、穿着、所处的时空等。当面对他人的体验时,每个人也有自己的样态。问题在于,这种样态很少进入我们自己的思考之中。通常人们把自己面对他人时的样态视为不可置疑

---

① 参见[奥地利]阿尔弗雷德·舒茨:《社会世界的意义构成》,游淙祺译,商务印书馆2012
　　年版,第20页。

的、无可厚非的、理所当然的,而且许多人还极为反感对其样态的批评或怀疑。

舒茨认为,韦伯关于社会行为的分析,只是把社会行为作为出发点,并不能够完全揭示社会行为之本质。舒茨则把指向他人的意向性意识体验作为探讨行为本质问题的起点。指向他人的意向性意识体验,是指"与拥有生命、流程与意识的他人有关的意识体验",而不是只与作为物理对象的他人的身体动作有关的活动。由此,社会行为,就不能仅仅满足于对行为的社会性考察,而是进入到与之交往的他人的意识体验层次。对于舒茨来说,一行为之所以被作为社会行为,需要具备以下几个方面的特征。首先,行为是行为者有意识努力的表现,它有着明确的意识体验,既为行为者意识到,同时也被行为者意识体验到。其次,它具有自主性,是在一种自发的主体性中施行的。自发的主动性意味着基于他人体验的努力所为,而非建立在对他人体验之思考上。人们在日常生活中的所作所为,绝大多数都具有自发主动性的特征。最后,意向性地指向他人的体验。社会行为非以他人的身体动作为指向,而是以他人的意识体验为指向。当一个社会行为被预先构想时,则此社会行为被称为社会行动。就社会行为关联着他人而言,舒茨和韦伯并没有分歧。舒茨同样强调,每一个社会行为都意向地指向一个具有生命意识与生命流程的他人。在社会行为中,作为行为对象的,不是身体的动作,而是他人的意识流程。不以他的意识活动为指向,依据作为外在对象的身体而行动,就不能称为社会行为。在舒茨的社会行为理论中,身体是作为他人意识体验的记号而出现的。尽管舒茨也常常用"社会行为以他人为导向"这样的表述,但这个他人行为并不是指身体动作,而是指他人的意识体验和生命流程。导向在这里意味着一种关联,而关联同样是在更深的层次上指向意识体验和生命流程。

对他人的知觉活动通常能不能称之为社会行为呢?对他人意识体验的理解性知觉,属于导向他人的行为,舒茨将其称为"意向地关联于他我的意识体验",并将这类属之于社会行为之列。其理由在于,这种行为具有"自发主动性并指向他我的意识体验",其动机在于"掌握他人的意识体验"(但并没有引起他人的某种体验的打算)。这种社会行为舒茨称之为"朝向他的态度",各种表态行为和情感行为都被归于此列。而当一个行为试图对他人的意识体验产生某种影响或引起某种意识体验时,这种行为则被称为"实质影响他人"。实质影响他人有两种可能性,一是我的行为的目的在于让他人理解我的意识体验,让他人理解我就是社会行为的目标;二是引发出他人的某种特定行为。

舒茨的社会行为理论揭示出在社会交往领域,个体的社会行为的关联性之本质。交往是建立在对他人意识体验的理解和把握之上。正是在他人理解我的意识体验中,这种理解会引发其相应的意识体验的改变。概言之,社会行为是相互导向的,我的行为是以他人的意识体验为导向,同样他人的意识也是以我的意识体验为导向。正是在这里可以看到"对他人意识体验的理解性知觉"之重要。为此,行为者必须要将目光转向他人的意识体验,并由此去"掌握他的意识体验"①。行为的意识体验转向,是以他人的行为为导向的内核。

从教育学的角度来看,舒茨的社会行为理论至少可以给我们以下几个方面的启示。首先,教育是实质性影响儿童的社会行动。这种实质性的影响,意味着教育者既要使儿童的生命流程和意识体验发生变化,同时也要在此基础上使儿童的某种特定行为发生改变。单纯指向行为的改变是难以实现的。其次,实质性影响儿童,需要双重的理解,即一方面教育者要让儿童理解自己的生命流程和意识体验,另一方面则是教育者对于儿童生命流程和意识体验的理解。前者已经包含着实质性影响儿童的意味,但它同时也是真正在教育学意义上影响儿童的条件。最后,转向儿童的意识体验,而不是把目光仅仅停留在身体动作或行为上。

四、梅洛-庞蒂的行为结构理论

梅洛-庞蒂在对行为结构进行分析时,首先对人的高级行为作出划分,区分出三种不同的高级行为,即混沌形式、可变动形式和象征形式。混沌行为属于动物的层次,属于简单行为,是动物式的反应。尽管属于简单行为,但这种混沌形式的行为也会在儿童身上表现出来。可变动行为属于信号行为,具有刺激—反应属性。刺激在时间和空间上的接近,使得有机体把刺激看作是特定的信号,并由此而激发相应的反应。刺激作为条件被当作是信号,变成了某一条件目的的手段。但梅洛-庞蒂认为,刺激并不是直接引起反应的,而是以某种结构为中介,这个作为刺激—反应的中介结构是有其丰富的内在意义的,且具有参照价值,即当刺激出现时,身体反应并不完全是对刺激的应对,而是参照了其他因素,"它时而参照个体的,时而参照抽象的,又时而参照本质性的'情景'"②。这就是说,即便作为一种信号行为,

---

① ［奥地利］阿尔弗雷德·舒茨:《社会世界的意义构成》,游淙祺译,商务印书馆2012年版,第202页。
② ［法］莫里斯·梅洛-庞蒂:《行为的结构》,杨大春、张尧均译,商务印书馆2010年版,第160—161页。

可变动形式的行为也并非单纯的刺激—反应的结果。象征形式的行为是认知行为,也是自由行为。象征行为能够对同一主题进行不断变化的表达,具有视角多样性的特点。首先,象征形式的行为是有意识的行为,它"并不取决于物质意义上的刺激,而是取决于情景的意义"。梅洛-庞蒂认为,意识是隐藏在可见的身体后面的自为的存在,行为则将这种自为的存在及其反面揭示出来。在这个意义上,行为并不只是具有一种含义,行为本身就是含义。其次,象征形式的行为,是在交流言语的层次上的行为。在这个层次上,行为并不只是纯粹表达,它也同时在为自己而表达,向真理、向事物本身的价值开放,并努力使能指与所指、意向和意向所指的东西相符合。通过言语交流,"那些陌生人的生存(同时还有我们自己的生存)在我们看来才是与这个真实的世界井然协调的"①。通过象征形式的行为,人们会发现自我以及他我的未完成性,而这种未完成性恰恰是因为言说指向的结果。

　　梅洛-庞蒂关于行为结构的理论,指出了这样一个事实,即个体行为具有普遍结构,反映出个体行为与外部事件及主体意识的关系。个体行为既不单纯由外在的相关的要素或环境所决定,也不纯粹是内在的思维和意识的结果,而是个体意识与外在刺激之间的平衡,而实现平衡的方式则是"由朝向世界的某一种姿态提供的"。每一个体的行为都是权衡各种事物对其产生作用的结果,并据此来确定自己的重点环境。"有机的个体与其环境之间的关系因此是一种真正的辩证关系,而且,这种辩证关系导致了各种新关系的出现。"②不同于塞尔的行为意向性理论,梅洛-庞蒂将行动的结构放在个体与环境的相互关系中来理解,并基于生命的意义来对行为进行分类。对于梅洛-庞蒂来说,个体的意义世界,无论如何是不能脱离其所处的环境来阐述的。尽管梅洛-庞蒂不赞成行为主义关于行为的解释,但环境作为刺激的外在因素,乃是意识——行为的内激发力——形成的基本条件。个体行为是针对其知觉到的当下的或潜在的特定环境而作出的反应。因而行为是个体知觉到的结果,而这个知觉所形成的,恰恰是有机体与环境的辩证关系,一种意识的结构。孤立地对待个体的意义世界,将会忽略个体的生存处境给个体所可能带来的影响;而单纯只看到个体的生存处境对于个体行为的激发作用,则会陷入行为主义心理学的理论局限之中。

　　梅洛-庞蒂关于行为结构的理论,对于儿童行为的分析亦有其启发意

---

① 〔法〕莫里斯·梅洛-庞蒂:《行为的结构》,杨大春、张尧均译,商务印书馆 2010 年版,第193—194 页。
② 〔法〕莫里斯·梅洛-庞蒂:《行为的结构》,杨大春、张尧均译,商务印书馆 2010 年版,第224 页。

义。儿童在世界上存在,意味着儿童有一个世界并属于这个世界。这样一来,这个世界对于儿童来说有意义,是因为这个世界的事物对儿童是有意义的。恰恰是儿童生活于其中的世界,赋予了儿童周围所发生的事情以特定的意义。世界或者说儿童的生存处境,为儿童的生存提供了真实的意义。儿童的行为并不是由这个世界或世界之事物的刺激所决定的,而是由儿童所知觉到的世界并因而由所赋予的意义所决定的。刺激并不单独提供意义因而并不单独决定行为,意义实际上是由他知觉到的处境提供的,因而行为是各种因素平衡的结果。刺激只是这个意义的激发者。由此,梅洛-庞蒂对刺激和反应都作出了不同的解释。梅洛-庞蒂指出,"反射不是客观刺激的结果,而是转向客观刺激,给予客观刺激一种意义,客观刺激不是逐个地和作为物理因素获得意义的,而是把它当作情境获得的。反射使客观刺激作为情境存在,并与之处于一种'认识'关系中,即把客观刺激当作它一定要面对的东西"①。梅洛-庞蒂的这段论述涉及四个重要的概念,即反射、刺激、意义、处境,其中至少包含着三层含义。首先,行为并不是个体对刺激的反射,而是对刺激意义的反应。刺激只有被行为者赋予意义时,行为的反应才会真正的出现。其次,刺激的意义则又与情境紧密联系在一起。在这个意义上,对于个体而言极为重要的刺激性事件,也只有放在整体的情境中才可以得到理解。再次,刺激并不只是客观的事件或事物,而是行为者转向刺激,赋予刺激以意义,与此同时刺激的意义在反应中也得以显现出来。最后,由于刺激也是作为情境而存在,因而当面对刺激时,对刺激的认识就成为个体必须要面对的事情。沿着梅洛-庞蒂的思路可以看到,即便被一个观察者所认为的一个刺激,这个刺激也是这个观察者所知觉到的刺激,在这种情况下,刺激和知觉同时成为意义建构的内容。显然,在不同的个体那里,一个刺激可能会被赋予不同的意义,因而同样的事情在不同的个体那里会有不同的反应,就可以得到合理的解释。不同的情境中,对于不同的个体而言,同一个刺激却有着不同的意义,而这个不同的意义则是由个体所处的处境所赋予的。

　　梅洛-庞蒂关于个体与处境之间辩证关系的这个立场,让我们看到了个体的外部世界与其意义世界的一种非线性的或非因果的关系,至少它突破了科学思维的局限,使得我们能够一窥个体行为的奥秘。在梅洛-庞蒂看来,个体行为受制其处身于世界的方式以及在世界中的立身处境。"对我们来说,移动和静止在我们周围环境里的分配,并非是根据我们的理智所

---

① 　[法]莫里斯·梅洛-庞蒂:《知觉现象学》,姜志辉译,商务印书馆 2001 年版,第 113 页。

乐于建构的那些假设,而是根据我们处身于世界之中的方式,根据我们的身体在世界之中所承受的处境。"①换言之,个体行为既表明了他对世界的态度,同时也表明了他所生活的处境。这是两个既相互联系又各自不同的方面。前者是他对这个世界,后者则是这个世界对他。一个人如何处身于世界,并不取决于他的观念性的表达和言说,而是取决于日常生活和工作所赋予他的意义。个体的行为当然是其意义世界的显现,但这个显现出来的意义世界是怎么一回事,却是一个需要追问的问题。意义世界并不是凭空产生的,而恰恰是与他所处的处境密切相关。这个处境的相关性反过来又促使个体以特定的方式(行为)来应对他所处的处境。

依梅洛-庞蒂关于行为的结构之论述,个体行为可作如下描述。

第一,行为是个体认知世界的方式。在人们的常识性认识中,各种对象行为乃是改变客观世界的行为。例如,我们在儿童的各种对象行为中就可以发现这种改变的属性,如撕书、写作业、阅读课文、抛球等。在这种改造思维的支配下,我们可能忽略了一个根本的方面,即各种改造对象也是个体认知世界的对象,因而各种行为也是对世界的认知。撕书并不仅仅是对书的损坏,在撕书的过程中,也包含着儿童对书的物理状态的认知。手工作业的对象并不仅仅是手工,即儿童所创造出来的物品,也是儿童对用于手工的各种材料和工具的认知。没有这个认知,也就难以有对工具的使用和对材料的加工(行动),也就不会有手工品。

第二,行为是个体平衡其环境的方式。梅洛-庞蒂根据行为对于生命的意义,把行为分为直接行为和目标行为。梅洛-庞蒂认为,直接行为接近于物理过程,它以最少的付出来获得平衡,是一些让刺激物不再有害的局部补偿物。目标行为则是"对外产生某种真正的、整个机体都投入其中的作用"②的行为。直接行为类似于动物对于自然环境的反应。在人的境遇中,也存在同样的直接行为,例如在某种黑暗的环境中人所产生的恐惧以及由此恐惧而引发的逃跑行为。这里值得我们关注的是,梅洛-庞蒂有关有机体与环境之间的平衡关系的思想。从梅洛-庞蒂的论述来看,行为被看作是个体平衡其环境的方式。这种平衡本质上是个体必须要通过自身努力而加以解决的所期望的世界——意义世界,与其实际所处的社会世界之间存在着失衡问题。这种失衡导致个体一种难以忍受的心理体验,由此个体不得不通过自己的行为即身体的有意识的活动来予以平衡。最典型的平衡行

---

① ［法］莫里斯·梅洛-庞蒂:《意义与无意义》,张颖译,商务印书馆2018年版,第67页。
② ［法］莫里斯·梅洛-庞蒂:《行为的结构》,杨大春、张尧均译,商务印书馆2010年版,第224—225页。

为,如气温下降使得个体感觉到冷了而穿衣服。实际上,不仅仅直接行为,即便是目标行为,在情境意义的召唤下,个体行为也是立足于个体与情境意义上的平衡。在学校教育中,每一种被视为问题的行为,都是儿童平衡其与环境失衡状态的自我努力。就此而言,把直接行为看作是有机体与环境的平衡反应的认识,对于理解儿童的那些"问题行为"仍具有解释性的价值。儿童的"问题行为"属于目标行为。但这个属于目标行为的"问题行为",也具有平衡的意味。"每一有机体在面对一个给定的环境时,都有其最佳的一些活动状态,都有其特定的实现平衡的方式;而且,这种平衡的内在规定因素不是由多种多样的向量提供的,而是由朝向世界的某种一般姿态提供的。"[①]这就是说,当儿童内在的意义世界与其所感受到的背景意义出现了冲突或不协调时,相应的行为——"问题行为"就会被引发。而这种引发出来的行为,正是为了平衡内在的意义世界和外在的客观世界之冲突。行为的平衡作用在于,当个体行为作用于外部世界并促使其发生预期的或非预期的改变时,个体所处的处境也就发生了变化。这种经验到的变化,会促使个体心理状态的改变,改变个体自我的意义世界,实现主观与客观、外在与内在"意义的统一"。这个意义的统一对于个体来说是至关重要的。没有这个意义的统一,个体就会陷入焦虑和不安之中,就会感觉自己是这个世界的多余人。个体自我的存在感就会因此而丧失。而当这个存在感丧失时,个体就会陷入生存无意义境地。

第三,行为也是个体创造其环境的方式。个体的行为既是一种认知和平衡环境的方式,也是创造其环境的方式。创造环境其实是这样的,即儿童也试图通过自己的努力,来改变他所生活的社会世界或环境,使他所生活的环境能够按照他的形象在此呈现出来。从日常管理经验来看,每一种行为,都会不同程度地作用于外在对象,并在不同程度上会使外在的对象发生改变。一声叫,可以使另外一个人抬起头来审视其周围的情况;一个敲桌子的行为,可能会让桌子周围的人安静下来,从而形成一个新的处境。甚至,当每一个人出现在他人的面前时,身体的在场本身就会引发在场者的空间体验的改变。人也是他人环境的重要组成部分。只是,在许多时候,这种因身体而引发出来的改变是如此之微不足道或如此之常见,而不为人们所知觉而已。

认知、平衡、创造是个体行为的三种属性。可以说,任一行为,都在不同

---

① [法]莫里斯·梅洛-庞蒂:《行为的结构》,杨大春、张尧均译,商务印书馆 2010 年版,第 224 页。

程度上具有这三种属性,且这三种属性又统一于内在的观念,或者说它们都是个体内在观念的外在化。因此,梅洛-庞蒂特别强调,"现象身体的各种身势和姿态应当有一种特定的结构,一种内在的意义,它一开始就应当成为向某个'环境'衍射的各种活动的中心,成为一种物理意义和道德意义的轮廓,成为一种特定的行为类型"①。对世界的认知、对其环境的平衡以及创造,具有共时性的特征。这就是说,它们并不是分属于不同的行为,而是同一个行为的不同方面。在这里,行为并不是单一的身体动作,而是身体的有意识的连贯动作的系列化行动。

五、哈贝马斯的交往行为理论

在《论行为、言语行为、以语言为中介的互动以及生活世界》一文中,哈贝马斯根据行为与语言的关系而将言语行为和非言语行为都归为"行为"的概念。非言语行为又被哈贝马斯称为"目的行为",即人们的日常活动或手工活动。借助这种行为,行为者进入世界,目的是要通过选择和使用恰当的手段来实现预定的目标。言语行为是言说者用它来和其他人就世界中的事物达成共识的行为。就人们与行为的关系而言,言语行为有三种情况,即第一人称意义上的参与者、第二人称意义上的交往者以及第三人称意义上的观察者。作为参与者,言语者和听众是一种完成行为式的立场,言语者追求以言行事的目的,由此"我"或者进入世界,选择和使用恰当的言语来实现预定目标;作为交往者,"我"通过言说和其他人就世界中的事物达成共识;作为观察者,他"观察到行为者如何通过目的行为实现其目的,或如何通过一种言语行为与他人就某事达成共识"。

表 4-1　行为者与行为的关系

行为类型	行为者	行为意向
目的行为	第一人称(参与者)	进入世界,实现预定目标
语言表达行为	第二人称(交往者)	通过言语行为与他人达成共识
观察行为	第三人称(观察者)	观察他人的目的行为或言语行为

这种区分对于教育实践的日常行为,特别是对于儿童行为的意义阐释,乃具有一定的启发意义。第一,儿童行为既是言语行为,也是非言语行为;

---

① ［法］莫里斯・梅洛・庞蒂:《行为的结构》,杨大春、张尧均译,商务印书馆 2010 年版,第236 页。

第二,儿童作为行为者,既是教育实践活动的参与者,也是教育过程中的交往者,同时还是一个观察者;第三,儿童的每一个行为,都可以从多个维度来考察和分析。儿童行为既具有目的行为的特征,也具有语言表达行为的特征,但无论哪种情形,它们都可以归之于目的行为,正如哈贝马斯所指出的那样,"所有的行为,不管是言语行为还是非言语行为,都可以说是一种有目的的行为"①。这就是说,儿童行为乃是受教师的目的指引,或者说都是为了实现一定的目的。实际上,在对教师的教育教学行为进行分析时,哈贝马斯的行为概念也有其理论意义。至少,教师既是在第一人称的意义上展开其行为,也是在第二人称和第三人称的意义上展开其行为。教育行为的施行者——教师,既是作为参与者,参与到学生对现实世界的意义建构中,参与到学生自我的发展中,同时也是作为观察者,尝试去理解儿童行为的意义。在这里,教师进入学生的心灵世界(实际上是否进入或能否进入则是另一个问题),与通过选择和使用恰当的手段来实现教师个体进入学生心灵世界的目的,实现促使学生自我发展的目的,本质上是两个不同的问题。前者要求教师作为儿童发展的参与者,后者要求教师作为儿童行为意义的理解者。作为观察者,教师既观察他自己的目的行为(反思),又观察他人(教师、他所教育的学生)的目的。作为观察者,教师所面对的是学生的言语行为和非言语行为。单纯的观察者总是有其局限性的。要真正理解儿童的意义世界,教师不仅需要成为儿童行为的观察者,更应该是儿童生活世界的参与者。教师作为观察者,可以观察学生的行为;而要理解学生的非言语行为,则需要教师从观察者走向参与者,通过儿童的言语行为来确定学生的行为意图。因为,"根据正常的字面的意义,我们就可以认识到语言行为中言语者的意图;听众可以从命题的使用方式,也就是与命题相关的是何种行为这个角度,来推断出表达的语义学内涵"②。于是我们在这里就会面临一个理解的方法论问题。行为者的非言语行为意图具有难以推断的特征。对于所观察的一个行为者的行为意图,观察者通常只能根据"具有普遍意义的语境"来进行推测或猜测。而观察者欲把握一个被观察的行为者的行为意图,则需要借助言语行为。与非言语行为相比,言语行为"具有自我解释的反思特征"。当观察者借助言语行为来把握他者的行为意图时,观察者便已改变了自己的角色,而成为一个参与者,构成交往言语行为。在此情况下,参与者乃作为听众,"从命题的使用方式,也就是与命题相关的是何种

① [德]于尔根·哈贝马斯:《后形而上学思想》,译林出版社2002年版,第55页。
② [德]于尔根·哈贝马斯:《后形而上学思想》,译林出版社2002年版,第55页。

行为这个角度,来推断出表达的语义学内涵"。所以,"言语行为能够自我诠释",这是言语行为的基本特征。然而这一特征的显现是有条件的。哈贝马斯把这类条件归结为三个方面,即"有能力的听众""参与者的立场",以及"处身于一个由语言共同体所确立并且具有主体间性结构的生活世界当中"。在日常的教育生活中,人们往往不太注意区分教育、行为与言语行为。逻辑与事实都在显示出这样的现象,即教育者既表现出某种非言语行为,如教师的板书、目光的注视、身体的前倾、点头示意、面部表情等;也表现为某种言语行为,即通过说话来表达自己的意图,从而完成一个活动,如教师提出要求、发布命令、承诺、责罚等。儿童也是这样。

从行为者与世界的关系角度,哈贝马斯将个体的行为划分为四种,即目的(策略)行为、规范行为、戏剧行为和交往行为。目的(策略)行为是指,在一定情况下行为者使用有效的手段和恰当的方法来实现一定的目的,或进入一种理想状态的行为。目的行为的前提是,对行为者而言存在一个可以施加影响的客观世界。目的行为主要涉及行为者与客观世界的关系。关于目的行为,哈贝马斯是这样来定义的:"通过在一定情况下使用有效的手段和恰当的方法,行为者实现了一定的目的,或进入了一个理想的状态。"其核心是"做决定",即"在不同行为可能性之间做出的决定,这样做是为了实现一定的目标"①。而当其他具有同样目的行为的行为者出现,且把这样的行为者的决定列入自己决定的考虑范围时,则目的行为就发展成为策略行为。目的(策略)行为涉及个体与客观世界的关系,或者说是行为者与实际存在的事态的世界之间的关系。面对实际存在的客观世界,行为者一方面拥有关于实际事件之认知或意见,另一方面则是行为者对于实际事态的意图,目的是使实际事态变化为理想化的形态,或者说是理想化事态现实化。例如,当行为者面对另一个有目的的行为主体如学生时,教师所采取的应对行为往往是一种目的(策略)行为,即教师一方面把学生在课堂教学中的决定作为其选择教学方法和手段的依据,另一方面又对学生在课堂教学中的决定施加影响,以此来实现其预先确立的教学目的。目的行为在这里同时也是一种理性行为。目的(策略)行为可以从目的合理性角度来进行界定。行为能够得到合理的计划和实施,也能够得到第三者的合理评价。行为的结果能够用成功或失败来加以衡量。通过在一定情况下使用有效的手段和恰当的方法,行为者实现了一定的目的,或进入了一个理想的状态。核心概念是在不同行为可能性之间做出的决定。

---

① ［德］于尔根·哈贝马斯:《交往与社会进化》,张博树译,重庆出版社 1989 年版,第 3 页。

交往行为,即至少两个以上具有言语和行为能力的主体之间的互动,这些主体使用(口头的或口头之外的)手段,建立起一种人际关系。行为者通过行为语境寻求沟通,以便在相互理解的基础上把他们的行为计划和行为协调起来。解释的核心意义主要在于通过协商对共识的语境加以明确。主体间的相互理解和行为协调是交往行为的核心所在。然而,交往行为也并非是单一的。关于交往行为与策略行为的不同,哈贝马斯写道:"我认为,根据不同行为者的行为是用'理解'还是用'影响'来协调这一点,可以确定它们是'交往行为'还是'策略行为'。从参与者的视角来看,这两种协调机制及其相应的行为类型是相互排斥的。理解的过程可能具有双重意图,既与互动参与者就某事达成共识,同时也对他施加因果影响。从参与者的视角来看,理解不是外部强加的,不是一方强加给另一方的,不管是通过直接干预行为语境这样一种工具行为,还是通过用自己的目的来间接影响对方命题立场这样一种策略行为。任何一种显然是由于外在影响(如嘉奖或威胁、建议或欺骗)而达到的效果,都不能算是主体间的共识,因为这种干预失去了其协调行为的有效性。"①

"规范行为"的概念是由涂尔干和帕森斯发展而来。"规范行为"的概念主要是把行为者看作是社会群体的成员,不同的行为者具有共同的价值取向,而规范则是社会群体中共识的表现,服从规范是社会群体成员普遍的期待。规范行为涉及行为者与社会世界和客观世界的关系。一方面,个体与社会世界的其他成员建立起规范互动关系;另一方面,则是与客观关系发生目的—手段的规范关系。规范调节的行为概念涉及的不是孤立的行为者的行为——这些行为者在他的周围虽然有其他行为者,但在原则上还是处于孤立的地位——而是社会群体成员,他们的行为具有共同的价值取向。在一定的语境中,一旦具备可以运用规范的前提,每个行为者都必须服从某个规范。

戏剧行为不把行为者看作是孤立的个体,而是互动参与者。他们相互形成观众,并在各自对方面前表现自己。换言之,基于戈夫曼的戏剧理论而发展出来的"戏剧行为"概念,倾向于把行为者的行为看作是行为者的自我表现或表演,从而将行为者的主体性遮蔽起来。②"戏剧行为"概念主要涉及主要行为者与主观世界的关系。在这个主观世界中,多个互动参与者共同在场。行为者自己想要给他的观众一个具体的形象和印象,为此,他把自

---

① [德]于尔根·哈贝马斯:《后形而上学思想》,译林出版社2002年版,第113页。

② 参见[德]于尔根·哈贝马斯:《交往行为理论》,上海人民出版社2004年版,第90—94页。

己的主体性或多或少地遮蔽起来,以达到一定的目的。任何一个行为者都可以控制公众进入他个人的观点、思想、立场以及情感等领域,因为只有他本人才有特殊的渠道进入自己的上述领域。

　　行为哲学或行为理论对行为的深入研究和分析,有助于我们更好地理解儿童行为及其所指示出来的意义。这种阐述可以有两个维度:一是行为概念的逻辑内涵维度,二是行为概念的类型维度。就概念的内涵而言,儿童行为与人的一般行为并没有本质的不同。哲学、社会学、伦理学、现象学等关于行为的理论,都可用于我们关于儿童行为的理论分析之中。就行为的类型维度而言,它试图通过对行为类型的分析,来阐明行为的意义。对行为的分析意味着,行为是如此的多种多样,除了它们的共有特征之外,也还可以根据其指向或逻辑而区分出不同类型。

第二节　儿童在行为中的自我显现

一、儿童行为的意向性

　　行为总是受意识支配的。这就是说,在行为和意识之间,有着密不可分的关系。脱离儿童的意识而孤立地处理儿童的行为,难以真正改变儿童的行为。然而,在日常教育实践中,脱离儿童的意识体验去对待儿童行为是常见的现象。儿童有意识的行为与对儿童理解中的意识的忽略,形成了一个鲜明的对比。因此,阐释儿童的意义世界,有必要重新恢复行为与意识的这种不可分离性,并提出这样的要求,即要真正地理解儿童,就要把握住隐含在其行为中的意识状况。

　　意识是一个纯主观性的范畴。然而,这个纯主观性的范畴却始终与外在客观世界纠缠在一起。尽管人们可以孤立地去谈论人的意识或个体的意识,但这也仅仅限于谈论。在思维和存在的关系意义上,意识则总指向特定的对象物。马克思指出:"意识在任何时候都只能是被意识到了的存在,而人们的存在就是他们的现实生活过程。"①在生存论的意义上,意识总是缠绕着个体,并且呈现出弥漫的特点,无时无刻不在,或者指向外在的事物,或者指向内在的意识本身,或者是瞬间即逝的,或者是持续聚集于特定的事物之上。然而无论是怎么的状态,意识总是"意识到……"意识的这个结构,表达了一种特别的含义,即意识的对象—指向性,被现象学称之为意向性。

---

① 《马克思恩格斯选集》,人民出版社2012年版,第152页。

"人们并不能是纯粹地爱,害怕,看见,判断,而是爱所爱的,害怕可怕的,看见某个对象,判断某个事态。无论我们谈论的是感知、思想、判断、幻想、怀疑、期待,还是回忆,所有这些形式的意识都有这个特征,即这些意识总是意向着某些事物。"①

意识意向着对象物。然而,它并不是纯粹的意识活动,总是伴随着相应的身体活动。它被封闭在身体的幽暗之处,却又力图通过身体的动作而显现其自身。人们看不到个体内部幽暗之处的意识,却可以看到作为意识之信号的身体动作,可以看到可直接观察到的物理现象即行为。受意识支配的行为,同样表现出它的意向性,即行为的意向性。行为的意向性既指向外部的生活世界,同时也指向内部的意义世界。每一种行为,无论是片断的或孤立的行为,还是作为实践而表现出来的复合行为即追寻目标而完成的系列行为,其意向都为行为意义的理解提供了基础。

例如,学校为了中考取得好成绩,办了两个实验班。实验班的学生学业成绩都很优秀。其中一个学生在第二学期时却突然提出要转入普通班就读。老师找他谈话,鼓励他要继续努力。但渐渐地,这个学生的作业开始完成不了。老师电话联系家长,却收效甚微。但令人感到奇怪的是,他在家长到学校后,开始主动要求老师督导他,每天午休时间找老师背诵课文。教师由此而发出这样的困惑:学生到底为什么要找他背诵? 为什么会是这样子?该生到底想干什么? 可以看到,教师面对学生诸行为的困惑,已经暗含了对学生行为意向的追问。确定无疑的是,案例中的学生既是教育的对象,同时也是教师需要理解的对象。而对学生的理解是一个在实践逻辑上优先于教育而展开的问题。理解的核心是进入这个学生诸行为的意向。教师的困惑在于,他不能真正理解学生行为的意向。由此带来的后果是教育的效果不佳,并没有从根本上解决学生所面临的问题。所谓不能理解学生行为的意向,意味着教师并没有真正把握该生行为的指向,由此不能把握该生的诸行为的意识体验及其意图。这并不是说学生的行为意向不能把握,而是说教师由于对学生行为的指向物不清楚,从而没有理解到学生诸行为的意识体验。学生的转班行为、作业行为、要求监督行为、背诵行为等一系列的行为,究竟意向什么?

学生要求转入普通班的行为暗含着特定的意向。这个特定意向是什么呢? 这个意向看起来是指向班级的转换,但实质上则是指学生当下所在的班级以及这个班级所给予该生的某种意识体验。表面上指向外在事物的行

_____

① 〔丹麦〕丹·扎哈维:《胡塞尔现象学》,李忠伟译,上海译文出版社 2007 年版,第 8 页。

为,实际上有着更为隐蔽的内在意识所指,即指向了他自己的生存性体验。这个内在的生存性体验对于理解儿童行为的意向性具有重要的意义。它至少表明,外在的事物是如此地影响到置身其中的个体的内在精神世界,以至于儿童不得不通过在教师看来不可理解的行为来缓解与外在事物的紧张关系。

上述事例的典型意义在于,它描述了通常情况下教师对于学生行为意向的忽略或无视,往往陷入对学生言行的专注。教师在与学生交往的过程中,只是被动地作为学生行为的观察者,而没有真正地参与到和学生的交往之中,没有进入到学生的意识世界。现代教育的一个基本理念是强调学生对教育过程的参与。然而我们忽视了一个更为优先的问题,即学生对教育过程的参与是建立在教师对学生理解的基础之上。在许多情况下,教师并没有真正地参与到学生的交往和生活中,没有体验学生在特定的教育情境中所作所为的意识体验。教师往往只关注两个方面的现象:一是学生的学业成绩及与成绩相关的作业,二是学生的行为所表现出来的问题。关注学生的成绩与行为问题,有其合理性,但存在一定的片面性。教师根据自己的关注所得而采取的教育对策,如谈话、电话联系家长等,显然是基于对学生行为的理解基础之上。只是这个理解执着于对行为类型的识别,并没有真正把握学生行为的意义即意识体验或意图,例如,因成绩滑坡而引发的要求转班行为,究竟意味着什么? 或者说学生为什么要提出要转入普通班的要求? 由此而来的是学生每天午休时间找老师背诵课文的行为,对于这种行为,教师同样不能够理解。因此,面对学生在具体的教育情境中所表现出来的行为,教育工作者需要把握学生行为的两个意向:一是需要把握学生行为所指向的生活世界,以及行为指向与其生活处境的关系;二是需要把握行为指向的内在意识体验即意义世界,反思一下这样的行为与其意义世界的关系。

学生的学习环境从表面上看与其他学生并无二致。但这个并无二致的环境实际上对于每一个学生来说,都是他自己所感知到的环境,进而构成对于自己来说独特的生活和学习处境。来自学校、家长和教师的较高教育期望,无形中形成了一种心理环境。家长重视孩子的学习,教师希望学生考出好成绩,形成了对于学生的双重压力。当学生通过自己的努力而达不到相应的要求时,家长与教师的双重指责就可能会出现,而于学生就会出现紧张和焦虑的情绪体验。在日常生活中,我们较少见到教师和家长对学生的学习行为进行分析,而只是基于学业结果而单纯的指责或批评,甚至采用谈话的方式来对学生施加压力以期望学生在学习上投入更多的时间。任何一种学习都需要投入,即人们所谓的努力,但努力只是良好学习的充分条件而非必要条件。用谈话的方式而不是基于对学业表现的分析来应对学生的学业表现不良,造成了学生的一个自我认知,即学业成绩差乃是不努力的结果,从而形成自我表现的努力归因。这种由教师发起的努力归因,又会形塑学生的自我期望,即学生也会把自己的学业不良归之于不够努力。因此,为了逃避指责,学生用午休时间让教师监督其背诵,来证明自己已经努力过了,因而如果还是成绩上不去,那就与他没有什么关系了。在这里,我们可以看到学生为了解决所面临的问题而作出的尝试。概言之,当学生不能通过学业成绩来获得其内心的需要满足时,或者当学业成绩成为学生痛苦的根源时,则学生就可能会通过其他的方式来补偿。

儿童实施某种行为,其意欲何为?这是一个需要理解其行为意向的问题。不理解儿童的行为意向,教育者就难以找到正确的解决问题的对策。上述案例中,对于学生来说,转入普通班即意味着至少不会像在重点班那样因为成绩的滑坡而面临巨大的压力及焦虑。因成绩下滑而来的焦虑,对于学生来说是难以忍受的。如果没有人帮助他或引导他缓解因压力而来的焦虑,他就只能通过自己的方式来解决自己所面临的焦虑问题。而转入普通班在该学生看来是最佳的选择。对于中学生来说,因为学业成绩而来的焦虑乃是一种较为普遍的情绪体验。不理解这一点,教师也就看不懂学生在学校及课堂上的各种行为表现。许多时候,儿童行为之意向,乃是缓解焦虑的努力或尝试。倘若如此,那就需要去分析儿童的焦虑之源。倘若对此没有足够的分析和把握,则教育者所采取的策略可能恰恰与所要解决的问题背道而行之:不是缓解焦虑情绪,而是通过采取让儿童进一步努力的策略,加剧儿童的焦虑情绪。

二、儿童行为表现

"表现"这一概念广泛用于哲学、美学、政治学以及历史学等学科,从而形成一种表现论视域。在不同的学科中,"表现"这一概念所表达的意涵并不相同。即便在同一门学科中,人们对"表现"概念亦有不同的理解。但是不同学科关于"表现"概念的不同理解以及隐含在其中的共同规定,则为教育学理解儿童"行为表现"概念提供了内核和参照。

在哲学上,"表现"一词涉及本体论、认识论和实践论。德勒兹认为,表现概念具有三个方面的意涵,即普遍存有、特定认知及具体行动。从普遍存有来看,表现即本质的对象化或本质的显现,是本质的展开,即"一"展现自身于"多"(实体以其包含的属性彰显自己,属性以其所包含的样态彰显自身);或者是个物涉入统一性之中,统一性刻印于、内在于彰显其自身之诸个物。表现总是以其具体和多样来使事物之本质、属性等显现于外,并为人们所把握和认识。从特定认知(认识论)来看,表现即事物本性的观念显现,观念表现了"对象的本质、本性,以及完善性",知识则是"外在对象在心灵中的反映与表现"。从具体行动来看,表现将个体视为"身心组合体的个人"。"表现处在个人的核心,既在他的心灵,也在他的身体,既在他的激情,也在他的行动。"①其中,最值得我们关注的,是表现的具体行动的内涵。表现既是外在的身体,更是内在的心灵;既是行动,也是激情。德勒兹试图以此来解释由表现而展开的"非因果对应的世界"。这就是说,对于行动中的个体而言,一侧是身体的物理的,另一侧是精神的心理的。借助表现的心灵意涵,行为的非因果对应关系得到了确立。哲学关于表现的理论分析,特别是具体行动意义上的表现意涵,为儿童"行为表现"概念的阐释提供了合理的依据。身体是表现,行为也是表现。

在语言哲学中,表现并非是借助某种形态而使某种实体或属性显现出来,而是涉及言语者的表达意向及与此密切相关的诸方面。语词以及陈述,都在表达着某种含义。然而,语词和陈述的意义,离不开特定的语境,否则许多时候语词和陈述的意义都难以理解,或者说一个交往者就很难理解孤立的语词或陈述究竟在表达什么意思。如索绪尔所说的那样,语词的意义是借助于差异化的背景而显现出来。语词或陈述所表达的意义是多维度的。如哈贝马斯所说的那样,语言能实现三种虽然不同但具有内在联系的功能,即表达某个言语者的意图(或经验),表现事态(或言语者在世界中所遇到的事物),确立言语者与接受者之间的关系,但言语者所要表达的核心意思则依赖于语境。根据上述分析,行为也是一种表现,然而行为的表现与单纯言语的表达并不完全一样。行为所要表现的,要远多于言语的表达。个体通过行为所表达而显现的,包含行为者的意图——就这一点而言它和言语的表达是相同的;同时行为也是个体自我的显现。而在自我的显现中,它还反映出行为者与其所生存环境之间的关系。上述三个方面构成了行为表现概念的基本内涵,同时也构成了教育者对儿童行为表现解释性理解的基本内容。

在美学中,表现的概念主要与艺术的表达有关。尽管人们对于有关艺术的表现有不同的解释,但也是将艺术的表现与艺术家的精神世界相联系。杜威认为,艺术经验总是涉及特定的情感,特别是那些审美情感。表现即是

---

① [法]吉尔·德勒兹:《斯宾诺莎与表现问题》,龚重林译,商务印书馆2013年版,第3、338、339页。

艺术家通过艺术作品而将艺术家的情感表达出来。杜威指出："情感的内在性通过人看戏和读小说的经验而显现出来。它参与了情节的发展；而情节需要舞台，需要在空间中发展，需要在时间中展开。"尽管艺术情感的显现依赖于艺术欣赏者的经验，但情感的内在性意味着艺术不得不通过一定的形式而使其显现出来。"一个情感总是朝向、来自或关于某种客观的、以事实或思想形式出现的事物。"①这意味着，内在的情感确是通过艺术而表现出来的。对于克罗齐来说，表现是个体心灵的外化，从美学的角度来看，表现即是个体的直觉借助赋形而实现的。由此，美学意义上的表现便成为单向传达。对于梅洛-庞蒂来说，表现则是主客双方共同创造的结果。梅洛-庞蒂指出，"一个可见者开始去看，变成这一个自为的、看所有事物意义上的可见者；在这里，感觉者与被感觉者的不可分割持续着，就如同晶体中的母液那样"②。在这里，我们可以看到这样一种主张，即身体的行动成为一种表现，而表现的意义则来自于理解，而这个理解者必定是他者。由此，我们可以发现美学关于表现至少存在着主客关系的不同理解。

对于历史学者来说，历史的表现则是退隐者的重现。例如，安克斯密特（Franklin Rudolf Ankersmit）认为，"'表现'（representation）的词根可以让我们接近其本体论属性：我们通过展示某一不在场者的替代物令其'再度呈现'（represent）。原本的事物不在了，或者为我们所无法触及，另外之物被给出代替它"③。由此，表现即退隐物的再现化。此外，对于历史研究来说，表现不仅是退隐物的再现，同时也是历史事件对于生存着的人们的意义显现，即某个特定的历史事件对于当下活着的人们来说，具有什么样的启示。人们关于历史的研究不仅仅是满足人们对过去存在样态是什么的好奇心，同时也是活着的人们如何更好地生活着的启迪。历史学意义上的表现不同于政治学意义上的表现。对于政治学来说，特别是在政治生活中，表现则被视为同时到场的关系，表现者和被表现者不可分割，被表现者在表现中出场④，表现即被表现者的在场化。或者如阿伦特（Hannah Arendt）所说的那样，人们"在言行中的自我显现"，以"表明他们是谁、积极地展开其个性，从而使自己出现在人类世界中"。⑤ 不仅如此，言行中的自我显现还意味着出现在他人面前，为他人所见、所闻，从而使得政治人物获得了最广泛的公共性。阿

① ［美］约翰·杜威：《艺术即经验》，高建平译，商务印书馆2010年版，第49、77页。
② ［法］莫里斯·梅洛-庞蒂：《眼与心》，杨大春译，商务印书馆2007年版，第37页。
③ ［荷兰］F.R.安克斯密特：《历史表现》，周建漳译，北京大学出版社2011年版，第11页。
④ ［荷兰］F.R.安克斯密特：《历史表现》，周建漳译，北京大学出版社2011年版，第17页。
⑤ ［美］汉娜·阿伦特：《人的条件》，竺乾威等译，上海人民出版社1999年版，第178、182页。

伦特认为,对政治人物而言,正是在公共场域中的表现"构成了存在"①。

　　尽管不同学科对表现有着不同的解释,但它们都共有一个前提,表现即显现,即借助某物或中介性的对象而将某种隐含的或不在场的东西显现出来。所不同之处在于,哲学把表现看作是本质或意图的显现,美学把表现看作是心灵的显现或主体间的共同建构,历史学把表现看作是退隐者的显现,政治学把表现看作是政治人物在公共场合的公开展现。尽管表现所显现的对象在不同的学科那里存在着差异,但表现所具有的显现的意义,则使我们能够看到表现的最本质性的规定。同时,表现也绝非是主体的单方面的显现,而必定依赖一个在场者。表现亦总是对某个特定存在者的显现。正是因为在场者的存在,表现所显现的隐含的对象之意义才为人们所理解。

　　当教育学把关注的目光投向儿童的行为表现时,行为及其所表现出来的东西,便应成为"看"之所在。而其真正的要求则是,教育者与儿童行为的相互理解关系,即教育者必须要能够看到儿童通过肢体动作而显现出来内隐的意向性,从而理解儿童个体内在世界的外在化。行为即表现。无论是身体行为还是言语行为,都是在借助身体的活动和言说活动来使自身内心世界得以外显。任何一种行为,无论是合乎规范的行为还是违反规范的行为,都是儿童意义世界在生活世界的显现,都是儿童意识世界通过行为而实现的外显。就其最根本的含义而言,"表现"一词所表达的,正是行为者与行为、行为者与环境(教育者与客观世界一起建构起儿童成长的环境)、行为者的行为和意图的相互关系。

三、从行为—规范立场理解儿童行为表现之局限

　　现代教育面临的棘手问题,是部分儿童在学校生活中所表现出来的负面行为,或不合学校或社会规范的行为。对于学校和社会来说,这些行为往往具有"病态性",因而需要通过教育来加以矫正。这是站在一种客观主义的立场来看待儿童的负面行为。但如果站在儿童自身的立场来看,则这些行为究竟意味着什么,就需要教育者加以追问并回答。这个问题不清晰,其本质意义不显现,则教育者也就难以确定恰当的教育方式。

　　教育理论和实践经常讨论儿童的行为表现问题。然而,实证主义的思维范式,使得人们在探讨及处理这一问题时,关注更多的是儿童的"行为"及其与社会规范的关系,而于"表现"的应有之义则被置之不理。这种对待儿童行为表现的立场,往往导致一种错误的教育据以展开的前提之认识。

---

　　① 　[美]汉娜·阿伦特:《人的条件》,竺乾威等译,上海人民出版社1999年版,第178、38页。

在这种情况下,对于教育实践来说至关重要的下列问题往往被无视:特定的行为表现意味着什么? 特定情境中的儿童行为又在表现什么? 对此问题的忽略,给教育实践带来许多问题。因此,从表现论出发对"行为表现"进行意义阐释,将有助于教师理解儿童所表达出来的意义,从而有助于教育实践的理性重构。

在日常教育实践中,教育者关于行为表现主要有两种理解。

一是从规范世界的立场出发来理解"行为表现"概念。在日常的交流与对话中,教育者使用"行为表现"概念,所要表达的是儿童在特定的教育情境及相应的场合下,儿童的言行及其与学校规范要求的一致性关系。在特定的教育场景中,特别是在儿童群体场合,例如在课堂教学场合,或者在某些教育场合,每个儿童都会有其独特的言和行,这种特定场合下的个体言行,是"行为表现"概念的首要含义。从规范世界的立场来理解"行为表现"概念,意味着教育者总是将行为与外部规范世界相联系,并从外部规范世界出发来评判行为,其结果是,行为表现成为"行为—规范"意义上的概念,即行为与规范是否相符的规范判断。当儿童在特定场合中的言行与学校规范相一致时,教育者通常会作出"行为表现良好"之类的判断;相反,如果儿童的言行与特定场合的规范性要求不相一致,则类似的言行就会被视为"行为表现不良"。对"行为表现"概念的这种理解,在日常的教育生活中占据着主导地位,以至于行为所表达出来的意思与行为者内心世界无关,而更多的是行为与外部世界,特别是行为与外部规范性世界的紧密联系。"表现"所显示的是教师作为观察者和评判者对于行为的一种判断,意味着"表现"对于规范性要求的从属性。表现在这里并不显示行为的内在方面,而是显示行为的外在方面,具有较为强烈的评判意义,注重行为的外在规范化而忽略了行为表现的内在化,意味着突出行为的规范性而忽略了行为的意向性。"行为表现"概念的外在规范化理解,往往使教育者把行为作为教育的出发点而不是把"这个儿童"作为出发点。站在教育管理的立场看,儿童的行为表现当然会面临规范性要求问题,但如果从人文学科视野的教育学立场来看,则这个概念的最根本意义并非是它的规范性要求,恰恰是行为者通过行为而表达出来的意向性。而行为的意向性并非是根据外在的准则可以确定的问题。它要求教育者把儿童的行为看作是儿童自我显现的中介,教育者据此对儿童的行为表现"作出解释性理解"[①]而非评价性判断。

① ［加］马克斯·范梅南:《生活体验研究——人文科学视野中的教育学》,宋广文等译,教育科学出版社 2003 年版,第 2 页。

　　二是从客观世界出发、从事物的因果关系出发来实证性地理解儿童的"行为表现"。对行为表现的这种理解深受行为主义心理学的影响,它突出行为与外部世界的关系,特别是关注行为与刺激的关系,而不太关注行为与行为者意义世界的不可分割性和关联性。其结果是,儿童的行为表现就成为"行为—事物"意义上的概念。亦如规范性理解儿童"行为表现"概念一样,行为的因果性理解同样不能准确地理解行为的完整性。而对行为的完整理解,就是对特定情境中的儿童的理解。的确,外部世界当然会对行为产生影响,然而这种影响并非是直接的,而是通过人的内在精神世界或意义世界而产生作用。外部世界制约着人的意识、观念、思想、意图等的形成,而当个体一旦形成特定的意识、观念、思想、意图时,这些属于人们的精神世界或意义世界的东西就会激发出相应的行为。换言之,儿童所遭遇到的外部事件只有成为儿童真正意义上的心理事件,才会对儿童的行为发挥作用,就如齐泽克所说的那样,"那个客体对你而言是普通客体,对我而言却成了力比多投入(libidinal investment)的焦点"①。因此,有哲学家指出:"除非我们求助于不再相信行为—事物(comportment-chose)的假说、而是纯粹精神的行为—表现(comportment-manifestation)的假说的观念,否则我们就不能成功地获得关于这一行为的完整观点。"②然而,在日常的教育生活中,关于行为的完整观点,往往并没有引起教育者的关注。

　　当教育者在日常生活中遭遇特定情境中的儿童行为时,当教育者判断儿童行为与规范不相符合的时候,教育者就会探寻行为发生的因果关系,然而这种探寻也只是经验化或常识性解释行为发生的原因,确立行为与特定的已经发生的某个外部事件的关联性。因此,对儿童行为表现概念的规范性理解与因果性理解,虽一则基于规范(价值),一则基于因果(事实),但它们密切相关,且拥有相同的前提。

　　第一个共有的前提是,它们都将行为与行为者分离,只是看到了行为却并没有看到行为的主体——儿童。行为表现概念的规范论者从规范的立场来看行为。它无视行为与行为者的不可分离性,亦即任何行为都是行为者的行为,由此对行为的理解本质就是对行为者个体的理解。行为表现的规范论者只看到了行为与规范的关系,却没有看到行为与行为者的关系。行为表现的事物论者只看到了外部世界与儿童行为的机械的因果关系,却没

① ［斯洛文尼亚］斯拉沃热·齐泽克:《视差之见》,季广茂译,浙江大学出版社2014年版,第26—27页。
② 转引自［法］莫里斯·梅洛-庞蒂:《行为的结构》,杨大春、张尧均译,商务印书馆2010年版,第12页。

有看到行为与行为者的意识世界的关系,没有认识到行为者的精神世界与行为的意义关系;只看到了刺激与反应,却没有看到,即便是纯粹的客观刺激,也是行为者赋予客观刺激以意义的结果,如梅洛-庞蒂所论述的那样。①对行为表现的日常理解所带来的结果是,教育者将儿童的行为设定为教育实践的出发点,没有意识到,儿童在特定情境中的行为即儿童肢体的连续动作,隐含在其中并发挥支配作用的恰恰是儿童内在的意识世界或意义世界。无论行为是否符合外在的规范,或受到某个外部事件的影响,行为总是受控于行为者。儿童是教育的对象。然而在教育实践中,"具体的儿童"在教育中退隐,行为则成为出场者,成为教育的对象。

　　第二个共有的前提是,当教育者从规范的立场和事物的立场来"看"儿童的行为表现时,教育者已经将自己作为教育者的身份从儿童的意义世界中清除出去,使自己成为一个单纯的旁观者,从而将教育者自己与儿童切割开来。这就是说,儿童的行为表现已经与教育者无关,教育者亦没有参与儿童由行为表现出来的意义建构。然而,这样的立场是与事实不相符合的。当教育者出现在儿童的面前,并对儿童实施一系列的教育行为时,教育者就已经进入了儿童的世界,并参与儿童对其意义世界的建构。换言之,儿童在教育中是将教育者视为其行为情境的构成,并且是最为重要的情境内容。无论教育者怎样看待儿童的行为表现,儿童的行为表现都是基于对教育者行为之意义理解的反应。"一个孩子在思考前只知觉,他将其幻想放入事物中,将其思想放入他人之中,和事物、和他人一起构成尚分不清各自视角的共同生活整体"②。教育者置身于儿童的生活世界和意义世界,是一个无法逃避的事实。这个事实意味着,教育者与儿童之间不是"我—它"关系,而是切实存在的"我—你"关系,教育者始终是与儿童纠缠在一起的。行为在其最广泛的意义上,包括外在显现出来的可观察的身体姿势活动、言语以及内隐的思想、意识、情感、体验等不可直接观察的主观成分。广义的行为概念,包括外在和内在两个方面。行为的变化,既可以是外在的,如局促不安而导致的脸红,也可以是内在的,如心跳速度加快,还可能既是内在的也是外在的。其中,身体行为是指身体受内在意识的支配而表现出来的肢体的活动、身体的姿势以及它对外部世界的趋向或回避的状态。任何身体的行为都是发生在特定的环境之中,因而总是会在个体与环境之间形成独特

---

① 参见[法]莫里斯·梅洛-庞蒂:《知觉现象学》,姜志辉译,商务印书馆2001年版,第113页。
② [法]莫里斯·梅洛-庞蒂:《可见的与不可见的》,罗国祥译,商务印书馆2008年版,第22页。

的辩证关系。而身体行为的内在意义正是在个体的身体姿势指向环境的状态中显现出来的。

　　"行为—表现"具有双重意涵，即表现的行为和行为的表现。前者侧重于行为，而后者侧重于表现。表现的行为，通常是可观察的身体行为和言语行为；而行为所表现的东西，诸如情感、体验、思想、意识、观念、立场、判断、评价等，则是不可观察到的，是需要通过理解和解释而加以说明的个体内在主观的构成，"行为—表现"所具有的双重意涵表明，行为—规范以及行为—事物的立场必须为行为—表现的立场所取代。行为即表现或者"行为—表现"，本质上是儿童借助行为来表达自己的内在意识、观念、意图等。日常理解的行为表现的规范性和因果性意涵，使得"行为即表现"的意义被湮没、遮蔽。"行为—表现"所表达的，并非是第三人称上的对行为的评价，而是突出行为的意向性。在一般的意义上，行为表现的意向性即为行为的意义。任何有意识的行为都具有某种意义，而行为所表现的，正是需要通过理解才能把握的意义。梅洛-庞蒂指出，"任何生命活动都具有一种意义，它们在科学本身中不能被定义为某些外在的过程的总和，而应被定义为某些理想的统一在时间和空间中的展开"①。

　　有意识的行为总是在表现着行为者的某种意图、意识或体验等。即使身体行为的意义难以断定，我们也可以根据行为情境、行为者的生活史以及观察者的生活经验，来去把握它、理解它。儿童行为的意义涉及儿童的内心世界，它包含丰富的内容——观念、情感、思想、体验等。它们通常总是借助于行为而显现出来。在这里，表现是使行为者内在外在化的环节，行为也因此而成为内在外在化的符号。由此，行为就不仅仅与外部世界的规范性要求相联系，同时也与行为者的精神世界或意义世界相联系。嵌入身体内部最隐秘深处的意识通过身体行为和言语行为而显现于外。行为是可见的，而意义则是不可见的，只有通过理解才能够把握。值得注意的是，行为所表达的意义，在身体行为和言语行为之间是有一定差异的。哈贝马斯根据行为意图的可断定性，对两者作出了明确的区分。哈贝马斯指出，"狭义上的行为，比如简单的非言语行为，在我看来是一种目的行为，借助这种行为，行为者进入世界，目的是要通过选择和使用恰当的手段实现预定的目标。而所谓言语表达行为，我认为言说者就是用它来和其他人就世界中的事物达成共识的"②。就身体行为而言（哈贝马斯称之为"目的行为"或"简单的非

----

① ［法］莫里斯·梅洛-庞蒂：《行为的结构》，杨大春、张尧均译，商务印书馆 2010 年版，第 239 页。
② ［德］于尔根·哈贝马斯：《后形而上学思想》，译林出版社 2001 年版，第 53—54 页。

言语行为"），尽管它和言语行为存在目的上的差异，但其中所表现的意义则并无二致。

"行为—表现"反映出行为者与客观环境的意义建构关系。儿童在特定环境中的行为总是反映着儿童与环境的某种意义关系，而非机械的因果关系。行为所显现出来的儿童意义世界，是儿童与行为对象相互建构的结果。由此，儿童在环境与其自我之间实现某种平衡，在完成主客体相互接纳的同时，实现儿童自我人格的形塑。行为对于儿童与环境的意义关系之建构来说，是必不可少的中介。无视行为的意义关系的建构性，教育者就会面临儿童行为对意义关系建构的破坏性问题。也就是说，虽然儿童个体有可能通过其自我探索的行为来建构起与环境的意义关系，但这种意义关系的建构却是以秩序的破坏为代价，由此形成一种类型化的行为，即"问题行为"。行为是儿童通过其独特的行为对所处的意义而非单纯的客观环境作出的特定反应。借助于行为，儿童与其环境之间产生的意义关系，是儿童对环境所呈现的各种事物进行识别，从而使儿童自我与环境之间达到某种程度的平衡。对于儿童来说，特定环境中的行为表现都是至关重要的，都是自我内在世界平衡外部世界的不可缺少的活动。无论是合乎规范的行为还是违反规范的行为，都是意义关系的建构。

"行为—表现"也是儿童自我的一种显现方式。行为虽然总是呈现出片断化的特征，然而行为借以表现的则是完整的个体，是自我的片断化的显现。合乎规范的行为表现是对自我的一种肯定的显现，而不合乎规范的行为则是儿童自我的一种否定的显现。吉登斯（Anthony Giddens）说："成其为人，就是指总是依据某种描述去确知自身当下的行为及其原因。"①这是说，对人的当下行为的认识是依据对人的描述而实现的。这个道理反过来也成立，即对人的当下行为的确知也是认识人的基本前提。儿童的自我与其当下行为是不可分割的。正是在行为中，儿童的自我才得以真正地显示出来。认识儿童的自我，依赖于对儿童当下行为的描述与理解。通过儿童的行为以及儿童对行为的描述，教育者能够形成关于"这个儿童"的准确认知，也为针对"这个儿童"选择相应的教育策略奠定了基础。

行为表现、行为表现中的儿童与其环境的意义关系以及通过行为而显现的儿童自我，三者并不是孤立的或分割的。对于教育者来说，通过行为而获得对儿童自我的认识，是最为根本的认识，但要认识儿童自我，即认识儿

① ［英］安东尼·吉登斯：《现代性与自我认同》，赵旭东、方文译，王铭铭校，生活·读书·新知三联书店1998年版，第39页。

童这个人,就需要准确地把握儿童的行为意图,把握儿童与其环境的意义关系。只有在这两个把握的基础上,教育者才能够真正地认识儿童自我,认识儿童这个人。

四、"行为—表现"的实践要求

作为儿童意义世界外显中介的"行为表现"概念,意味着关于儿童行为的观念重构,即从儿童行为的规范性意义和因果性关系转向行为的表现性意义。儿童行为的表现性意义对教育实践的展开提出了新的要求。

首先,儿童行为的表现性意义要求教育者必须要把握每个儿童的独特性。近代教育理论一直在思考这样的问题,即"什么样的环境、活动有利于儿童"?近代教育理论问题的提出是以普遍而抽象的儿童概念为其思考的出发点,由此给教育实践带来这样的结果,即从儿童的普遍特征出发来营造教育环境、设计教育方案、选择教育活动。但随着主体意识的觉醒,特别是每个儿童都应该受到独特对待的现代教育理念,使得基于儿童普遍性特征出发来确立教育方法与手段的实践意识,已经越来越不适应社会对现代教育提出的更高要求。在这种背景下,有关儿童教育的普遍性问题便为更加独特的问题所取代,即此时此刻什么对这个孩子才是最恰当的? 提问方式变化的关键,在于由普遍意义上的"儿童"转向具体意义上的"这个儿童"。教育实践问题的变化所体现的是这样一种教育取向,即:"每个人都拥有独特的存在价值。教育就需要从不同的角度看到人之为人的某个方面的特质,并试图通过其自身的努力而彰显每个人所具有的独特性。"①而要实现这样一种教育理念,教育者就必须要意识到,每个儿童都是独特的,儿童的每一个行为都是其独特性的表现。然而,行为表现概念的常识性理解,突出行为表现的规范性和因果性,恰恰意味着忽略或无视儿童的独特性。其实践的危害在于,一般性的规范要求会导致一种独断地以普遍性的要求来管理个体行为的策略。由此,儿童个体的内在需求成为外在规范的牺牲品。正是在这个意义上,现代教育要求关注儿童的独特性,需要教育者从对行为的关注,返回到对行为的意义世界的观照,通过对儿童行为的意图、儿童与环境的意义关系之把握,探索指向"这个儿童"的教育实践。

其次,儿童行为的表现性意义要求教育者具有理解表现性意义的理论素养。教育实践并不单纯是实践性的,而且也是理论性的。教育实践的理

---

① 周兴国:《教育哲学的人论基础及其嬗变》,《苏州大学学报(教育科学版)》2015 年第 3 期。

论性要求教育者必须要对儿童行为的表现性意义有较为准确的理解,即对所表现出来的行为之意向性有一个解释性理解。对行为的表现性意义的解释性理解包括两个方面的意思:一是对行为表现什么的理解。当行为被看作是儿童的表现时,则教育者就需要通过对儿童生活体验的研究,去准确地把握儿童的行为究竟是在表现什么。在任何特定的教育场景中,每个儿童的行为都是表现性的,都蕴含着独特的意图,都反映出个体与环境之间的某种不平衡关系,都是儿童自我的体现。每个儿童都是"这个儿童",而不只是"儿童"。由此,理解儿童行为的表现性意义,意味着教育者必须要从所观察到的儿童行为入手,把自己所拥有的意识、观念、思想、理论、经验等放在一边存而不论,把每个儿童独特的行为视为其内在的表现,以明了行为与意图、行为与儿童自我的关系。二是在对行为的表现性意义理解的基础上,理解对此独特的行为表现来说,教育者应该作出怎样的反应是最为恰当的。换言之,教育者必须理解"行为—表现"与"教育者所做"之间的契合关系,从而为儿童提供所需要的指导和帮助。教师所做的任何事情都应该建立在对"行为—表现"理解的基础之上。

最后,儿童行为的表现性意义要求教育者恰当地处理好行为的表现性意义、规范性意义和因果性意义的关系。它要求教育者将儿童行为的表现性意义置于规范性意义及因果性关系之先,并使之成为理解规范性意义和因果性关系的基础。行为的表现性意义并不忽略传统的行为表现概念的规范性要求。但与传统的行为表现概念所表现出来的观念不同,行为的表现性意义要求教育者把对行为的规范性判断建立在对儿童在特定教育场景中的行为之细致观察和深刻理解基础之上,并且使对行为的观察和理解始终优先于对行为的规范性判断。同时,规范性判断只是行为理解的结果,而非简单地依据规范性要求对行为表现作出评判。在行为的表现性意义的意识中,规范性的意义并不在于它是判断的依据,而是教育者用来处理事情的方法。福柯曾经指出:"规则是正确处理事件的方法,而不用于判断已经发生的事件的对错。"①这是一个值得注意的原则。强烈的规范判断意识,有可能使教育者丧失敏感的教育时机,并且也往往不能够找到真正有针对性的教育方法。对儿童行为的因果性关系之认识,亦须以表现性意义为基础。只有如此,教育者才能够真正把握外在的刺激何以对儿童是一种有意义的刺激。须知,刺激如果不被赋予一定的意义,则刺激就不能构成刺激。相应地,原因也就不成其为结果的关联。

①　[法]米歇尔·福柯:《自我技术》,汪民安编,北京大学出版社2015年版,第79页。

第三节　人文学科视野中的儿童"问题行为"

　　学界在研究儿童的问题行为时通常多在规范的意义上对此概念进行界定，很少对"问题行为"之本质加以追问。对问题行为之本质追问的缺失以及对问题行为之于儿童意义的不关注，使得相关的理论建构倾向于从非本质的规范的意义上来看待儿童的问题行为。儿童问题行为的非本质认识对教育实践者如何理解和认识儿童问题行为产生了重要的影响。其结果是，教育者在教育实践中往往从一个旁观者和评判者的立场来看待儿童的问题行为。这直接导致了一种教育技术主义和行为主义的实践倾向，于无意中强化了儿童作为行为者的消极身份意识。

一、儿童"问题行为"规范性解释及其局限

　　"问题行为"，也被称为"行为问题"，或者"不端行为""越轨行为"等。不同的学科，对于那些偏离标准和常态的行为，往往基于学科的概念传统而有不同的表述。例如，伦理学和社会学通常将那些偏离标准和常态的行为称为"不端行为"或"越轨行为"，而教育学和心理学则多称为"问题行为"。一般认为，儿童的问题行为是儿童成长中的常见现象，主要表现为攻击、反抗、违纪、越轨、焦虑抑郁、孤僻退缩以及各种身体不适等。[①] 迄今，学界关于问题行为有三种不同的解释：一是从行为的后果来界定问题行为，如美国心理学家林格伦所定义的那样，认为问题行为是指"任何一种引起麻烦的行为（干扰儿童和班集体发挥有效的作用），或者说这种行为所产生的麻烦（表示儿童或集体丧失有效的作用）"[②]。这种解释倾向于依据行为所引发的后果来确定一行为是否是问题行为。二是从行为规范的角度来界定，问题行为通常被视为那些偏离标准或常态的行为。这类解释主要是从社会及学校的行为规范角度来理解。三是从行为与行为者的关系角度来界定，认为问题行为是指成长过程中中小学生身上常见的各种不利于品格发展和身心健康的行为，它是品德教育和心理卫生教育的对象。[③] 上述三种关于问题行为的界定都带有强烈的规范意义，即基于确定的标准而评判儿童的行为表现。

---

①　参见吕勤、陈会昌、王莉：《儿童问题行为及其相关父母教养因素研究综述》，《心理科学》2003 年第 1 期。

②　[美]林格伦：《课堂教育心理学》，章志光等译，云南人民出版社 1983 年版，第 187 页。

③　参见车文博：《心理咨询百科全书》，吉林人民出版社 1991 年版，第 105 页。

　　对儿童"问题行为"进行规范性界定,固然能够使研究者和教育实践者对此概念进行操作性把握,但停留在规范层面的儿童"问题行为"概念,却有其实践局限性且也引发出一系列问题。

　　第一,规范意义上的儿童"问题行为"概念会面临主观上的分歧。从最广义的理解到最为严格的界定,问题行为归纳起来可包含两个方面的特征:一是对儿童的行为表现作出规范性判断;二是预先确立的评判标准或常态,如行为准则、期望的结果、自我发展。不过,标准或常态也是在宽泛的意义上而言。不同的情境及不同的文化背景,所谓的标准或常态也呈现出很大的差异性,且标准或常态也会因个体理解的不同而出现差异。例如,行为规范总是预设了行为情境,而不同的行为情境便会提出不同的行为规范;行为所引起的后果是否被看作是麻烦,在不同的文化传统和教育背景下,教育者亦会有不同的理解;而关于自我发展,则不同的人会有不同的发展观。一种课堂上的讲话行为,是否属于问题行为,在不同的教师那里就会有不同的理解。由于标准或常态有一个理解及语境的问题,因而即使对标准或常态持相同的理解,但不同的教育者对于行为之是否为问题行为也会有不同的认识;同时,由于对干扰的可接受程度不同,因而行为之是否为问题行为,就会因人而异。

　　第二,规范意义上的"问题行为"概念会引发标签化效应。对"问题行为"的理论阐释,无论是依据外在的标准还是行为后果抑或行为对行为者的影响来对相应的行为加以判断,都设定了对应然的行为期待和对实然行为的标识。教育社会学通常会把一般的越轨行为视为问题行为。有研究者描述了由最初的失范行为到冲突行为的过程。"导致次级越轨的互动顺序大体如下:(1)初级越轨;(2)社会惩罚;(3)进一步的初级越轨;(4)更强烈的惩罚和抵制;(5)进一步的越轨,也许越轨者开始对实施惩罚的人带有敌意和怨恨;(6)危机达到了忍耐的极限;(7)越轨者加强了越轨行为,以回击社区对他们的描述和惩罚;(8)在先前角色的基础上,越轨者最终接受了越轨者的社会身份,并努力加以调节。"[①]在上述描述说明中,社会规范作为"轨",成为评判行为是否有问题以及惩罚的根据。无论使用何种概念,对越轨行为或是问题行为的反复强调和认定,都有可能导致一种个体特定社会身份的确认。这是教育实践中使用"问题行为"这一概念所带来的最大问题所在。从某种意义上讲,"问题行为"的标签化实践,使得行为偏离标准或常态的儿童,即有问题行为的儿童,最终有可能发展成为有问题的人。

_____

[①]　转引自张人杰:《国外教育社会学基本文选》,华东师范大学出版社1989年版,第544页。

从"问题行为"到"问题之人",往往只有一步之遥。而"问题之人"的出现,既是学校教育的失败,也是教育者最不期望发生的事情。规范意义上的儿童问题行为之观念,往往会导致学校教育者所不期望的结果。正如教育社会学研究者所指出的那样,"标签对个人的运用从根本上改变了他们对自我的规定,并且进一步强化了最初引起社会反应的那种行为"①。

第三,规范意义上的"问题行为"概念会引发一种管理主义倾向。对问题行为的狭义理解,直接影响到教育者的教育实践意识,影响到教育者对儿童行为的认识和理解。在学校生活中,当儿童的行为偏离学校标准或者一般常规时,"问题行为"就会以一种前反思的判断形式出现在教师的实践意识中,并由此而决定采取相应的管理对策。由于强调"问题行为"与外在规范的不一致,因而教师通常总是以一种对行为的约束或矫正为思路,以使儿童的行为与学校的规范要求或常规保持一致,以使问题行为消失。其结果则是严格的外在约束与管理。杜威由此警告道:"当我们混淆身体上的结果和教育上的结果时,我们总是失去使一个人自己参与获得所希望的结果的机会,从而失去了在他身上正确地发展一种内在的和持久的方向的机会。"②

第四,规范意义上的"问题行为"概念泛化并绝对化儿童的那些偏离标准或常态的行为,从而使教师失去理解儿童行为意义的机会。概念的规范引导功能使得人们在思考问题的时候,容易形成一种同化策略,即将个别的事物纳入普遍的范畴之中。这种思维策略虽然能够产生简化作用,却也使人们丧失对个别事物的理解和认识。当教育者只是从外在的规范要求而对儿童所发生的行为进行判断并得出"问题行为"之结论时,儿童的那些被标示为"问题行为"的行为之意义就会受到忽略。例如,那些被列入问题行为范畴的攻击性行为、课堂扰乱行为、违反纪律行为、退缩哭闹行为等,对教师而言它们偏离了标准或常态,但这些行为对儿童而言究竟意味着什么? 在问题行为概念的引导下,行为的意义问题就会被忽略。由此,教育者就会失去进一步通过这些行为去理解儿童的机会。

规范意义上的"问题行为"在认识上带有强烈的主观判断倾向,而在实践中则带有强烈的操作主义倾向。它试图通过对"问题行为"的规范判断以及直接的行为矫正而使儿童的行为表现恢复到常态或标准状态。它强调家庭、学校、同伴、父母及其教养方式对儿童问题行为产生的外在影响或作

---

① 张人杰:《国外教育社会学基本文选》,华东师范大学出版社1989年版,第554页。

② ［美］约翰·杜威:《民主主义与教育》,王承绪译,人民教育出版社1990年版,第29—30页。

用,忽略或无视儿童作为行为主体所赋予"问题行为"之意义,以及儿童通过问题行为而获得的体验。它依据因果关系而不是"意向的因果关系"或意义关系来处理儿童的问题行为,如孤立地看待儿童的攻击性或课堂捣乱行为,其结果必然是无视儿童作为主体的存在。

二、现象学视野中的儿童"问题行为"

迄今相关研究中有关"问题行为"之界定,通常以描述问题行为之表现的方式来定义问题行为,并没有触及问题行为本身,没有对问题行为之本质作出应有的追问。问题行为的传统解释及常识性理解,使得人们过度关注儿童行为之外在表现及其对标准和常态的偏离,忽略对儿童问题行为之意义的关注。当传统的解释已经泛化为一种广为人们接受的实践意识时,则问题行为之本质就在不同程度上模糊而变得不可捉摸。因此,有必要重新追问:问题行为对于儿童来说究竟意味着什么?对此问题的追问还暗含着这样一种认识,即当对问题行为的常识性理解过分关注问题行为的消极意义时,有必要关注和认识儿童"问题行为"的积极意义。对儿童问题行为之本质的追问,意味着一种观察视角的转换,即从规范的立场转向现象学的立场。现象学的观察视角要求成人或教育者站在儿童的立场来理解儿童问题行为之意义,从而通过观察视角的转换来显现儿童问题行为的新镜像。

行为的本质提示着对问题行为的理解,而非只是对行为作简单的规范判断或客观审视。行为是个体身体的连续的有意识的运行,如吉登斯所指出的那样,"身体是积极行动的自我'所在'(locus)"①。行为之本质的构成在于它的意识性。个体在社会生活中的行为,特别是交往行为,其本质都在意识性中得到充分的体现。因此,儿童的行为,即便是其问题行为,也都是其主体意识和内在精神的外在表现,而儿童的身体则成为其内部精神世界和外在客观世界联系的中介。因此,如果我们不是从成人或教育者的立场来审视儿童的问题行为,而是从儿童的立场来理解儿童的问题行为,那么儿童的问题行为就不仅仅是有问题的行为,而且亦是儿童解决其问题的行为,是其自我的自主意识之外化。这正是儿童问题行为的本质所在。在这里,所谓的问题,并不是根据客观或规范意义来对行为进行衡量和评判的结果,而是行为者面临的意义世界与生活世界之冲突的平衡与调和。概言之,所

---

① [英]安东尼·吉登斯:《社会的构成——结构化理论纲要》,李康、李猛译,中国人民大学出版社 2016 年版,第 33 页。

谓儿童问题行为,不过是儿童在其生活和学习过程中遇到了问题,他试图用自己的方式——只不过是以一种偏离常规的方式——来解决所面临的问题以摆脱某种存在困境的外在表现。

问题行为的本质问题之追问,已经为研究者所提出,只是没有得到人们的应有关注。已有的研究表明,所有的儿童都为一个重要目标所激励,那就是归属感——他们属于一个班级、一所学校。如果他们实现了自己的归属目标,那么他们的行为通常是可以被接受的。否则,他们便逐步地转向"错误的目标"——吸引别人的注意、强权、复仇或退缩。①儿童的行为是否是为了实现归属感目标以及实现不了就寻找其他目标,这当然可以去做进一步的研究和思考,但这类研究结论无疑是要对所描述的那些"问题行为"之本质作出解释,即吸引别人的注意、强权、复仇或退缩等行为是解决儿童所面临的归属感问题的行为表现。持类似的立场,格拉瑟也认为,"我们所有的行为都是为了持续满足根源于我们基因深层的五大基本需求"②。上述关于问题行为的解释虽各不相同,但它们的一个共同点是,并不单纯以外在标准或规范为参照系对某种或某类行为作出"问题"之判断,而是从行为与行动者的体验或意识之关系出发来理解那些有问题的行为。只不过他们对问题行为之意义作出了不同的理解而已。

现象学视野中的儿童"问题行为"具有以下几个方面的独特性:首先,现象学关注的是儿童行为的"意义",而不是儿童行为的"问题"。"意义"是一个用来领悟生命历程的概念,其所指如狄尔泰所界定的那样,"是各个组成部分所具有的、植根于生命本身之中的与这种整体的关系"③。如此理解意义,则"问题行为"不过是儿童生命的具体表现而言,这个表达必定表达出某种生命的意义,表达着自己对所遇问题的解决诉求。"问题行为"不过是行为者的主观期待与客观现实之间的差距,即使行为本身偏离了规范性要求,但这种偏离也是其生命意义的具体体现。"从生存论上说,人的具体存在被看作人的生存,被看作在世界中的存在。……我们必须把个体首先看作是这样的人——他处在与他人的关系之中,并且从一开始就处于某个世界'之中';必须认识到:没有'他的'世界,人就不存在,而没有他,他的

---

① 参见[美]C.M.Charles & Gail W.Senter:《小学课堂管理》,吕良环等译,中国轻工业出版社2003年版,第152页。

② [美]威廉·格拉瑟:《了解你的学生:选择理论下的师生双赢》,杨诚译,首都师范大学出版社2011年版,第19页。

③ [德]威廉·狄尔泰:《历史中的意义》,艾彦、逸飞译,中国城市出版社2002年版,第58页。

世界也不存在。"①其次,现象学倡导从儿童的立场而不是从成年人或教育者的立场来理解儿童的行为表现及其意义。"问题行为"也是一种行为表现,是儿童借助在成年人看来有问题的行为来表现其生命的意义。成年人的或教育者的立场往往设定外在的标准或评价准则,而儿童的立场则更加强调行为者内在的体验、感受和价值自我。最后,现象学同样立足于问题的解决,只是解决儿童行为问题的实践逻辑起点是儿童问题行为所表达出来的意义关系,而并非是学校教育场域所提出的规范性要求。这就是说,要真正解决儿童的行为问题,就必须要从儿童问题行为的意义、体验或主观感受出发,通过帮助儿童解决所面临的问题来消除有问题的行为。

三、从"问题行为"到"问题—行为"

观念的转变首先需要实现概念的转换。概念的转换可以从两个方面入手:一是概念意涵的重新阐释,二是概念形式的重新表述。当我们把儿童的"问题行为"理解为儿童解决其生命实践问题的尝试和探索时,则"问题—行为"似是一个更为恰当的概念表述。"问题—行为"作为概念有三个方面的新意涵:第一,"问题—行为"既是问题行为,同时也是解决问题的行为,即便问题行为总是表现出与外在规范、要求不相符合的特质,因而对于教育者来说总需要通过教育来加以改变,也改变不了儿童通过其行为来解决其自身问题的实质。第二,"问题—行为"是一种表现行为,都是儿童意识、情感、观念和想法等的外在表现,因而日常意义上的各种儿童问题行为都可以看作是儿童生命意义和需要的外在显现。第三,"问题—行为"是儿童在其中总能获得某种独特体验的行为,此体验有助于儿童形成自我存在感,从而使其在特定的情境中获得生命的存在意义。正是在这个意义上,"问题—行为"就更能表达出儿童自我发展的积极心态。

"问题—行为"在以下几个方面有别于传统的"问题行为"。

首先,"问题—行为"对行为作出不同于传统的规范判断意义上的解释,认为儿童在特定的教育场景中需要通过自身努力来解决他们自身所面临的问题,而不仅仅理解为对标准或常态的偏离。因此,"问题—行为"概念提出了这样一种要求,即对行为的理解先于对行为的判断,行为的意义先于行为本身的问题。直接显现出来的儿童行为作为一种现象学意义上的现象而为教师所直观。"问题—行为"突出问题的行为性以替代"问题行为"

---

① [英]R.D.莱恩:《分裂的自我——对健全与疯狂的生存论研究》,林和生、侯东民译,贵州人民出版社1994年版,第6页。

之突出行为的问题性。这就是说，即使是问题行为，也同样是儿童的行为表现，因而不仅对于儿童个体的自我建构来说，而且对于成年人或教育者施加特定的教育影响来说，都具有积极的意义。

其次，"问题—行为"强调问题行为的双重性意涵，即主观意义上的"问题—行为"和客观意义上的问题行为。主观的意义和客观的意义是舒茨的意义构成的重要分类。主观的意义即行动者赋予行动的意义，它事先为行为者所构想；客观的意义则是观察者对行动者的行为所作出的辨认或识别。① 问题行为也同样表现出主客观意义之辨。主观意义上的问题行为，是主体对于生命存在意义的探寻，因而问题行为乃是主体在实践和交往中直面自己的生命存在问题的探索与追寻。这类问题不解决，则主体的存在意义就会产生危机。客观意义上的问题行为，则通常是教育者作为儿童行为的观察者，对于儿童行为之辨认或识别以及在此基础上基于学校及社会的规范要求而对行为作出的规范性判断。当教育者不能通过适当的教育活动为儿童生命存在意义的追寻提供相应的帮助或指导时，问题行为也就随之而产生。因此，儿童的问题行为是儿童探寻生命存在之意义的结果。"问题性恰恰是意义的场域本身。"②对于儿童来说，在很多情况下，问题来自于由教育者所提供的活动之于生命意义的不相关。这种无意义是儿童对于活动的主体体验或感受之结果。由于由教育者所操控的教育活动无关儿童的生命意义，因此主观意义上的问题行为与教育者的要求之间就形成一种强烈的矛盾或冲突关系。正是这种冲突关系导致客观意义上的问题行为产生。

最后，"问题—行为"概念所关注的是儿童在其发展过程中出现了对他而言必须要解决的问题——这个问题的产生往往与其生活的外在环境密切相关。当儿童遇到了必须要解决而教育者不能或及时提供相应的帮助因而无法依赖他人来解决的问题时，儿童就会使用自己的方法来解决他所遇到的问题。站在教育者角度来看，就是行为的偏离常态或与教育者的主观期待不相符合。站在教育者的立场来看的问题行为，或者以常规或社会的普遍性要求为参照的问题行为，当然是一个不能无视的问题。但教育者如何应对儿童的问题行为，则显然不是一个单纯站在教育者的立场来看的问题。因此，"问题—行为"概念之确立与其说是概念表达方式的改变，不如说是

① 参见[奥地利]阿尔弗雷德·舒茨：《社会世界的意义构成》，游淙祺译，商务印书馆2012年版，第37—40页。
② [法]米歇尔·法布尔：《问题世界的教育》，晓祥、卞文婧译，中国社会科学出版社2014年版，第1页。

问题的意义主体的转换以及关于问题行为的观念重构。问题行为的意义主体转换,将有助于一种指导性的教育实践的形成,以避免过于突出操作主义的管理实践,后者往往使教育者更倾向于采取类似惩罚或行为矫正的策略,即倾向于一种管理主义的策略。

第五章　真正地理解儿童

走进儿童的意义世界——在教育学中是以"走进学生的心灵"这样一个通俗易懂的表述而呈现，是现代教育学对教育者提出的基本要求之一。但是，人们并不能直接进入另外一个人的心灵，无法直接知觉到另外一个人意识体验的具体内容是什么。人们凭经验和直觉知道，一个人在面对和"我"同样面对的事物时，具有某种意识，并且也因此而拥有某种体验。这个体验和"我"的体验是同时存在的。但意识体验的具体内容是什么，我们无法直接感知，只能通过反思性的理解，体验他的意识体验。转向真正地理解儿童，就是要求教育者理解儿童对世界以及对自己的意识体验。

第一节　理解之本质及其障碍

理解问题本质上也是认识问题。认识意义上的儿童理解之意涵，并不是指应用社会科学的方法论来揭示儿童的行为表现与客观世界或生活世界的外在关系，而是对儿童的言行作出类似于历史学对古代文献的意义阐释，去确立儿童的日常表现与其内在的意义世界或意识体验的关系。而这种意义关系揭示的最基础性的工作，就是理解儿童日常行为表现所要表达的意思。这项任务一方面是由人文科学来完成，另一方面则需要教育者通过其反思性的理智活动来完成——一种"反思性理解"。其中，教育者的"反思性理解"又是最主要的，也是最基本的。这是现代教育实践向教育者特别是教师提出的专业素养要求。

一、理解之本质

人类行为本身具有某种可理解性，这是一个基本的前提。对于历史学来说，理解既是对历史文本的理解，同时也是对历史人物的理解。不过，历史人物作为已经不在世的对象，如何能够实现真正的理解？雷蒙·阿隆（Raymond Aron）认为，对人类行为本身的理解有三种不同的形式。相应地，关于历史人物的理解也就有"三种不同类型的可理解性"：一是心理分析上的理解，这种理解的目的在于通过类似心理分析的方式，来理解历史人物；二是解释学式的理解，这种理解的目的在于对历史人物所撰写的历史文本的理解；三是哲学式的理解，即根据行动者对处境的认识而产生的手段—目的关系，"重新找到行动者所思考的处境的逻辑，并且从这种处境的逻辑出发，我们能够理解他所采取的决定，也就是说重新找到行动者所知觉的处境和他所采取的决定之间的联系"①。不同的研究者可能因为不同的研究目的而选择不同的理解范式，或者是心理学的，或者是解释学的，或者是分析哲学的。对于我们来说，关于儿童行为的理解可以综合为三种理解范式，但值得我们关注的是哲学式的理解，即在行动者处境和行动者决定之间建立起某种联系。只是哲学式的理解并不只是分析哲学式的，它同时也是生存论—现象学的。在后者的意义上，它既是个体处境与其决定的关系，更是行为与体验的关系。我们在后面的个案分析中会将这两者结合起来，将儿童行为置于其生存处境之中，考察其生存处境与决定（行为）的关系，同时在此基础上考察行为与体验的关系。

何谓理解？莱恩关于精神分裂症病人言行之理解的立场，或可提供一种关于理解之生存论界定。莱恩指出："只要我们进入与对象的关系，我们就只能以这种或那种方式去认识他，把我们的理解或阐释引向'他的'行为。"莱恩进而将理解之难与象形文字的破译相比较，认为"我们面对的困难，多少与象形文字的破译者所面对的困难相似，只是更困难一些。……为此我们只需把我们的问题与狄尔泰所阐述的历史学家的问题相比。两者的核心任务都是阐释"②。由此，理解就不只是一个单纯的理智活动，而是对于儿童如何体验他自己以及（包括教育者在内）世界的阐释。对于莱恩来说，重要的是如何理解精神分裂症患者疯狂的言行。莱恩区分了两种行为，即正常行为和疯狂行为。然而，即便是正常行为，也被莱恩归入"精神分裂性"的范畴。精神分裂性，是经验整体的分裂，一方面是他与周围世界关系的分裂，另一方面是他与自身关系的分裂。对于精神科医生来说极为重要的疯狂行为，对于教育者来说同样重要的是儿童的"问题行为"。如何理解这些"问题行为"？为了理解精神分裂症患者的疯狂行为，莱恩试图把它们放在生存论关系中。这是一个重要的原则，也是理解他人言行的方法论要求。

莱恩关于精神分裂症患者疯狂言行之理解，为我们关于儿童行为之理解提供了一种方法论立场。那些被贴上"问题行为"标签的行为，介于正常的行为和疯狂的行为之间，是教育者理解的关注对象。在现实的生活中，人

---

① ［法］雷蒙·阿隆：《历史讲演录》，张琳敏译，上海译文出版社2011年版，第164—166页。
② ［英］R.D.莱恩：《分裂的自我——对健全与疯狂的生存论研究》，林和生、侯东民译，贵州人民出版社1994年版，第19页。

们对于他人言行的看法，与其说是理解，不如说是说明，即总是试图作出类比的或因果的解释。生存论意义上的理解，正如莱恩所说的那样，则是"将他所有的特殊经验置于他整个在世的前后关系之内"。这就是说，指向言行的理解，其对象是言行，而目标则是个体在世界中的体验，最终是要"揭示其中真正的人的关联和意义"①。从这个意义上讲，理解儿童，要求教育者拒绝把某些预定的意义附加在儿童的行为之上。相反，需要将儿童的行为与他的体验紧密地联系起来，时刻关注儿童行为所透露出来的情感和感觉。要意识到，教育者关于儿童的概念可能与儿童关于他自己的概念相去甚远。

利科（Paul Ricoeur）从语义学的立场对理解进行解释，探讨了理解的解释学意义。利科指出，象征符号都有一个意指结构，这个结构是由字面的意义和意指的意义所构成。前者是"直接的、原初的和字面的意义"，后者是"间接的、从属的、形象化的意义"，前者"附加地指示着"后者，而"后一种意义只有通过前一种意义才能被领悟"。对象征符号意指结构的分析，使得利科认为理解就是要通过原初的字面的意义来辨读间接化的意指意义。因此，"解释是思想的工作，这工作在于对隐藏在表现意义中的意义加以辨读，在于展开包含在字面意义中的意指层次"②。尽管利科所讨论的是有关语义学视角的理解之本质，但这种语义学的视角亦有助于我们去明了儿童行为意义之理解。儿童行为，甚至是个体的每个行为，都可以是一种象征符号，这种象征符号同样具有一种意指结构，是由表面的行为意涵和深层的意识体验意涵所构成。表面的行为意义之理解，即是人们的日常行为之辨识和理解，能够一眼看出在某种境况下这是一种什么类型什么性质的行为。而深层的行为意义，即隐藏在行为背后的意识体验，则需要通过对表层行为意义之辨读而能够把握。这就是说，行为既可以作为类型化的个案而被辨识，同时也可以作为包含着行为者的意识体验、意图和动机的象征符号而理解。理解，就是教育者透过儿童的行为表现而体察儿童的意识体验、意图和动机。由于理解总是要透过儿童外在化的行为，理解也就有可能纠结于行为意义的表层层面，而难以进入行为的意识体验、意图和动机层面。在日常的教育活动中，经验所观察到的，往往是这样一种情形。

意向主义理论对言语行为交往理解作出如下的解释：如果一位言语者

---

① ［英］R.D.莱恩：《分裂的自我——对健全与疯狂的生存论研究》，林和生、侯东民译，贵州人民出版社1994年版，第4页。
② ［法］保罗·利科：《解释的冲突——解释学文集》，莫伟民译，商务印书馆2008年版，第13页。

S 借助一种符号"x"，使得接受者领会到了他所意指的观点或意图（意向1），那么，这位言语者也就成功地完成了一种言语行为。言语者 S 达到目的的具体途径是：他同时也让接受者对他的这种交往意图（意向 2）有所认识。这就是说，对任一种言语行为的理解，都包含着两个方面：一个方面是言语行为所包含的观点或意图，即言语行为真正意味的东西，另一个方面则是言语行为所包含的交往意图。通常，理解就是能够准确地把握行为者所意谓的东西，并附带理解交往意图。所谓"意谓某种东西"，既是指某人通过某种言语行为意向某个东西，也是言语行为者使听众领会他意向的东西，使说出来的东西在听众中产生某种效果。任何言语行为都表达出行为者的某种意向，即"心理状态或事件通过它而指向或涉及世界上的对象和事态"①。行为者试图让他人领会他所要传达的一些事情的意向来把这些事情传达回他人。在这种情况下，理解就是把握言语行为的意向。由于言语行为意向总是指向某个特定的对象或事态，因而理解言语行为就需要在行为意向和外在世界之间建立起符合言语行为者自己所建立起来的联系。而要把握言语行为意向，就是要在行为和处境之间建立起相应的关系。发生在特定情境中的言语行为，在言语行为者那里是要产生某种效果的。这种效果究竟要在哪些人身上产生，是一个需要根据情境来加以反思的问题。由此可以看到，意义主义理论关于言语行为的理解，需要把握几个至关重要的概念，即言语行为、处境、意向、世界或事态。理解言语行为，核心是理解言语行为的意向。这就是说，意义首先是意向问题。而理解就是理解言语行为的意向。然而，意义问题不仅是意向问题，同时也还是惯例问题。这就是说，在言语行为者所意谓的东西和言语行为所意谓的东西之间是有着重大区别的，同时在说话者所意向的东西和说出的话所意谓的东西之间，也是有需要加以区别的。从言说的角度来看，"当某一个人说某事时，他所意谓的东西决不仅仅偶然地与在他使用的语言中的那个语句所意谓的东西相联系。……在完成某一种以言行事行为时，说话者通过让听者领会他打算产生某一效果的意向来试图产生某一效果；进而言之，只要他是在按其字面含义来使用语词，他就会通过这一事实来打算让别人领会他的意向；他所说出的那些表达式的使用规则将这些表达式与产生那种效果联系在一起。"因此，通达言语行为的理解，"必须抓住意向与惯例这两个方面"②。当理解从

---

① ［美］约翰·R.塞尔：《意向性——论心灵哲学》，刘叶涛译，上海人民出版社 2007 年版，第1 页。

② ［美］约翰·R.塞尔：《什么是言语行为》，载［美］A.P.马蒂尼奇编：《语言哲学》，牟博等译，商务印书馆 1998 年版，第 239 页。

根本上说要把握住行为的意向以及行为的惯例时,我们就不难发现,在日常的教育生活中,为什么会经常出现理解的失败。其中最主要的原因就在于,教育者只关注到儿童表现出来的可观察的行为,而没有深入把握学生行为的意向或内隐的不可观察的那部分,而那些不可观察者恰恰是整个行为意义的核心构成部分。

交往行为理论从交往出发对理解也作出相应的论述。哈贝马斯在《交往与社会进化》一文中对理解曾作过非常精彩的分析。哈贝马斯指出:"理解这个词是含混不清的,它最狭窄的意义是表示两个主体以同样方式理解一个语言学表达;而最宽泛的意义则是表示在与彼此认可的规范性背景相关的话语的正确性上,两个主体之间存在着某种协调;此外还表示两个交往过程的参与者能对世界上的某种东西达到理解,并且彼此能使自己的意向为对方所理解。"①依哈贝马斯的分析,理解的三种含义分别指向三种不同的情况。第一种情况是指不同主体对文本的理解,例如在教学过程中,教师通过对文本的讲解,而让学生获得对某一个表达式与教师同样的理解,而这种理解也是文本作者的意图所在。第二种情况是指交往主体之间的相互理解,这种理解是交往主体协调行为的前提。例如,师生共同参与某项活动,基于活动的惯例或要求,而采取共同的行动。这种理解可以看作是交往性理解。第三种情况是对世界或交往意向的理解。譬如,在交往当中,交往双方都能够根据自己所拥有的背景性知识而理解其要表达的意思。在日常的教育实践中,教育者对儿童的理解主要是第一种和第二种意义上的理解。相反,第三种意义上的理解,即对交往意向的把握,并没有为教育者所关注。实际上,从教育实践逻辑来看,交往主体相互对对方意向的理解与交往行为的相互协调有着密切的关系。

不同学科视野中的理解之解释,可以划分为三种不同的理解意涵,即生存论—现象学的理解理论、意向主义的理解理论以及主体间交往性的理解理论。生存论—现象学关于理解的解释,侧重对个体对世界及对自己的生存体验的阐释。换言之,理解,即能够阐释这个人关于世界及自己的体验如何。意向主义把理解看作是对行为意向的把握。这就是说,如果我们明了一个人所表现出来的行为意向,我们也就理解了这个行为的意义。意向主义的理解理论要求理解者要了解通过言语行为而表现出来的人际关系以及行为和环境紧密联系在一起的一种事态。根据事态和人际关系,我们可以获得行为者的行为意向。主体间交往性理论强调理解即共识的形成,即如

① ［德］于尔根·哈贝马斯:《交往与社会进化》,张博树译,重庆出版社1989年版,第3页。

果言语者 S 和任意一个接受者就世界中的事物达成共识,那么他也就成功地完成了一种言语行为,从而也是实现了交往理解。通过表达"x",言语者 S 使接受者能够对他想要和对方达成共识的内容采取"肯定"或"否定"的立场。意向主义理论和主体间性理论关于理解,都指向交往言语行为,侧重于探讨交往过程中的理解问题。两种理论关于言语行为的区别在于,意向主义理论强调对意向或意图的领会,而主体间交往性理论则强调对交往内容(一般来讲是有争议的)达成共识。在主体间交往性理论那里,言语不是转译主观内容的工具,而是参与者从主体间性的角度出发就某事达成共识的中介。对于意向主义理论来说,符号"x"是个体所能使用的工具,通过它,言语者 S 可以让接受者领会他的观点或意图,以便理解某些内容;对于主体间性理论来说,符号"x"是共同使用的所有内容的一个要素,它使得参与者用同样的方法理解同样的内容。①

尽管研究者关于理解有不同的解释,但我们还是能够在有关理解的多样性定义中看到某些共同的特征。首先,理解的对象,即通常意义上的文本、言语、行为以及与行为相关联的对象。理解的核心任务是阐释,即阐释个体言行在生存处境中所表达出来的内容。正如舒茨所指出那样的,"根据日常生活的理解方式,他人的行动与行为,不只透过他的身体动作表现出来,而且还透过外在世界的对象呈现:不只是嘴唇的动作,还有借此动作而产生的声波,也就是不只透过他人的动作,而且还透过被改变的什么。"身体的行为所显现出来的东西即意义。因此,作为他人行动之基础的他人身体之变化"具有指针功能,指向他人的意识体验,因为他人身体不仅是属于外在世界的事物,不仅是如同自然界的无生命对象那样的一块物质而已,而且是他我身心整合体(我们称之为他人)体验的表达领域(Ausdrucksfeld)"②。身体只是显现,理解的目标是把握个体行为(身体显现)的意义或生存体验。实现这个目标,需要通过意向分析、处境分析以及言语及非言语行为分析,同时需要理解者努力戒除把自己设定的意义附加在理解对象的身上。

二、教育之理解

生存论—现象学关于行为之意向性的理解、意向主义理解关于交往中的言语行为的理解、主体间性理论关于交往行为的理解,已经牵涉人与人之间的相互理解。区别只在于,言语行为的理解以及交往行为的理解主要是

---

① 参见[德]于尔根·哈贝马斯:《后形而上学思想》,译林出版社 2001 年版,第 120—121 页。
② [奥地利]阿尔弗雷德·舒茨:《社会世界的意义构成》,游淙祺译,商务印书馆 2012 年版,第 24—25 页。

发生在成人世界之间,发生在日常生活世界之中;而教育之理解,是发生于教育世界之中的教育交往主体间的理解,侧重于教育者对作为受教育者的儿童的理解。在已建构的理解教育学中,儿童对于文本的理解,儿童对于世界以及对于教育者的理解,成为最受关注的问题。问题在于,即便教育的最终指向在于帮助儿童理解世界、社会、人及自我,以便儿童能够在这种理解中实现自我的建构与完善,这个教育的指向之实现,也还是建立在对儿童之理解的基础之上。

通达对儿童的理解,乃是全部教育的基础。所谓对儿童的理解或理解儿童,在于通过对儿童的行为、儿童的言语行为、儿童创造出来的文本以及与行为相关联的行为指向物等——这些可统称为儿童言行——来把握儿童的意识体验。这个意识体验,包括行为的意向对象、行为的意图以及与行为相伴随的感受、情绪等。通达对儿童的理解,也就是理解儿童的言语行为和非言语行为的意义、意识体验、意义世界等。

儿童言行具有多重意涵:关系层面的、表现层面的、表达层面的。每一个言行都在表现着儿童的内心状态,都在表达着儿童的意图或对世界的期求,也同时在表达着某种特定情境下的社会关系。这样一来,意义世界作为总称概念,便可以在对特定言行的理解中,具体化为关系、表现、表达三个方面的内容。例如,当儿童课堂上总是不停地抢同学的课本,拿同学的用具,或者拽同学的衣服,即表现各种扰乱课堂的行为时,分析可以从关系、表现以及表达等三个层面展开。其他任何可辨识的行为,如撒谎行为、攻击行为、课堂上的插嘴行为等,都是如此。就人的趋乐避苦的本能而言,自觉表现出来的言行,无论行为是否合乎规范性要求,对于言行者来说都会伴随着某种愉悦的体验,或给自己带来某种满足。这类言行或可称之为积极的行为。与此相反,那些力图回避的行为,那些表现出某种消极状态的言行,则因为它们可能伴随的不快体验而为人所回避或逃避。无论是积极的行为抑或消极的行为,理解总是可以从以上三个方面展开。

把握儿童行为之意识体验的理解,在于追问这样的问题,即如此所作所为意欲何为? 这是教育之理解的根本性问题,与实证化的教育科学研究的提问有很大的不同。在实证化的教育科学那里,面对儿童的言行,所追问的问题是:是什么和为什么。这种追问旨在描述已经发生的现象并尝试去说明它,或者在因果关系的意义上去解释所发生的现象。其追问的问题是建立在这样的方法论之上,即任何个体行为的发生,总有与其关联的外部的事物。理论研究就是要去把握这个外部的影响因素,从而获得个体行为之发生的规律性的认识。这里不对实证化的追问方式进行评论。我们只是想提醒,把握儿童意识体验的理解,其追问的方式不同于描述和说明的提问方式。

真正地把握儿童行为的意识体验或意图,要在把握儿童所赋予每一个行为之意涵。任一行为都可以借助命题的形式而表达出来,从而将行为表现呈现为一种描述出来的事实状态。一场背景中的行为是某种人际关系的表达,同时行为本身又会形成新的人际关系。此外,行为也不可避免地会表达行为者的行为意向,即通过行为,他能够由此而获得怎样的需求及满足情况。外在事物与内心的世界,构成行为意向的两极。指向外在事物的行为有可能让我们洞悉行为者的内心世界。理解儿童,就是理解儿童行为所表现的意义,从而达到对儿童自我的认识。命题意义展现出行为者与世界的关系,人际关系意义展现出行为者与其他相关人的关系,而意向意义则展现出行为者与其自我的关系。

教育是与语言交织在一起而密不可分的社会实践。当教育者和儿童因为教育而相遇时,教育者通过其言语行为而将其意图、要求、期望等表达出来,并希望借此转化为儿童的具体学习行为。当社会对个体的素质要求不断提高时,则这种要求相应地也就转化为对教育者的教育要求,并且期待教育者根据儿童的基本特征而实施教育。由此,理解儿童就成为全部教育的出发点。教育者对儿童的理解,既基于儿童的具体言语行为,同时也基于儿童的一般行为。因此,从教育交往的角度出发来探讨相互理解问题,就需要明确行为与言语的概念,并由此来确定理解儿童的全部出发点。

使用一套词汇来进行交流的言语行为,所反映的或传达的是言语者所观察到的世界及其处身于世界的方式。言语行为中的每一种词汇都有其特定的内涵,而在不同的语境中又会表现出不同的东西。莱恩指出,"思想即语言。一套专业词汇不过是语言中的语言。考察这一套专业词汇,即意味着去发现有关语言中包藏着的现实"①。语言既是思想(维特根斯坦、维果斯基),也是现实(赫斯特、莱恩),是关于现实的思想表述。不仅专业词汇如此,日常语言更是如此。日常语言,特别是人们关于日常语言的解释,是在描述和建构一种生活方式,后者是一种想象且美好的现实。而人们对于词语或概念的重新解释,不过是表明了对现实的某种不满或对另外一种可能的生活状态的向往,只是用语言的方式来建构世界。在现实的关于问题行为的描述中,一个突出的倾向是,把儿童从语词上加以问题化,这就是说,

---

① ［英］R.D.莱恩:《分裂的自我——对健全与疯狂的生存论研究》,林和生、侯东民译,贵州人民出版社 1994 年版,第 5 页。

它不是从儿童及其整体出发,而只是从外在的表现出发,从外在的表现与外部世界的规范性要求的关系出发。

在相互理解中,儿童的言语行为是最直接的媒介。言语行为和行为都具有表达意义的功能。然而,言语行为具有自我诠释的特征,即言语行为不仅表现而且也在自证,而与身体的活动有关的行为则只是具有表现的含义。言语行为可以根据正常的字面意义,来认识言语行为中言语者的意图。听者可以从命题的使用方式来推断语义学内涵。按照哈贝马斯的说法,"言语行为能够自我诠释"。这是因为,通过完成一种言语行为而把所作所为说出来。然而,这也并非是无条件的,而是同样有着严格的视角条件或能力条件——"有能力的听众"。"所谓有能力的听众,就是说他能够从第二人称的角度放弃观察者的立场,而采用参与者的立场。"①而且还要求听者和言说者共同处于具有主体间性结构的生活世界中,以便能够反思自然语言并由此而完成理解。这意味着,即使是言语行为,也未必就意味着完全的理解。首先,对言语行为的理解,即对言说者意图的把握,同样需要理解者以参与者的视角来进行对话,而不是以一个旁观者或观察者的身份进入言语行为的场景之中。其次,共同居有的生活世界是理解的充分条件。而在这个方面,教育者同样面临着一系列的挑战。从表面上看,师生生活在一个共同的生活世界中,然而,不同的生活背景条件则使得这个表面上共同的生活世界内部存在着巨大的分裂,由此而使得教育者往往不能很好地理解儿童的言语行为。

言语行为与行为的区别不仅在于前者具有自我解释的反思特征,而且还有其他方面的区别。一般而言,言语者在言说的时候是在追求一定的目的,而且它也还有一定的结果。但是,言语行为的目的并不独立于干预手段且亦不处于客观世界之中,其目的也并非是因果目的,例如,以言行事的效果取决于听众的合理赞同。言语行为的自我解释显示出一种反思结构:它们的目的是以言行事,这些目的不是在世界内部实现的,没有接受者的协作和赞同就无法实现,而且只有用语言媒介中的理解概念才能够解释清楚。概言之,行为被看作是目的行为,而言语行为所指涉的则是交往行为。目的行为和交往行为是两种不同的行为。言语行为能够同时把言语者的意图(经历)表达出来,把事态(或在世界中遇到的事情)表现出来,并与接受者之间建立起联系。意图、事态和关系,构成了言语行为的三个基本方面。②

---

① ［德］于尔根·哈贝马斯:《后形而上学思想》,译林出版社 2001 年版,第 55 页。

② 参见［德］于尔根·哈贝马斯:《后形而上学思想》,译林出版社 2001 年版,第 65 页。

从哈贝马斯有关意义理论的观点来看相互理解的问题,则理解就是尝试去把握言语者的意图、事态和关系。

理解一种表达,意味着与某人就某事达成共识。共识与理解始终是联系在一起的。这里有几个关键概念,即理解、应用、表达、共识。其中,共识是主体间所形成的栽种关系,表达则是主体间借以形成某种关系的媒介,理解和应用则是主体间进行言语交流时所必不可少的思维形式。的确,必须要看到,主体间共识是一件比较复杂而奇妙的事情。其复杂在于,达成共识之不易;而其奇妙在于,在满足一定的条件下共识总是能够达成的。因此,彼此能够就某事达成共识,本身是很值得哲学去思考的问题。自然语言媒介具有一种能够用于协调行为的约束力,这正是语言哲学所要探讨的问题。而自然语言在教育教学实践中有的时候并不能够发挥这种协调行为的约束力,则需要教育哲学借助于语言哲学形成所取得的成果,而对此现象加以解释。这种解释一方面有助于在经验层面上对语言哲学理论的验证,另一方面它也提出相互理解的有效性条件。不过要实现这个目标,我们就需要将言语行为的有效性条件问题转换成教育交往的有效性条件问题。无论是规范正确性条件,还是主体真诚性,或者是命题真实性条件,都并不必然是给定的,有的时候还需要言语者援引一些理由,以便来说服听众相信他有能力为他的表达提出有效性要求。

言语行为的无效性,是教育失败的表征。因而,当言语行为的有效性条件成为与理解紧密相关的前提时,则交往的失败将迫使我们去思考有效性条件之不存在问题。"你应该把主要的精力放在学习或读书上,因为这将对你未来的发展有好处。"当教育者这样与儿童进行交流时,教育者自己是否能够自证该言语行为的有效性条件呢? 实际上,儿童要实现教师所期待的目标,则意味着这里面有一个非常关键的问题被忽略了,即并非是将精力放在学习或读书上,而是将学习弄好或使自己的读书达到卓越的水平,然而作为交往对象的儿童是否能够达到这样的水准,或者教育者是否真的相信儿童能达到那样的水准,乃是不确定的。换言之,教育者的言语行为的真诚性条件并不满足。

三、教育理解之障碍

人类的交往实践,始终面临着理解之障碍的困境。在日常生活中,理解之障碍也很常见。因而,理解之障碍的清除问题,即如何有效地消除理解之障碍,从而洞察自然、社会和人之奥秘,就成为人文社会科学研究的基本问题。

在中国,理解之障碍,通常表现为学者对"蔽"的阐述。荀子著有《解蔽篇》,专论"蔽"之表现与危害。荀子说:"凡人之患,蔽于一曲而暗于大理。"清人王先谦在《荀子集释》中将"蔽"训为:"蔽者,言不能通明,滞于一隅,如有物壅蔽之也。"①这说明,早在两千多年前,中国古代的知识分子就已经看到事物认识之障碍的问题。造成"蔽"的原因是多方面的。荀子列举了九种情况,即欲、恶、始、终、远、博、浅、古、今。陆九渊在谈到人本心不能澄明的时候也论及"蔽"。陆九渊指出:"学者之难得,所从来久矣。道不远人,人自远之耳。人心不能无蒙蔽,蒙蔽之未彻,则日以陷溺。诸子百家往往以圣贤自期,仁义道德自命,然其所以卒畔于皇极而不能自拔者,盖蒙蔽而不自觉,陷溺而不自知耳。"②不仅如此,陆九渊还归纳了造成蒙蔽的五点原因,分别是气禀、物欲、形势、习俗、俗论邪说。

在西方,认识的遮蔽问题也一直受到关注。柏拉图的《理想国》通过对正义问题的对话式探讨,对此问题进行了论述。在有关正义和非正义的区分中,《理想国》区分出两种人,一种是"眼睛盯着真理的人",即哲人;另一种是"声色的爱好者","能够认识许多美的东西,但不能认识美本身"。前者则能够"认识美本身,能够分别美本身和包括美本身在内的许多具体的东西,又不把美本身与含有美的东西的许多个别东西,彼此混淆"③。如此来看,事物的本质乃具有本身被遮蔽的规定性特征。它并不向人直接显现,而是隐含在具体的个别的事物之中。造成人在认识上的这种区分的根本原因,不仅在于每个人的禀赋不同,而且还在于所受的教育。人们所受的教育,将会决定他们是关注真实的存在,还是关注琐碎人事;是关注永恒不变的事物,还是只关注事物的变化部分。《理想国》第七卷的"洞喻",即洞穴之中人们所看到的影像,与洞穴之外人们所看到的真实的存在,形成了鲜明的对比。它揭示了真理和蒙蔽的对立关系,以及教育在其中所发挥的除蔽的作用。正是教育将人们从蒙昧状态引向明确的真理。教育的本质就是除蔽,在于"解除禁锢,矫正迷误"④。因为"蔽",教育和真理便由此紧密地结合在一起。这个思想后来由海德格尔所阐发。在海德格尔看来,真理就是无蔽。真正存在的东西绝不是纯观念地存在着,而是通过表现为多样性的外观所显示出来的东西。事物本质之具有的显现特征,使得人们在认识事物的本质过程中,往往混淆显相与本质,专注于显相而遗忘了本质。这就是

① 王先谦撰,沈啸寰、王星贤点校:《荀子集解》,中华书局1988年版,第386页。
② 钟哲点校:《陆九渊集》,中华书局1980年版,第8页。
③ [古希腊]柏拉图:《理想国》,郭斌和、张竹明译,商务印书馆1986年版,第218—219页。
④ [古希腊]柏拉图:《理想国》,郭斌和、张竹明译,商务印书馆1986年版,第273页。

说,事物显相既表现同时又遮蔽着事物的本质,并由此带来认识上的遮蔽。

在近代西方认识论史上,培根(Francis Bacon)对认识的障碍问题作了更为系统的阐述。在《新工具》中,培根提出了妨碍认识的四种假象,即"族类假象""洞穴假象""市场假象""剧场假象"。"族类假象"是指人在认识的过程中,往往会先入为主,受到偏见和成见的束缚,将自己的臆想带入对事物的认识之中,从而使人无法把握事物的真相;"洞穴假象"是指人在认识的过程中还会从自己的性格、爱好、所受教育、所处环境出发来观察事物,导致不能正确认识事物的真相;"市场假象"与指语言表义的含糊性有关,是指在认识的过程中因为概念的不确定和模糊带来的思维混乱;"剧场假象"则是指人因为不加批判地对待已有的科学理论及其权威而带来的认识上的错误。① 培根有关认识的四种假象之分,与人在生活世界的经历以及由此而获得的日常观念密不可分。换言之,在对事物的认识上,人所拥有的东西,总是在不同程度上影响到对事物真相的把握。实际上,认识客观事物如此,认识或理解人也是如此,教育者在认识和理解儿童方面也难以逃脱各种"假象"的影响,而这些假象已经通过各种途径和方式深入到教育者的意识世界深处。

秉承柏拉图关于教育与真理之关系的立场,海德格尔同样认为教育在除弊端中的重要作用。海德格尔在阐述《理想国》"洞喻"一节的教育本质时指出,教育乃是"造形"(Bildung),具有双重的意义:"一方面,Bildung 乃是发展性的烙印意义上的一种塑造(Bilden)。但另一方面,这种'塑造'又是根据与某个决定性的样子——它因而被叫作榜样(Vor-bild)——的先行符合而进行的'塑造'(烙印)。""名副其实的造形则抓住并且改变着心灵本身和心灵整体,因为它首先把其置于其本质位置上,并且使人适应于这个本质位置。"概言之,造形就是使"整个人的倒转,亦即从首先照面事物的区域到存在者显现于其中的另一个领域的适应性移置"②。

荀子或陆九渊所论及的"蔽"、培根的"四种假象"、海德格尔的"遮蔽"等,都是理解所面临的主要障碍。尽管上述论述都是在认识这个语境下展开的,但倘若我们同样把教育的理解视为一种认识活动,那么相关的论述便对我们所讨论的理解儿童构成了一种方法论上的指引。理解儿童,本质上就是认识儿童,这里所说的认识既是在普遍规律意义上的认识,也是在具体生活情境中对每一个个别儿童的认识。前者是科学的任务,后者则主要是

---

① 参见[英]弗兰西斯·培根:《新工具》,陈伟功译,北京出版社 2008 年版,第 16—37 页。
② [德]马丁·海德格尔:《路标》,孙周兴译,商务印书馆 2000 年版,第 251 页。

教育者的任务。每个人都生活在日常世界之中,从自己教育孩子或观察他人教育孩子的经历中形成了属于他自己的关于儿童及其教育的认识、看法、经验或立场。所有这些构成了理解儿童的先在的非通过反思性理解难以消除的基础或前提。我们是根据自己所获得的经验层次的认识来理解并处理有关儿童的教育问题的。胡塞尔的"自然态度"概念,让我们看到了有关理解的根本障碍。胡塞尔指出,我们每个人都是在"'以自然的态度'去想象、去判断、去感觉、去意愿"。"以自发的注意和把握,意识到这个直接在身边的世界。虽然我生活在这个自然生活中,但我的生活不断采取一切'实显'生活的基本形式,不论我是否陈述这个我思,不论我是否'反思地'朝向自我和 cogitare(诸我思)。"这是个体生存的基本状态,也是每个人处理日常生活问题或面向世界的基本倾向。正是这种"自发的注意和把握"或"自然的态度",导致每个人都将自己的判断、感觉、意望等视为理所当然,而将与己相左的看法视为谬误和偏见。这主要是因为,"每个人都有自己的位置并从这个位置上去看身边的事物,而且每个人都将因此而看到不同的事物显相"。从自己的位置看身边的事物,就构成了看世界的视角。这个视角一定会带来视差的问题。事物或个体总是在那里,但从不同的视角来看,那个原本存在的东西就会呈现出不一样的面目。看到的显然是事实,却是片面的事实。然而人们却以为他看到的就是世界的全部,看到的就是本质之所在。人们所持有的与生活世界有关的自然态度,乃是理解和认识事物之本质的障碍。因此,为了认识和把握事物的真相,就需要把自然态度放在一边。"我们现在不是要停留于这种态度上,而是建议彻底地改变它。"为此,就需要把自然态度"置入括号",①让自然态度暂时失去对理解或判断的干扰作用。

在教育实践中,教育者理解儿童之障碍,主要表现在以下三个方面。

一是体验和意识之隐匿性所带来的障碍。儿童对于生活世界的体验意识,因其非显性而隐于儿童的身体之中,体验和意识的这种规定,使得理解本身就面临理解对象的自我遮蔽。例如,儿童行为的意图或动机隐含在行为之中,除非儿童自己用语言来陈述自己的意图或动机,行为的意图或动机就只能依赖教育者的反思性理解。概言之,作为理解对象的儿童的体验和意识,并不会自动显现其自我。

二是教育者的自我意识之遮蔽。教育者作为理解者所拥有的认识、常

---

① 参见[德]埃德蒙德·胡塞尔:《纯粹现象学通论》,李幼蒸译,商务印书馆1992年版,第89、91、93、94、96页。

识、经验、规范、习惯、意识、期待、理论、教条、观念等,这些作为教育者主观世界的东西,构成了一个较稳定的看待世界并处理世事的理解图式。这个理解图式既是教育者对儿童的认知框架,同时也成为羁绊教育者真正理解儿童的外在障碍性因素。教育者总是带有自己的认识世界的图式,总是不可避免地带有某种"偏见",用关于人、关于儿童的知识来理解儿童的行为表现。例如,关于欺凌事件的欺凌者的认知,教育者乃至一般的研究者,只是从社会法律的或伦理的要求出发来分析欺凌所可能带来的消极后果,却少见对欺凌者的欺凌意图或动机或欺凌体验的分析。在这种情况下,教育者可以采用一种管理主义的或惩罚主义的应对策略,而难以见到如何在教育上减少欺凌行为发生的人文科学视野的教育学视角。由于某种原因,外在的东西附加在对理解对象的把握上,这种外在附加的东西不可避免地会成为干扰因素而阻碍着真正的理解。教育者对儿童的理解或认识,犹如柏拉图《理想国》中的洞穴之人,人们往往只看到儿童的影像,而看不到儿童。

三是背景场的障碍。在通达对儿童的理解中,还面临一种障碍,即背景无视的障碍。对儿童的所有赞许或批评都是发生在特定的场域中的。然而,赞许或批评通常是不会考虑到背景这个因素的,即便考虑到背景因素,也是通过相互比较的方式而判断,而不是通过背景中的显现方式而理解。萨特在《存在与虚无》中分析皮埃尔在咖啡店的时候,就分析了这个背景对于关注的重要意义,即恰恰是背景将所关注的东西显现出来,然而人们在交流所显现的对象时,却往往无视背景的存在。萨特使用"基质"来指称对象由以显现的背景,且在关注的显现中,这个基质"虚无化"了。① 梅洛-庞蒂在《知觉现象学》中使用了"背景场"或"视觉场"的概念来说明这一事实,并举了一个简单的两条线的例子来说明。梅洛-庞蒂指出,我们所能知觉到的世界是"被一些精确界线所包围、被一个黑色区域环绕、无空隙地充满性质以及那些就像实存于视网膜上那样的确定的大小关系为基础的一个世界片断"②。这意味着,对事物的感知总是要受到背景场的影响,并且只是局限在有限的范围内。对儿童的理解也是如此。因为背景不同,所以教育者所感知到的儿童也就不同。在实践的教育生活中,教育者往往忽略了这个影响感知的背景场,而倾向于孤立地看待儿童的行为及其表现。矛盾的是,教育者在与儿童交往的时候,又可能完全受到这个背景场的影响。这个

① 参见[法]让·保罗·萨特:《存在与虚无》,陈宣良等译,杜小真校,生活·读书·新知三联书店 2014 年版,第 35—36 页。

② [法]莫里斯·梅洛-庞蒂:《知觉现象学》,杨大春、张尧均、关群德译,商务印书馆 2021 年版,第 26 页。

看起来相互矛盾的判断实际上并不矛盾,它意味着两种层面的背景场。前者是儿童自己感知世界的背景场,后者则是教育者感知儿童的背景场。由于没有意识到儿童行为的背景场,因而在理解儿童的时候,教育者就往往局限于他自己视域中的儿童。张祥龙在阐释梅洛-庞蒂的身体现象时就指出:"感觉跟这个背景,跟整个知觉方式、意义与原本构成是息息相关的。"①但是我们需要注意的是,尽管人们通常把教育看作是主体间交往的实践活动,但是在这个交往实践中,儿童对这个世界以及对自己的体验乃具有极为重要的生存论意义;正是在这个意义上,感知是教育者对作为受教育者儿童的感知。当代教育理论主张在教育过程中伸张儿童的主体性,甚至强调教育过程中的主体间性,然而在主体性理论的教育实践应用中,我们往往看不到儿童作为感知主体的意识体验分析。儿童作为感知主体在主体性理论中的缺场,往往导致教育者在处理儿童的问题行为时,只是单纯站在自己的视域来看问题,并将设定的意义强加于儿童行为。这是通达对儿童理解的又一障碍。

第二节　身体作为理解之征兆

行为总是伴随着意识体验的。有意识体验的行为引起社会科学的关注与研究。然而,社会科学关于有意识行为的研究,主要指向行为而较少关注行为之意向,却引起很大的分歧和争论。现象学主张应该对行为的意识体验层面进行分析和描述,以获得个体意识的发生过程和构成机制。而实证的社会科学则试图通过对行为的描述和分析获取之所以如此的因果性解释。前者旨在理解,后者旨在描述和说明。前者关注个体行为的意向的因果关系问题,关注对他人意识之理解的可能性问题,关注一个人通过其行动而影响他人之行动的实践模式问题;后者则关注事物的外部关联性,着重考察个体表现与外在因素的相互关系问题。

一、身体作为意义的显现

个体的意识体验被封闭于幽暗的身体内部。然而,这绝不意味着意识体验永无出头之日,恰恰相反,意识体验总是要通过封闭它的身体而显现出来。"我通过把他的各种身体方面的表达,都当作从主观的角度来看有意义的过程的标识来解释,就可以理会他的意识生活了。"舒茨的论述确实指

---

①　张祥龙:《现象学导论七讲》,中国人民大学出版社 2011 年版,第 285 页。

出了身体作为意识体验的征兆特质,"作为某种统一的表达领域而对我显现出来",或者是,"作为一个具体的征兆领域而对我显现出来"。① 或如沙夫所说的那样是身体的指号。身体总是在表达着特定的意图。个体虽然没有用言语或话语把其意图表达出来,但身体则不会欺骗他人,而是会诚实地显现其意图或意识体验。

　　个体的意识体验,正是通过其身体而向他人显现。身体所显现的,既是一个人的生活状态,也是一个人的意义世界或意识生活。人们借此可以看到的或感知到的身体的形态,在不同程度上折射出一个人的意识体验。而意识则静悄悄地躲在外在的表现之后而不动声色。一个人当然知道自己的意识体验,但与之交往的他人,却未必就一定能够理解他的意识体验。一个人只能通过自己所拥有的经验和知识基础来理解他人的动机和意图。一个充满智慧的教育者能够看到平常的教育者所看不到的东西,那就是儿童的意义世界或意识体验。一个人总会于无意中通过他自己的身体而对一个他人显现其体验意识或意义世界,无论他怎样努力,他都难以将其意识体验完完全全地遮蔽起来。意识体验通过身体而显现,在于日常生活中,个体之间的交往总是有一种"你—取向"的意识,这个"你—取向"意识,以言语和行为及其指向物而显现其意向性。在"你—取向"意识中,我不是把与之面对的人看作"他",而是看作一个正在进行交往并且构成其生活世界之内容的"你"。把一个与之面对的人看作"他",意味着只是把这个人看作外在于己的对象,看作客体。而把这个人看作"你"则意味着,我的任何行动构思都应该包含着儿童的意识和体验、意图和动机。由此,行为者便在直接的面对中将与之面对的人通过身体而显现出来的自我作为处理实践问题的约束条件或行动框架,行为者的自我也就在此约束条件或行动框架中显现出来。"你—取向"的实践,意味着双重的意向勾连。在一个人的自我显现中,他人因此而形成关于这个人的经验。

　　儿童的身体动作同样是某种"具体的征兆"。每一种动作或行为都可以被看作是征兆。征兆之为征兆,在于它预示着那些无法通过感官而把握的东西,如未来的事物、内在的精神状态、隐秘的存在等。例如,在教育实践中,教师与学生在课堂中,有着同样的面对面的关系,无论是学生的身体还是教师的身体,都是其自然态度和直接经验的表达。舒茨把这种表达看作是一种"具体的征兆",的确相当精辟。只是,对于这种征兆,人们往往会做

---

① ［奥地利］阿尔弗雷德·许茨:《社会理论研究》,霍桂桓译,浙江大学出版社 2011 年版,第30、27 页。

出错误的理解,就如同我们错误地理解自己的身体的征兆一样。或者,对于这种征兆,许多教育者往往都放过去了,没有引起足够的注意,因而也没有引起应有的重视。一名学生在课堂上偶尔打盹是一个征兆。但是教师没有把它看作是征兆,而仅仅看作是打盹,一种违反教师课堂规范的行为。教师不去追问:这个征兆预示着什么? 是预示着生理上的某种反应,还是预示着该生的某种在世方式? 是预示着某种精神发展状况,还是预示着特定的师生关系? 如果不对学生在课堂上的打盹进行反思,以探求其中的含义,那么教师就只能停留在儿童的身体动作层面而没有进入其意义世界,没有理解儿童对世界以及对自己的体验或在世的存在方式。事实是,在学校教育生活中,许多教师不愿意花时间去做这样细致的深思或反思。

教育者不能直接进入儿童的心灵,但是身体则为教育者进入儿童的意义世界开启了一扇大门。这个大门是进入儿童心灵的中介和桥梁。虽然这种进入是一件非常困难的事情,因而需要掌握一种如莱恩所说的那样的"艺术"①。是否能够完全进入,取决于是否具有恰当的条件。例如,儿童无论遇到怎样的事情,都详细地向教育者叙述其经验和体会。如果这些经验和体会,无论是积极的还是消极的,是善良的还是非善良的,都完全地表达出来,那么教育者就获得了进入儿童心灵的通道。但即使如此,一些最微妙的意识体验,由于其微妙而难以表达,也难以为教育者所把握,从而心灵的进入就总会存在某些无法深入的局部或细节。

因此,通达对儿童的理解,就需要直面儿童的身体,在通常的情况下,教育者借助儿童的身体运动、面部表情、言说等,以及通过儿童身体活动所指向的外部世界,通过与身体活动相伴随的话语表达、旁观者的反应来尝试理解儿童。每个儿童都是一个完整的世界,一个如雅斯贝尔斯(Karl Jaspers)所说的"大全"②——一个既光明又幽暗、既显现又遮蔽的世界。在日常交往生活中,不同的教育者能够进入儿童心灵的程度和范围是各不相同的。一些教育者可能会深入儿童的心灵世界,另一些教育者可能只是浅尝辄止,还有一些教育者可能完全没有进入。对于那些只将自己的意识和体验强加于儿童的教育者,儿童就会彻底地向他关闭其心灵之门。这倒不是儿童有意为之,而是教育者对向他显现的身体意向视而不见。在这种情形下,儿童对教育者而言,就是一个幽暗的世界。

① ［英］R.D.莱恩:《分裂的自我——对健全与疯狂的生存论研究》,林和生、侯东民译,贵州人民出版社1994年版,第20页。
② ［德］雅斯贝尔斯:《什么是教育》,邹进译,生活·读书·新知三联书店1991年版,第76页。

二、身体行为的意指结构

儿童行为的意识体验、意图或动机,作为隐藏在内心深处的东西,并不能够被他人直接领悟或把握。但这个内隐的东西却总具有外显的趋势,儿童是无法把它完全地隐藏起来的。生活世界中的日常交往,个体所使用的语词、各种各样的指号、姿态、身体的活动等,都是在以不同的方式显现其意识体验及其内在的意义世界。由此,他人的身体具有显现的功能,既是其直接表达领域,也是其征兆领域。这里的关键是对于身体行为本身的认识。个体的身体动作(行为)和言语行为一样,都有一个意指结构,具有表层意义和深层意义的双重意涵。行为的表层意涵具有一定的客观性,人们可以根据自己的经验以及所拥有的知识,包括常识,对此进行辨识。这就是说,当一个人看到另外一个人的所作所为,是可以直接地指出其行为的指称的。行为的表层意义,从某种意义上讲可以看作是对各种行为分类的结果。对人的行为分类是这种理解的重要前提,是理解者所储备的知识。类型化是普遍化的策略之一。类型化就是要根据特定的参照标准而将符合此标准的行为归入一类。在类型化动机的驱动下,儿童所拥有的独特的意义世界就有可能会被忽略。鉴于此,我们需要把有关行为的类型化问题放在实践阶段,放在已经获得对儿童行为之意图或动机的把握前提之后。儿童行为的类型化之所以仍然必要,在于与行为的类型相对应的,是理论研究已经聚积的有关类型化行为的普遍性认识。而解决儿童的行为问题之需要的普遍性认识,是以行为的类型化为线索的。没有行为的类型化,就不会有意识体验的类型化,也就没有有关行为的普遍性知识的获得。总体上,我们可以把个体类型化为教师、医生、法官等。当在特定的情境中时,我们能够判断,某个人属于某类人,由此就可能会推论在这种情况下他的原因动机和目的动机。在同一类人中,我们又可以进行更加细化的类型化。

行为的深层意义指向行为者的意义世界及其意识体验。在成人的日常交往世界中,每个思维正常的成年人都能够依据自然态度下意识地深入到与之交往的对象之行为的意义世界之中,以确定自己与之交往的方式或策略。人们总是试图去了解他人言行之真正的意义,而不是仅仅看他说了什么,做了什么。由此,人们会从自己的经验出发,回忆一个与这种被观察的行动过程相似的行动过程,并因此而回溯其动机。个体所拥有的经验,实际上是一个由原因动机和目的动机组成的意义网络。这是将自己与他人进行类比而获得的理解之结果。自己在某种情况下是那样,别人也会那样。每个人都认为自己的想法具有普遍性和代表性,这是类比的前提。我们还会根据所储存的知识去寻找各种被观察的个体的类型化特征,从这些类型化行为出发,人们有可能推论出被观察个体的类型化动机。这是一个推论式的理解。在以下情况下,我们还会进行实践的推论:如果不具备关于被观察者个体的知识,不具备有关个体类型的知识,那么观察者就必定要求助于已确知的某种原因,进行"从结果到原因"的推论,从已经完成的活动来推测行动者的"目的动机"①。

理解他人的意识体验或意义世界,虽是一个非常困难却又是发生在每个人身上的事情。通常的情况是,理解有可能并没有真正地把握住理解对象的意识体验。主体间的争吵,或许多半与此有关。我们具有关于他人的主观经验,这就是说,我们对他人都或多或少有些了解。虽然这种了解是模糊的,有的时候甚至是无法说得清楚的。但交往时间多了,我们确实能够部分地理解他人。我们说部分地理解,是因为对于他人的行为,许多时候,我们是无法理解的。例如,某些行为的内在意图究竟是什么,似乎没有人能够说得清楚。

三、身体意义的认识风格

对作为征兆显现的身体之考察,总是有一定的视角,因而总会受到局限。一个人所显示的,也许是这个人的刻意行为,即有意地将自己的某个方面显示出来。而观察也同样带有一定的视角。这个视角是过往生活经验叠加之结果。当一个人形成了较为固定的认识视角时,这个较为稳定的认识视角,也就构成了直面身体征兆的思维方式,或者如舒茨所说的"认识风格",一种认识理解和把握他人身体行为的思维方式。例如,教育者在面对儿童时总是看到儿童所表现出来的种种不足,这种只看到消极的或不足之处的认识风格或观念图式,通常以外在的框架作参照来评判儿童的行为,而不是以儿童内在主观意识体验为参照来理解儿童的行为。尽管舒茨并没有就教育理解问题展开论述,但舒茨对"认识风格"这个概念的解释却有着教育学的意蕴。"自我恰恰是通过这些认识风格来觉察和领悟他人的各种思想、动机及行动的。"②这意味着,每个人都有其自己的理解他人行动之意义的一套模式。社会科学关于人的行动之理解,不过是建立在各自不同"认识风格"之描述和分析之上。这就是说,总有一些基本的概念和原则潜在

---

① [奥地利]阿尔弗雷德·许茨:《社会理论研究》,霍桂桓译,浙江大学出版社2011年版,第39—40页。
② [奥地利]阿尔弗雷德·许茨:《社会理论研究》,霍桂桓译,浙江大学出版社2011年版,第24页。

地规定着对人的行为之认识。如果一个人不刻意地曲解他人的行动所表达出来的意思，那么他就会应用这些策略和办法。

　　进入儿童的意义世界，需要教育者重新检视自己的认识风格。正是这种认识风格决定着他对儿童行为意义的理解，以及生活世界中的什么样的显现应该作为关注的对象。理解儿童的认识风格，一种经过整合和统一的把握外在世界的思维方式，被用来解释各种有关他人的意识过程的表现及构成过程。教育者因为实践角色，往往将自己视为儿童的交往者，而忽略了其同时也是儿童的观察者和理解者。就观察者与被观察者的关系而言，教育者直面儿童，却不对后者产生影响。但这并不是教育者的全部工作，而只是其工作的起点和基础。与此相应的，则是教育者作为理解者的角色在日常生活中被忽略。其结果是，教育者往往不能够真正地理解儿童——父母不能理解自己的孩子，教师不能理解自己的学生。

　　尽管可以在方法论的层面，甚至在方法的层面，就理解问题作出相应的阐述，但这里最核心的，仍然是教育实践的逻辑起点问题。教育者需要始终牢记在心的是这样的一种信念，即教育实践的逻辑起点是儿童的意义世界，而不是作为意义世界之表征的身体的动作或行为。身体的动作只是理解的逻辑前提，这个前提不能与实践逻辑的前提相混淆。理解的核心，就是从儿童的身体行为出发去把握其意识体验或意图与动机。对于教师来说，就是要研究在学校接受教育的学生行为之意图或动机，而不只是局限于描述外显行为。不过，我们经常看到的是，当教师向家长介绍其孩子在校的表现时，我们多半听到的是有关孩子的行为描述，而较少见到对孩子意义世界的分析。这就是说，许多教师只是把所观察到的行为当作客观的存在加以接受。他们很少提出这样的问题，即教师所观察到的行为对于他自己来说意味着什么？儿童希望通过他的情境中的行为来表达什么意思？儿童的行为对于儿童来说又意味着什么？与儿童行为有密切关系的生活世界对于儿童意义世界的建构有着怎样的辩证关系？

　　教育者在自然态度下对儿童的理解，通常是一种前科学的行为意义之解释，这种解释不存在反思因素，是素朴的、直接的、体验式的。前科学的解释，通常并不依赖于各种程序规则和与客观性有关的学术规范，而是依赖于自己的经验以及如许茨所说的"认识风格"。不过，这种前科学的解释则构成了社会科学的研究主题，因而也成为教育学的反思性理解的主题。实证主义倾向的社会科学则是把行为及由行为表现构成的事实作为研究对象，而生存论—现象学则深入个体的体验或经验，深入到个体对世界的意识或观念层面。注重外在的表现和注重内在的意识体验，是两者的本质不同。

心理学要探明动机或意图本身。一旦这个动机或意图获得了清晰的说明，我们就能够说，教育者理解了儿童。日常行为的自然态度和常识，既是理解儿童的基础，也是理解儿童的障碍，同时也应是教育学的研究主题。

第三节　直面"儿童之所是"

教育者真正地理解儿童，在于把儿童的身体作为意义显现之征兆，由此出发，在把握儿童意识体验的基础上，去直面"儿童之所是"。在通常的意义上，我们把"儿童之所是"一般概括性地表述为在这个世界中的"意识体验"。这个意识体验涵盖着儿童的生存体验、生存关系和生存自我。意识体验的三重内容，源于"我—世界"的生存维度。我在世界之中，要做各种事情，用海德格尔的话来说，就是陷于"烦忙"①之中。这种"烦忙"是生存的形式。正是在各种"烦忙"中，我产生了不同于他人的生存体验；个体在"烦忙"的同时，总是要与周遭世界的他人进行交往，形成交往关系；"烦忙"的生存体验以及在生存实践中所形成的生存关系，共同建构起一个独特的自我。从上述意义上看，直面"儿童之所是"，也就是直面儿童的生存体验、生存关系、生存自我和生存选择。

一、直面儿童的生存体验

特定情境中的个体行为，由行为引发出来的系列反应及其形成的现实状态，构成了观察者眼中所谓的事态。这样的事态可称之为表现的事态。表面上看，表现的事态如其所是地实际发生了，并且就以那个样子显现在人们的眼前，因而是客观存在的事态。然而事态的客观性质本身未必能够得到教育者的理性认可。尽管总体上看所发生的事情是如其所是地在那里，因为事态与所指称的对象确实不可置疑。但事态的客观性预设了观察者的存在。实际上，事态总是人们观察到的事态，并相对于行为者而言而存在。离开了具体的观察者，事态也就可能是另外的样子。观察的视角不同，事态在不同的人那里会有不同的主观感受和认识，这样事态就不完全是表现的事态，而是知觉的事态。知觉的事态是每个人观察到的事态。而当个体将其所观察到的事态用语言描述出来时，事态就从表现的事态转化为语言的事态。语言的事态是知觉到的事态之显现。表现的事态经过思维加工，夹

---

① ［德］马丁·海德格尔：《存在与时间》，陈嘉映、王庆节合译，生活·读书·新知三联书店1987年版，第70页。

杂着观察者的意识,而以多少不那么同一的形式呈现出来,构成主体间的事态交流。事态既是表现的事态,也是知觉的事态和语言的事态。三种事态严格说来是同一种事态,然而其意义却各不相同。表现的事态是实际发生的事态,其显现具有某种客观性。知觉的事态是观察者所意识到或知觉到的事态,不同的视角则会有不同的事态表现,因而具有主观的属性。语言的事态是知觉事态的语言描述,然而却又不完全等同于知觉的事态,这是因为语言本身的局限性,因而对于知觉的事态未必就能够完全用语言描述出来,总有一些意识模糊之处的事态难以进入语言可描述的范围。不过,由于总体上不会有很大的差别,因而关于事态的语言描述即等同于个体觉知的事态,而不作进一步的区分。在通常的情况下,人们关于事态的叙述,既属于语言的事态,同时也可以看作是知觉的事态。只有当事态进入到叙述的领域时,事态才成为人们所关注的事件。

有的时候,我们也把事态简称为"事",是个体对世界之物开展行动的状态,也是个体生存体验之依存。正是在各种各样的事务中,个体体验着他的在世与生存。"事"则可以看作是由为实现某个目标而施行的若干具体行为系列或不同个体之间的行为互动。例如,当教师在课堂上发出"请某同学不要再讲话了"的指令时,这个指令本身构成了教师课堂教学的管理行为,而这个管理行为则是由学生在课堂上的讲话行为所引起,因而学生课堂上的讲话行为和教师课堂指令性的管理行为,构成了课堂上的事件。某同学在讲话,这是一种行为,老师以指令的方式提出的要求也同样是一种行为。前者是一个由语言表述出来的事态,后者则是一个实际发生的事态。倘若这个要求只是为被要求的同学所意识到,而不为其他任何人所意识到,那么这个事态就是一个被要求觉知的事态,而没有成为被叙述的事态。教师的言说是一个与此相关的事态,一个由实际发生的事态所引发出来的且对教师的意识体验产生一定作用的事态。一个听课者看到此情形后会说,刚才课堂上发生了一件事。对于课堂上其他同学来说,当他注意到这个现象并向他人讲述这个事情的时候,实际发生的事态也就转换为知觉的事态和语言的事态。

因为是行为系列或行为互动,因而"事"在时间上总是表现出一定的延续性,即行为系列或行为互动之间总是要持续一定的时间。因而在这个事情的持续时间里,事情的所有参与者,教师、讲话的学生、班上的其他学生,都会有各自的意识体验。而对教育学的反思性理解而言,最应引起关注的,是学生在讲话时的体验以及教师发出管理指令时所产生的体验。实际上,可以把学生的课堂讲话行为看作一种在世的方式,即看作学生在课堂上处理他遇到的某个问题的方式。而这个在世的方式又是在一个更大的背景下，即在教师讲课、学生静坐在教室这个背景下发生的。而教师的讲课、学生的静坐，同样可以理解为他们各自的在世方式。由此，生存体验就不只是简单地对于"事"的体验，而是既隐藏又显现于事情之中的在世方式的体验。从这个意义上讲，"请某同学不要再讲话了"，就意味着教师不只是改变着学生的课堂学习行为，而是试图改变学生课堂的在世方式。但因为仅仅孤立地指向这个讲话行为，而没有看到讲话行为所显现的在世方式，所以通常这样的处理问题方式对于一些学生来说收效甚微。如果我们把学生的课堂行为理解为直面学生的在世方式，那么我们也就能够理解，教师通常指向行为的管理何以会失败了。

当教师用教育实践常用的语言来描述他的学生及其特定情境中的行为时，这种描述本身就已经将教师所拥有的各种观念或前见带入他的叙述之中。由于受到已有观念或前见（自然态度）的影响，教师往往在无意之中将学生描述成可能偏离学生自我的人。也就是说，教师已经将学生的在世方式及其生存体验置于一旁。如果被描述的学生被看作是有问题的，那么这种描述就将导致教师不能直面学生的生存体验。用于描述学生行为表现的语言，在无意之中成为孤立和限定学生生存体验的阻隔。在各种各样的教育实践中，如果真把学生的某种表现看作是有问题的，那么用于孤立和限定学生生存体验的语言，是无法揭示学生在世的生存体验的。因此，面对学生在特定情境下的各种行为表现，教育者需要以一种辩证的观点来审视。在注意到某种行为的同时，一定要有对其行为对立面表现的清楚意识，并在相互对立的行为表现中理解学生的不同生存体验。

例如，一教师向培训者抱怨，他遇到了一个行为习惯不良的学生。培训者让其举例说明学生不良习惯的具体表现。教师则似乎也不太能说得清楚。只是说，小孩子存在较为严重的学习习惯问题。在培训者的不断追问下，教师说，孩子做作业不认真。如果有父母在一旁监督，作业会写得非常认真。而当父母不在一旁的时候，作业则是一塌糊涂。教师说，这个孩子的作业其实是能够写好的。当上课铃声响起的时候，这个孩子会跑到教室门口张望，看教师是否来了。如果看到教师来了，他会很快地跑到自己的座位上。其他方面的表现，教师也说不清楚。教师与这个孩子交流过，但是没有什么效果。至少，相关教师在面对这个一年级的学生时已经束手无策。该教师似乎想说什么，但又无法恰当地表达出来，只是说他不想放弃这个学生，然后问培训者，他应该怎么办。这是一个责任心非常强的新入职教师。他有自己对教育的理解，但也有许多教师所遇到的困惑。问题在于，教师的描述是行为表现层面,但却无法理解学生隐藏在其行为背后的生存体验。教师看到了学生的"问题",却没有看到学生的"问题"真正显现出来的东西。

　　在绝大多数教师那里,有关学生行为的描述以及理解通常都是这样的,因而这样的叙事就带有典型性。叙事中所显现出来的,是教师对在没有监督的情况下学生难以完成作业的现象之关注,却忽略了在父母的监督下学生完成作业的情形。教师在叙事中始终关注由学生行为显现出来的问题或不正常的一面。通常所面临的"问题"即某种程度的不合意行为紧紧地抓住了教师的目光。而其中所透露出来的有教育意义的与儿童行为密切相关的意识体验却往往被忽略。教育者应该用一种辩证的思维去看待学生的不合意表现。学生的生存体验更是远离教师的描述:这个学生坐在教室里的什么样的体验促使他在教师上课的时候讲话?叙事所表达出来的东西与未表达出来的东西,以及表达出来的东西与未被关注的东西,形成了鲜明的反差。这当然不是教师的教育出现问题,亦不是教师的职业道德有问题。不如说,案例所显示出来的恰恰是教师的前反思意识过于强大以及由此带来的反思性理解之欠缺的问题。学生的表现不尽如人意,与教师的要求,包括与父母的要求,都有着巨大的差距。而所谓的"不尽如人意"并非是由学生的意识体验所决定的,而是由学生的行为表现及其对教育者的外在要求之偏离所决定的。教育者的善良动机总是在诱使他们想努力解决问题,却没有直面在学生行为中透露出怎样的生存体验。学生的作业不认真和认真同时存在,然而这种同时存在所要具备的条件却完全不同:父母的在场和不在场。这样就有两种不同的体验,即做作业时父母在场的体验和父母不在场的体验;上课预备铃声响起时的学生表现,即看到教师来了时的感受和教师没有来时的感受,透露出孩子怎样的意识体验?对于孩子本人来说,孩子的所作所为是有意义的,尽管在父母或教师看来是有问题的,只是我们还不能够准确而恰当地理解孩子所表达出来的意义。在上面的案例中,一种独特的亲子互动体验在孩子认真做作业和不认真做作业中显现出来。父母在场的体验使得学生能够认真地完成作业。学生不认真完成作业又体现出孩子怎样的生存体验?同样的探索也应该出现在学生上课铃声响起后的表现,其中所表现出来的是怎样的生存体验,以及学生希望一种什么样的在世方式,以至于要通过这种方式来实现自己的这种希望?正是在这里,我们看到反思性理解的重要。然而,教师的前反思意识(自然态度)过于强烈,以至于反思性的理解在这里完全地表现为缺失的状态。

二、直面儿童的生存关系

儿童的所作所为,也表征着儿童的生存关系。而儿童的生存关系又是通过儿童与生活世界的关系和意义世界的联系表现出来。就与生活世界的联系而言,它所反映出来的是儿童自我与外部世界的关系;就与儿童的意义世界的联系而言,它所反映的则是儿童自我与其内心世界的关系。然而,对于每个儿童来说,这个双重关系的具体内涵究竟是什么,与之交往的教育者可能并不清楚,或者只是隐约地有所意识,却未必能够清晰地描述出来;与之交往的教育者也未必能够清楚地意识到,儿童通过如此这般的行为究竟想要建构一种怎样的生存关系。儿童的行为,总是以某种方式与其他事物或其他人相联系。人总是处在与事物或与他人的联系或关系之中。人们所作所为所反映的,也正是这些特殊的社会关系。马克思说,人是社会关系的总和。尽管这是在人的本质这个抽象的意义上来对人加以界定和认识,但在具体和个别的意义上,个体显然也无法逃离这个限定。如此一来,对儿童个体的认识,也就必须要放在人的这个本质规定之中,即放在社会关系总和这个框架内来加以理解和认识。只有将儿童放在社会关系的总体背景下,才能够恰当地理解"儿童之所是"。行为因其指向性而关联着其他人,行为即便是指向物,但就物可以视为人的匿名性存在而言,也是在间接意义上具有指向性的,因而行为既可以看作是构成交往的中介,也可以看作是关系的表征,具有作为社会关系中介的属性。人是整全性的存在,而行为则是整全性存在的片断性反映。行为所表征的,既是个体的在世方式,也是个体的生存关系。不从生存关系的角度来理解儿童的行为,就不可能真正地理解"儿童之所是"。

对于成长中的儿童来说,在与他人的生存关系中,最重要的是与父母及教师的交往体验关系。它们又在不同程度上影响到儿童的伙伴或同辈交往关系及其在学校中的表现。实际上,也只有将儿童的行为放在社会关系网络之中,我们才能够真正地理解儿童,进而准确地把握"儿童之所是"。儿童如同成年人一样有自己的世界。正如莱恩所说的那样,人是"在世界中的存在","他处于与他人的关系之中,并且从一开始就处于某个世界之中"。① 这就是说,我们需要从儿童与他人的关系出发来描述儿童、理解儿童。教育学理论须研究和把握儿童的"关系"和"世界"。如果不是从儿童

---

① [英]R.D.莱恩:《分裂的自我——对健全与疯狂的生存论研究》,林和生、侯东民译,贵州人民出版社1994年版,第6页。

的"关系"和"世界"出发来理解儿童,那么教育者关于儿童行为的描述与解释就是想象的,而非事实的。教育学的任务,或者说试图寻求最有效教育方法的教育学,必须要这样来探讨儿童的"世界"是什么,必须要为儿童在自身世界中的生存关系之认识提供方法论的指导。这种指导是直接指向教育者的。关于某个学生的存在(注意,不是行为,行为只是存在的表现而已),教育者的想法也许一开始就与儿童自己的想法不一样。自我中心的教育者,往往总是想当然地以为,儿童的想法是错误的,只有教育者的想法才是正确的。教育者没有意识到,儿童自己的想法恰恰是其存在方式和重点关系的反映。在这个问题上,莱恩关于理解疯狂者的"自我定向能力"概念对通达儿童的理解同样具有启发意义,尽管两者所要面对的对象有着根本性的差别。莱恩认为,在理解疯狂者的时候,需要辨别我的世界和疯狂者的世界,不能把我的世界替代为疯狂者的世界。莱恩指出:"关于某人的存在,我们的概念或经验与他自己的概念或经验可能相去甚远。在这样的情况下,我们必须学会自我定向,作为一个人进入他人的世界,而不仅仅是把他人看作我们自己世界中(即自己的整体参照系统中)的对象。我们必须有能力实施这种自我定向,而不被关于谁对谁错的偏见所局限。"①由此来看,莱恩的"自我定向能力"是这样的能力,即作为一个人进入他人世界的能力。"自我定向能力"隐含着对人所持有的这样一种立场,即每个人与他人既相独立又相联系,且两者互为生存的必要条件,也互为意义世界。莱恩把这种自我定向能力看作是人学的生存论—现象学的先决条件,同时也是精神病学家理解疯狂症病人言行的先决条件。不独精神病学家、教育家或教育学家,也同样必须拥有这种自我定向能力。为此,教育者需要努力做到,不把他人看作自己世界的对象,不以自己为参照系去判断他人的行为或思想。

当儿童与他人或世界的关系发生破损时,儿童就会以一种在成年人看来反常的行为或"问题行为"来抗拒这种破损的社会关系。这就是说,儿童试图以自己的方式来解决他们所遇到的问题,从而重构那已经失衡了的意义世界。因此,对于教育者来说,教育的目的就是要帮助和引导学生重构与他人的生存关系,就是要从儿童破损了的社会关系出发,来把握他们所持有的生存体验。

一段师生聊天对话所折射出来的生存体验,或许能够更为直观地显现

———

① ［英］R.D.莱恩:《分裂的自我——对健全与疯狂的生存论研究》,林和生、侯东民译,贵州人民出版社1994年版,第12页。

我们所阐述的生存关系之于儿童成长的意义。

　　教师:说吧,你到底在哪里上网?
　　学生:网吧咯。
　　教师:这么晚不回家没关系吗?
　　学生:没事,大不了就是被骂几句。
　　教师:你就不怕他们会担心?
　　学生:他们从来就不理我死活的。
　　教师:你这么肯定?
　　学生:是的。
　　教师:那好吧。他们不关心,但我担心,能不能以后别骗我。
　　学生:骗你什么了?
　　教师:你明明没走,却骗我说你走了。
　　学生:我明天就去阎罗王那报到,行不?
　　教师:别吊儿郎当的!!跟你说认真的!
　　学生:我知道,我当然知道我吊儿郎当,没办法,天生就是这样。
　　教师:那是你的个性,不强求你改变,但我说的事情,能答应吗?别骗人,以后要是没回家,还在网吧,就别跟我说你走了。你这样要是有什么事情怎么办?
　　学生:不行,我就是这样的。
　　教师:也就是说你以后还会再骗我是吧?
　　学生:是吧。
　　教师:我的这份担心,你也不在乎?
　　学生:不在乎啊。有什么好在乎的,难得糊涂。
　　教师:不是只有你一个人在哭,是你拒绝别人陪你一起哭。这才是你所说的难得糊涂,是吧?说真的,你在乎也好,不在乎也好,我还是得瞎操心。我就是这么"唠叨"。
　　(教师附加的说明:以上是我和我的一个学生的QQ聊天记录。他是个很聪明也很有个性的学生,学习成绩不错,是班里的尖子生,也是学校的培养对象。但他成绩不稳定,忽上忽下。据我所知,他回家根本没复习,也没怎么学习,靠的是上课45分钟的听讲。最近发现他频频上网,逆反心理很强。各位帮忙分析,这个学生我该怎么处理?我与他网上的对话在我回复后他就下线结束了。我对他所说是否正确?新手上路很怕犯错啊。)

　　教育者在通达对儿童的理解时,往往因为儿童所表现出来的行为而迷惑。这种迷惑是双重性的,既为行为所迷惑,同时也为要解决的行为问题所迷惑。在日常的教育生活中,教育者倾向于观察行为,并且这种对行为的观察往往是选择性的。对行为的关注,使得教育者只看到行为本身,而没有看到行为深处的意识以及与此行为相伴随的情绪体验、情感满足、自我表现等。蔽于这种迷惑,儿童的意义世界、儿童在行为时的体验和感受,则被置于一旁而无视。在上面的案例中,教师所困扰的,乃是同样的问题,即因为上网(外在的行为)而被遮蔽的意义问题:学生去网吧上网,究竟意味着什么? 教师敏锐地观察到这样一种现象,即学生行为的突然变化("最近频频上网"),却没有对这个所观察的现象进行本质的追问:"个体在日常生活中如果出现某种显见的行为改变意味着什么?"通常而言,个体在生活世界中的行为突变,往往意味着他的在世方式和生存关系受到了某种威胁,这种威胁对于儿童来说是难以接受的。他必定要通过自己的努力消除这种威胁。威胁又意味着意义世界的平衡被打破。行为的突然改变意味着某种行为方式的中止。一定发生了某个对他来说重大的事件,以至于惯常的行为模式难以为继。的确,教师必须要提出如下问题并进行反思性回应:学生"最近频频上网"反映出怎样的在世方式? 这种上网行为到底意味着什么? 学生在 QQ 聊天中言及其父母时的言说和口气反映出他与父母之间一种怎样的生存关系? 作为教师,要真正理解学生上网行为的意义,就需要深入学生的生活世界。教师要进入他的世界之中看一看,最近一段时间在他的世界中到底发生了什么样的事情,以至于学生的意义世界出现混乱,而通过上网来寻求另外一种补偿。或许父母之间可能出现的关系危机导致该生的在世方式的危机,让学生陷入深深的痛苦之中,以至于要通过上网来缓解?

　　直面儿童的生存关系需要教育者实现认知模式的转变,即把儿童的行为看作是其存在方式的表现。每个人都不得不依赖于他人和外部世界而存在。在正常的情况下,每个人都是通过正常的或被他人视为正常的行为方式而确认并肯定这种依赖关系。然而,如果一个人不能够通过正常的交往来维持这种外在的依赖关系时,那么很可能就有两种结果:或者是诉诸反常的行为表现来建立外在的依赖关系,或者是进入自己的内心世界将自己完全地封闭起来,从而出现精神分裂的表现。前者常被看作是"问题",后者常被看作是"病"。在具体方法层面,则是要把学生当作存在者来关注和倾听。而对话则使各种表现背后的意图显现出来。对话的主旨是要进入一个心智未成熟人的世界,去感受他们在其行为中所体验到的感受,以达到对儿童生存状态的理解。在这个过程中,教育者必须要善于改变自己,即既要换位思考,设身处地地想儿童之所想,感儿童之所感,体验儿童对自己及对他的世界的体验,同时又要保持头脑的清醒。

教育理论总是在提出各种教育主张。问题在于,这些主张通常是建立在对教育对象的普遍认识基础之上。所谓普遍认识,这里是指教育理论在这里已经剥离了教育对象的独特性和具体性,而是将教育对象的一般特征、性质或发展机制抽象化、概念化和一般化。教育理论也讨论儿童的生存关系,但通常多半是在一般社会关系的意义上将儿童的生存关系化约为几个抽象的关系,忽视了儿童个体生存关系的复杂性、情境性和独特性。每一个儿童总是独特的和相互区别的,因而儿童的生存关系也是千差万别、各不相同。只有当教育者碰巧在教育实践中所遇到的具体的儿童完全符合教育理论抽象的生存关系时,相关教育理论观点应用才具有了有效实践必须要具备的前提条件。如果教育理论关于儿童的理解与教育者所面对面的教育对象——具体的、个别的儿童——并不符合甚至完全不同,那么将教育理论提出的原则、方法、策略等应用于个体儿童所存在问题解决就不会产生教育者所期待的实践结果。这不仅会给教育实践带来危害,而且亦会带来教育理论尊严的丧失。因此,直面"儿童之所是",理解儿童的生存体验,需要进一步把握儿童的生存关系。正是在各种生存关系中,儿童获得生活意义和人生体验。真正好的教育者,需要教育者从儿童的生存关系出发来理解学生行为的意识体验。

三、直面儿童的生存自我

每一个被视为"问题儿童"的孩子,其日常表现都可以看作是在努力维护其自我。无论是攻击性行为还是退缩性行为,无论是冷漠的态度还是非人化的策略,都是如此。儿童对自我的维护往往与其在某方面例如学业方面所遭遇到的失败是分不开的。经常性的失败压抑着自我,从而使得自我面临危机。而与失败无关的其他方面的行为表现,却能够在行动中确证自我,并使自我得以实现。由此,儿童就会通过其他方面的确证来保卫自己,以免丧失主体性和生命感。只是这样的自我实现方式,往往不被社会所认可。为了维护自我,儿童不得不否定教育者或否定学校所肯定的对象。因为教育者或学校所肯定的对象,对于有问题的儿童来说,是一个巨大的否定性力量,也是自我的摧毁性力量,因而必须要加以进一步地否定。通过对否定的否定,自我得以保护。如果一个人试图通过否定一切来肯定自我,则这个人就很可能进入精神分裂状态了。而一旦对儿童的某种否定性力量被消除,那么用以否定否定性力量的行为就会自动消除。因为,他已经不再需要通过对否定的否定来实现对自我的肯定。他的自我已经在他人的肯定中得到了维护。

单纯从行为表现的层面来看，那些被视为有问题的学生，他们的所作所为，都可理解为对现实生活的参与，从而逃避教育者或学校所强加给他们的生活。因为只有通过那种积极的现实生活的参与，个体的自我才能得到切实的维护。在有问题的儿童那里，教育者或学校的要求作为成年期望的现实生活，是一种真实存在的威胁因素。之所以某些方面的要求会被看作是一种威胁，是因为儿童无法达到教育者的要求，由此而危及其自我的存在。为了消除潜在的焦虑和不安全感，学生不惜反叛学校并通过积极的举动来表征自我。学生所有相关的行为都可以看作是其自我维护的积极表现。

在学校教育中，学生的自我认同与教师联系紧密。当教师不断地在某个方面否定学生时，这种否定就会使学生对其自身的能力丧失信心，由此而导致学生的自我危机。解决学生自我危机的唯一出路，就是教师要耐心地采取行动，以避免学生遭受失败。当学生第一次遇到学业失败时，例如第一次考试成绩不理想或不及格，这种学业上的失败便是学生个人生活危机的开始。这个问题如果不能在短时期内解决，就会引发学生长时间的焦虑和心理困扰。随着挫折的持续出现，焦虑和心理困扰就会引发自我危机。实际上，教师对待学生的所作所为，连同相关的生活氛围以及集体舆论，构成了学生日常教育生活的环境。应该要看到，这种由人和事相互作用而建构起来的教育环境，对儿童的自我有着巨大的影响。外在环境的任何变化，都会影响到儿童的自我。

然而，这里还有一个假自我的问题。正如莱恩所分析的那样，精神分裂者的自我有真自我和假自我之分。在健全者那里，包括在儿童那里，也同样存在真自我和假自我的问题。假自我就是不作为自己而存在，而是按照他人所期待的那个自我而出现，即按照他我来显现。然而，这个假自我仍然是儿童的意义世界的显现。假自我在一些好孩子身上表现得尤为明显。对那些听话的好孩子而言，听话本身成了确立自我的策略。听话，亦即按照他人的存在方式而生活，按照他人的要求和指示来完成自己。听话往往与表现联系在一起。表现好，这是教师在教育生活中面对学生时最常讲到的一句话，而每个学生都期望能够从老师那里听到"表现好"的评价。所谓表现好，实际上就是个人对教师（学校，有时候还包括家长和社会等）意愿或期望的基本顺从，不做他人没有要求做的事情，并努力使自己所做的事情达到教师的标准或要求。在这种情况下，儿童的真实自我就会被暂时地遮起来。长久下去，就会出现一个分裂的自我。相反，一些有问题行为的儿童，所表现出来的恰恰是真自我，只不过，这个真自我却是一个混乱的自我，是以否定的方式来确立的自我。这就能够说明，为什么那些义务教育阶段表现得听话的孩子长大后往往无出色的表现，相反，那些不太听话的孩子在未来的生活中表现得反而更好。然而，这绝不意味着我们在这里提倡儿童变得有问题，也不是鼓励儿童变得不听话，而是在向教育者提出关乎儿童未来发展的建议，即不可随意地将自己的要求强加于儿童，以防止儿童在外在强制的要求下因听话而变得唯唯诺诺。

从生存自我的角度看，儿童的行为也是其自我维护和确证的体现。每个人的行为都潜在地建立在对自我的认识之上，并且也是从这个认识出发而选择各不相同的行为方式。也就是说，儿童是通过其主动实施的行为而实现其自我的。行为既是儿童存在性不安的直接表达，同时也是儿童克服其存在性不安的尝试和努力，即让自己免予其存在性危机的表现。一方面，儿童需要教育者和同伴的关注和认可，以维持自尊感、存在感和身份感；另一方面，由于在学校生活中儿童往往因为学业表现而获得关注和认可，而这种由学业所确立起来的关注和认可，对于一些儿童来说往往是无能为力的，因而教育者和同伴往往又意味着对他存在的威胁。在这两难的境况下，儿童总是在作出各种觉察不到的努力来使自我免遭威胁。随着这种努力所带来的无效感，儿童会放弃教育者所希望的努力，转而采用一种截然相反的方式来确证自我。

概言之，儿童的各种表现恰恰是其生存困境中的自我挣扎及试图摆脱生存困境的自我努力。只是，一些摆脱生存困境的处理方式违反了日常生活的要求，由此而使自己陷入更大的困境之中，从而导致自我危机。而引发自我危机困境的最先起因，可能仅仅是与学生所处的特定年龄时期所不可避免的意志力薄弱或不能自控相关。例如，某学生住校，其父母在另外一个县城做工。这个学生每两个星期回到父母身边一次。学生在学校的生活费由他的父母在学生每次去学校的时候一次给足，包括回家的车费。然而，不知什么原因，一个周末，学生准备回家，却没有了回家的车费。因此，在周五的下午，班主任老师就借给他40元，以便其第二天能够顺利回家。然而，晚上，学生溜出学校，到网吧玩游戏，将40元钱全部玩完。凌晨，该生又偷偷地溜回寝室，并偷了同寝室同学的十几元钱，还顺手拿走了他的手机。第二天，被偷学生向班主任老师报告。寝室只有两个同学，学校监控录像记录下了学生的全部行为。

在这里我们可以看到，偶发因素引发学生凭借自己无法解决的困境，在这个时候向他提供帮助至关重要。问题在于，教师应该向学生提供怎样的帮助呢？对学生自己解决困境行为的指责，将会导致更大困境的产生，以至于最后使得自己陷入一种绝望的状态。在该案例中，学生遇到的第一个困境，是回家的费用没有了。对于一个初中生来说，这的确是一个重大的困境。这时，教师提供了一个对学生而言极为难得的帮助。然而，在帮助学生解决这个困境时，教师忽略了一个至关重要的问题，就是学生消费的意识体验。原本够学生用的生活费，现在却不能够满足他的日常之需。日常消费到底产生了怎样的意识体验，以至于该生陷入不能自拔的境地？从严格的教育意义上讲，教师应向学生提供三个层面的帮助：一是提供表层的直接的有形的帮助，如借钱；二是在较深层面提供帮助，如包括学生应该怎样安排好自己日常生活的帮助，包括指导学生如何合理地使用自己的有限的日常生活费；三是在意识体验层面提供精神层面的帮助和引导，即学生精神生活、心理需求的满足等。学生的自控能力不足，导致学生陷入更大的困境，将教师借给他的钱全部消费在网吧里，而学生进网吧上网玩游戏甚至是赌博，更是学校所严厉禁止的。现在，学生面临三重困境，即夜不归宿、溜出寝室、违反学校住宿规定；上网玩游戏；花光了教师借给他的钱，使得该生又不得不面临所遇到的第一个困境：不能回家。这是教师所不了解或知晓的困境。当教师对所发生的事情并不了解时，他也无法为学生提供什么有效的帮助。就此而言，教师并无不当。为了解决这个困境，学生试图用偷的方式来摆脱。然而，当学生采用这种社会所不允许的方式来解决困境时，他又进一步陷入更大的困境和麻烦之中，即他将面临来自权力的惩罚和道德人格丧失，后者可能是更为致命的。在这种情况下，教师便不能不处理学生所面临的问题。实际上，在这个阶段，学生所需要的，不仅仅是教师对他问题的处理，更需要教师为他提供帮助。

　　现代学校教育面临的最大问题，可能是教育者用简单的方法来应对具有复杂思想、情感体验的儿童。儿童每一行为背后都有其独特的生存自我，并且从相应的行为中都能够获得他所需要的生存体验。但教育者往往只看到行为本身，而忽视或根本不去探讨儿童行为背后的生存自我等。行为而非行为者，成为教育者关注的全部和重心。无视人的生存自我，单纯地只是从行为出发，其结果就是简单化的处理方式。面对儿童确证自我的各种行为，教育者不能只采用单一的教育方式。单一的教育方式可能会让儿童因产生恐惧而中止某类行为，却并不能够真正解决行为背后的生存自我问题。简单化的处置方式只考虑行为的因果关系，不问行为的意义关系；只考虑行为后果以及行为对外在规范的违反，不深入学生通过行为而获得的意识体验。

　　儿童的行为表现,有更深层次更复杂的生存自我问题有待教育者去思考。被视为有问题的儿童,有着怎样的生存自我? 那些被视为有问题的儿童,总是有着这样或那样的异于常态的行为表现,这种异于常态的行为表现预示着儿童怎样的自我意识和自我认同? 外在的行为总是在表现着儿童的内在自我。从这个意义上讲,异于常态的行为表现确为教育者认识和把握儿童的生存自我提供了契机。特定情境中的行为总是带有某种程度的偶发性,然而其中似乎又是必然的。各种相关的因素相互作用,致使儿童的生存自我陷入某种混乱状态。因此,学校整个的教育计划及组织实施,需要对那些有着问题行为的儿童之生存自我予以特别的关注。一个缺少父母关爱的孩子、一个可能处于边缘化的未被关注的学生,可能会将其快乐和美好寄托在夜间溜出寝室、上网打游戏上,或者将希望寄托在暂时逃离学校安排的活动上。这些行为的背后都内含着独特的生存自我。

　　儿童自家庭而进入幼儿园,由幼儿园而进入小学,至少暂时性地失去了父母的关注,而进入到教师和同学关注的境域之中。在这种境域中,由于儿童并不能够得到父母所给予他的相应的关爱,因而他的生存自我就会因为缺失某种必不可少的关爱成分而出现危机。儿童进入学校的早期,是其受教育的关键时期。这个时期大致在小学1—2年级,特别是在第一学年的第一学期的前三个月。如果这个时期出现适应不良,那么适应性问题就会相应地发生。实际上,尽管在整个教育过程中,适应性问题都会发生,且这些适应性问题的发生往往与教师有着密切的关系。但几乎没有教师认为,学生出现的问题与自己有关。下面的案例就很能说明问题。

　　　　小学入学的第一天,我哥哥告诉我:"放学回家时,记得要排'路东队',可别弄错啊!"谨守住哥哥的叮咛,当我听到老师在安排路队上,坚持将我回家的路队排在"路南队"后,我那弱小的心灵天人交战了起来。害怕迷路的我,只能选择提早回家(当然这是不对的),以免真的规规矩矩地排在路南队,却回不了家。可是,隔天,当老师问我"为什么先离校"的时候,我稍微提了一下路队的问题,但她不能接受,而我也换来一次惩罚,以致我非但没有解决路队的问题,反而天天逃学,最后变成每天在学校被处罚一次,回家又被父母处罚一次。基本上,当时的教育氛围,逃学就是不对的行为,因此老师是不太会去详细询问学生行为背后的原因,也不愿意聆听学生的想法。

　　上述案例并非个别现象。它说明了这样一个道理,即:儿童的行为总是有理由的,且这个理由与儿童的生存自我密不可分。不问理由,而仅仅着眼于行为本身,仅仅依据学校的管理规范来评判儿童的行为,并据此来处罚儿童,必定引发儿童更大更多的问题。在学校教育生活的每个阶段、每一项活动中,儿童都可能发生这样或那样的生存自我问题。儿童作为人的存在,其自我为了发展和支撑其身份和自主性,为了逃避外在持续的威胁和危险,往往采取一种主动的方式而使自己与他人发生直接联系,以成为自己的主体。当这种联系不能够建立时,那么个体就可能会倾向割断自己与他人的联系,从而导致问题的出现。而能够有效建构或割裂这种联系的行为方式,正是教师所谓的"问题行为"。由于不能够用正常的方式来建构与外界和他人的联系,那么另外的方式对于某些儿童而言,总是恰当的选择。例如,通过上网聊天或玩游戏,儿童实现了其与外界及他人的联系,尽管这种联系带有虚幻和不现实的特征,并且所带来的恰恰是与现实中的他人联系的中断,但多数儿童仍然乐此不疲,盖因在这种虚幻的联系中,儿童的自我得到确证。

四、直面儿童的生存选择

与特定他人的交往,不仅能够维系儿童个体自我,而且也在这个维系自我的过程中建构其自我。交往中的自我之维系,源于儿童个体与特定他者的认可关系。当个体所提出的要求不能被接受时,当个体的所作所为不能得到他人的肯定时,对于个体来说,他就处于不被认可的处境。偶尔的不被认可通常不会带来问题。但是如果个体在某个方面总是得不到他人的认可,那么对于该个体而言,他的自我就不能够得到基本的维系。为使得自己不处于痛苦的状态,那么个体就不能不通过另外的选择来获得他人的认可。这并不仅仅是个体对外部世界的选择,更是个体维护其意义世界的生存选择。其基本的策略是,当一个人不能得到他期望得到的某个人的认可时,那么他就会另选认可对象。下面的案例,似能说明生存选择对于儿童之是其所是的本质。

下午我骑自行车到 W 家给 W 补课,5:00 到她家里。W 平时是4:15 下课,据我所知,从家到学校最多只要 20 分钟。那天我等到 5:40都没有见到她,然后就打电话问她妈妈。她妈妈在店里比较忙,让我先去学校看看,我去学校之后也没有看见她,就打电话问她班主任。

班主任:"W 已经不止一次不回家,她妈妈也不问她,今天下午3:40 就下课了,而且她是和同学一起回家的。真不知道她是怎么了。"

一直到 6:10,W 回家了,我问她干什么去了。

W 说:"我和同学在学校里打篮球呢。"

我就给她班主任打电话。

班主任:"她在撒谎,学校 5:00 就关门,根本不可能打篮球打到 5:40。"

最后 W 承认,是和几个同学去一个小公园才迟回家。

在通常的观点看来,偶尔的不回家应该不会对一个人的成长带来坏的或消极的影响。但是随着不按时回家次数的增多,一些问题就可能会随之出现。而一旦形成不按时回家的习惯,那么随着年龄的增长以及由此而来的身体的成熟,很可能就成为极为严重的问题。按时回家本来就是一个正常人所表现出来的正常行为。于是,在这里,我们便可以发现儿童放学后的两种选择:按时回家或不按时回家。前反思的态度,是一种基于因果关系分析的立场,即试图发现不按时回家的原因。这种立场在班主任那里表现得尤为突出。因果关系的思维意识,通常将儿童某种选择始终与外部世界关联在一起,而无视儿童内在世界与其选择的关系。这种前反思的态度使得儿童个体的生存选择问题被遮蔽了。人们只是一厢情愿地将一种选择视为可取的,而另外一种选择视为不可接受的,完全没有意识到另外的一种选择可能恰恰是符合生存之境遇的选择。

没有按时回家意味着儿童在家之外的某个地方或场所。家之外的某个地方或场所对于不同的人来说,也同样被赋予不同的生存论意义。儿童所给出的理由表明,不同的空间以及不同空间中的活动形式已经具有了不同的社会意义。在学校打篮球与在公园玩,形成了两个不同的世界和不同的活动,并且被赋予了不同的价值等级。在所给出的理由中,我们能够看到儿童已经基本形成某种世界观,即她对这个世界的立场与态度。实际上,单从性质上看,两者之间并没有显著的不同。打篮球和玩,都是在度过闲暇时间。而真正的合法性来自人们对两个空间——学校和公园的不同认知,并赋予它们各自不同的意义。生存论意义上的理由则被埋在儿童的心底。请注意,这里儿童所给出的理由是社会意义上的而并非生存论意义上的。然而,无论是班主任还是家长,或者还是那个家庭辅导老师,儿童作为人的存在所蕴含的生存选择都被忽略了。从生存论的角度来看,儿童放学按时回家即意味着独自一个人待在家里,这样她会因无所事事而变得极为无聊,因为没有人陪伴而感到极其孤独。置身于孤独之中,一个人将更多体验到一种难受与无趣。相反,找几个同伴在一起玩耍——在什么地方玩耍并不重要,则充满了快乐和积极的体验。特别对于儿童来说,尤为如此。当在放学后没有人监督她的情况下,无论如何她都将无法克服和同伴玩耍所带来的快乐之诱惑。

班主任实际上提出了一个很好的问题:"真不知道她是怎么了?"只是班主任没有深入地想过这个问题,而仅仅无意识地提出问题而已。一个问题如果不能把它从无意识层面上升到有意识层面,那么这类问题的提出也就失去了其原初的意义。实际上,面对每个在教师看来有问题的学生、每个问题儿童的行为表现,都可以像该班主任那样提出这样的问题:"他怎么了?"这在是追问儿童行为表现的意义与体验,从根本上来说,是在追问行为的生存选择意义。追问儿童的生存选择意义,就是要站在儿童的立场来想一想,某种行为对于该行为者来说到底意味着什么。阻碍教育者采取正确的方法教育学生的障碍之一,在于教育者不能理解儿童行为的生存选择意义,在于儿童处于被遮蔽状态,儿童的体验则成为意识之外的对象。

这里所引发出的教育学问题是,如何以社会和学校所许可的方法来满足儿童的需要。"所期望的不只是满足愿望而是用社会认可的方法来满足社会认可的愿望。"①如此,教育者就需要对学生的生存选择作两个分析:对儿童需要的分析和儿童需要满足之方法的分析。这两个分析是紧密地纠缠在一起而难以分开的。其中,对儿童需要的分析是对儿童需要满足之方法的分析的前提和基础;反过来,儿童需要满足之方法的分析又能够更进一步把握儿童之需要。儿童的需要也并非如人们所想象的那样一目了然地显现在人们面前。尽管有些需要显而易见,如能够满足人们生理之需要的物质性需要。但还有一些需要,特别是社会性的需要和精神性的需要,不通过分析是难以为教育者所把握的。一般情况下,儿童满足自己需要之方法,总是要通过其展开的行为而实现。因而分析满足需要的方法,也就是分析与其需要紧密联系的行为表现。在通常的情况下,个体的需要可能会存在过与不及的问题、适当与不适当的问题。但要注意的是,一旦某种需要产生以后,除非能够得到满足,否则很难自动消退。因此,某些不被社会认可的需要一经产生,就需要教师高超的教育艺术来对待这个问题。

作为一种生存选择,儿童逃避孤独的需要并无恰当不恰当的问题,是人的自然本性的反映。儿童通过在公园与同伴的玩耍来满足自己逃避孤独的需要,在通常的情况下也并无不当。但是对于正在成长、接受教育的女孩子来说,公园似乎并不是适合其活动的场所(空间)。对于成年人来说,学校和教堂、公园和电影院、K厅和茶楼、宾馆和健身房、网吧和游戏室、会议厅

---

① [美]C.W.莫里斯:《开放的自我》,定扬译,上海人民出版社2010年版,第36页。

和图书馆等,都是正常的活动场所,但是有些场所对于儿童来说是不适合的,因而是成年人对其加以禁止进入的。公园当然不能算是未成年人应该禁入的场所,但进入公园的恰当性是与特定的时间概念联系在一起的。从这个意义上讲,教师及相关者将学生不按时回家看作是问题,并无不当。这就是说,学生用在公园游戏的方法来满足自己对孤独感的逃离,不能算是恰当的满足自己愿望的方式。

只有通过反思性的分析,教育者才能够发现问题的本质所在,并根据问题的本质规定来确定相应的教育方式,即引导儿童以恰当的方式来满足自己的需要。然而必须要看到,儿童作为未成年人,就其能力和所拥有的社会资源而言,是不可能凭借自己来实现对某种需要或愿望之满足的,必须要有成年人提供的帮助。这个帮助并非是教育者或父母口头的说教,而是要采取实际的行动,并将自己与孩子紧密地联系在一起。

必须要意识到儿童的行为对其未来发展的潜在影响。"在每个时刻它怎么样是由于它曾经怎么样和它正碰到什么样的事情,而它在每个时刻的行动对于决定它和别的东西在以后时刻将会怎样有很大的影响。"[1]儿童的某种不合规的行为所带来的快乐,以及从中体验到的积极的情绪,会在不同程度上强化并鼓励儿童重复类似的行为。单纯的惩罚未必能够真正地改变那种不合规的行为倾向,关键是要立足于儿童的生存选择来看待问题。不仅要看到行为不合规问题,更要看到行为的生存选择问题。教育者需要意识到,不管儿童在场的行为如何,这些行为都意味着某种生存选择。只有从生存选择的角度来审视所发生的行为,教育者才能发现行为问题的真正症结。

第四节　通达对儿童的理解

教育实践是一项教育者和儿童共同参与的活动。一方面,教育者是教育的行动者,需要制订教育的行动计划和方案,将国家、社会及个人的教育价值融入于教育行动之中,从而实现国家和社会的教育意图,在此过程中教育者也会附带地实现自己的教育意图。另一方面,教育者也是儿童的交往对象,意味着教育者也是教育实践的理解者。教育者的教育行动计划和方案必须通过与儿童的交往活动才能够成为现实。教育者的行动表现出相互性特征,要求教育者在制订教育行动计划和方案时既要将儿童作为观照对

---

[1]　[美]C.W.莫里斯:《开放的自我》,定扬译,上海人民出版社2010年版,第30页。

象,也要将儿童视为"共在",真正地理解儿童,以便使儿童成为教育计划或方案的行动主体。但在现实的教育生活中,教育者往往并非如教育哲学理论所期望的那样,承担着理解者的角色,而往往是活动的观察者和评判者。教育者的教育行动之外在要求,即要求儿童参与教育活动的实践规定性,使得教育者在教育过程中往往将"行为事实"作为其关注的焦点,并且成为其教育行为决策的根本依据。这里所提及的"行为事实",就其构成而言,绝大部分是指身体动作及"言语行为"。实际上,教育者往往不能够"真正地"面对他所观察到的儿童行为,而在观察到儿童行为的同时,必然会以已经拥有的观念来对儿童行为进行评判。外在的规范以及日常惯例方面的要求,将成为行为观察时的主导性因素。由于预设或先见,儿童行为(包括言语行为)背后的意图就被忽略。正是在这种意义上,如何通达对儿童的理解就成为教育学中的一个重要的理论问题和实践问题。

一、暂缓对儿童的判断

人们所获得的关于事物和人的先在的认识,往往是不可靠的。笛卡尔(René Descartes)指出,"由于很久以来我就感觉到我自从幼年时期起就把一大堆错误的见解当作真实的接受了过来,而从那以后我根据一些非常靠不住的原则建立起来的东西都不能不是可疑、十分不可靠的,因此我认为,如果我想要在科学上建立起某种坚定可靠、经久不变的东西的话,我就非在我有生之日认真地把我历来信以为真的一切见解统统清除出去,再从根本上重新开始不可"①。笛卡尔此处所要确立的,乃是有关科学知识的确定性问题。在笛卡尔看来,科学赖以建立的基础并不可靠,并且可能是奠基在错误的信念之上。为了确保科学的绝对可靠性,并且寻找到为科学的可靠性做担保的基础,就必须要清除科学已经拥有的并视为基础的那些不可靠的信念。实际上,在人们的实践领域,特别是在教育实践领域,行动的基础,或者说人们的行动得以展开的基础,也如同科学认识一样,也很难说就一定是可靠的。行动的基础是行动者对于行动对象、行动工具或手段以及行动本身的认识与判断,也包括对行动者的自我认识。如果行动赖以展开的基础不可靠,那么行动所产生的实践效果就难以得到保证。因此,从理性的行动出发,有效的教育实践就需要对行动得以展开的各种前提判断或依据进行重新认识。虽然我们无法做到如笛卡尔所说的那样,"把我历来信以为真的一切见解统统清除出去";但仔细地审视教育者在日常学校生活中的行

---

① 　[法]笛卡尔:《第一哲学沉思集》,庞景仁译,商务印书馆1986年版,第7页。

动依据,将那些信以为真的判断,如"该生自制力差""某生不合群""某某沉浸在自己的世界里""某某对学习抱无所谓的态度""他是一个缺乏上进心的学生"等,暂时地搁置在一边,不仅必要,而且十分迫切。

每个人都拥有一些信以为真的信念和见解。然而,常人甚少对其拥有的见解产生怀疑或进行反思。虽然常人也并非是科学研究者,因而他们所拥有的那些信以为真的见解,通常并不会影响到人们的认识或知识。但是常人所拥有的这些信念,却会影响他们的日常行动以及日常生活。在教育实践中,这些无意识持有的信念和见解,直接影响到教育活动的展开以及教育的方式和方法。由于对这些信念和见解从来不曾怀疑过,因而建立在这些信念基础上的教育行动就会被教育者视为恰当而合理的。即使是遇到各种困惑或问题,他们通常也不会把困惑或问题归因于自己所拥有的信念和见解,而是通过采取归之于客观原因的策略来使自己处于安全的境地。平常的见解总是在影响着日常生活的所有方面。人们不曾发现这样的影响,也往往意识不到这样的影响。教育者亦如往常一样,也同样会为自己所拥有的信念和见解所左右而不知。各种日常判断影响到他对儿童的理解,进而影响到他的各种行动计划。唯有理性的反思能够发现其中存在的局限和问题。

通达对儿童的理解之主要障碍,在于轻易地对儿童言行进行判断。正是轻易的判断,使得理解变得不可能。因此,通达对儿童的理解,首要的要求就是暂缓对儿童的判断。判断之所以对理解造成阻碍,根本的原因在于,判断总是基于先在的某些认识,并以此为前提条件。判断乃是行动的基础和前提。而判断赖以形成的基础则是前在的信念和见解,且判断往往为坏的习惯所左右,从而使得人们的行动误入歧途。由此,判断便不能不慎。然而,要做到使判断谨慎而恰当,一个人就必须要时常反思自己所拥有的那些不通过反思就无法发现的信念和见解。而要做到这一点,却又是极为不易的。

如何避免形成错误的判断而阻碍对他人的理解?笛卡尔提出的一个办法就是,尽量不作判断。"我要坚决地保持这种想法:如果用这个办法我还认识不了什么真理,那么至少我有能力不去下判断。"①笛卡尔所论提供了避免误判的一个有效方法,即不下判断。然而,不下判断需要经过专门的训练。我们每个人确实不具有不下判断或暂缓判断的能力。作为常人,人们都有轻易作判断的毛病。对于一些人来说,不作判断的生活是无意义的。

---

① 〔法〕笛卡尔:《第一哲学沉思集》,庞景仁译,商务印书馆1986年版,第20页。

至于所作的判断是否真实,是否恰当,那是他所不考虑的。判断使得他在众人面前获得了无上的荣耀。对于任何可能的问题快速地作出判断,可以验明他在特定群体中拥有他人无法企及的地位和权力。在这样的群体氛围中,另外一些个体就不得不压抑其判断。被压抑判断尽管意味着不民主,却也使得自己有机会不断地检讨和反思自己判断的恰当性。

　　与笛卡尔所持有的怀疑主义立场不同,胡塞尔则试图通过"悬搁"判断的策略,而实现判断的合理性。"悬搁"这个概念表达这样的意思,即"所有的东西都还保留着,就像它们曾经所是的那样,只是我不再简单地把它们看作是存在着的,而是自己中止所有对存在和显像的态度。我自己中止我的其他那些与世界有关的意见、判断、评价态度,将它们看作是预设了世界的存在的。即使对它们来说,我的中止判断也不意味着它们的消失,而是意味着,它们只是单纯的对象"。在胡塞尔看来,我们对世界的认识,受制于前判断。这个前判断往往是一种偏见,并且影响到主体对世界所作出的判断。这样,"悬搁"就成为一种中止判断的方法,即要使我们迄今为止所接受的一切信念,包括我们的科学理论等都失去效用。这意味着,我们在进行严肃而科学的判断时,不要把任何信念作为判断的前提。甚至对于一些判断本身,也需要将其搁置一旁。"悬搁"拒绝把我们的任何自然信念用作前提,这种拒绝意味着使我们迄今深信不疑的东西失去作用,"我们——每个自在又自为的人——以彻底开始的哲学家的那种决心,首先让我们迄今所深信不疑的东西,其中包括我们所建立起来的一切科学都失去作用"①。不仅在认识领域、实践领域,行动受偏见制约之现象是如此之普遍,以至于我们每个人都不能察觉其存在。从怀疑论的立场看,实践行动所必需的理想、观念、规范、原则、要求、常识、经验等,都存在不同程度的偏见,正是这些偏见支配着我们的日常行动,并且是为人所不加批判地用于支配自己的行动。偏见的严重制约性突出地表现在人们对事物的判断领域。当每个人都生活在偏见之中时,偏见似乎也就不成其为偏见了。

　　从主体与客体的相互关系角度看,判断可以逻辑地被划分为认识领域中的判断和实践领域中的判断。认识领域中的判断所追求的,是判断的真理性或判断的确真性;而在实践领域,判断所要追求的则是行动的恰当性。判断的恰当性包括确真性。不确真的判断不能被视为恰当的判断。首先,就判断是对事物或事态所施加的意见而言,主体所施加的这个意见本身,表

---

　　①　[德]埃德蒙德·胡塞尔:《笛卡尔沉思与巴黎讲演》,张宪译,人民出版社2008年版,第43页。

明了人们对客观存在的认识,并且通过判断将对事物或事态的看法表达出来。其次,被判断事物或事态本身所显现或给予的,与判断者所提出的看法,两者之间存在契合问题。恰当的判断是两者之间的契合,而不恰当判断则是两者之间的不契合。最后,恰当的判断要求主体从事物或事态所显现的或给予的出发,而不是从自己主观上所拥有的某种观念或概念出发,悬搁或者必须要使自己所拥有的一套东西失去作用。然而,我们必须要注意,笛卡尔乃至胡塞尔所寻求的是判断的绝对可靠性,它属于认识的领域;而在实践中,我们所需要把握的则是判断的恰当性。通过这个恰当的判断,经验世界将会朝着普遍可欲求的方向发展或变化。不过,有关判断的绝对可靠性的认识与理论阐述,则对我们理解判断的恰当性具有极其重大的启发意义和借鉴价值。因为,判断的恰当性包含对判断的绝对可靠性的要求。

在教育实践中,对儿童在特定教育场景中的系列表现,教育者暂缓对儿童的判断乃是通达对儿童理解最基本的要求。那些与日常规范或教育要求不相符合的行为,不是如何去辨识并去表述(判断)它的问题,而是意义问题,即"如此这般意味着什么"的问题。不是首先把它视为"问题行为",而是该行为反映出儿童怎样的内心世界。不是用规范的判断来"评价"这些行为,而是用素朴的语言去"描述"所观察行为的意义关系。我们总是要用一些日常语言或教育语言来描述一些儿童的表现。我们应该尽量地不去评价和判断,只叙述和描述。如果视所观察的行为是有问题的,那么观察者就有可能用话语去表现它,并在表达中去进一步建构它。然而,它们只是反映出特殊类型儿童生活的意义。教育者真正要面对并解决的是这样的问题,即儿童特殊的生活意义与其中的社会普遍意义之间的关联。真正的问题是,如何从那些儿童特殊行为表现出发,由此而揭示出人的生存论意义,不是个别化的、特殊性的,而是具有普遍意义的状态。

二、在场背景中实现相互理解

教育是一种通过施加影响而促进受教育者身心发展的社会实践。然而要实现施加影响的目的,教育者和儿童之间就必须要能够相互理解。"相互理解"是一种完全不同于传统的教育理念。在传统的教育中,理解是单向性的,即强调儿童对教育者所表述的东西之理解。而教育者所表述的东西,通常与社会的期待和要求有关。传统的教育忽略了教育者理解学生乃是儿童理解教育者之表述的必要前提。没有教育者对儿童行为的理解,并基于对儿童行为之理解来确定相应的教育方式,则难以有儿童的健康成长和发展。在各级教育普及化程度越来越高的现代教育制度背景下,尤其如此。尽管现代教育学深入地研究和探讨如何让学生更好地理解教师表述（知识）的问题，并且试图通过诸如教育教学艺术之类的提升来完成这个任务，但教育的根本任务远不只是掌握文化科学知识。教育的根本任务是立德树人。真正落实立德树人根本任务，需要教育者真正地理解儿童。理解的相互性问题是现代教育的典型问题，是与现代教育发展相伴生的问题。

　　在日常的教育生活中，人们经常可以看到师生之间所发生的冲突，这些冲突或者是隐含的，或者是显在的。前者并没有表现出来，而是表现为内在的心理活动以及后续交往行为的失败；后者则直接体现为师生之间言语的或行为的对抗。师生之间的冲突可以看作是相互不理解的直接表现，或者像哈贝马斯所说的那样，冲突乃是"以达到理解为目标的行为的衍生物"①，然而这个衍生物却是理解失败的产物，是理解失败的表征。根本的原因在于，在日常的生活中，交往的理性策略往往促使教育者把儿童当作孤立的对象来处理。但实际上，孤立地处理并理解对象，不仅不能准确地把握对象，反而有可能误解对象。为此，就必须要将理解的对象置于一定的场景中。这种把理解的对象和场景联系在一起的方法论立场，乃是一种"场的构形"立场。梅洛-庞蒂指出："颜色和物体的稳定性不是被理智构建的，而是由目光通过符合或采纳视觉场的组织而捕捉到的。"②这就是说，人们对事物的认识是通过将事物纳入特定的知觉场而实现的。尽管理智在有关事物的认识过程中确实发挥着知觉所不可替代的作用，但事物的认识起点是知觉，即"场的构形"。人们通常是根据其处身于世界的方式来理解我们所观察到的事物。人们之所以如此这样或那样地看这个世界，这样或那样解读所看到的世界之意义，就是因为他们各自处身于世界之中的方式不同，因为他们的身体在世界中所承受的处境不同。而这个处身世界的方式或处境又直接影响着场景的形成。正是在这里，我们看到了场景之于通达儿童理解的重要性。场景总是和知觉到的一切联系在一起的。观察者通过对整体的感知，而将场景纳入视界。恰恰是场景赋予对象已存在的独特意义。但是这里容易出现障碍问题，即凸显的对象对于场景的遮蔽。人们在尝试理解特定的对象时，总是有意无意地将场景忽略掉，而只是注意到被知觉所抓住的对象。所以要真正通达对儿童的理解，不仅需要关注知觉到的对象，还要把背景因素考虑进去。这是知觉基础上的理智反思。

　　对儿童的情感体验理解，除了要考虑场景外，还需要借助内省这种思维

① ［德］哈贝马斯：《交往与社会进化》，张博树译，重庆出版社1989年版，第1页。
② ［法］莫里斯·梅洛-庞蒂：《意义与无意义》，张颖译，商务印书馆2018年版，第65页。

形式。"对他人的知觉"包含着对情感表现的知觉。对情感表现的知觉,即对情感身体表征的知觉。不过,对情感表征的知觉的阐释,却并不是依赖理解者的内省。从表面上看,人们只是从外部来把握一个人的愤怒、爱、怨恨、害怕等身体表征,而要想阐释那些表征则应该借助内省,求助于对发生在我自己身上的愤怒、爱、怨恨、害怕的认识。一个人其实无法做到通过纯粹内部的观察来把握那些属于情感的东西之本质,如爱、恨等。然而,人们确实能够把握爱、恨等的本质,这种把握在于,"怒、耻、恨、爱并不是隐藏于他人意识深处的心理事实,它们是自外可见的行为类型或举止风格。它们就在那张面孔上或那些姿态里,而非隐藏于它们背后"。"自外可见的行为"以及由此而来的"我们与他人与世界之关系的变化",使得"他人作为其行为而明明白白地被提供给我"①,构成了我们理解情感体验的初始条件。

考察、理解儿童行为及其情感体验,有不同的视角——行为者的视角、观察者的视角以及参与者的视角。不同的视角将形成不同的关系,从而会产生不同的互动行为。就教育实践而言,通常教育者总要面对儿童在特定的情境中所发生的各种行为。在形成这种面对关系的时候,从描述的意义上看,教育者通常是以参与者的视角来观察儿童行为的,这种参与者的观察视角使得教育者有着较为强烈的介入儿童成长的意愿。从规范的层面上看,教育者恰当地施加教育影响应基于对儿童行为意图的把握,即教育者应该用一种参与者的视角来面对和处理儿童的行为表现。但事实上,教育者往往并不是只以参与者的视角来面对儿童,而是以一种单纯观察者的视角来看待儿童的行为,并据此作出相应的处理。然而,这种观察者的视角往往只是局限于行为本身,并不能够深入洞察学生行为的意图。正如哈贝马斯所述,从观察者的角度看,可以对行为进行描述,但是一般无法断定行为者的行为意图,而只能根据语境来猜测行为的意图。"从一个观察者的视角出发,我们可以确定一种行为,但无法肯定地描述出其特定的行为计划,因为这需要我们对其中的行为意图有所认识。我们可以根据表象来推断行为意图,并假设这就是行为者的意图;但要想确切地断定这种意图,我们恐怕还是要从参与者的视角出发。"②

---

① [法]莫里斯·梅洛-庞蒂:《意义与无意义》,张颖译,商务印书馆 2018 年版,第 68—69 页。
② [德]于尔根·哈贝马斯:《后形而上学思想》,付德根等译,译林出版社 2001 年版,第 54 页。

三、理解儿童的两个层面

关于通达对他人的理解,莱恩指出了两种不同的方式。一种方式是基于外在规范和要求,把所观察到的行为看作是有问题的,因为这些行为偏离了正常的规范要求。"我们局限于自身世界之内,用我们自己的范畴对他施以判断,以为这样就能理解他。"①这种方式也是学校日常生活中最为常见的方式。它是如此之常见,以至于到了日用而不知的地步,已经成为日常思维方式,成为人们日常的行为模式和认知模式,或者说是占有和进行日常生活的方式。莱恩提出的另一种方式是,把观察到的他人行为看作是其自身存在的表达,其中蕴含着意义与情感、痛苦与释放等。莱恩说:"我们所能观察到的某人之存在的各个层面,正是该人在世方式的表达。"不仅如此,莱恩还进一步论述了如此理解他人的路径:"理解这些层面是一门艺术,它需要我们将该人的行动与他体验自身情境的方式联系起来。……同样,这门艺术也意味着,以我们所了解的该人的现在去理解他的过去……"②当我们把莱恩所提出的第二种理解方式用于日常的教育生活,用于对健全儿童的理解时,教育者就需要进行自我反思,反思对反常行为的理解是否切中了该行为的意涵? 儿童经历了什么? 他通过自己的行为和语言想要达到什么目的? 回到前述教师和学生的 QQ 聊天对话的案例可以发现,教师主要是用第一种方式来理解学生的上网行为。当教师采用这种方式来理解学生的行为时,则行为的意义与意向、行为者的情感与思想等,便在无意之中被遮蔽起来。而最关键的问题恰恰是,通过做某事或某些事情,行为者从中所获得的生存体验、生存关系乃至生存自我是什么? 儿童行为的当下可视性与过去行为的遮蔽性,构成了儿童行为意义理解的核心。通过当下来把握过去,由此而获得对儿童整体的理解和认识。

理解儿童,就是要求教育者要像历史学家面对历史情景中的行动者那样,"想象自己置身于那些处于行动的决定性时刻的人们当中,重构他们做决断的视域……破译所做过的事情的整体意义"③。儿童在其特定的场景中作出的行为,所赋予的意义往往并不同于教育者单纯地从行为本身出发

① ［英］R.D.莱恩:《分裂的自我——对健全与疯狂的生存论研究》,林和生、侯东民译,陈维正校,贵州人民出版社 1994 年版,第 27 页。
② ［英］R.D.莱恩:《分裂的自我——对健全与疯狂的生存论研究》,林和生、侯东民译,陈维正校,贵州人民出版社 1994 年版,第 20—21 页。
③ ［法］莫里斯·梅洛-庞蒂:《辩证法的历险》,杨大春、张尧均译,上海译文出版社 2009 年版,第 3 页。

所理解的意义。后者往往是从教育者已经拥有的观念、立场、规范、要求等出发，从而对儿童的行为作出一种评价，并基于这种评价立场作出行为反应。要理解儿童，最为重要的是要了解学生行为的意向。任何个体的行为都有其意向性。儿童在教育教学活动中所实施的行为，同样具有意向性。不了解儿童行为的意向，就不可能理解学生行为的意义。这就是说，要摒弃班级管理中的行为主义倾向，不仅需要观察儿童的行为表现，更需要深入儿童内心世界，了解儿童行为的意向性。"从参与者的意向来解释一种行为能使人懂得他的行为"①，由此而找到行为者所知觉的环境与其所采取的决定之间的联系。

一是儿童行为之辨识。儿童行为之辨识，重在从儿童行为与其外部世界的关系，所关注的是行为的事态层面，亦即行为与其所指向的生活世界的关系。对于教育者来说，无论作为行为者还是作为观察者或参与者，这个层面的理解儿童在于对行为的辨识，一种非主体性的行为辨识，即无论对于谁来看，人们都能够辨识出这是一种什么行为并且能够给这类行为进行指称。行为之辨识，反映出个体在场景中的客观意义。这种客观意义在于，行为的观察者能够给予行为以命名或指称。由于场景中的个体行为之辨识是与行为的意向性密切相关的，因而行为之辨识是以场景以及行为对象为条件的。离开了场景以及行为对象，行为的客观意义或行为之辨识都难以完成。例如，我们之所以可以将儿童的行为辨识为书写行为、阅读行为、攻击行为或打架行为，如此等等，恰恰是场景作用的结果，同时也是因为行为所指向的对象确定无疑。儿童行为之辨识，意味着时刻关注和观察儿童的行为表现，并辨识哪些是经常发生的行为，哪些是偶尔发生的行为。这些偶尔发生的行为到底意味着什么？哪些是正常的行为？哪些行为违反了学校日常的行为规范，包括学校的纪律、管理规定、中小学生行为要求、人们的道德规范等？要特别关注儿童行为发生的背景与环境，在怎样的背景与环境下会发生怎样的行为？那些已经发生的行为彼此之间存在着怎样的关系？行为可否作类型化的分析？行为可否作规律性的描述？

二是理解儿童行为的意向意义。我们必须要通过一种现象学研究深入儿童的内心世界，从而了解儿童行为的意向，了解儿童通过某种特定行为究竟想要实现什么，满足一种怎样的主观欲求。这是一个需要教育者进行细致探索和研究的任务，也是一项极其艰辛的工作。我们必须要结合儿童的生活历程以及生活背景，来把握其行为意图。而要实现这个把握的目的，则

---

① ［法］雷蒙·阿隆：《历史讲演录》，张琳敏译，上海译文出版社2011年版，第145页。

需要教育者摒弃自己的主观之见,在面对儿童发生的各种行为时,以一种客观的态度直面学生的行为。的确,教育者所受的教育以及在日常交往中所形成的观念与认识,总是在不同程度上参与到对儿童行为的理解之中,甚至在一些极端的情况下,教育者往往仅仅从其所持有的观念出发来理解儿童的行为,并且总是试图将这种对行为意义的理解强加给儿童。在这种情况下,儿童行为的意义就不会得到真实的显现,就会在教育者所持有的观念中受到遮蔽甚至扭曲。教育者由此而作出的行为反应,必然是偏离儿童的意义世界的。不要总是带着某种观念来看待儿童所表现出来的行为。儿童在具体情境中所表现出来的行为,其意义是由儿童的意向性和体验相联系的。当教育者无意识地运用某种观念来看待儿童的行为时,则儿童行为的意图、意向以及体验就在无意之中被忽略了。这样一来,教育者就会错过最可贵的教育时机,在一些情况下甚至可能会导致与教育者的意图相反的结果。常常能够听到儿童抱怨说老师不理解他们,这样的抱怨是有根据的;而在另外一些情况下则是老师抱怨说,他们对学生的关心和爱学生体会不到,这样的抱怨也是有根据的,至少学生确实没有体会到老师的关心和爱,因为老师以一种非恰当的方式来表达自己对学生的关心和爱,而这种关心和爱的表达方式则是学生所难以接受的。

儿童行为的意义,包含着儿童在学校生活中的体验。因此,儿童的生活体验应该成为学校教育及班级管理的出发点。发生在儿童身上的所有事情,以及以儿童为主角的事情,无论是旁观者还是置身于事情之中,儿童都会产生特定的体验,并由此而影响到他的行为方式与行为表现。反过来,儿童的行为表现可以看作是其获得某种内心体验的一种尝试。每个人在经历某个事情的时候,都会产生某种特殊的体验。儿童也是如此。儿童个体、体验与事件三者之间主要存在两种关系,即因为特定的事情而产生特殊的体验,或者是为了某种特殊的体验而去做某个特定的事情。事情是以个体的行为而表现出来的。因此,教师要理解学生,就需要进行两个方面的努力:一是努力尝试理解学生的生活体验,二是在此基础上探明学生的某些行为试图获得怎样的生活体验。某种独特的生活方式会让学生形成一种独特的生活体验,而这种生活体验又会以其日常行为而进一步表现出来并得到强化。

理解学生的生活体验,需要教育者研究儿童,研究儿童的生活方式,研究儿童在日常生活中所表现出来的情感、情绪、思想、意识。通过研究儿童的叙事,包括与儿童相关的其他人关于儿童的叙事,研究儿童的生活史、关键事件,研究儿童的日记、习惯用语、交往关系及其喜怒哀乐,研究儿童的偏好与经常做的事情,从而还原一个完整的儿童自我,准确地把握儿童在具体情境中的行为所表达出来的意义。这是一个需要教育者摒弃其前见的认识过程,也是教育者自我理解的参与和哲学思考的过程。

第六章　对儿童问题行为之意义的探索性分析

儿童的"问题行为"尽管在教师看来属于有问题的行为,但对儿童来说,则何尝不是他解决自己所遇到问题的行为? 蒙台梭利指出:"儿童每一个不寻常的反应都给我们提出一个有待解决的问题;儿童每一次发脾气都是某种根深蒂固的(内在的)冲突的外部表现,这种冲突并不能简单地解释成是对不相容的环境的一种防御机制,而应该理解为更高的品质寻求展示的一种表现。"①在教育者看来,"问题行为"有很多,如考试作弊、说谎、破坏课堂纪律、损坏公物等,但到底怎么理解并处理这些所谓的"问题行为",确实是一个需要在理论上加以反思的实践问题。对某些"问题行为"进行具体分析,有助于我们理解儿童意义世界的构成,也能为教育者解决此类问题提供一种新的视角。

第一节　逃避焦虑
——考试作弊行为分析

自考试制度形成以来,作弊就是一个困扰管理的实践问题。现代社会从公平出发,立足于技术解决问题的思路,发展出越来越严密、越来越复杂的作弊防范技术和手段。然而,即便在作弊防范技术越来越先进的背景下,作弊也仍然时常发生。因此,我们需要重新更换思路,从生存论的立场出发来反思作弊问题,从而在技术防范的同时,分析作弊的生存论基础,发现与生存相关的作弊意义,通过消解作弊由以发生的存在论根基来实现对作弊者的重新塑造。

一、儿童的存在性焦虑及其逃避

一般而言,行为是个体身体的有意识的活动。因此,对作弊行为的理解,就意味着需要把握支配作弊行为的"意识"以及这个"意识"何以发生

---

① ［意］玛利亚·蒙台梭利:《童年的秘密》,单中惠译,中国长安出版社 2010 年版,第301 页。

问题。这里涉及两个方面的问题,一是意识与作弊行为发生的关系,二是作弊意识何以发生。就一般的意义而言,意识即意识到存在。因此,如果作弊行为的发生总是源于某种意识,那么最为根本的还是所意识到的东西对于作弊行为的作用。这就是说,对于理解作弊行为来说,要从根本上去把握对于行为者来说最本质的存在。这个存在既是外在的、客观的实在,亦即构成个体生存之处境的客观世界,同时又是内在的、具有本源性的自我意识。二者之间形成一种辩证关系,即处境性的生活世界与生存性的意义世界相互建构并相互否定,从而催生出某种行为的发生。外在的客观世界作用于个体的意识,成为对于个体来说最为根本的存在性感知——存在性安全感或存在性不安,或者个体的存在感。正是这个存在感,对个体进入生活世界以及进入与他人的交往关系或与他人相处产生支配性的作用。一个人能够按照社会的、伦理的、道德的以及法律的要求去行事,乃是因为在与世界和人的相处中他能感受到某种事物或事情本身的可靠性和实在性。

　　关于焦虑,存在主义哲学、精神病理学以及社会学等多有讨论。例如,存在主义哲学家萨特把焦虑看作是个体受到威胁的结果,是对"作为我的可能性的那种可能性的确认",是"担心在这种未来的约会时刻找不到我自己"。换言之,焦虑是个体对于未来某个时刻外部世界对于自我的否定或非我的出现之担心。"如果我能在这些可能性的诸关系中把自己看作是产生其结果的原因,那就不会产生焦虑"。① 这种焦虑源于个体所生存的世界以及事物的连续性和统一性的中断或破裂,从而破坏个体的自我同一性。蒂利希(Paul Tillich)同样把焦虑与非我联系在一起,认为焦虑"是一种状态,在这种状态中,一个存在者能意识到它自己可能有的非存在"②。精神病理学认为,从时间的序列上看,本体的安全有赖于个体世界的连续与统一,而这个连续与统一即意味着过去、现在和未来的相续和相接,不因意外的事件而中断,从而不因意外的事件而破坏自我的同一性。个体当下所从事的事情,总是基于过去的体验,并且总包含对未来的预估,或者说至少包含着对未来自我可能性的判断。当未来自我可能会因为某种意外的事件而发生与个体生存世界的破裂关系时,则个体就会因此而产生焦虑。这种焦虑具有本体性的意义,即这种焦虑源于个体的生存状况。从这个意义上说,

---

① ［法］让·保罗·萨特:《存在与虚无》,陈宣良等译,杜小真校,生活·读书·新知三联书店 2014 年版,第 66、61、60 页。

② ［美］P.蒂利希:《存在的勇气》,成穷、王作虹译,贵州人民出版社 1998 年版,第 29 页。

焦虑只不过是个体"基本的存在性不安的产物"①。与此相呼应,社会学则将由此而产生的焦虑称之为"本体性焦虑"②。对特定情境中的个体行为之理解,就必须要依据个体的内在意识。因此,"行为问题"就绝不仅仅是伦理学意义上的行为规范议题,从根本意义上说,它乃涉及个体的最基本的生存问题。

人并非孤立的个体存在,而总是生活在由他自己所建构出来的社会关系网络之中——主动的或被动的。人在社会关系网络中,特别是在与他者的交往中,形成了区别于他者的自我——我之所是,恰如他者之自我,也是我之将来所应是。我之为我,是由我之所是所决定的。我之所是是我的存在之本质。一旦这个"所是"发生问题,那么我的自我就会出现问题,相应的本体性不安就会出现。然而,我之所是也不是完全由我所保证,这个"我之所是"依赖于他者的承认或认可。生存性危机或存在性不安往往发生于我与这个世界、我与他者的关系断裂上,或者发生在实现的社会关系失衡上。

在现代学校教育制度背景中,儿童的存在性焦虑总是有不同程度的发生。而在日常教育实践中,存在性焦虑以儿童(受教育者)的各种反常态的行为表现为其焦虑形式,其根源在于儿童个体与其所生存的生活世界之不太和谐的关系,在于个体与他者在存在这个本质问题上的冲突。进而言之,儿童的存在性焦虑源于儿童和成年人关于人之所是的不同理解。教育者总是以人之所应是来要求儿童,而不能理解或根本不考虑儿童可能所是。当儿童面临我之所是与他者的儿童所应是的不相切合或冲突时,我之所是的被否定就有可能会引发焦虑的产生。现代学校教育的一大进步是,从儿童所应学转向儿童所能学,然而教育实践仅仅止步于此而并没有再向前迈进。"我能成为什么"并没有引起教育理论的特别关注。这个"我能成为什么"的问题,本质上应该是教育治理的核心问题,即如何有效地实现从儿童之所是到儿童所应是的过渡,并在儿童之所是中体现出儿童所应是。

对儿童之所是的否定,以及儿童对于自我之否定的意识或认识,就会引发出儿童的存在性不安,表现出焦虑的情绪体验。这个时候,儿童就可能会诉诸相应的策略行为,以切断或缓解这个存在性焦虑,从而保证儿童个体之所是不被否定。我们将这个策略行为称为逃避焦虑。社会当然可以提供一

---

① [英]R.D.莱恩:《分裂的自我——对健全和疯狂的生存论研究》,林和生、侯东民译,陈维正校,贵州人民出版社1994年版,第28页。

② [英]安东尼·吉登斯:《现代性与自我认同》,赵旭东、方文译,生活·读书·新知三联书店1998年版,第39页。

系列的制度性安排,如心理咨询等,来防范个体存在性不安的出现,或者现代社会不得不花费大量的资源来为个体提供普遍性的存在性安全保证。然而,从总体上看,焦虑的逃避主要依赖于个体的努力。这主要是因为,与其他社会性行为不同,逃避焦虑行为通常是内指向性的,即通过向内的意识作用而试图清除令人感到惶恐不安的焦虑体验。逃避焦虑的内指向性,意味着避免焦虑的个体努力特征。尽管如此,内指向性的逃避焦虑又总是具有外指向性的特征,即通过身体行为的外部转向来实现内指向性的意向。这种身体行为的外部转向在于这样一个事实,即布洛赫(Ernst Bloch)说的"某种空心的、匮乏的东西,并借助于外部世界的某物来填满自身所渴望的东西"所引发出来的"欲求"①。逃避焦虑的外指向性,意味着为儿童逃避焦虑提供教育上的指导和帮助有了现实的必要性。外指向性的行为或者尝试去认识事物,或者尝试去改变事物,正如塞尔所论述的那样,"意识有两种使我们得以了解世界的方式:一是认识方式,即表示事物如何存在;二是意志方式或愿望方式,即表示我们要事物怎么样、或企图使事物成为什么样的"②。从表面上看来,内指向性的行为也具有外指向性的特征,如扶住墙壁以防跌倒,然而其却是内指向性的。因此,理解儿童的各种不合规范的行为,不能单纯地从社会规范的立场出发来提出要求,而需要从生存论的立场出发来理解与行为发生相伴生的生存体验。

二、儿童考试作弊行为的生存论分析

就行为的直接意图而言,作弊者是要通过一种欺骗的方式以使自己获得人们所期待的状态,如较好的成绩,从而在重要他者面前显现他之所是,即理想的或好的学习者、好学生,或者满足重要他者对于作弊者自我的理想期待。至少在作弊者的期待里,如果某个科目的阶段性考试或期末考试,将有可能在实然的自我与教育者所期待的应然自我之间出现断裂,那么考试就有可能使得那个被期待的自我不复出现,从而有可能带来现实的"非我"。这种"非我"的可能性出现,引发出对于考试结果的担心和焦虑。

可以肯定的是,焦虑是投射的结果,是作弊者对于可能结果的投射。但单纯的考试结果并不足以引发结果,只有在考试结果与某些人的某种期待联系在一起的时候,焦虑才会被真正激发出来。这就是说,从作弊者的立场

---

① [德]恩斯特·布洛赫:《希望的原理》第一卷,梦海译,上海译文出版社2012年版,第30页。

② [美]约翰·R.塞尔:《心灵、语言和社会——实在世界中的哲学》,李步楼译,上海译文出版社2001年版,第73页。

来看,作弊是作弊者想象的不作弊可能带来的后果的产物;而从事物发展的连续性的角度来看,作弊则是儿童对过去的体验可能在未来某个时刻恐惧的再现或延续。

如此来看,作弊只是儿童在成长过程中因为焦虑而形成的逃避焦虑的一个策略行为而已。作弊尽管只是一个显现出来并为人们所关注的个案,然而这个个案却具有普遍的显现意义及与此意义相关联的人,即由作弊而显现出来的逃避焦虑的生存论意义。焦虑在成长过程中的普遍存在及由此而引发出来的逃避焦虑,与在教育过程中对于儿童普遍存在的焦虑之漠视,构成了当下学校教育和家庭教育中最为常见却又不为人所关注的现象。除非人们能够站在儿童生存的本体论意义上来思考问题,否则那些负面的或不为家长、教师所赞同的甚至是批评与否定的行为,就会被标上"越轨行为"或"问题行为"的标签,而不会把它们理解为是对焦虑的逃避。那些曾经经历过此过程的成人教育者,因为岁月所带来的健忘,往往会通过各种方式来给关系到儿童本体性安全的事或物制造概念化的面罩,以此形成对儿童的恐惧或威胁。而这些恐惧或威胁又都是以"为你好"之名而施行,其最终的目的在于实现对儿童的监控,社会的监控本质上在儿童时期就已经开始,而接受社会监控并形成服从监控的意识正是在这个过程中完成的。

人们关于作弊的思考,主要是从一种规范性的伦理道德立场出发,试图通过教育和相关技术来消除作弊现象,却忽略了对作弊之于作弊者应有的本体论的和生存论之意义的分析。作弊当然是一个需要加以否定并消除的现象,此一现象关涉儿童品质发展。但是,清除一个由主体而生发出来的行为,需要深入主体的意义世界,从那里发现要清除的行为之本源。否则,就只是消除了显现出来的现象,却并没有清除现象由以发生的种子。在这种情况下,一旦条件成熟,未清除的种子就又会发芽生长,重新显现出来。对作弊者进行本体论和生存论分析,目的在于探寻引发考试焦虑与逃避焦虑的本源,并从源头处消除作弊的根源。然而,这绝非一件容易的事情。由家长或教育者制造出来的恐惧之物,促成了作弊者对未来和对过去的焦虑。

问题的关键是,如何让处于焦虑之外的家长和教师真正理解处于考试焦虑之中的儿童。由家长和教师建构出来并通过儿童的想象所形成的儿童之所应是,需要通过儿童的努力,即通过儿童对其所是之超越和否定才能够实现。然而,努力对于儿童之所应是,乃是一把双刃剑。这就是说,努力是儿童成为其所是的因素,同时也可能成为儿童之所不是的因素。努力对于儿童成长的双重作用,在要素主义教育哲学和进步主义教育哲学关于兴趣和努力的争论中可见一斑。对于要素主义教育哲学来说,努力比兴趣更为重要,至少在掌握共同的文化要素这一点上是如此。① 然而,在杜威看来,"全然诉诸努力是毫无意义的",因为全然诉诸努力会导致一种外在的"强迫"或"外部的压力",一旦这种外部的压力消失,那么儿童就会将其注意力集中到他感兴趣的事情上。② 这就是说,在缺乏外在约束的情况下,儿童对于学习就会采取一种机会主义的策略,即放弃努力学习而又期望实现其所是的时候,不确定性也就随之增加,潜在的威胁也随之增大,焦虑也会因此而被引发。儿童成为其所是,并不是仅仅通过努力来实现的,且努力亦需要一种外在的力量来保证。这就是说,通过努力而使儿童成为其所是,是需要一种力量的。当这种力量不复存在的时候,即成为其所是面临威胁的时候,与此相伴随的焦虑之克服,只有借助于某些偶然因素,如借助于作弊或放弃学习来实现。因此,作为个别现象的作弊行为,其实是儿童在成长过程中所面对的焦虑体验的特殊表现,儿童借此否定了某种"非我"性存在的可能性。

然而,这种逃避焦虑策略的代价是巨大的。必须要看到,作弊也是一种努力,但却是一种指向非学习的努力,一种自我暴露其所不是的努力。仅仅把用于学习上的那种力量称之为努力是不全面的,用于显现自我之所不是的力量也同样是一种努力。遗憾的是,这种力量用错了地方,用错了对象,用错了位置。它是自我的非实现过程,而不是力图超越自我以实现自我的过程。

作弊是作弊者对自我的否定,然而它何尝不是作弊者对自我的另外一种形式的肯定即对我之所应是的肯定呢? 只是在对我之所应是的肯定中所实现的恰恰是我之所不是——一个非本质性的存在,从而呈现一个虚假的自我来换取他者对真实自我的肯定,对真实自我之存在的实现。困难恰恰就在这里——一个自我肯定与自我否定的辩证历程。作弊者本质上是要追求他所不具有的东西,追求外在于他的对象,而所追求的东西总是与努力相联系。

对于那些学业不良儿童来说,不作弊意味着不良的学业成绩已经成为合法性的存在。换言之,倘若儿童将成绩不良视为当然的存在,那即意味着儿童对当下我之所是的肯定,亦即对人们非期望的那个自我的肯定,或者说亦是对自我放弃学习的肯定。然而,这种放弃的背后,仍然是我之所是与我之所应是之间的矛盾与冲突,是内在自我与外在自我的矛盾与冲突。对于那些成绩不良且不作弊者来说,不作弊既克服了伦理学的焦虑,同时也克服

① 参见华东师范大学教育系、杭州大学教育系编译:《现代西方资产阶级教育思想流派论著选》,人民教育出版社 1980 年版,第 149 页。
② 参见[美]约翰·杜威:《学校与社会·明日之学校》,赵祥麟、任钟印、吴志宏译,人民教育出版社 1994 年版,第 169 页。

了对过去以及对未来的焦虑。他将焦虑转移到了其他方面,转移到了另外一种形式的寄托,例如,在更大的范围内对自身存在的焦虑。

这是现代教育必须要克服的矛盾——我之所是与我之所应是的矛盾。焦虑是制造出来的,是成年人或教育者制造出来的。然而,诡异的是,教育者制造出焦虑,却将克服焦虑的任务留给了儿童。

与考试相伴随的可能发生的对自我的否定,促使儿童因此而发生焦虑。通俗地说,儿童担心因为不好的考试结果而受到谴责,而不得不去作弊。因而对考试的焦虑不如说是对可能发生的谴责的焦虑,或者是与之相关的对个体在群体中的地位不复存在的焦虑。作弊乃是自我肯定的非现实化,这就是说,他没有把可能的非存在即可能被视为成绩不良者及其焦虑作为自我的一部分而接受下来。然而,他仍然是自我肯定,属于常人的缺乏自我肯定的自我肯定。

三、考试作弊何以是逃避焦虑

作弊作为一种特定情境中的个体行为,是一个需要通过阐释而加以理解的现象。日常生活关于作弊的解释,通常多从伦理学的立场或从学校规范的立场出发,将其视为学生个体为了获得满意的考试结果而采取的欺骗手段,其中所反映出来的是学生道德品质不良问题。这个解释至少符合经验的判断,并因而赢得较多的认同。然而,这种解释只是表明了作弊行为的非道德特征以及作弊者的道德自我,却并没有指出学生个体作弊行为的内在意义,即什么样的意识体验引发出作弊行为。

教育者关于儿童行为的评价,涉及两个重要的维度,一是行为规范的维度,二是行为结果的维度。前者主要是依据相关的原则、规则等对行为本身作出评价;后者则通过设定本质的标准,对行为结果进行价值判断,从而形成对个体的外在激励效应。行为评价的两个维度贯穿于儿童的教育过程之中,并试图使之内化为个体未来参与社会生活的基本素养。心理学的研究表明,当人们关注自身时,亦即当人们开始获得自我意识时,他们就会将他们自身当前的状态与某一相关的标准进行比较。当人们发现达到或超过标准时就会产生积极的情绪,反之就会因为知觉到差异或认为差异无法消除而产生消极的情绪,个体由此会处于一种不舒服的状态。为此,个体就会通过自我努力来消除这种不舒服的体验。① 这就是说,当个体行为不符合外在的评价要求时,个体就会因此而努力消除这种不符合所带来的消极体验。

---

① 参见[美]乔纳森·布朗:《自我》,陈浩莺等译,人民邮电出版社2015年版,第119页。

　　考试作为一种学校教育的评价方式,意味着儿童需要通过对特定指向的对象进行恰当的回应,以表明自己达到了学校规定的学业标准。在这个过程中,学生同样面临两个方面的要求,即考试过程规范的要求以及考试结果的评价。前者确保学业本身的真实性,后者则确定学业实际达到的水平。对于儿童来说,由服从考试规范而获得较好的学业表现,是其理想的结果。然而,如果儿童感觉到考试的实际结果和家长、教师对学生期待的考试结果之间可能产生差异并因而产生某种威胁时,当学生发现这种差异无法通过遵守考试规范而消除时,考生就有可能产生一种不舒服的体验,即焦虑。在此情况下,考生就会通过自己的策略化行为,如谎称自己遇到了无法控制的事情的发生或作弊来摆脱由焦虑带来的不舒服体验。

　　就焦虑的引发而言,由考试而引发出来的焦虑大体可以分为不确定性焦虑和伦理性焦虑,前者又可细分为对未来的焦虑和对过去的焦虑。在萨特的存在主义理论中,不确定性焦虑主要是指个体担心自己"以不是方式是他自己",这种焦虑是由我的存在引起,"我的存在引起焦虑是因为我对我自己对这种处境的反应产生了怀疑"①。考试作弊在某种意义上可以归入不确定性焦虑之列。人们迄今并没有对考试焦虑作细致的分析,或者说人们只是关注了考试前考生对未来的焦虑,即担心自己在考试过程中出错,或担忧不好的考试结果所引发出来的实际问题,却没有意识到更为有害的对过去的焦虑,即担心因为考试结果而重复自己过去的经历,担心自己的同一性因为考试结果而被破坏,这种破坏当然并不是由考生自己所能够决定的,不如说它主要取决于家长以及教师对考试结果的负面反应。对过去的焦虑在于,曾经有过的作弊始终在影响着他,且一旦进入考试场景,对过去的焦虑就会促使他重新实施作弊行为。对未来的焦虑在于对可能发生的非自我存在的焦虑。在通常的情况下,它可通过积极的方式化解,即考前心理辅导、更加努力地复习可能要考试的内容等。焦虑的引发往往也是焦虑的对象。例如在考试中,可能的考试结果可能引发出相应的焦虑,担心在考试中出错也同样会引发出焦虑,只不过这是两种不同性质的焦虑。然而,对过去焦虑的化解并未被理论研究所关注。

　　对于儿童来说,考试总涉及两个方面的遵从,即对考试规范的遵从和对考试结果的遵从。由考试引起的焦虑,通常与考试的结果有关。考试的结果有两种可能性——否定性的可能性和肯定性的可能性。否定性的可能性

---

① [法]让·保罗·萨特:《存在与虚无》,陈宣良等译,杜小真校,生活·读书·新知三联书店2014年版,第59页。

是考试者所不期望发生的结果。由此,我与考试的结果就构成了我与考试的否定关系,即考试的结果并不仅仅是分数,而是由分数所显现出来的我的镜像——一个想象中的或通过反思而建构出来的有关他人对自我的镜像。这就是说,我之所是还有一个我之将来所是。那个我之将来所是,在想象的反思和建构中,有可能否定当下我之所是。通过考试作弊而逃避焦虑,可能暂时性地化解了对未来的焦虑,而却引发出更多对过去的焦虑,其结果是,作弊行为的习惯化。

通过作弊而通过考试,也可能会是一种伦理学焦虑。这种焦虑是由于担心作弊被发现而带来道德上的谴责或被贬低。无论如何,对道德规范或其他社会规范的违反,总是会在不同程度上引发相应的焦虑,即内心深处体验到一种不光彩、不体面、不正大光明等。此外,当严密的防范机制使得作弊变得不可能时,则会引发学生的学习中止行为,即通过彻底放弃学习来保持自我的同一性。其内在的机制在于,学生对学习的放弃,也同时在逼迫教师和家长对学生放弃学习的承认。在这种情况下,存在性的不安全会解除,焦虑也因此而同时消失。然而,它所付出的代价也是很大的。至少,对放弃学习的承认是以家长和教师的焦虑作为其交换条件的。

对考试焦虑的逃避是多方面的。对未来的焦虑将有可能促使学生更加努力地学习和复习,也可能会促使学生产生策略行为(考试作弊策略)。正是由于考试作弊策略行为的存在,人类社会在其历史进程中发展出诸多防范焦虑的应对机制,如吉登斯所说的"日常惯例"①。不过,严密的监考作为防范机制也有双重的效用,即作弊的不可能以及学生焦虑的消除,因为严密的监考具有伦理学和教育学的双重意味。严密的监考也可能会促使那些学业不良的学生彻底地放弃学习,也可能会引发更加严重的对未来的焦虑,担心考不好而受到教师和家长的惩罚,或者担心自己的名声受到同学的贬损等。有意思的是,个体在日常生活中因逃避焦虑的需要,也发展其自己的应对策略,例如儿童可能会因为焦虑而引发敌意行为。这种关于敌意行为的解释反过来有助于形成一种教育学的立场,即要解决儿童的敌意行为,最为根本的是要帮助儿童化解焦虑。精神病理学研究者莱恩亦从生存论—现象学的立场出发,把焦虑看作是基本的存在性不安的产物,亦即"通常的生活环境威胁到他低阈限的安全感"②的结果。这就是说,当个体面临各种潜在

---

① [英]安东尼·吉登斯:《现代性与自我认同》,赵旭东、方文译,生活·读书·新知三联书店 1998 年版,第 51 页。
② [英]R.D.莱恩:《分裂的自我——对健全和疯狂的生存论研究》,林和生、侯东民译,贵州人民出版社 1994 年版,第 28 页。

威胁或担心时,焦虑就会产生。上述关于焦虑的论述在提示我们,只有把儿童放在特定的社会关系中,放在儿童在世的处境之中,放在儿童的当下与未来自我意识中,考试作弊才能够得到真正的理解。

四、预防考试作弊的生存论选择

当我们把作弊看作是学生逃避考试焦虑的策略行为时,显然这样一种生存论的立场,将产生不同于技术理性主义的考试作弊防范策略,即清理考场并严密监控,以确保作弊不存在任何的可能性。尽管学生作弊的问题可能会在严密的监考中得以解决,然而学生面临的生存性焦虑问题、学生的我之所是问题,却仍然悬而未决。因此,有必要将作弊放在生存论的视域内来加以解决。不可否认的是,考试作弊始终与儿童的自我认知有关,并且和他者的自我与儿童自我的冲突或矛盾有关。关键的冲突是:我应该成为什么样的人? 或者说通过学校教育我应该成长为什么样的人? 在个体的成长期里,每个人都会在不同程度上面临应该成为什么样的人这一问题的困扰。一些儿童陷入我与他者关于自我的不同意识而挣扎,那么结果就只能是,逃离成年人的控制,成为既不是我的自我期待也非他者自我期待的人。这是冲突与逃离的混合产品,其中多少包含着社会规训的要素。造成这种状况的根本原因在于,教育者无视儿童可能成为什么样的人的基质,而通过各种手段和策略来塑造教育者或学校所期待的人,想象中的理想人格或"理念人"。考试作弊则是这种冲突和矛盾的集中体现,也是教育期待和儿童基质相矛盾的本源所在。

首先,重新反思所设定的教育目标。应该成为什么样的人和可能会成为什么样的人,是不同的目标设定。现代教育总是基于应该成为什么样的人的目标设定,由此来厘定教育内容、教育方法、教育手段以及教育组织形式等。然而,这种基于普遍立场出发的目标设定,却往往受教育者本身所具有的基质以及受教育者实际生存处境所限,从而在教育目标和受教育者达到这一目标之间,形成某种差异性。这就是说,对于一些受教育者而言,达到某些设定的教育目标并无可能性,并因此产生考试焦虑。在这种情况下,如果受教育者在受到过多的外在控制下且又具有较高的自我意识时,则作弊行为就有可能出现。因此,教育者,特别是家长,需要在国家教育目的的指导下,根据儿童可能达到的应然状态来设定教育目标,以使教育目标与儿童的身心发展相切合。过高设定教育目标,因受儿童未来发展的可能性制约,促使儿童产生学习焦虑。

其次,消除考试结果的消极体验。与不好的考试结果相伴随的苛责,必定会引发与考试相关的消极体验。这是一种令人不舒服的情绪体验，同时还会引发儿童自我认同感的危机。因此，一旦有了这样一种消极的体验，那么学生就会在下一次的考试中产生对过去的焦虑，特别是当学生认为以符合考试规范要求的考试行为不可能取得令他者满意的考试结果时，他们可能就会以欺骗的方式——作弊——来解除这种负面的情绪体验。这就是说，儿童就可能会采取策略行为来向他者呈现一个虚假的但却可以令他者满意的自我。在这里，我们至少可以说，考生还是对自我有一种积极的期待，即努力满足他者的要求或希望。而一旦多次尝试而不得时，特别是当严密的监考使得作弊成为不可能时，考生就可能会彻底地放弃考试，而这也就意味着对学校教育生活的远离。造成这种对结果苛责的根本原因，还是因为作为教育者的他者对于功利性东西的追求，而忽略了人自身的发展乃是第一位的，是教育的真正意义所在。与考试相关的分数，以及由分数而来的社会职业的获得、名利的获取以及其他社会资源的拥有等，总归是外在于人的对象，而非人自身。教育孩子在满足社会要求的前提下成为他自己，是教育的根本，也是消除考试焦虑而来的作弊问题的根本。对于作为教育者的他者来说，关键是为儿童设计一个"中等可期望的环境"，从而在学生和教师之间建立起可信任的关系，正是这种信任关系为考试焦虑的消除提供了坚强的保障。

最后，理解儿童本体安全的框架。本体安全是消除焦虑的根本保证，只有理解了儿童的本体安全框架，教育者才能够知道应该从哪里入手来解决儿童的考试焦虑问题，以及由考试焦虑而引发出来的逃避焦虑的行为——作弊。吉登斯指出，"所有个体都在各种形式的惯例基础上发展出某种本体安全的框架。他们依据情感和行为的'程式'来处理危险以及与之相联的恐惧，而这种程式会成为其日常行为和思想的一部分"[1]。显然，如果将吉登斯关于本体安全的论述运用于作弊这一个体行为分析，那么我们就会发现，对于作弊的儿童来说，作弊本身成为其本体安全的基本框架，也就是说，正是通过作弊，儿童能够消除在过去体验到的并在未来的时间段所呈现出来的不愉快的那种弥散性的情绪。对于作为他者的教师或家长来说，这是一个不能不关注和审视的问题。实际上，造成儿童不安全的，恰恰是教师和家长。它是通过对较好考试成绩的积极肯定来制造焦虑的。尽管这种较好的考试成绩是虚假的而非真实的，但对于儿童来说，只要教师和家长认可

① ［英］安东尼·吉登斯：《现代性与自我认同》，赵旭东、方文译，生活·读书·新知三联书店1998年版，第49页。

它,只要教师和家长因为较好成绩而予以奖赏,这本身就足够了。这种焦虑的消除是通过学校和家庭的日常惯例而实现的,如家长因此而开心,教师在课堂上公开表扬等。然而,潜在的焦虑并没有消除,反而是越来越严重的伦理性的焦虑和对过去的焦虑。

第二节　爱　的　渴　求
——留守儿童越轨行为分析

　　留守儿童是社会因理性反思而在意识中给予特殊儿童群体的概念指称。说它是一个独特的现象,是指具有某种特征的儿童的普遍存在:他们的父母在外地打工,而他们自己不得不留守在家里,独自生活或与祖父母生活在一起。说它是一个概念指称,是指"留守儿童"已经成为一个有明确指向的专用名词,以此来指称一个独特的儿童群体,被赋予了特定的内涵。随着留守儿童作为普遍的社会现象的出现,人们有关留守儿童教育问题的探讨与思考也因此而出现。但是,目前有关对留守儿童教育问题的探讨与思考多从实证主义的或行为主义的立场出发,而鲜见有通过对留守儿童所表现出来的行为意义问题入手,深入留守儿童的内心精神世界,研究与探询留守儿童独处时的生活体验与感受。这里试图采用一种人文科学视野的方法论来审视留守儿童的表现问题,对其日常生活的意识体验进行分析,用马克斯·范梅南的话说,就是"对生活体验和日常生活中的实际行为进行文本的反思,以期提升我们的思想,增加我们的实际经验或机智"[1]。指向儿童的生存体验研究,需要一种人文科学视野的教育学研究。唯有这样,教育者才能理解儿童的行为意义,进入儿童的意义世界,才能够知道该如何与儿童相处,和儿童建立起真正有教育意义的关系。

　　我们先看一个由教师所叙述的案例。案例的叙述是由一位乡镇教师给出的,其中折射出教师在教育留守儿童时所面临的困惑,以及案例的叙述者作为一名负责任的教师所表现出来的对于留守儿童健康成长的积极期待和消极感受。

　　　　学生浩的父母在成都打工。平时,浩独自一人做饭、洗衣。浩的爷爷奶奶在临近的一座房子里住,这娃娃平时还胆小,关着窗户睡觉不

---

[1]　[加]马克斯·范梅南:《生活体验研究——人文科学视野中的教育学》,宋广文等译,教育科学出版社2003年版,第5页。

说,很多时候还蒙着被子睡。就是这样,浩也坚决不与爷爷奶奶住在一起,因为老年人老爱谈钱。浩打过同学、抢过低年级和临班同学的钱。因为自己个子小,又占不了强势,浩在打架时只能用语言吓人。班上刚转来的伟是一个被三个学校轮流开除过的学生,校长硬要放在我班。这两个孩子马上一起干出一件大事——将人打伤至住院。一周不到,浩又跑到一年级教室去将价值60元的垃圾桶打烂。才赔款不到几天呢,又把学校的电线盒锁拧坏。浩上课东张西望,老接下茬的习惯让一名科任教师受不了。没过两天,居然打同班女生。浩不完成课堂作业,爱狡辩,自己明明有说有笑,偏不承认。自己明明有接下茬,偏说不是接下茬。对于自己犯错,他一点也不觉得羞耻,感觉很正常的样子。更奇怪的是,他居然还加大犯错的次数,难道他想他母亲在家陪他,想用这办法引他母亲回家教育他吗? 上次他母亲为了他,专门回来陪了一周,这次他想怎样? 问他,他说没有这事。可事实是他确实犯错误犯得多了。唉,孩子可能是读不进去书,天天一个人闲着无聊,老找麻烦。仿佛都有些心理问题了,以有事情有麻烦为乐子。家长是一个劲想挣钱,对于娃儿只采用电话教育,能起什么作用啊? 科任教师是想着教学任务,一心想班上有个好的学习环境。哪一个教师能容忍他上课胡闹,作业也不交? 浩快成“众矢之的”了,几乎所有教师都叫我把他开除得了。我是班主任,我没有权力开除学生。我能做的就是思想教育、联系家长。在班主任工作手册上,我看着一行行浩的表现,实在难过。连大扫除他也要逃避、偷懒。他的优点是什么啊? 我感觉作为班主任的无奈——自己每天早自习、隔天午自习、每天还至少三节课。加上初三的任务紧,哪有那么多时间去教育他啊。还有什么检查资料,唉……家长不配合,总不来校。不主动打电话,都是我打。我的电话都成了他家的专用电话了。科任教师感觉教学无奈。浩居然还说他无奈——为什么要好好坐着学习? 如何办啊?

上述案例描述了一个极为典型的留守儿童现象——浩的日常表现及其面临的教育问题。浩的日常表现是由教师的日常观察所获得的,浩的教育问题则是在教师反思的基础上产生的对于浩的应然状态期待①的结果。浩

---

① 萨特说:“问题即各种期待。”参见[法]萨特:《存在与虚无》,陈宣良等译,杜小真校,生活・读书・新知三联书店2015年版,第30页。正是在期待中,问题才得以出现。期待总是表现出某种应然的状态,而现实则总是偏离期待的应然状态。作为思维形式的问题即由此而产生。

是一个留守儿童,也是一个需要给予特别关注和教育的学生。该给予浩以怎样的特别关注和教育? 这是一个与教师对浩是一个怎样的学生的理解有关的问题。教师对浩的行为意义的理解,将直接决定着教师所选择的教育方式以及与浩所建立起来的教育关系。

一、留守儿童的日常生活体验

在常识性的或世俗的认识中,案例中的学生是一个"问题学生"、一个"后进生"。浩的交往者的诸多断言有一个共同的特征,即它们都是基于外在的标准或教育的准则而对行为作出的判断。由于对个体的判断是基于个体的外在行为表现,而没有触及行为的意义理解以及由此而获得的生活体验,因而有关对该生的教育策略往往是行为主义的,即从学生的行为表现出发,而不是从学生内心的精神世界以及学生对这些行为的意义世界出发。各种的教育策略只是着眼于学生行为问题的解决,而没有意识到学生所表现出来的这类行为在传达一种作为留守儿童独特的日常生活体验信息。结果是,所施加的教育干预越多,表现在留守儿童身上的问题可能也就越多。

因此,这里重要的是留守儿童的生活体验,即作为独特的个体,他们通过各种非正常的行为、各种违反社会与学校规范的行为,究竟在表达什么? 这种通过反常规行为所要表达的东西,应该是行为者想要追求的东西,或者直接地说,是行为者通过非正常行为而要填补的缺失,同时所追求的或所缺失的东西对于行为者来说,一定具有极其重要的意义。没有这个东西的存在,则个体的生活就可能会变得毫无意义。那么试图通过各种违反常规的行为所要追求的因而也是他必然缺失的东西是什么呢? 倘若教师对此有一个透彻的洞察和明了,则在日常的教育和生活中,父母或教师就不会只是想着这些非正常行为儿童所表现出来的"行为问题",而会在更内在的精神意义世界层面上来理解他们的所作所为。而要回答这个问题,则必须要关注他的生活史,关注他的生存环境,关注他的交往对象。

案例中的浩是一个典型的留守儿童,孤独的一个人,远离父母而生存。大体而言,我们可以对浩作出如下描述:浩缺乏父母之爱。父母在外地打工,使得浩不能享受父母的爱与呵护。在一般意义上,对于一个未成年人来说,生活中需要有爱,需要来自父母的爱与呵护。父母的爱与呵护赋予一个人童年或少年的生活以整体的意义和内心世界的完整性。当对于儿童少年来说,必不可少的父母之爱与呵护因为这样那样的原因而在现实生活中难以实现时,则其生活的意义便因此而变得捉摸不定,变得不可理喻,变得破碎而不完整。具体而言，父母之爱的暂时性缺失或不在场，使得儿童可能会处于一种恐惧状态之中。这种恐惧状态在一个人不敢睡觉的行为上已经表现了出来。浩在整个夜晚所面临的恐惧对于还处在少年期的浩来说是不可忍受的。爱的另外一层意思是需要。"我需要你，因为我爱你"，因此母爱的缺失同时也意味着不被需要，至少在浩远离父母的时候，这种潜意识的不被需要总能反映出来，尽管浩不会使用诸如"不被需要"之类的表述。浩独自一个人生活，尽管因孤独而体验着夜晚的恐惧与不安，但浩仍然不愿意和其祖父母生活在一起。父母因生活所迫而在外打工，可能给浩造成这样的印象，即父母对于金钱的热爱超过了对于孩子的爱，因而浩转而将自己的不满倾泻到金钱上，由此而导致对其祖父母的远离。浩是生活在孤独之中。作为一个尚处在发育中的孩子来说，因父母的远离以及各种越轨行为的表现而使自己表现出与一般同学很不一样，因而浩的孤独就不仅仅表现在浩孤独于父母，而且也表现在浩孤独于同学。因此，当另外一个类似浩的学生出现的时候，浩立即和他成了好朋友。

　　爱的缺失、孤独以及由孤独而带来的恐惧，使得浩处于极其不安的状态之中，这种不安的状态已经深入他的本体存在。他需要通过各种各样的举动来弥补父母之爱与呵护的缺失而造成的本体的不安全感。他或者可以通过各种正常的行为来实现这种追寻，或者通过各种反常的行为来实现这种追求。当通过各种正常的行为来追求他在日常生活中所失去的父母之爱与呵护而不能够实现时，则反常的行为便成为他最理性的选择。浩在日常生活中所表现出来的各种反常的行为，可以理解为是对爱的缺失与孤独的补偿性行为，同时也可以理解为是一种本体存在不安全感的直接表达。无论对浩的反常行为作出怎样的理解，其行为所表现出来的本质意义在于，浩的自我意识以及意义世界，因为缺失什么而变得极其脆弱与破碎。浩的行为问题从根本上来说是存在性问题。将浩的问题简单地归之于"心理问题"或"品行问题"或"学业问题"，不能说有错，但不能不说是缺乏深刻性与意义性，偏离了像浩这样的留守儿童的存在状态。单纯地从社会和学校规范的角度看，则浩的打人行为、损坏公物的行为以及诸如此类的越轨行为，能否说都被浩赋予了特殊的意义？如果我们把浩的问题看作是更为根本的存在性问题，则我们就可以这样来理解浩的行为所表现出来的意义：对孤独的逃离，对父母之爱的呼唤与追寻，对不安全感的规避。如此，则教育者，包括教师和父母，若不给予浩以爱、陪伴以及安全感，则任何教育策略都只能是徒劳的。

二、理解基础上的教育反思

作为一个留守儿童,浩的表现绝非是个别的或特殊的现象,而带有一定的普遍性。尽管每个留守儿童都有其不同的家庭背景与生活环境,但是,爱的缺失、孤独以及由此而带来的不安全感等,则构成了留守儿童所普遍具有的精神世界和意义世界。实际上,无论是对留守儿童作个案的现象学分析,还是对留守儿童之群体作人类学分析,我们都能够发现留守儿童不同于一般儿童所表现出来的独特性。对于生存来说至关重要的东西的缺失,例如爱、安全感、生活在家庭共同体中的归属感等,在所有的留守儿童内心深处都能够发现,并且成为留守儿童各种问题行为的深层次根源。因此,教育者在这里就需要把握住两点:一是教育者应当要敏锐地意识到,什么是人之生存最基本的东西,这些东西无论是对于儿童还是对于成年人都是一样的。甚至在某种情况下,这些东西对于儿童较之于成年人更为重要。二是这个对于儿童之作为人之生存而言最为重要的东西,它是否存在,以及倘若存在缺失,那么家庭或学校又该如何给予补偿。

对儿童的理解是教育的前提条件,也是极为重要的前提条件。这个理解的过程本质上是一种研究的过程。不过,这里所取的研究方法论是现象学的,而非实证主义的或行为主义的。对于教育者来说,理解儿童的行为意义是改变其行为表现的首要前提。如果说理解是一种理论性的活动,那么改变就是实践性的活动。与一般的理论研究不同的是,现象学研究将这种理论性活动与实践性活动紧密地联系在一起。理论性研究是要回答这样的问题:这是一个什么样的学生? 一个缺乏家庭关爱、父母之爱、孤独而又焦虑不安的儿童显然完全不同于正常儿童。基于规范立场的行为表现之判断,将某个学生视为"问题学生",一个有着"品行问题"或"心理问题"或"学业问题"的学生,显然不能说有错。然而,不能仅仅停留在这个判断上。那个被视为"有问题"的学生,他可能需要关爱,需要他人对他的需要,需要摆脱孤独与寂寞。他的所作所为,都是在上述种种需要的驱使下进行的。换言之,"问题学生"正是要通过在父母和老师看来是"有问题的行为",来得到对于他的生存来说至关重要的东西,或者说存在意义的根基。只是,这样的需要似乎并没有被教育者关注和理解,既不被其父母关注和理解,亦没有被教师关注和理解。一切的教育都是基于留守儿童的外在行为表现而作出的策略性反应,没有深入到留守儿童的精神世界和意义世界,没有从他们的生活体验出发。而实践性活动正是对这种理解所作出的反应。尽管在这里仍然使用了"反应"这一概念,但这种反应并不是指向外在行为,而是指向个体的意义世界和生活体验。

　　将上述理念归纳起来就是,教师应该对留守儿童有一种反思的理解。总体上看,这种反思性的理解包括两层意思:一是留守儿童的日常行为,无论是正常的行为还是反常的行为,特别是那些反常的行为(越轨行为、脱离常态的行为等),需要不断反思这一切到底意味着什么。二是留守儿童是如何体验一个具体的情境、关系或事件的。必须要看到,留守儿童绝不仅仅是优点或缺点的存在者,即以一种社会性的判断来加以审视的对象,而是充满了复杂性与完整性。在日常的教育生活中,一些教师将注意力过分集中在留守儿童的缺点之上,因而表现出对留守儿童的指责;另外一些教师则主张赏识教育或成功,将注意力集中在留守儿童的优点或闪光点之上,以不断赏识或奖励来帮助留守儿童成长。尽管这两种取向都有其合理性,却没有看到学生作为存在者的复杂性与多样性。留守儿童有脆弱的地方,那些脆弱之处恰恰是需要教师特别关照之处;留守儿童有其好的品质,这些好的品质需要教师给予加强和巩固;留守儿童有其独特之处,这些独特之处需要教师予以特别地注意;留守儿童心理方面可能有其破碎的东西,这些破碎的东西需要教师来加以修复;留守儿童有不愿意向他人展示或公开的信息,这些需要教师给予特别保留的空间;留守儿童有容易受到伤害的地方,这些容易受到伤害之处教师要格外小心,防止不当的或不慎的言行伤害到他们。因此,当教师面对留守儿童时,需要不断地向自己提出这样一些问题:哪些方面是留守儿童的脆弱之所在? 留守儿童有哪些好的品质? 留守儿童有哪些独特之处? 怎样的情形意味着留守儿童所建构的社会关系的断裂或破碎而需要修复? 留守儿童最想防护的是什么? 同情性的理解意味着教师必须要担当起替代性父母的角色,特别是在留守儿童的教育中。其实,"留守儿童"这个概念本身似乎有着某种缺陷性。至少在现代社会生活中,儿童在其日常生活中所能够得到的父母的支持和影响已经变得越来越少。在这样的环境下,教师更应该成为孩子的替代父母。

三、理解行为意义:教育的原初出发点

　　教育的原初出发点,是儿童所赋予其行为的意义,而非教师或家长所强加的行为意义。实际上,在与儿童交往的情境中,作为教育者的教师或父母都需要不断地对自己的教育行为进行反思,以确定自己的教育究竟是指向儿童的行为还是指向儿童行为的意义。困难的是,人们可以对教师提出反思自己教育行为的要求,却难以对父母提出类似的要求。不过,在教师和父母的教育合作性交往中,这样的要求能够提出来。教育的成功需要教师和

家庭协同育人。

　　教师在日常的教育活动中能够给予像浩这样留守儿童的,应是他们的意义世界之建构所需要的。留守儿童的生存体验在于父母之爱的缺失、孤独感以及由此而产生的不安全感。这是教育面临的最大困境,也是教师在教育过程中必须努力思考并通过自己的教育行为而加以解决的问题。父母之爱的缺失需要以师爱来补偿。就爱之作为人类的基本情感而言,无论是父母之爱还是情爱,或者是师爱,尽管有差异,却也有共同之处。这就是,作为人类之爱,它们不仅倾注着关注与关心,同时也倾注着主体间的相互期盼,对快乐而又幸福的生活的期盼。人类的任何爱都不是挂在口头之上的,而是以爱的实践方式表达出来的。对于教师而言,重要的是要学会爱学生,以恰当的实践方式来表达爱。爱,需要实践和专注感,需要真正的洞察力和了解。不是一般的关注,而是高度专注:对于留守儿童所表现出来的各种优点与缺点、进步与失败、欢乐与痛苦、成长与经验分享之关注。这些都是父母倾注在自己孩子身上的专注。乐孩子之所乐,忧孩子之所忧,痛孩子之所痛。当教师面对留守儿童所表现出来的各种行为问题并对此进行行为性质之判断时,教师所扮演的角色正是在学生行为与规范之间的中立者角色,教师秉持客观的态度而对学生的行为与相关的行为规范关系作出评判。这里没有情感的色彩,没有发自内心的关爱,有的只是原则与规范、行为与事实。教育过程中的客观性使得教师成为观察者和裁判者。客观性意味着教师拥有责任心。然而,教育工作不仅需要责任心,更需要同情心,并且还需要将这种同情心付诸实际的行动。

　　不是行为方式之是否符合规范的判断,而是对行为意义之理解,构成了留守儿童教育的全部出发点。而这意味着教育者(教师以及父母等)应当向自己提出这样的问题,即该如何与留守儿童相处? 或者,应和留守儿童建立起一种怎样的教育关系?"应该如何解决留守儿童所面临的问题?"这是一种行为主义教育理念的提问方式。这种提问方式理应受到质疑与反思。因为行为主义的教育策略只是着眼于学生所表现出来的行为本身并据此而进行教育干预,因而强调控制:教师对学生的控制或者家长对其子女的控制。面对留守儿童各种各样的表现,教师应当做些什么呢? 又能够做些什么呢?(应当做的事情未必能够做,而能够做的,总是包含着应当的成分。)教育学过分注重应当层面的讨论,而忽略了"应当"与"能够"之间的关系。如果能够中已经包含应当,则我们对"教师能够"的探讨便自然会涉及有关教育价值的追求了。

　　爱的缺失、孤独与不安全感,三者共同构成留守儿童的日常生活体验——正是这类体验引发出留守儿童的存在性问题。这是一种消极的体验,一种会不断引发出心灵之痛的体验。各种越轨的行为表现或是在掩饰,或是在补偿。无奈,留守儿童往往会选择某种错误的方式,一种社会、家庭和学校都不希望存在的方式来实现这种补偿。根本的教育需要从这里入手,从儿童的消极体验入手。留守儿童的体验是消极的,其消解消极体验的方式是负向的,然而,这并不意味着留守儿童所期望获得的东西是消极的或是错误的。爱、陪伴以及安全感,这些是人之为人都需要的,是确保人之存在的根基,也是避免存在性危机的前提。教育不仅要告诉留守儿童如何选择正确的方式来表现对爱、对陪伴、对安全感的诉求,更应当在和留守儿童的交往中让其时刻能够真切地体验到这些东西的存在。

第三节　自 我 遮 蔽
——儿童说谎行为分析

说谎,是儿童在其成长过程中一个可见现象。少数儿童表现出较为严重的说谎行为,而有些儿童则偶尔有说谎行为。当说谎成为一个儿童日常生活中的常态时,说谎就会被视为品行(不诚实)问题而为人们所谴责。人们都期待他人在与我的交往中坦诚相待,希望与我的交往者能够提供真实的信息,而不是虚假的信息。因此,教育者总是教育儿童要讲真话,要说实话。不过,即便说谎被普遍地视为个体的品行问题,从教育哲学的立场出发,我们仍然要去追问,说谎对于儿童来说究竟意味着什么?

一、说谎之作为一种否定自我的态度

从生存论的立场出发,需要追问的是,说谎对于说谎者来说意味着什么?换言之,我们要追问的是说谎行为的表现意义。如果说,说出真相是对外在于己或内在于己的对象的肯定,那么说谎就是一种否定、一种对自我曾经在世的否定。我们需要建立一种新的视角、一种非伦理学立场的视角,即不是把说谎行为简单地看作儿童个体行为品德问题,而是把说谎与说谎者的自我联系起来,从而探寻说谎这个行为与说谎者的自我生存关系。

关于说谎,16 世纪法国的人文主义者蒙田曾有过论述。在《论说谎者》一文中,蒙田指出:"在说谎者的完全虚构中,他的所言与原有的印象不符时,就构成了谎言。"为此,蒙田从儿童教育出发,特别强调,"说谎是一种不良行为,它是不断发展起来的,人们应该跟它进行不断的斗争"[1]。蒙田关

---

[1]　[法]蒙田:《论说谎者》,载吴元训选编:《中世纪教育文选》,人民教育出版社 2005 年版,第 443—444 页。

于谎言的这个界定抓住了说谎的本质,并且赋予说谎以伦理上的判断。这就是说,说谎者所呈现给他人的,乃是一个不存在的虚空。这个不存在的虚空对于说谎者的存在来说是重要的。在说谎者看来,这个所给予他者的虚空能够恰到好处地将真实的自我遮蔽起来,从而让说谎者避免来自外在的否定。正因为说谎者所呈现的是不存在的空东西,所以让半透明的意识变得透明起来的最恰当方法,就是让说谎者重复他们所虚构的事物。蒙田说得好,"假如你再让他们重复一遍,他们就常常混乱起来"①。

萨特站在其存在论立场曾对说谎作过深刻的分析。此分析有一个重要的前提,即"人的存在不仅仅是否定由之在世界上表现出来的存在,也是能针对自我采取否定态度的存在"。这个前提所表明的,是对人的存在的这样一种认识,即人的存在总是一个自我否定的过程。这个自我否定是双重的否定,即自我超越的否定。由此出发,萨特认为:"说谎是一种否定的态度……但是这种否定不是关于意识本身的,它针对的只是超越的东西。事实上,说谎的本质在于:说谎者完全了解他所掩盖的真情。……因此,说谎者的典型是一种犬儒主义的意识,他在自身中肯定真情,而在说话时又否认它,并且为了自己否认这个否定。……第一个否定是针对于一个真情的,就是说针对一个特殊类型的超越。至于我为自己而对于真情所做的内心的否定,则是针对言语的,即针对世界上的事件的。"②存在与否定的关系,或者说存在与超越的关系,乃是阐释说谎行为意义的一把钥匙。正如萨特所论述的那样,说谎也是一种否定,不过这种否定是对超越的否定,或者说是存在者对自我存在的否定之否定。在这种情况下,说谎者也外在地向他人显现出超越,只是这种超越是虚假的超越。说谎者向他人呈现出来的,也是一个超越的自我,不过是虚假的自我。由此来看,说谎是说谎者对真实自我的遮蔽。虚假的自我呈现,源于真实自我呈现的不可接受。它与说谎者的生活处境密切相关,或者说,这个世界对于说谎者来说,是一个麻烦的世界、一个使其难以容身的世界。

说谎与讲真话、说实话相对立,但是讲真话和说实话却有着不同的含义。讲真话要求人们呈现真情,而不是呈现与真情相反的东西。真情就是已经发生过的事情。对于自己亲历事情的人来说,将事情的真相告知他人,乃是他人的期待。只是,观察总是选择性的,观察的选择性也导致叙述的选

---

① [法]蒙田:《论说谎者》,载吴元训选编:《中世纪教育文选》,人民教育出版社2005年版,第443页。

② [法]萨特:《存在与虚无》,陈宣良等译,杜小真校,生活·读书·新知三联书店2014年版,第77—78、79页。

择性。表现事情真相的信息是如此之多,以至于每个观察者都不可能将所有的信息都搜集殆尽。观察者总是观察到他们想要观察的东西。因此,面对他人的询问,一个人如果完全表达了他所观察到的一切,或者凭其自己的意识将其内在的自我呈现出来,我们便可以说,此人讲的是真话。与此不同,说实话也在陈述一个真实的情境,却未必切中询问者所欲知的对象。如果一个询问者问:"你感到难过吗?"讲真话的人将会如此回答:"是的,我很难受。"而一个说实话的人则可能会回答:"我这几天什么事情都没有做。"而说谎者可能会回答:"我这几天很开心。"由此来看,真话是切中事情的真相,而实话则是相关事情的真相。真话与实话,都可能涉及内在与外在的真情。内在的真情就是我们的感受和体验,而外在的真情就是已经发生的事物或显现给我们的相关信息。由此,说谎也可能是内在与外在的。指向外部世界的说谎行为就是隐瞒已经发生事情的真相,而指向内在世界的说谎行为则是隐瞒自己的真实感受。不过,人们更多地将说谎与讲真话相对立,用说谎指称外在的信息显现;而将指向内在信息陈述的言说与说实话相对立。

通过说谎而将真实的自我遮蔽起来,说谎者由此呈现出一个虚假的自我。这样一来,说谎者不仅否定了自我在世界中的存在,也实现了对自我的否定。由此,说谎者就把自己分解为两个自我——言语中的自我和生存处境中的自我。言语中的自我是虚假的自我,而生存处境中的自我则是真实的自我。这两个自我的同在,乃是生存的需要,是解决自我与所置身于其中的世界之相互冲突的需要。一方面是自我的本在,另一方面则是世界本在之自我的否定。遵循本在的自我而行动,必定要遭到生活世界之规范的否定;而遵从生活世界之规范要求,又会对本在之自我带来挤压与贬低,从而造成自我之损害。此冲突必须要切实地加以解决。在前一种情况下,说谎则成为解决此冲突的策略;在后一种情况下,表面顺从背后的沉默或其他的表现便会成为解决此冲突的选择。因此,在伦理道德的意义上,说谎固然受到了普遍的谴责或批判,但从生存论的角度来看,说谎则成为解决自我与世界之冲突的存在之维护。

二、儿童说谎行为的现象学分析

在日常的教育生活中,我们常用"发展"这一概念来描述儿童的存在状态。这个"发展"可以理解为儿童对自我当下存在的否定或超越。每一次的否定,都是对自我的超越,因而也是在教育者看来的一种发展。这个超越或自我否定,需要两个方面的努力,即儿童的自我努力(有意识的行为)和教育者的认同。这样,儿童的发展就面临着一种对立关系的建构,即一方面是自我努力,对自我的不断否定和超越;另一方面是对这个自我否定和超越的外在肯定。自我否定意义上的发展并不必然会产生现实意义上的否定和超越。它需要教师的承认和肯定。当否定与肯定之间出现不协调、不平衡的关系时,说谎就会作为对超越的否定之否定而出现。以下是一个教师叙述的案例。

孩子,你能不能不撒谎?

　　清晨,我和往常一样来到学校,开始一天的工作。面对清晨的第一束阳光,我开心地走到教室,看到孩子们在认真读书。我的心里真的很开心,他们还是挺自觉的嘛!他们读书,我就在旁边检查作业!突然间发现有一个学生没有来。同桌告诉我,其实他早就来了,只是不进教室,到外面去玩了。我问了和他一起乘车的学生,他说一下车他就不见了,不知道去哪里了。那时候离上第一节课还有半个多小时,我准备打电话给家长,问问情况。还没等我站起身,发现身后站着一位学生,我回头一看,原来是他呀!

　　我问他:"你怎么到现在才来啊?"

　　他说:"我早上睡觉睡过头了!"其实我知道他在撒谎。

　　我问:"真的吗?"

　　"真的,还是我大伯骑车送我来的,我妈妈不在家。"他回答。一副若无其事的样子,很镇定!当时怒火已经烧到我的嗓子眼了。但是我还是想给他一次机会承认自己撒谎了。

　　我又问:"刚才我在校门口看到的不是你吗?"其实我压根就没看到!嘿嘿!

　　他说:"是我,我在买东西。"

　　"买什么呀?不是说你大伯送你的吗?怎么还出去买东西呢?"

　　他说:"我妈妈让我给她买感冒药,我就去买了。"

　　"那感冒药呢?"

　　"放在了校门口的超市里。"说这些话的时候,他一点心虚的表情都没有,很自然。

　　"为什么要放在那里,而不放在书包里呢?"

　　"我不敢,害怕同学说是糖果,说我带零食到学校来。"他脸不红心不跳地说。

　　我无语,心里充满了怒火!没有办法,给他最后一次机会。我跟他说:"放在外面要是忘记了怎么办啊? 我带你一起去拿来吧,放老师这里,好吧?"说完我就拉着他往外走,他怎么也不愿意,于是跟我说了实话:"我在外面玩!"

哎,孩子呀,你这么处心积虑地欺骗我,这到底是为什么啊? 何必呢? 累不累啊? 四年级的时候,有一次他作业没有写,跟我说丢在家里了,我让他带来,他下午没带,又跟我说他的作业被他家的猫衔去做窝了! 我真无语了! 哎! 什么理由都用上了,就为了对付老师,何必呢? 我知道每个孩子都会犯错,可是我希望在犯错后能够主动承认错误,而不是撒谎! 改正错误依然是好学生,这些我在班级中不知道说过多少次! 哎! 教育教育,我该怎么教,怎么育啊?

在以上案例中,说谎的语境构成了儿童的生存处境。两种不同的环境——教室里早读、校外的玩耍——意味着两种不同的个体自我。然而,融入这个世界的趋势,又构成了儿童整体的生存处境。一个由社会世界所施加的要求意味着两种处境的矛盾和对立。儿童正是在这个矛盾和对立的不断转换中实现其自我发展的。儿童在天性上有着融入这个世界的希望。然而周遭世界是多样性的,至少对于儿童来说是多面性的。是否能够实现这个融入,却并非是一个确定无疑的问题,同时还有一个融入的方式是否符合生活世界之规范的问题。生活世界的不同方面都有其现实的合理性和存在论价值。置身于校外的玩耍世界和置身于课堂之中的学习世界,会给儿童带来不同的体验。前者是愉悦的,后者是令人乏味的;前者是令人向往的,后者是令人畏惧的,至少对于这个儿童来说是如此。儿童在其生存处境中不可避免地会面临愉悦和乏味的生存选择。愉悦往往不可取,而乏味却是存在的常态,这种乏味对每个人来说又是必要的。努力的理论,通常将那些能够专注乏味事务的行为称之为表现好或好的表现,且表现好总是意味着在将来的某个时刻,你会得到更多更加令人愉快的好处。[1] 对于儿童来说,融入这个世界,往往要求他们必须要牺牲愉悦而追求乏味。这就是说,融入生活世界并不总是令人愉悦的,在许多时候,一个人必须要牺牲短暂的愉悦来从事令人乏味的工作,以便在将来以更恰当的方式融入生活世界并在生活之中占据属于人的位置。

从融入生活世界的不同选择来审视说谎行为,或许我们可以得到一种

---

[1]　参见[美]约翰·杜威:《学校与社会·明日之学校》,赵祥麟、任钟印、吴志宏译,人民教育出版社1994年版,第170页。

不同于伦理规范立场上的说谎的意涵。人们常说,说谎者有欺骗的意向。当这种欺骗的意向付诸行动并实际地向他人展示隐瞒真相的时候,说谎也就发生了。然而,对真相的隐瞒并不能够绝对存在,原因在于说谎的意识总具有半透明性特征,即用于表达的言辞绝不可能完全任由说谎者操弄。任何出现在谎言中的言辞总是要在不同程度上显现出部分真实的世界。欺骗的意识是半透明的,至少它不可能是绝对的非透明性,否则说谎就永远不会让他人知道是说谎。有意思的是,正是因为说谎中的欺骗意识的半透明性,所以说谎者总是不断地以一个欺骗来论证前一个欺骗,或者说是以对言语的确证来肯定一个虚假自我的存在。由此,谎言往往不是单一的,而是系列的和相互支撑的。正是在这个相互支撑的过程中,谎言总是会闪现出意识的透明性。这个意识的透明性所显示的是真实的自我。

　　所有的说谎行为中,总是会有一个关键的他者在场。这个关键的他者通常是教师或父母。他们在儿童的说谎中扮演着重要的角色,即一个说谎促成者的角色。没有人天生就是一个说谎者。任何一个谎言,都是外在压力下的结果。这个外在的压力,本质是个体存在的压力,是不得不面对的可能来自于外在否定自我的压力。个体的成长或发展,尽管总是自我否定或超越,但这种自我否定或超越主要是在外在要求下由自我来完成的。自我否定与否定自我是两个具有完全不同的生存论意义的概念。前者具有自我超越的性质,因而属于儿童发展的范畴;后者则是外在主体与自我否定的关系,一种对自我否定的再否定,属于教育的范畴。前者并不构成生存论危机,相反,它在建构着一种积极的自我。后者才会引发出儿童生存论危机。根本的原因在于,来自于外在的否定,即对个体真实自我的否定,意味着自我的非我存在,这种非我存在将会导致自我被驱离出场的存在感危机。在这种存在感危机下,说谎就会成为一种策略行为,成为一种用来应对存在感危机的理性选择行为。在案例中,我们可以看到这种策略行为的典型表现。儿童置身于校外和教室,属于两个不同的空间,并有着不同的空间体验;现在和稍早,是与身体所处空间的时间错位,预示着时空之间的不可分割的关联性。儿童在稍早一些时候置身于校外,意味着个体时空位置明显地偏离了社会规范的要求。这种偏离是身体的偏离,而身体恰恰是预示着其行为是否符合规范性要求或存在性期望的征候。而身体置身于校外而非教室,恰恰是非期望的存在方式。这种非期望的存在方式又预示着个体对超越的否定。

　　在教师的自然态度中,儿童的说谎行为源于儿童对学校教育生活以及与教师的对抗。谎言总是由儿童发出,因而问题必定在说谎者那里,在说谎者的意识深处。一种品行上的缺陷乃是促发这种说谎行为的根本原因。在这种自然意识的支配下,教师完全没有意识到自己乃是说谎行为的促成者。恰恰相反,教师是儿童说谎行为的发现者。意识的半透明性为教师所感知。说谎行为意味着隐瞒和欺骗,不是儿童在实现自我超越时所面临的困难,而是品行或品质方面出现了重大的问题。教师所想象的儿童自我形象,与儿童自我设定的自我形象之间出入太大,以至于儿童不得不呈现虚假的真情来实现自我与他我的统一。

如果我们把发展看作是个体对自我采取否定的态度,那么说谎者就应该被理解为一个无力对自我采取否定态度并付诸行动之人。在这个意义上,说谎者就陷入了发展的困境。因此,说谎可以理解为儿童个体发展困境的表征。而当说谎已经成为儿童个体心灵的习惯时,一个维持原有自我的个体就会呈现在众人面前。随着说谎行为意义的逐渐明朗,我们将进入到实践论的层面。存在论为说谎行为提供了意义理解的新视角,然而教育作为人类的实践事业,不能止于存在论,而需要进入实践环节。不过,基于存在论的说谎行为的意义阐释,为教育实践的合理展开奠定了基础。它让教育者能够意识到问题的症结究竟在哪里。

三、面对说谎者,教育者该怎么办

面对儿童的谎言,教育者总是要施以一定的干预,以消除儿童的说谎行为。然而,许多时候则是事与愿违。当我们把儿童说谎行为看作是儿童自我超越或自我否定的失败或放弃时,那么我们说教师在其中可能扮演着促成者的角色。现在,需要思考的问题是,教师并不希望儿童说谎,然而相关的言行所带来的结果恰恰是儿童的说谎表现,何以会事与愿违?为此,需要根据谎言所由以产生的类型及语境,来说明教育者对于说谎的促成关系或干预关系。

谎言有多种,一种是呈现事实上存在的事态,例如某种行为、某个状态、愿望等;另一种是,在承认特定事态的前提下,提供不存在的促成事态的事由。许多时候,我们看到的是第二种情形,即学生无法对自己的某种行为表现这一事实加以否定。这是教师可直接观察到的学生身体的时空状态。然而,面对教师的问题,学生需要一个合理的解释,或者说他非常清楚地知道,应该给教师一个合理的解释、一个教师能够接受的解释。请注意,所有的解释都是站在教师的立场上的。于是,在这里,我们看到了学生的反身思考的倾向。对于学生来说,某种行为的合理性并不取决于自己的选择,而是取决于教师所接受的程度。在一般意义上,日常生活中的每个人都无时不在寻求其行为的合理性。只是对理智成熟的成年人而言,行为的合理性来自实践推理。而对于儿童来说,行为的合理性来自成年人特别是父母或教师的接受程度。能够被接受的行为,就是一种合理的行为,而一种行为如果被视为合理,则至少能够不被指责或可能较少受到惩罚。因此,当成年人对某种行为状态表现出质疑的时候,正如在案例中所表现出来的那样,被质疑者为行为提供理由或者说为行为提供辩护,就成为他的存在性负担。实际上,他可以选择沉默。然而如果选择沉默,则儿童可能会意识到,在这种情况下,沉默就是一种默认。然而,由于谎言总是虚构不存在的对象,因而一旦虚构的对象不能得到明证时,谎言就会被揭穿。

实际上,从教育学的立场出发,对那些"问题行为"进行合理性说明,不应该是由儿童自己来给予,而应该是教师的责任或义务。这就是说,"问题行为"所表现出来的存在性意义,乃是一切"问题行为"最充分的理由,重要的是探寻"问题行为"在儿童那里所给予的理由,即儿童何以做那些在成年人看来有问题的事情而自己却不以为然? 因此,说谎行为的"合理性"就需要教师通过反思性理解来予以说明。不是向学生提出这样的问题:"你怎么到现在才来啊?"而是教师应该要向自己提出另外一个问题:"学生到校后干嘛要停留在学校外面?"或者,"干嘛不像其他学生那样走入教室晨读?"这样的问题将会把教师引导到对儿童说谎行为之意义的探寻,引导到对有关儿童存在与超越之关系以及儿童发展之本质等问题的思考上。

许多说谎行为都表现为相同的本质属性,即表现了同样的存在论意义。儿童在其发展中,在实现对自我的超越中出现了障碍,有待教育者——教师和父母——通过对儿童真实自我的承认而帮助儿童对自我进行否定和超越。一切对儿童真实自我的外在贬低或否定,都会成为儿童自我否定的障碍。在说谎行为中,儿童维持着一个被教育者所贬低或否定的真实的自我,自我否定或超越成为一种假象。所以,当说谎已经成为某个儿童心灵的习惯时,儿童的发展也就陷于停滞状态了。这是一个令人沮丧的事情,也是教育的最大失败。

对于成长中的儿童来说,不断的自我否定乃是其发展的标志。相反,说谎所显现出来的自我维护,则表明一个脆弱的自我存在。这个脆弱的自我乃是儿童存在感得以形成的内核。没有了它,儿童将会陷入存在性危机,一种与外在世界的关系完全紊乱的处境。一个总是处于要求超越其能力所及的范围处境中的儿童,将不得不依赖说谎而维持那个脆弱的自我。在这一点上,儿童与成年人有着很大的不同。对于成年人来说,说谎同样是一个抓不住的空东西,但一个成年人之所以会说出那些不存在的对象,往往是出于利益的诉求。当然,在某些情况下,说谎也会与自我及其存在感有关。那些在没有明显的利益取得前提下的谎言,往往是面临与儿童说谎同样的情况。

儿童从偶尔说谎到说谎成为心灵习惯,有一个发展的过程。蒙田指出,"说谎是一种不良行为,它是不断发展起来的"①。儿童说谎行为的发展过程,是一个需要联系儿童的意义世界才能够把握的。实际上,儿童自其会说话开始,并不知道怎样说谎。在被带入这个世界的过程中,儿童发现来自成年人的指责总是与其特定的表现有关,而如果这个特定的表现不为成年人所知或者让成年人获得一个与表现完全相反的真相时,指责就会消失。约翰·霍特在《孩子为何失败》中写道,"有些学生非常在乎大人对他们的认同,他们认为如果他们不能完全成功,就等于完全失败"②。那些有着类似经历的儿童,往往都会经历这样一个过程,即从期待认同到期待避免指责。随着这样的情形不断重复,儿童凭其自然意识就会感知到说谎所可能带给他的好处——避免指责。然而,麻烦在于,说谎既是儿童发展的结果——一种消极意义上的结果,同时说谎也阻碍着儿童个体的发展。

说谎行为的意义显现,要求作为关键角色的教师,需要改变自己应对说谎行为的策略。其实,解决儿童的说谎问题,需要将说谎行为看作儿童存在状态的指号或征兆,而不是将关注的焦点直接指向说谎行为的道德缺陷问题。关键是,教师要帮助儿童获得有关自我认知和外在认同的平衡点。这个矛盾关系不解决,则说谎行为就不可能消除。尽管说谎行为让人反感,但这个反感不应该成为放弃理解说谎行为之意义的借口或托词。教师需要作深刻的反思,并且要意识到,"问题行为"发生在儿童身上,而父母或教师可能恰恰是"问题行为"的制造者,说谎行为也不例外。教育的出发点是行为的意义,而并非行为本身。行为只是提供了理解其意义的信号。

第四节 需 求 满 足
——儿童攻击行为分析

在学校的教育工作中,经常会遇到学生的一些特殊行为问题。做好有特殊行为儿童的教育工作,需要教育者洞察其行为意图。如果教育者能够准确地洞察儿童内心深处真实的想法或行为意图,那么他就能够知道该如何面对儿童并建立有教育意义的关系。对教育者来说,洞察儿童的行为意

---

① [法]蒙田:《论说谎者》,载吴元训选编:《中世纪教育文选》,人民教育出版社 2005 年版,第 444 页。
② [美]约翰·霍特:《孩子为何失败》,张惠卿译,首都师范大学出版社 2010 年版,第 86 页。

图是一个以儿童行为表现为考察对象的认识过程。从某种意义上说,可能恰恰是那种对儿童行为意图之把握的能力与敏感性,决定着一个教育者是不是好的教育者。

一、教育理解中的儿童行为、意图与背景

就教育交往而言,儿童的行为意图乃是教育者与之交往的前提。教育者对儿童所作出行为的反应,直接建构儿童的精神品质和意义世界。因此,对儿童的各种违反规范的行为表现应当或必须要作出的教育干预,教育者便不能不慎重。然而,慎重只是一种应有的取向。如何作出有意义的教育干预,乃是教育者在面对儿童的特殊行为时必须要考虑的问题。基本的教育原则是,教育者需要仔细辨别这些儿童行为表现背后的意图,并结合行为意图与行为表现而施以相应的教育。对此,卢梭早就指出,"应当仔细研究他们的语言和动作……辨别哪些欲望是直接由自然产生的,哪些欲望是由心里想出来的"①。如果我们暂且搁置卢梭的"自然产生的"和"心里想出来的"这类表达的意义,那么我们就会在卢梭的论述中发现这样一种教育原则,即当儿童作出一定行为(语言和动作)时,教育者应当分析这些语言和动作背后之欲望,特别是要分辨清楚自然的欲望和非自然的欲望。换言之,在面对儿童的某些违反规范的行为时,教育者要认真地研究这些违反规范的行为之意图,辨别出儿童行为的真实意图是什么,他想要达到的目的是什么,洞察和理解儿童"心里想出来的"东西和"自然产生的"东西,而不能仅仅根据儿童的行为表现来处置各种教育事件。

之所以要在教育教学活动中提出儿童"行为意图"这样的概念,是因为"行为"一词既包括"明显的行为",如身体的活动,也包括诸如态度、信念、期待、动机、渴望等内隐的行为。为区别行为的内在与外在的不同,人们通常将前者称之为"行为表现",而将后者称之为"行为意图"。当教育学理论强调教育者做儿童的思想工作应当充分地了解儿童,并认为这是做好学生工作的基本条件时,这里的"了解"就包含着双重的意义,即它既指教育者对于儿童的"明显的行为"的了解,此即人们常说的儿童的一般表现;也包括了解儿童的内心世界,即支配其"明显的行为"的行为意图。一般而言,教育者在日常的教育教学活动中,所能够观察到的仅仅是儿童的外在行为表现,而对行为意图的把握则依赖于反思性理解。

那么,教育者该如何来理解儿童之行为表现呢?美国的伦理学家麦金

---

① [法]卢梭:《爱弥儿》,李平沤译,商务印书馆 1978 年版,第 59 页。

太尔在探讨有关人类道德行为的意义理解时曾有过非常精辟的论述。他指出,"我们不能脱离意图来描述行为,而且我们也不能脱离背景来描述意图,因为正是背景使得那些意图无论对于行为者本人还是他人都可以理解"①。从麦金太尔关于意图的论述中我们可以看到,行为、背景和意图,三者构成了对他人行为理解的基本要素。这意味着,人们只有借助于背景才能够把握他人的行为意图,而只有把握了他人的行为意图,才能够准确地描述他人的行为。也只有在行为理解的最后一个环节,互动行为才可以说达到有效状态。由此可以看出,背景对于个体行为反应的决定性意义及核心地位。背景概念的核心意义在于,有一个背景就有一个历史,而行为者的诸种行为只有在他的生活史范围内才可以得到真正的理解。同样的原理可以应用于教育者对日常教育的理解。学校生活中的每一位学生都有其复杂的生活历史。恰恰是他所独有的生活历史,赋予其行为以背景意义,从而使得教师能够理解和把握他的行为意图。孤立的行为表现,脱离了儿童的生活史是难以理解的。而没有对儿童行为意图的准确理解,则教育者所采取的各种可能的教育策略就可能是错误的,甚至对于儿童未来发展来说是极其有害的。在这里,儿童的生活史意味着一种时间关系的存在,即教育者需要通过诉诸较近期的意图来理解当下的意图,而较近期的意图则只有参考较远的意图才是可以理解的。行为意图的时间关系,蕴含着较为一般的意义关系。它涉及对学生的行为意图的排序。通过这个意图序列,我们最终确证对行为的描述。而恰恰是这个意图序列,构成了儿童的生活历史。

这是一种特定的叙事历史。通过这个特定的叙事历史,儿童的行为成为教育者的可理解的对象。而从事实层面来看,如果没有这样一种特定的叙事历史,则儿童的行为对于教育者来说,可能得到正确理解,也可能被误解。后一种情形的出现,则会导致教育上的失败或失误。儿童在面对各种冲突而遇到教师申斥时的那种受委屈的感受,实际上恰恰是教育者对于儿童行为的误解或不理解的常见表现。儿童在特定的教育情境中的激烈反抗行为,也不能说与这种误解或不理解没有关系。概言之,儿童的行为意图总是与他的生活历史密切相关的。要把握儿童的行为意图,就需要对儿童的生活历史有充分了解。

二、儿童攻击行为的意图分析

儿童在学校生活中的行为与其内在的意图之间,往往表现出相当大的

---

① ［美］A.麦金太尔:《追寻美德:道德理论研究》,宋继杰译,译林出版社 2003 年版,第261 页。

不对称性。外在的行为表现可能是令人反感的,或者是明显违反学校的相关规定。但是,一些学生之所以作出那些失范行为,是因为他们试图通过失范行为而满足其他方面的需要,如摆脱孤独与他人交往,或者是通过某种外在的行为而寻求对自我的认同。儿童期望满足的这些需要本身并没有错误或不当,错误在于满足自我需要的手段本身。真正的教育就在于引导儿童通过恰当的方式或手段来满足自己的合理需要。以下是一段师生对话。

　　W 是一名六年级的女生,学业成绩较差,平时表现也令老师头疼。一天放学的时候,W 趴在桌子上使劲地哭。经过了解,原来下课的时候,W 总是缠着另一个女生李某。这天,一个男生从旁边走过,蹭到了李某身上,李某很不高兴,于是 W 认为那个男生故意欺负李某,就跑上去和那个男生打架,其实她根本打不过那个男生,结果自己打输了,只好在那里哭泣。

　　班主任老师知道了这件事后,就把 W 找来。

　　师:"为什么要去打别人?"

　　W:"因为那个人欺负李某,我想帮李某。"

　　师:"李某个子那么高,又是副班长,她需要你帮她打架吗?(W 茫然地看着老师)

　　师:"你帮李某打架,李某感谢你吗?"(W 低头不语)

　　师:"那你能说说你帮她的原因吗?"

　　W:"我想让李某带我玩。"

　　师:"哦,原来是这样。很多同学都喜欢和李某玩,你知道为什么吗?"

　　W:"知道。因为李某学习好,上课表现也好,老师同学都喜欢她。"

　　师:"是啊,那你知道为什么没有同学愿意和你玩吗?"(W 看着老师摇了摇头)

　　师:"你应该想一想,自己应该怎么做,才会有同学和你玩。"

　　W:"(过了一会儿)我知道该怎么做了。我要好好学习,表现还要好。"

　　师:"对了,你一定要有好的表现,这样才会有同学喜欢你。你想让老师帮你吗?"

　　W:"想!"(立刻变得兴奋起来)

　　师:"你想让老师怎么帮你呢?"

W："我想和李某坐。"

师："哦,可以。但是你要答应老师,上课要好好听课,不能影响班级纪律,还要按时做作业。你能做到吗?"

W："我一定会好好听课的。"(W高兴地向老师保证)

儿童所表现出来的"外显的行为"——打架,其实是学校规范所禁止的行为,也是现代社会普遍禁止的行为。然而,教师围绕打架一事而和学生展开的对话,则直接显示出真实的意图,即W希望通过这样的行动来取悦另外一个同学,而这种取悦本身又因对象身份的特殊性而表明了一种想融入班集体的意愿,并透露出这样一个信息,即由于学生平时不太令教师满意的表现,使得她在班上很孤独。对于老师来说,只有对该生的生活历史有一个充分的了解,才能够对其行为意图之真实性作出正确的理解。实际上,案例同时也显示出一个基本事实,即儿童的生活史其实也就是其关于自我的叙事史。在儿童关于自我的叙事中,教育者总是这个叙事的重要组成部分。儿童的叙事既是其生活的经历,也是其事后所讲述的内容。可以说,在儿童的任一叙事中,教育者(教师)总是和叙事者共同经历了他们教育生活中的叙事。通过这种叙事,儿童的行为意图成为可理解的。也正是在儿童的生活叙事中,教育者能够建构起这样的一种教育想象,即作为正常的儿童,他们需要有同伴,需要有来自同伴的关爱,需要来自集体的爱的力量的支持。恰恰是由于这种力量的缺乏,才导致W的异常行为表现。因此,要真正解决在儿童身上所表现出来的问题,例如日常生活中的攻击性问题,就不能就事论事,而是需要从他们的生活史以及他们所处的生活环境出发,发现其中所存在的相互交织的影响因素。在该案例中,打架作为一种攻击性行为,W的直接意图在于惩罚那名男生,而间接意图在于取悦另外一名女生,而其较深远的意图则在于获得同伴的友爱。打架作为一个事件,作为学生的行为表现,只有借助于行为人的生活背景因素(叙事),在把握其真实意图的基础上,才能够得到准确的描述。而班主任老师所采取的教育策略,应该说是正确的,也是有效的。

这个案例告诉我们,参照儿童行为的背景因素来把握行为意图,要求教师在日常的教育教学活动中,特别是在对特殊学生的处理之前,可以先提供一个类似的叙事。提供一个叙事,就是将特定事件放到一系列叙事性历史语境中。这种叙事不仅让教育者在日常生活中能够重新体验儿童所经历的生活,而且能够根据叙事来理解儿童的生活及其各种表现。因为在很多情况下,儿童所经历的事件,教育者虽然并不总是事实的在场者,但却永远都是隐性的在场者。或者说,教育者的日常行为本身就构成了儿童学习生活的背景。应该说,教师对 W 打架行为的处置是恰当的。这种恰当性正是来自对该生行为意图的把握,而这种把握又是与教师对该生背景的了解,以及在一种叙事式框架内以对其生活史的认识为基础的。在许多类似事件的处理中,一些教师往往不从学生的生活背景和生活历史出发来考虑行为,从而导致对学生行为意图的误解,由此而对类似行为事件的处置就仅仅是处置,而没有将对学生的处置与对学生的教育有机结合起来。这不能不说是教育上的失当。以下是一个具体案例。

一天,学校"开放书吧"的书架被人踩塌了,经过调查,有人亲眼看见是 X 踩在上面造成的。于是教师在班级里进行了核实,X 也承认了错误,并且放学后还到校长那里检讨了自己的行为,答应第二天让父母来学校,找人修好。

第二天,X 的父母如约而来。班主任和大队辅导员一起把他们带到"开放书吧",并且把亲眼看到此事的几个学生也喊来了,把当时发生的情景重述了一遍。就在这时,X 突然放声大哭,一边哭还一边说:"我没有踩书架,我踩的是旁边的凳子。我只是趴在书架上。"她的话让班主任大吃一惊。更糟糕的是,她的父母听了她的话,立刻站到了她的一边,想方设法和班主任理论。无论怎么讲道理、摆事实,此时的 X 就是一口咬定自己没踩书架,事情陷入了僵局。等她父母离开学校后,班主任又找到 X。当班主任满怀希望去问她事情的真相时,结果她还是说不是她踩坏的。事发第三天,班主任再次把 X 找来,让她反省自己最近的表现。她倒是老老实实承认自己最近表现不好。班主任问她为什么表现不好,X 则不愿意回答。于是,班主任决定开门见山:

师:"你知道老师为什么对你有意见吗?"

X:"知道。因为书架的事情。"

师:"是啊,现在这件事已经过去好几天了,学校已经不再追究这件事情了,你能和老师说说,书架是不是你踩塌的?"

X:"是的。"

师:"那你当时为什么突然反悔呢?"

X:"因为我怕爸爸打我。"

师:"那你爸爸打了你吗?"

X:"打了。"

X 说完以后低着头一句话都不说。班主任把她衣袖拉开,发现她的手臂上还有被打的伤痕。这件事情到此算是告一段落了,但是班主任的心情却非常沉重。当 X 最终承认书架是她踩塌时,班主任却陷入了深思:"为什么她先承认了自己的所为后又否认自己的所为呢? 难道仅仅是因为孩子怕父母的责罚和打骂吗? 如果孩子确实是因为惧怕父母的责罚,那么她的父母在这件事情上,又为什么要以极端的方式来责罚自己的孩子呢?"将整个事情的结果归咎于家长的责罚,似乎并不能从根本上对此事作出很好的说明,亦不能对今后的教育工作或其他教师对类似事件的处理提供参考性建议。

从学生一开始承认错误,到否认所犯错误,再到承认错误,其间的反差是如此巨大,以至于连班主任都难以适应。一般认为,学生对于这件事情的态度上的反差、家长的态度和对这件事情所持有的立场起了关键的作用。学生将书架踩塌,在老师的教育下,该生已经认识到了自己的错误。如果这时候家长能够积极配合学校的教育,一起来教育孩子要爱护公共财物,损坏东西必须要赔偿,那么孩子通过这件事接受了教训,以后就不会轻易地破坏公共财物了。但是由于父母对孩子的教育一贯是采取打骂的方式,孩子由于惧怕家长的打骂,采取了撒谎的方式,以求逃避这一次打骂。但是,为什么不在事情处理的一开始,就将家长的影响因素考虑进来呢? 在处理学生将书架踩塌的事件中,班主任老师将一个重要的制度背景忽略掉了,即"损坏公物要赔偿",这是学校管理的普遍性规范和要求。而恰恰是这样的制度背景,使得学生在对待认错这个问题上几易态度。案例本身所给予我们的启发在于,即使是在处理儿童的问题行为时,其生活背景仍是教育所不可或缺的必须要予以考虑的因素。

三、洞察学生行为意图:教育理解先于教育行动

有意义的教育要求教育者应当对儿童的那些违反规范的行为加以研究,以便从中确定其行为背后的意图或动机。有一些行为并非是一眼就可以洞察其内在意图的。理解日常行为的难题之一是行为意图的不可察性。儿童因其理性未成熟,还没有学会如何用恰当的行为来表达其主观意图,所以其行为意图的理解就更为困难。它需要教育者具有一定的心理学和社会科学方面的知识,同时需要教师具有敏锐的观察力和系统的思维方式。只有对违反规范的行为表现与日常表现加以比较和分析,教育者才有可能发现儿童行为背后的真正意图。为了准确理解儿童的行为意图,一个重要的策略是,每当观察到儿童行为失范时,教育者在作出反应之前,应当先对自

已提出这样的问题:"这意味着什么? 他到底想要干什么?"当教育者用理性反思能力来审视某些行为并因此确信对这些问题的回答是符合儿童的实际情况时,教育者才能对那些违反规范的行为进行处理。然而,这种策略仅仅是一种对自己的思想范式的提醒。倘若没有对行为、意图、背景和叙事之相互论证关系的根本意识,教育者就不可能获得对学生行为的描述以及对行为意图的理解。

首先,教育者与儿童之间的对话构成了最为常见的语境类型,成为叙事的一个基本形式。在日常的教育生活中,对话具有无所不在的特征。恰恰是这种无所不在的特征,赋予叙事以理解行为意图的功能。教育者与儿童之间的一场对话就是一部戏剧作品。而正是教育者与儿童之间的对话,为教育者了解儿童的行为意图提供了背景与叙事条件。在教育者与儿童之间的对话展开之前,教育者要防止先入之见,以为儿童的某种行为表现肯定是因为某种缘故,由此不分青红皂白对儿童进行一番批评。此外,研究和理解儿童的行为意图,还要防止一种简单化的策略行为,即把儿童的表现归之于心理健康问题。在日常的教育活动中,一个较为常见的倾向是,教育者对儿童的某些特殊表现,通常以贴标签的方式,把他们称之为"心理不健康"。标签的好处在于,可以把复杂的教育问题简单化,然而儿童的行为问题却未见得就解决了。其实在许多时候,儿童的诸多令人不满意的表现,往往并非是其心理存在疾患,而是教育者把他们看作是有心理疾患了。久而久之,就会在儿童成长过程中产生皮格马利翁效应。预言最终借助教育者的行为暗示而成为儿童发展的现实。

其次,要认真分析和研究儿童行为的意图链。也就是说,教育者需要把儿童的行为放在时间关系和意义关系的背景下来描述。通过对话的语境类型,确立儿童行为的当下意图,再将该意图放在儿童的生活历史与生活背景下,尝试理解儿童较近的意图,进而把握儿童更深层次的行为意图。这既是一个描述学生的生活史的过程,也是对学生的行为表现进行意义分析的过程。这里需要强调的是,这不是简单的因果关系分析,而是意义关系分析。在此基础上,再反思儿童的行为表现。在这一过程中,教育者对于儿童的所作所为及其理由的追问,并且考虑儿童对其所作所为的解释,乃是分析和研究儿童行为意图的重要环节。也许在这一过程中,儿童对其所作所为的解释与教育者对其所作所为的解释之间存在着很大的差异,那么教育者就需要联系更大的生活背景来考虑生产这种差异的根源:"是教育者的解释有误还是教育者对儿童的解释并没有被充分理解?"

再次,对儿童行为意图的理解,要考虑到儿童在同伴群体中的身份或角色。儿童是作为特定社会身份的承担者与其生存环境打交道的。个体的各种身份都是他所生活的特定群体所赋予的。这种社会身份不仅包括我们每一个人所承担的社会角色,而且也包括每一个人在群体中的地位角色。从某种意义上说,每一个人在社会生活中的抗争和努力,都与试图摆脱或获取某种地位角色密不可分。儿童的各种身份也是由其所生活的群体所赋予的。儿童在学校生活中的各种表现,都可以看作是其社会身份从不确定走向确定的反映。由于在群体中的社会身份尚不确定,儿童总是试图以与其年龄和理智相适应的方式而抗争或拒绝某种社会身份的赋予。所以,如果教育者能够从儿童的"地位角色"来看待其在日常学校生活中的各种行为表现,那么或许就能够更好地理解儿童行为意图。

最后,教育并不就是简单地拒绝或制止儿童的那些失范行为,而应该引导儿童以正确的行为方式实现其内在的动机或意图。必须要让儿童知道,个人内心世界的意图是可以行之于外的,但必须是以恰当的方式。以恰当的方式来实现自己的主观追求或目标,这是现代社会对我们每一个人的要求,也是每一个人应当掌握的基本能力。一个不能以恰当的、社会所允许的方式来实现自己目的、满足自己需要的人,将会是社会混乱的制造者。同时,这些人的出现也将是学校教育的失败。

第七章　儿童教育中的意义关系

立德树人,重在育人。育人的根本在于立德。着力培养德智体美劳全面发展的能够担当民族复兴大任的时代新人,有赖学校、家庭、社会和政府的共同努力,但根本上还是需要教育者能够努力办适合每一位学生发展的教育,或者说让教育适合每一位学生,从而实现"让每一个孩子都对自己有信心、对未来有希望"①的要求。这意味着,仅仅把儿童作为教育对象是不够的,还需要从每个儿童的意义世界出发,从教育世界中的意义关系出发,使施加外在影响的教育与儿童的意义世界相切合。

第一节　学校教育中的行为主义倾向及其批判

日常教育生活所经验到的个体行为反应与事物之间的表面关联性,以及行为主义心理学理论,使得教育者在教育过程中往往采取刺激—反应—强化的策略,来处理所面对的儿童发展问题,或者对儿童的某种行为作出特定的反应。教育者相信,建立在刺激—反应—强化理论基础上的教育策略,不仅能够建立他们所期望的行为类型,而且亦能够矫正他们所不希望的行为习惯。由于受到管理思维以及组织化模式的影响,在儿童的管理上,一种行为主义的倾向已经成为一种固定的行动模式。其结果是,儿童管理表现出非教育性的、碎片化特征。

一、学校教育中的行为主义倾向

儿童教育中的行为主义倾向表现为,教师在进行教育教学以及管理活动时,主要是从学生自身所表现出来的、可观察的行为出发,根据学校或班级所制定的规章制度或规范并以此作为衡量的准则,而对儿童行为加以直接的评判,以便达到对不合规范的行为加以约束和控制的目的,以使行为表现符合并服从外在的日常规范或要求。其基本特征是,教师的教育策略选择主要是基于儿童的行为表现。行为表现成为一种刺激。它由行为与规范两个方面要素构成。基于外在的要求,儿童行为的性质得

---

① 《习近平谈治国理政》第二卷,外文出版社 2017 年版,第 366 页。

以确立。在对行为的性质作出判断之后,余下的工作就是直接的管制或约束了。

学校教育中的行为主义者相信,对行为加以控制,乃是教育儿童、促进儿童身心健康发展、维持教育秩序的最恰当手段和策略。对特定行为进行正强化或负强化,儿童的某些行为就会被消除,而教育者所期望的行为也就会因此而建立。有关儿童不良行为的消除或良好行为的建立,可以不参照儿童行为意图给予解释。许多时候,具有行为主义倾向的教育者,往往将儿童行为的意图置于教育行动构思之外,这或者是因为耗费时间而不愿意,或者说因为缺乏反思性理解能力或相关训练而不能。然而,这与其说是教育实践为行为主义倾向所主导,不如说是教育者在不同程度上、在不同方面,都有这种倾向和冲动。行为构成了他们教育的出发点,也成为教育的最终指向。

行为主义倾向的教育,有其经验和理论的支撑。对于某些行为的确立和矫正而言,直接指向行为的教育,确实有其合理、可取之处。这一点古今教育家们早有论述。我们可以在夸美纽斯的《大教学论》、洛克的《教育漫话》、康德的《论教育学》、赫尔巴特的《普通教育学》中看到相关的论述。夸美纽斯的《大教学论》,专有一章论述学校的纪律,并且明确提出:"犯了过错的人应当受到惩罚。但是他们之所以应受惩罚,不是由于他们犯了过错,而是要使他们日后不去再犯。"又说,"严格的纪律不应当在跟学习或文术练习有关的事情方面去用,只能在道德问题遭到危险时用"①。纪律本身是指向行为的。这意味着,在学校教育活动中,纪律或对行为的约束乃是必不可少的。不仅要有纪律,还要有与纪律相关的惩罚。两者均指向儿童行为,特别是道德行为。在纪律问题上,洛克亦持类似的看法,认为"儿童应该严加管束",这种严加管束直接指向儿童的行为,至于严格管教的方法,一是惩罚,二是奖励。然而,一般的惩罚和奖励的目的相同,都是"想要支配儿童"②。康德在有关教育的论述中亦谈到惩罚问题,强调惩罚对于儿童教育的不可或缺性。康德指出,"儿童对禁令的任何违反都是缺乏服从的表现,并招致惩罚。即使是不小心违反禁令,惩罚也并非没有必要"③。赫尔巴特从儿童的原始欲望出发,提出要通过强制手段来实现对儿童原始欲望的克

---

① [捷]夸美纽斯:《大教学论》,傅任敢译,人民教育出版社 1984 年版,第 215 页。
② [英]约翰·洛克:《教育漫话》,傅任敢译,人民教育出版社 1985 年版,第 55 页。
③ [德]伊曼努尔·康德:《论教育学》,赵鹏、何兆武译,上海人民出版社 2005 年版,第 37 页。

服,在此基础上帮助儿童创造一种心灵的秩序。① 尽管上述教育家对惩罚本身有着不同的理解,对惩罚所应该发挥的作用也有不同的看法,但他们都有一个共同之处,即认为儿童的不当行为理应进行管理,而管理的最佳策略则是惩罚。可以说,儿童教育中的奖励与惩罚思想由来已久,中外概不能外。指向儿童行为表现的奖励与惩罚策略,无疑有其经验之基,并且在实践中产生了较好的效果。然而,在这个过程中,人们也越来越意识到奖励与惩罚本身的负面影响,因此在所有有关奖励与惩罚的论述中,教育家们都对奖励与惩罚本身提出相应的要求。例如,洛克反复强调要合理而谨慎地应用奖励与惩罚;康德提出"道德性惩罚"的理念,即"打击儿童那种希望被尊敬和喜爱的禀好"②;赫尔巴特把权威和爱作为给予儿童心灵帮助——儿童管理——的核心,进而提出"以教育代替管理"的主张。③

具有行为主义倾向的教育者习惯于用管理的方法来处理儿童所面临的诸如学术性发展、社会性发展和情感性发展等问题。这等于是将教育问题转化为管理问题。他们的眼中只有行为,而没有行为者,这就是说,行为成为教师的全部关注焦点。例如,学生的考试成绩不尽如人意,教师则采取谈话的方式来教导学生。许多时候,表面上看来与学生的行为表现有关的管理问题,其实质也还是教育问题。例如下面这个有关学生的攻击行为的案例。

> 小 A,男,9 岁,某小学二年级学生,一年级时曾遭到班上同学的欺凌,此后不愿上学。父母带他去医院心理科检查,检查结果并无异常。二年级时转到新学校,不到一个月,A 在新班级中表现异常。开始,个别家长在微信群里反映 A 有欺凌同班同学的情况,后来越来越多的家长反映了类似情况。随着事情的发酵,学校领导也得知了此事并对此事高度重视。④

一个被欺凌者变成一个欺凌者,表面上是行为问题,背后深层次则是儿童的意义世界问题,即隐含着欺凌他人背后的、因被欺凌而带来的不安全

---

① 参见《赫尔巴特教育文集》,李其龙、郭官义等译,浙江教育出版社 2002 年版,第 24—25 页。

② [德]伊曼努尔·康德:《论教育学》,赵鹏、何兆武译,上海人民出版社 2005 年版,第 37 页。

③ 参见《赫尔巴特教育文集》,李其龙、郭官义等译,浙江教育出版社 2002 年版,第 26、29 页。

④ 参见杨慧馨、李灵:《真的是我的错吗?——一个小学生欺凌者的心理辅导案例》,《中小学心理健康教育》2019 年第 15 期。

感。小 A 表面上的行为异常被归属于管理问题或心理问题,而其实质则是教育问题。

在行为主义倾向的教育实践中,行为成为教育者关注的对象,并成为教育者工作的主要内容。至于儿童行为的意图是什么,干嘛要做出这样或那样的行为,往往教育者并不去考虑,或者是没有时间去认真地思考,或者是根本就没有意识到。当发现儿童在某种情境下出现某种违纪行为,如课堂教学情景下的讲话行为时,教育者通常只是就讲话行为本身而作出处理,却很少思考儿童课堂上讲话的意图问题,以及讲话行为与儿童的意义世界之关系的问题。不管可能的处理策略是什么,教育者的主要目标是,杜绝这种课堂讲话的行为。在这个过程中,教育者会始终以其课堂纪律的观念来评判和衡量儿童行为,全然不顾及儿童在课堂讲话时的精神状态或意识状态。

具有行为主义倾向的教育者没有意识到,个体的行为有其特定的意义,这个特定的意义是由行为者所赋予的。因此,儿童行为都是其意义世界的外在显现,都是儿童为了满足其内在需求的策略选择。体现在儿童行为中的意义世界,以及与行为相伴随的体验和意识等,需要教育者进行反思性理解才能够把握。教育者需要认识到,当儿童不能通过符合学校或教师要求的行为来满足其需求时,他就有可能选择违反规范要求的行为来满足其需求。

行为主义倾向的存在,有其客观的原因。其中一个最重要的原因是,现代学校越来越盛行一种管理主义的治校策略。"加强管理"意味着一种更加规范意义上的行为导向,意味着管理者不得不将全部的注意力集中到个体的外在行为表现上,意味着一种越来越强烈的外在性规范与要求。外在性的规范与要求是否恰当,在管理者看来本来就不是一个问题。因为这些外在性的规范与要求乃是"更有智慧的人"确立的。唯有将这些外在性的规范与要求强加给教师,学校教育的秩序、学校教育的质量、学校教育的其他工作,才能够得到保证,才不至于会出现人们所不期望的结果。而教师作为个体的存在,不能不受到外在环境的影响与制约。各种考核制度及办法,将教师的行为反应与外在的要求紧密地结合在一起,最终形成了一个相互制约的制度背景,它们共同约束着教师个体的行为选择,并导致特定的组织氛围的形成。学校对教师的考核是与学校对学生行为的考核联系在一起的,并且最终是与教师的利益联系在一起的。当一切都倾向于行为表现的时候,教师的教育教学及管理工作倒也变得日益简单起来。所有的工作最后都化为一个问题,即如何将学生的行为管理起来,并努力使其符合规范性要求。这是一个表现的时代,也是一个表演的时代,更是一个"表现管理"

的时代。绩效管理,本质上就是"表现管理"。

现代教育关注儿童的表现问题,因而现代教育也是儿童"表现管理"的教育。在现代教育制度背景下,特别是在追求规模效益的背景下,显性存在的行为成为关注的对象。这也是学校教育管理化、组织化和技术化的前提。在标准化的班级教学中,只有整齐划一的行为表现才能够满足这种教学的要求,而那些与行为模式不相符合的行为则变得不能忍受、不可容忍。组织化与标准化的教学将异己行为排除在外,并通过表现管理的手段而加以整治和矫正。班级管理就是一个规制的过程,教师所期待的,是学生符合标准的行为之出现。

二、学校教育中的行为主义倾向之反思

人们的日常交往,表面上都是对他人特定行为反应的结果。从客观的角度来看,个体的行为一旦发生,就具有了客观的性质。不过,从主体间的角度来看,则情况并非那么简单。实际上,一种行为在不同的交往者那里会呈现出不同的意义,因而相同的行为应该有不同的反应。这种意义往往是行为主体所理解的结果,且所理解的意义有可能与行为者的实际赋予有很大的差别。从交往的实际情况来看,交往取决于对行为的意义理解,而不完全取决于行为者所赋予的意义。在通常情况下,行为者为了保证交往的顺利和意图的实现,会采取一定的策略行为,而努力使自己的行为意义清楚无误地显示在与之交往的对象面前。不过,这种策略并不一定总是会见成效的。因此,在交往中,正是行为的意图,而不是行为本身决定着人们在交往中所作出的行为反应。人们不仅观察他人的行为表现,更努力去探明行为的意图,以及通过行为想要传达出来的信息,据此而决定相应的行为反应。交往中的情形同样也适用于教育中的师生交往。单纯从现实的角度来看,教师对学生在特定情境中的表现所作出的反应,是基于学生的行为;然而,事实却并非如此。真实的状况是,教师指向学生的行为反应,在不同程度上都是基于教师对学生行为的理解及由此形成的意义所决定的。由于这个理解通常总是隐含在行为反应之中,并且在很多情况下是无意识的,因而使得人们包括教师自己都以为其行为反应是根据学生的行为表现而作出的。从行为的意义角度来看,学生的行为在教师那里是有着不同的理解的。这就是说,对于同样的行为,如果教师对它的性质和意义有着不同的理解,那么教师就会作出不同的反应。

从现象学的理论视角来看,一种现象呈现出怎样的形式,是与观察者的观察视角紧密联系在一起的。从不同的视角来观察,则一个现象所呈现给

观察者的,是该现象的不同侧面,并且伴随着观察,遮蔽也就随之而出现。看与不看构成了看的辩证关系。每一个视角都会使得对象以其独特的方式而向观察者显现,由此而使得观察者看到了他认为他看到的全部。与此同时,每一个观察者都是带着特殊观念来进行观察的。这是一种前在的观念。正是这种前在的观念决定着观察者所看到的对象。例如,一名学生在课堂上讲话,这种讲话行为对学生而言,当然是有其特定内涵的,其意义是与学生的讲话动机密不可分的。它可能表达的是一种枯燥乏味,也可能表达的是一种不满,或者是一种渴望社会交往的需要之满足。但是对于这样的讲话行为,不同的教师可能会有不同的理解,并且这种理解始终是与其所拥有的前在观念相关联的。例如,一些教师依据其所拥有的课堂纪律观念,而把这种行为看作是学生违反课堂纪律;根据秩序的观念而把学生行为理解为课堂捣乱;根据师生关系的观念,而把学生行为理解为对教师的不尊重或对教师的对抗。而一旦作出这样或那样的理解或解释,则必然有和其理解相对应的行为反应出现。视角决定着行为的给予。当教师所看到的行为与其前在观念相互结合起来并且在前在观念的支配下对所观察的行为进行解释的时候,行为意义的理解问题也就产生了。

首先,行为意义不具有固定化特征。行为主义教育倾向的错误之一在于把行为的意义固定化,或类型化地对待特定情境中的各种行为,而没有意识到不同学生在相同的情境中所表现出来的相同行为的意义是不同的。行为的类型化对于人们的教育交往是有意义的,其意义在于它为行为的辨识提供了指标。然而,人们的交往并不是建立在对行为的辨识之上的,而是建立在对行为意义的理解之上的。行为可以类型化,但类型化中的不同行为则有不同的生命意向。梅洛-庞蒂指出:"那些严格意义上的人类行为,如言谈行为、劳动行为、穿衣行为,并不具有固定的意义;我们只有参照各种生命意向才能够理解它们。"①从固定的意义出发来理解行为,是当前行为主义教育倾向最突出的认识论谬误。

其次,行为与外部世界的关系不是机械的因果关系,而是辩证关系。行为主义教育倾向的错误之二是机械地看待行为与外在生活世界的关系,并且单纯从因果性出发来考虑问题,总是试图为所观察到的行为寻找可解释的原因。关于这种机械的行为观,梅洛-庞蒂给予了深刻的批判,并且提出这样的认识:"任何生命活动都具有一种意义,它们在科学本身中不能被定

---

① 〔法〕莫里斯·梅洛-庞蒂:《行为的结构》,杨大春、张尧均译,商务印书馆2010年版,第244页。

义为某些彼此外在的过程的总和,而应被定义为某些理想的统一在时间和时间中的展开。"①这是一个有意义的整体,各种行为之间具有意义上的关联性,而不只是孤立的、碎片化的行为。

最后,行为总是发挥着协调行为者的意义世界与外部世界的作用。任何不良行为都可以看作是个体与生活世界的矛盾与冲突。教育者面对这样的矛盾与冲突无疑需要进行协调,以重构两者之间的平衡。然而,行为主义教育倾向侧重于通过行为的改变,亦即行为协调的方式,来使儿童与生活世界保持一致。这种协调具有强制性的特征。它忽略了这样一个根本的问题,即个体与生活世界之间的协调乃是意义的协调,或者如梅洛-庞蒂所说的那样,"通过意义而达到的协调"②。这就是说,如果我们把不良行为看作是一种失衡状态,那么这种失衡也是因为生活世界与意义世界的冲突而产生的失衡。在这种情况下,教育者需要做的,是调控儿童的外在生活世界以使其适应儿童的意义世界,而不只是调控儿童的行为以使其适应生活世界。恰恰是在调控外在生活世界以适应儿童意义世界的过程中,失衡的意义世界才能够重新恢复平衡。

学校教育中的行为主义倾向会使儿童在不同程度上受到压制,并因此可能错失教育时机。以外在标准来规约学生的行为、无视学生的生活体验和内心世界的精神感受与情感需求,有可能在表面的顺从与内在的反抗之间形成巨大的反差。顺从的精神当然有其积极的一面,然而其弊端可能远多于好处。同时,学校教育的行为主义倾向将学生的教育置于次要的地位,将那些最具教育意义的学生行为作为否定的对象而加以整治。它没有看到,儿童的一些与规范性要求不相符合的行为,恰恰是教育的诱导因素和教育契机,是富有教育价值的。当外在的规范成为衡量学生表现的唯一标准时,则儿童的主体地位就会丧失,从而行为就会被作为手段而对待。

三、一种可能的替代选择

即便是立足儿童的行为问题之解决,也并非只是一种行为主义之选择。将儿童的行为问题视为管理问题,本质上是一种单向控制的实践思维在支配日常行动。但问题在于,这种单向控制的行为管理并不能够取得良好的教育效果,而大量的实践经验能够证明这一点。从根本上来说,儿童的行为

---

① [法]莫里斯·梅洛-庞蒂:《行为的结构》,杨大春、张尧均译,商务印书馆2010年版,第239页。

② [法]莫里斯·梅洛-庞蒂:《行为的结构》,杨大春、张尧均译,商务印书馆2010年版,第234页。

问题,本质上是儿童的发展问题,因而无可争议的是一个教育问题。

教育是人们借以影响儿童发展的交往实践活动,因而教育本质上可以看作是相互协调的交往活动。儿童教育中的协调问题也由此而被提出。儿童教育中的协调具有两个方面的含义:一是在教育交往实践中,教育者的职责是通过与儿童的交往互动,来实现儿童的意义世界与生活世界的相互建构。这个意义的协调体现了教育的本质和要求。正是通过协调,儿童融入生活世界,成为这个社会的一个成员,与其他社会成员一道,在原有的基础上建立新的生活世界;同时,在这个融入生活世界的过程中,儿童亦在同时建构并实现其自我,建构其意义世界。这种意义上的协调,我们可以称之为儿童的自我协调。二是交往互动同时也是多个行为者的行为计划相互协调,从而使他者的行为与自我的行为相互联系在一起。在这个协调中,最为根本的是儿童与教育者之间的相互协调。这个意义上的协调可以称之为主体间的协调。它以相互理解为前提,通过以言行事来实现这个协调。在以言行事的协调行为中,协调并不一定意味着协调的成功或协调成为现实。例如,言说者让言说对象"去把门关起来",当言说对象不遵从这个指令去关门,那么我们就可以说以言行事的言语行为就没有发挥协调的作用。然而,即使是协调失败,这个失败也是建立在理解的基础之上。因为倘若没有理解,我们也就谈不上成功或失败。儿童教育中协调的两个方面的意思,并不是割裂的,而是互为目的和手段。正是第二种意义上的协调,为第一种意义上的协调创造了条件和机会。而儿童的自我协调,则又为主体间协调提供了有效性的保证。由于内在的意义世界和外在的生活世界之间的协调与相互建构问题,上面已多有论述,因此,这里重点讨论主体间的协调问题。

在教育活动中,主体间的协调问题是关系到教育是否有效的根本性问题。就教育活动的本质而言,教育者的教育期望只能依靠受教育者(他者)的行为来实现,教育者的教育计划也只能在儿童的努力下才能够完成。教育者的行为与儿童作为受教育者的行为便在一个特定的环境中偶遇。互动是自我行为与他者行为的联系,联系则是主体与行为的彻底结合。

学校教育中主体间的协调主要是通过自然语言来实现的。自然语言既是用来传达信息的,同时也是用来进行社会整合的。如果自然语言是用来传达信息的,则这种言语行为就是策略行为;如果自然语言是用来进行社会整合的,那么言语行为就是交往行为。互动行为的类型是根据协调机制,即自然语言是传达信息还是社会整合来加以区分。交往行为是通过语言自身的约束力来协调行为,策略行为取决于行为者通过非言语行为对行为语境以及行为者之间所施加的影响。这种区分尽管是社会学的,却具有教育学意义。教育是交往实践活动，这个理念近年来已经被普遍接受。然而，如何理解教育交往，教育理论却并没有给予回答。由于交往概念的日常用法，人们想当然地认为，交往这个概念是无须解释的。殊不知，越是最为人们所熟悉的概念，越需要进行理论的辨析与澄清。在哈贝马斯那里，交往并非是一个自明的概念，而是一个有着明显与它对应因而需要作出明确解释的概念。换言之，策略行为和交往行为的区分，对于儿童教育的协调问题的理解极为重要。其重要性就在于，我们一直把儿童教育看作交往实践，因而与自然语言有关的教育协调，也就应该是交往性的。但是，在许多时候我们能够看到的是，儿童教育中的互动并不是交往性的，而是策略性的。这里的关键是，在主体间的协调互动中，两种行为难以同时出现。对此哈贝马斯有系统的论述。哈贝马斯指出："言语行为不能同时具有双重意图，即既与接受者就某事达成共识，同时又对接受者产生因果作用。……明显是由奖励、威胁、诱导或误导等所带来的一切工作，在主体之间都不能算是共识；这样的介入破坏了以言行事力量唤起信服和带来'联系'的前提。"①共识不是由外在造成的，也不是用自己的成效来间接地影响对方的命题立场，共识是自我行为与他者行为的相互联系，是主题与行为在社会空间和历史时间范围内的彻底结合，是通过语言交流与沟通而实现的。根据哈贝马斯的一般性结论我们可以作出如下推论，教师的言语行为要想产生以言行事的效果，就必须要取得学生的合理赞同，即学生要能够通过自愿承认的有效性要求来确保对事情有真正的理解，并由此而取得学生的合作。一方面是不顾及学生的合理赞同，另一方面又希望能够产生教师所期望的效果，那么结果只能是，教育发挥非共识前提下的因果性质的作用。

在主体间的协调中，自然语言所具有的双重功能以及由此而形成的策略行为和交往行为，能够解释何以在儿童的教育中行为主义的教育倾向会普遍存在。这是因为，在儿童的教育中，教育者总是试图把儿童看作"教育的对象"，看作一种客观的存在。由此，一种因果性的互动观念就始终起着关键的作用。教育者把自己的言行或教育的行动看作是因，而把儿童的行动看作是由教育者的因而引发的果。在这种情况下，协调的主旨是目的—手段取向的，即在目的已经确定的前提下如何选择最有效最合理的手段来实现目的。相反，交往行为所要实现的，是师生之间就某事而达成共识，共识的获得恰恰对教育者提出了理解意义的要求。不从受教育者意义世界出发，不领会和理解儿童行为的意图或动机，也就难以和儿童形成共识。

---

① ［德］于尔根·哈贝马斯：《后形而上学思想》，译林出版社 2001 年版，第 59 页。

第二节　从因果关系到意义关系

一、教育中的因果关系

近代科学的发展,使得因果关系成为哲学建构的认识论基础。这就是说,科学将这个世界视为是有因果关系的,而科学本身就是要发现客观存在的因果关系。近代科学对因果关系的探索,导致了一种因果关系的思维模式。这就是说,无论是面对自然现象还是社会现象,人们倾向于从因果关系的角度来解释观察到的现象。不仅如此,因果关系的思维方式也日益渗透到日常生活世界,深入到教育实践世界之中。行为主义教育倾向则是这种因果关系思维最突出的表现。

关于因果关系,舒茨在《社会世界的意义构成》中指出:"根据任一可被计算的、在理想情况下可被量化的几率规则,一个被观察的特定过程(精神的或物质的)会依序跟随(可伴随)另一个特定过程而发生。"当人们应用自然世界中的因果关系思维来看待个体行为时,则形成关于行为的这种意识,即"一个具体行动的正确因果诠释意味着:行动的外在过程及动机可以被如实地(zutreffend)把握,并同时达到对其一切关联的有意义之理解"①。由此,具有一定反思意识的实践者就会努力试图探寻影响行为的外在因素或内在动机,从而通过控制影响行为的外在因素来控制个体的行为。教育学的实证研究就是一种试图发现因果关系的努力。在这里,人们试图探索某种行为类型的统计学意义上的可能性或行动规则。例如,关于校园欺凌者或被欺凌者的调查研究,人们试图通过一定数量的欺凌事件的调查,来确定什么样的身份和性格特质的人更可能对其同伴实施欺凌,什么样的学生在什么情况下更容易受到其他同学的欺凌。因果关系论者相信,特定行为的发生总是某些外在因素激发的结果。在给定的条件下,随着某些因素的出现,某种行为类型的行为就可能会发生。行为就是一个过程性的展开。尽管个体的行为不同于自然界的自然现象,但通过研究总是能找到或然性的规律。认识论上的因果关系思维在实践论中则转化为目的—手段关系思维,亦即人们经常提到的"工具理性"思维。目的确定后,剩下就是手段的选择问题,总是要以最小的成本或代价来实现目的,"每个一般目的性的行

---

① ［奥地利］阿尔弗雷德·舒茨:《社会世界的意义构成》,游淙祺译,商务印书馆2012年版,第325页。

动,都是发生在目的—手段的关系里"①。

教育实践中的因果关系思维,以儿童的身体活动作为对象,以儿童的行为为导向,关注行为的外部关系。其表现有三。

一是目的—手段取向。个体之间的交往,特别是交往方式的选择,并不是基于交往行为的特征,而是基于交往行为所内含的生命意向或意义适当性。这就是说,个体间交往的实践逻辑起点表面上看是行为,而实质则是行为的意义。教育实践中的目的—手段取向常常将教育目的作为出发点和归宿,把教育目的看作是安排一切教育活动的根本依据。② 教育总是为实现一定的目的而展开。因而依据一般观念,教育无疑要根据教育目的来选择教育手段和方法,安排教育活动。然而,目的—手段取向教育有可能造成无视教育是否适合儿童的问题。这大概也是杜威坚持主张教育无目的论的最主要原因。杜威指出:"教育本身并无目的,只是人,即家长和教师等才有目的;教育的这个抽象概念并无目的。"由此,杜威指出,一切良好的教育目的具有这样几个特征:必须根据受教育者的特定个人的固有活动和需要,必须转化为与受教育者的活动进行合作的方法,必须警惕所谓一般的和终极的目的。③ 杜威关于教育目的的论述,指出了教育目的与教育实践之应然关系,其中所强调的将儿童的需要转化为学生的合作活动,预示着教育有不同起点的思想。目的—手段取向的教育,往往导致教育活动目的中没有儿童。

二是将外在行为作为教育的起点。这是教育者关于教育实践逻辑的又一种认识。在学校教育活动中,我们所能够见到的大量事实是,教师把学生的行为作为教育的对象,从而陷入一种行为主义的陷阱之中。如果说目的—手段取向的教育将遥远的可能状态作为教育的出发点,那么将外在行为作为教育的起点,则持一种现实主义的立场,即把当下可观察的片断化的行为作为制定教育方案的现实依据。由此,有关儿童行为的管理便成为教育实践中最为突出的表现。这个指向行为的管理,在传统的教育学中,特别是在赫尔巴特的教育学理论中,得到了系统的阐述。赫尔巴特指出:"起初儿童并没有形成一种能下决断的真正意志,有的只是一种处处都会表现出来的不服从的烈性。……在儿童表现出真正意志的迹象之前,其烈性的克

---

① ［奥地利］阿尔弗雷德·舒茨:《社会世界的意义构成》,游淙祺译,商务印书馆2012年版,第328页。

② 参见《教育学原理》编写组编:《教育学原理》,高等教育出版社2019年版,第120页。

③ 参见［美］约翰·杜威:《民主主义与教育》,王承绪译,人民教育出版社2001年版。

服是可以通过强制来实现的。"①正是这种烈性,使得采取强制的手段对儿童管理成为必要。实际上不仅赫尔巴特,康德有关教育的论述,亦突出行为的管理和约束,只是康德将对儿童的管理和约束置于规则之下,而非单纯规训。规则对于儿童教育之重要,在于儿童有欲望和禀好,这种欲望和禀好可能会与儿童将来要改造的义务相冲突。② 指向行为的管束当然有其实现的合理性。问题在于,这种指向行为的管理观念一旦成为教育实践者支配性的观念,那么它就会成为一种普遍的管理取向,从而无视传统教育学所提出的有关行为管理的限制性条件。当行为成为全部管理活动的对象时,与此相关的实证主义研究取向就必然会进入到管理实践之中,并影响着全部的管理实践。其突出表现就是,总是试图寻找行为的影响因素,进而通过对相关的影响因素的改变,来试图改变相应的行为。上述有关儿童行为管理的主张,至少部分地指出了特定年龄阶段儿童教育的真实境况。在个体成长的过程中,儿童早期的行为,通常并不受其意识的支配,而更多有着自发性冲动的倾向。无论是欲望的概念还是禀好或烈性的概念,都是这种自发性冲突的表现。因此,对于儿童初期的教育来说,刺激—反应的行为主义心理学乃具有重要的理论指导意义。然而,当这种适合于儿童早期教育的行为主义取向推广到整个儿童的发展阶段时,那么行为论的取向就会走向它的反面。

三是把儿童作为教育的对象。如果说目的论的教育起点主张忽略了儿童作为教育对象的存在,行为论的教育起点主张尽管已经开始把儿童作为教育的对象,但这个对象乃是机械的存在,是刺激—反应的动物式表现,它注意到了行为表现,然而这种注意点却落在了"行为"上而非"表现"上。这就是说,它只看到了行为,而没有意识到行为之下的意义,没有把行为所表现出来的意识、动机、意图、观念、情感、体验等内在主观世界的东西作为教育的根本出发点。当教育者不断抱怨儿童教育和管理之难,并且试图将所存在的问题归咎于外部影响因素时,教育者可能没有意识到支配行为的内在主观意义世界。这就是说,把行为而非行为的意义作为起点,乃是一种偏失的实践逻辑起点。尽管这个偏失只是偏离那么一点点,但就是这个一点点造成了教育实践偏差。当人或儿童成为教育的对象时,一种二元论的教育理论便自然会出现。反映在教育哲学中,就是师生关系理论中的主客体

① 《赫尔巴特文集》,李其龙、郭官义译,浙江教育出版社2002年版,第24—25页。
② 参见[德]伊曼努尔·康德:《论教育学》,赵鹏、何兆武译,上海人民出版社2005年版,第35页。

关系之争。无论是赞成者还是反对者,其争论的前提都从人是教育的对象这个前设出发,因而都共享着二元论的前提。如果说教育目的论将未来之善置于教育实践的优先地位,那么儿童对象论则将教育的现实之基异化为物的存在——可供人们任意支配塑造的对象。

二、非因果性的教育意义关系

与教育实践中的因果关系思维不同,意义关系思维则把隐含在儿童行为之中的意识体验作为教育者和儿童联系的关键所在。如果说因果关系思维更加强调儿童行为与外在因素的影响关系,那么意义关系思维则突出儿童的意识体验与其行为的关联。因而,在意义关系思维中,儿童的意识体验就成为考察与实践的最核心内容。教育的本质是教育者实质性地影响儿童。这个观点看起来与传统的教育学并没有差异。然而,传统的教育学只是强调影响,强调"有目的、有计划、有组织的影响",而忽略了一种"实质性的影响",导致了没有对"影响"本身进行论述,这个实质性的影响超越了在教育者和儿童之间表面的外在的关联,而深入到儿童的意义世界之中。实质性的影响还提出了远超传统教育学所提出的要求。"实质性的影响"可能是苏格拉底意义上的对话引导,即在对话中使得受教育者认识世界并认识自我;也可能是现代教育意义上的施加影响,即使受教育者获得知识技能并发展智力和能力;还可能是儿童对于认识的自我建构。然而,无论是哪一种意义上的"实质性的影响",这个影响都指向受教育者的意识层面,而不仅仅是行为层面。因为教育者的影响而发生的儿童行为改变,不过是其内在意识层面变化的外在表现,表面上看来是教育者借由其行为而引发的儿童行为,实质上则是儿童的意识体验的改变。

教育实践中的意义关系思维,以儿童的意识体验为导向。提出以儿童的意识体验为导向,与我们对教育的本质之理解密切相关。由此,教育作为实质性地影响儿童的活动,向教育者提出了"与他人的行为有意义上的关联"之要求。与他人的行为有意义上的关联,是舒茨社会行动的概念要义。对于舒茨来说,任何社会实质行动,即实质地影响他人的行动,都是以与他人的意义关联为条件的。社会行动与他人的行为有意义上的关联,意思是社会实质行动者必须专注于他人的他我意识体验之构成过程,而在行动的过程中,行动者必须有意义地以他人的行为作为导向。① 这个观点尽管是

---

① 参见[奥地利]阿尔弗雷德·舒茨:《社会世界的意义构成》,游淙祺译,商务印书馆 2012 年版,第 207 页。

社会学的,但却具有教育学的意味。至少它让我们能够意识到,在以生为本的教育实践中,教育者的教育行动——教育计划、方案、方法、方式以及教育策略等——都需要将作为受教育者的儿童及其意向纳入其中。现代教育实践提出的"以学定教",已经包含了这个层面的意思,但这个"以学定教"还停留在经验的层面,没有在理论上得到系统的阐述。的确,任何教育行动都不得不考虑儿童的行动意向或"意识流程",不仅仅是考虑,还应该做到如象棋或围棋那样,将对方的策略作为己方行动策略选择的重要因素。这只是一个类比。教育显然不是博弈行为,将儿童的意识和体验纳入教育者的行动构思之中,不是为了输赢或博弈,而是为了遵从儿童的意义世界,从而更好地促进儿童的发展。

不同的关系思维引发出不同的教育适当性。所谓适当,是指个体在干预世界的实践活动中,什么样的行动范式更加符合某种关系思维。对应于两种关系思维,相应地也就有因果适当性和意义适当性。因果适当性在于把问题行为看作是客观世界之某些因素的影响结果,这就是说,教育者试图把学生的问题行为与生活世界的某些因素联系在一起,并把这些因素看作是问题行为之原因。实证主义教育理论对此要负主要的责任。在这种情况下,行为的因果性关系成为最主要的关系。相反,意义适当性则强调,无论是问题行为还是非问题行为,都是主体试图通过行为这个中介而建构的一种与生活世界的适当关系,在这个建构过程中,主体的存在意义得以明证,自我的存在价值亦得以实现,尽管这只是一种扭曲的实现。问题的因果关系与意义关系的区别在于,前者强调外部世界对儿童的影响,后者则突出个体的意识体验及其对外部世界的作用。儿童教育中的意义关系,突出这样一个事实,即当教育者与儿童相遇的时候,教育者需要意识到,在同样的问题或事情上,他看问题的角度和儿童看问题的角度并不一样。教育者的角度只是众多角度中的一个。由于看问题的视角不同,生活世界所显现出来的样态就不一样。儿童教育的意义关系要求教育者调整自己的视角,以便和儿童的视角保持一致。在这种情况下,教育者就能够看到儿童所看到、所知觉到的生活世界。

三、从行为评价转向意义理解

从因果关系到意义关系,对教育者进一步提出了有意义教育的实践要求,即教育实践是一个包括理解—评价—行动的活动展开过程。上面我们把"问题行为"表述为"问题—行为",就是尝试转变一种日常的观念图式和实践图式,即把教育实践仅仅当作是"评价—行动"的活动过程。这就是说,意义关系的教育实践或以儿童的意识体验为导向的教育实践(我们把这种导向的教育实践简称为"有意义的教育实践"),是把理解作为教育实践的逻辑起点和前提。这与日常教育把"评价"作为实践前提有着根本的不同。例如,我们在"问题行为"这样的表述中就可以看到一种强烈的评价倾向,即一开始就已经基于特定的标准或要求对某种特定情境中的行为作出某种评价,"有问题"不过是评价所得出的结果,并由此出发来寻找解决问题的策略。相反,有意义的教育实践在把儿童特定情境中的行为视为有问题之前,教育者首先要做的事情是,理解隐含在儿童行为之中的意识体验,认为儿童的问题行为本质上是儿童解决问题的行为。那么,儿童想通过在教育者看来有问题的行为试图解决什么问题呢? 这是有意义的教育必须要回答的一个问题。尽管不同的儿童在不同的教育情境中所表现出来的问题行为各有不同,因而所要解决的问题也千差万别,但我们仍然可以在一般的意义上来阐明与理解儿童有关的"问题"之意义,即阐明真正理解儿童之方法论。

　　儿童行为评价,主要是站在一种规范性的立场,以教育者所拥有的理念型儿童为原型,对现实教育情境中的儿童及其表现作出规范判断——合乎规范性要求或不合乎规范性要求。在有关儿童行为规范之判断中,教育者持一种先于理解的经验图式,来对儿童行为作出衡量和评判。这个经验图式是教育者或因自己的经历,或对抽象儿童的预先设定,或由教育理论的描述以及与自我所期待的师生关系而确立起来的。这样的经验图式是教育者所拥有的一套认识和常识之结果。这是一个儿童应该如何的行动图式。尽管这个行动图式是属于教育者的,但它却外在地指向了具体情境中的个体儿童。这里包含了对儿童过去行为的认知,也有教育者对儿童未来行为的认知。唯独缺失的是对儿童当下行为中所包含的意识体验的理解。教育者所拥有的关于儿童应该如何行动的经验图式,既反映着社会的期待,同时也反映着教育者的自我期待。它是个体在生活世界中得以成长的基本条件。正是在这样的诸多教育者期待中,以及由教育期待而形成的外在要求中,儿童在融入生活世界的过程中实现了对自我的否定以及对自我的超越。一种用于有关儿童行为之规范判断的经验图式既是必要的,也是儿童成长过程中不断发生的。然而,这并不意味着一种必要的不可或缺的经验图式就应该成为教育实践展开的逻辑前提。相反,这个经验图式不过是教育实践有意义展开的必要补充。而且这个作为儿童成长必要补充的实践要求,有着它的实践风险和潜在的消极后果。它表现为,一旦教育者超越了必要补充这个前置限定,并且把它上升为有意义的教育实践之前提条件,那么外在规范要求就可能成为凌驾于儿童发展之上的强制性力量,并由此而可能引发儿童对其力量的叛逆与抗拒。如果这种叛逆和抗拒因为外在规范要求而发生,那么儿童就会出现各种类型的"问题行为"。

　　然而,这并不意味着在教育者的评价活动中没有理解。实际上,任何对儿童行为的评价都包含着理解。只不过隐含在评价之中的理解具有类型性和教育者赋予意义性的特征。个体行为的意义可以分为行为者所赋予的意义(主观意义)和行为观察者或诠释者所赋予的意义。①　如此来看,则儿童的任一行为,其意义也就必定可以分为儿童体验的或赋予的行为意义和教育者对行为意义之理解。由于任一外在行为都可以类型化,即将某种个别的行为归入某一类行为之中,其结果是,尽管特定情境中的行为是由儿童所施为的,但一旦这个具体的行为被类型化,那么行为也就呈现出它的匿名性特征。也就是说,教育者只是看到了行为,而看不到行为的实施者(儿童)。把个别行为类型化,也是理解,但这种理解是以一种客观的方式被给予,已经脱离了儿童赋予它的体验意义,而成为教育者所赋予的意义了。正是因为如此,蕴含在评价中的理解,往往不是自觉意识的,而是带有某种自发性的特点,即教育者在一种自然态度的支配下,将儿童向他所直接显现的行为之表现,纳入自己的解释模式之中。这与真正的理解,正好是反方向的。真正的理解是教育者力图使得自己的解释模式融入儿童的意识体验或意义世界之中,在使自己的解释模式贴近儿童的意识体验的过程中,教育者不断丰富关于儿童的解释模式。而自然态度下的儿童行为意义之理解,则是将儿童的意识体验纳入自己的解释模式,用自己的解释来裁剪儿童的意识体验。

　　意义阐释作为教育者的理智活动,乃是教师专业的本有之义。只是因为人们对学业的过度关注而被淹没了。意义阐释的宗旨就是理解,即教育者应用自己的意识体验,将类型化行为的意义转换成儿童的主观意义。这是一个教育者认识儿童的过程,是通过外在的行为表现而进入儿童的意义世界的过程,也是理解儿童的自我及其超越、需求及其满足、意识及其体验的过程。教育者始终要认识到,他既是行动者,也是儿童行为的观察者和意义的诠释者。这是教育者的角色定位。在有关儿童本质的问题上,教育者同样要认识到,行为只是其意识体验的外在显现,尽管教育者了解有关特定行为类型的意义脉络,但这个意义脉络不能替代儿童的主观意义脉络。儿童的行为不能脱离他的心灵而显现,行为不过是心灵显现的方式。转向意

_____

① 参见[奥地利]阿尔弗雷德·舒茨:《社会世界的意义构成》,游淙祺译,商务印书馆2012年版,第37页。

义阐释,即教育者必须要发现引发儿童行为发生的意义关系。

从行为评价转向意义阐释,意味着教育实践并不全然是实践性的,而应该同时也是理论性的、阐释性的。教育实践的理论品味主要表现为教育者要真正做到因材施教,帮助儿童解决他们所面临的问题,就必须要对所观察到的儿童行为问题现象作出反思性理解,以把握儿童行为问题所隐含的意义。从这个意义上讲,真正有效的教育实践首先是建立在对儿童可靠的理解前提之上。这种理解的目的是获得有关儿童的知识,获得有关"这个儿童"的知识。前者可以通过理论学习,后者则必须依赖教育者的"反思性理解",即教育者对自己所有的自然态度或前反思性的、前理论性的态度之反思。由此,教育者在教育儿童的同时亦在进行自我重塑,实现传统理论中所说的"教学相长"。

真正的理解并不是像日常交往那样是瞬间实现的。它是一个反思性过程,是反思性理解。正是这个反思性理解,向教育者提出了人文科学素养的要求。理解总是关涉语言,或者说是以语言为中介的。即使是关于儿童行为的理解,此一理解也是建立在语言叙事的基础之上。这就是说,教育者在面对眼前所发生的一切与儿童有关的事情时,首先需要将所观察的现象描述出来,形成与儿童有关的教育叙事。这个叙事不带有关于何以性的因果说明,而只是直接地叙述所观察到的一切。反思性的理解则是建立在这种叙事之上。正是在日常叙事中,相关的意识体验才得以显现出来。因此,反思性的理解既是实践的,也是理论的。反思性理解所涉及的理论,主要是解释学的、现象学的、语言哲学的或符号学的。

四、走向意义关系的教育实践

当儿童的某个行为被看作"问题行为",并且有待教育者采取措施或手段来加以矫正时,行为的性质而非行为的意义就成为选择相应措施或手段的依据。例如,学生说谎行为或者上网打游戏行为因为本身偏离了规范要求,其性质就被看作是有问题的,因而需要加以解决。教育者,教师或家长很少去追问这样的问题:"学生干吗要说谎? 或者学生干吗要上网打游戏?"教育者总是去追问:"学生为什么要说谎? 或者学生为什么要上网打游戏?"当这样的问题被提出时,由于受到实证主义或科学主义的影响,问题的提出者总是试图去探寻行为的原因,而很少去探寻行为的动机或意图。其结果是,实践的反应总是立足于行为的直接纠正策略。对说谎行为则予以惩戒,对上网打游戏行为则予以禁止。关键是,学生所面临的问题并没有得到解决。因此,从有效的教育实践出发,教师对学生问题行为管理方式之选择,应依据对学生问题行为之意义的理解。这就是说,对问题行为的管理,需要从学生行为的主观意味出发来理解他的问题行为所属的意义脉络,把对当下所发生的偶发的或片断化的行为理解放置到学生行为的意义脉络中,而不是放在教师的意义脉络中。理解由问题行为而显示出来的意义——内在需求或意识体验,是班主任超越问题行为外在控制及管理的前提。如果教育者在教育过程中真正做到以儿童的意识体验为导向,并且切实把行为的意义作为教育实践的起点,那么就需要做到以下几点。

　　首先,教师要通过学生的问题行为,研究并了解学生内在需求及其满足情况。班主任要成为学生真正意义上的人生导师,就应当研究学生的需要,"我们要进行观察,研究他需要什么,找出他的需要之后,加以满足"①。如果教师仅停留在行为层面,而不对问题行为的意义加以分析,那么他就会停留在行为现象的表面,也就不会给教育带来什么有益的帮助。只有在教师对"需要"本身有深刻的理解和把握之后,"研究学生的需要"才会成为一个有意义的理论和实践命题。个体的需要大体可以区分为两种,即自然的需要和社会的需要。研究学生的需要无疑可以从两个方面入手,而更为重要的则是学生的社会需要。在一个学生群体之中,不同的学生,其社会需要是有着很大差异的。不把握这种社会需要的差异性,也就不能说把握了学生的需要。

　　其次,摆脱外在控制的问题行为管理,就要在管理与问题行为之间建立起意义关系,以引导的方式促使学生问题行为发生改变。在日常生活中,教师往往持习惯性思维方式,即总是试图探询学生的问题行为与外部世界的影响因素的控制关系,从而追求对学生行为管理的管控适当性。然而,如上所述,最为重要的关系并不是行为与外部世界的影响因素的控制关系,而是行为与其意识体验或内在需求的意义关系。从意义关系出发,则教师所要做的,就是通过为学生提供有关行动能力的支持,以帮助学生的内在需求得到满足。为学生提供帮助,这是摆脱直接控制式管理的首要原则。这包括两方面的努力,一是根据学生的行动能力而提出适合他们的目标要求,并使这种目标要求内化为学生的自我欲求;二是提供帮助增加学生的行动能力,以实现他们的内在需求。

　　最后,建立教育团队实施有针对性的教育。学生行为问题的解决过程,也是促进学生社会性发展和学术性发展的教育过程。作为教育过程,学生问题行为管理就不仅仅是班主任的个别职责,而应该是教师集体的共同任

①　[法]卢梭:《爱弥儿》,李平沤译,商务印书馆1991年版,第54页。

务。在现实生活中,面对学生的问题行为,特别是有严重问题倾向的行为,班主任往往只凭一己之力来教育学生,很少见有教育团队的参与和共同努力。必须要认识到,在现代学校教育体系中,个体的力量总是有限的,特别是在教育学生的问题上。一般而言,如果学生在教育教学活动中表现出较为严重的问题行为,那么这个行为就一定不只是发生在某个教师的课堂上,而是也会发生在其他教师的课堂上。如此,则那些没有问题行为表现的课堂,恰恰是给予有问题行为的学生施以教育影响的最恰当机会。因此,在面对学生的问题行为时,需要建立起真正意义上的教育团队,齐心协力,共同解决学生所面临的发展问题。

至少我们这样认为,多数儿童在学校的日常生活中所表现出来的,都是合乎成人社会所期望的行为;对于某一个具体的学生而言,其多数行为亦在不同程度上合乎成年人的行为期待。这些所表现出来的合乎常规的行为,预示着这些行为能够给未成年人带来某个方面的需要满足,并从中体会到愉悦;或者非常规的行为将会使他们认为可能带来痛苦或心理上的难受体验。问题在于,我们该如何理解那些反常的行为,即那些违反成年人期待的行为?

外在的行为总是表现为某些内在的心理感受。例如,一个不经常回家或不按时回家的学生,或者是因为回家后会出现一些令人难受的主观感受,或者是在外面他的某些感情将能得到更好地表达并从中体验到快乐。因此,一些违反常规的行为可以理解为是某种情感的缺失因而通过反常规的行为而得到补偿;或者可以理解为某种令人难受的情绪借此而得到宣泄。用哲学的话语来表达,"一个目标的受挫可能以另一个目标的实现作为补偿"①。

第三节　理解缺位引发出来的教育冲突

在学校教育生活中,一些个别"难缠"的学生,频繁与教师发生冲突,并且存在着暴力倾向,如结成团伙欺凌同学,或破坏学校的公共设施等。不管是什么样的教师,无论是班主任还是科任老师,都会感到很头疼。由于教师没有更好的方法来处置这类学生,所以他们的存在的确给班级的日常生活以及同学的学习带来破坏性后果,也给教师的工作带来困扰。不能说老师

---

① ［英］Randall Curren 主编:《教育哲学指南》,彭正梅等译,华东师范大学出版社 2011 年版,第 571 页。

没有尽心尽责,但是这类现象的存在以及教师在这类学生面前所表现出来的无奈与无能为力,确实值得关注。关键的问题是:"该如何看待学校教育中的这种冲突现象?"

从理解教育学的角度看,学校里的教育冲突表面上看是不同个体行动计划的冲突(行动计划难以协调),但在更深层次上则是教育者和儿童意义世界的冲突。教师之所以会把学生看作比较"难缠",从根本上乃是教师没有理解学生所赋予的行为的意义,特别是与行为相伴随的意识体验,而片面地就行为的性质来处理问题行为的必然结果。冲突通常总是由一些具体行为引发的,或者说都是由一些"小事情"引发出来的。例如,学生上课时没有把课本拿出来,或者没有交作业,或者是冒充教师角色以制造一种滑稽的场面等。当教师采用指令性言语来处理这些问题的时候,学生这时可能会对教师的行为表现出某种态度,或者表现出某种情感反应,例如厌烦或嘲笑等。由此,实质性影响儿童的处理行为就转化为儿童对教师行为的态度表达。而这种态度表达则进而引发出教师的情绪反应,从而忘记了原本所采用的实质性影响儿童的立场。表面上看,冲突总是与学生的违纪行为有关。它或者是违反了学校的规章制度,例如,带手机到学校;或者是学生的角色与行为规范不相符合,如上课时不读书、不交作业、不拿出课本等。在冲突的发生过程中,学生的违纪行为在先,教师针对违纪行为的行为反应随后。当教师作出某种行为反应而学生对这样的行为反应不满意时,冲突很可能就要发生了。这个时候的冲突主要表现为师生之间采取完全情绪性的方式来表现各自的立场,并且在这种情绪化的表达中双方完全处于对立的状态。我们且看班主任的一个描述:

> 昨天你与语文老师发生冲突。这次是语文老师第五次向我反映了。她都被你气哭了,她上课时你居然代替她向同学们问好,请同学们坐下。而且她叫你出教室反思过错时,你居然引逗教室内的学生笑。大家狂笑时,她只好出来干涉你,你却大步跑开。她没追上,于是请班长找了我。

表面上看,冲突的起因是"代替语文老师向同学们问好"和"出教室反思"。面对这样的冲突,我们能说些什么呢?我们似乎不能指责教师,因为在常识层面任何教师遇到这样的事情时,都要加以管理并予以教育。然而,反思性的理解告诉我们,正是在这个无言以对的地方能够看出因学生的意识体验的缺场而引发出来的问题。反思性理解提醒我们,"代替语文老师向同学们问好"对于学生来说究竟意味着什么？从学生的行为意向来看，似乎学生这样做的主要意图就是将自己化作教师，从而实现在课堂场域中的自我肯定。通过如此方式来实现自我肯定，是否意味着在这样的场域中不受关注或被否定而引发出来的自我认同危机？通过模仿教师的行为而把自己当作教师的自我表演，在全班同学的关注下至少能够在某种程度上满足学生的某种心理需求。对于学生在此行为中所拥有的意识体验，教师并没有真正理解，而是把这样的行为理解为一种违纪的类型化行为，由此才形成"出教室反思"的处理方式。这种处理方式恰恰是教师赋予行为以类型化的客观意义之结果。学生之后的一系列表现，都是一种刻意的表演。在这个表演过程中，学生的大笑反衬出教师被捉弄时的窘态，而这正是学生所期待的结果。于是我们便看到学生作为捉弄者和教师作为被捉弄者的鲜明对照。在这个过程中，学生的意图实现了，而教师实质性影响学生的尝试则归之于彻底的失败。学生是整个事件的主导者，教师则完全陷入学生的意识行为之中，成为学生意识的一部分。我们似乎也不能指责学生。因为，学生是发展中的人，在其发展过程中，总会存在着这样那样的缺点与不足，而教师的责任恰恰是纠正学生身上所存在的缺陷。换言之，学生身上存在某些问题，乃是正常现象，本也不足为奇。无论是怎样的师生冲突，教师都会因沦为演员而成为失败者，而学生则成为事件的导演，其他同学因为扮演着观众的角色，学生的意识体验得以实现。

　　　　与生物老师发生冲突了。老师说只是看你从来没有拿过书本出来。提醒你，你不听，根本没有看过老师一眼，仿佛没有听见的样子。气得他只好走到你面前拉拉你的耳朵。你却借此弄得全班大笑。老师再次提醒你时就发生了争吵。

　　如果对师生冲突作一个概要式的分析，那么我们就可以在师生冲突中发现一个普遍性的特征，即在师生冲突中，教师处理所谓的"问题行为"都是行为导向的而非意义导向的。冲突表现出这样一个连续的行为链：不拿出书本—教师提醒—不听提醒—拉耳朵—争吵。所有的冲突都起因于教师所认为的学生的违纪行为。这就是说，冲突都源于学生的特定行为的发生。这个特定的行为引出教师的某种行为反应，进而又引发出学生的行为。从表面上看，在师生发生冲突中，教师的行为反应起到了非常重要的作用，甚至是主导性的作用。但是这并没有涉及问题的根本。由行为导向而引发出来的师生冲突，显示出这样一种实践逻辑，即教师把学生的特定行为表现作为实践推理的逻辑前提。教师所关注的,乃是学生的某个具体行为,而没有触及学生的心灵或意义世界,没有去把握和理解学生行为背后的意识体验。针对学生的行为当然没有什么不恰当的,但是,倘若不顾及学生的观念、思想、情感与意识等这些意识体验,那么外显的行为改变或矫正大概也不会有什么成效。

　　班主任的关注在某种意义上不过是科任教师关注的集中体现而已。大多数案例表明,教师通常关注某些具体的行为,鲜有对行为意义的关注和理解。由于没有真正把握学生违纪行为的本质,因而针对行为的策略往往显得无力或无效。在日常的教育交往中,为学生所体验的教师行为的意向,是通过教师的关注对象而实现的。然而,这个关注通常局限于外部关注,即教师主要关注学生的行为,而忽略学生行为由以表现的东西。对外部对象的关注和对内部对象的忽略,构成了一个对比关系。然而,对于学生来说,他由以发出的行为乃是与其内在的意识体验密切相关,因而就学生的关注而言,他更关注自己的内在部分,那个没有直接显出却通过行为而表现出来的东西。于是,我们就在关注的层面发现了教师和学生的矛盾和错位所在,进而导致策略选择的错位。人们在日常生活中已经意识到,在具备权力的前提下,行为通常是可以通过强制性的举措来加以控制的。而教师总是因为其公职角色而被授予相应的教育权力,从而导致在教育过程中教师诉诸教育权力来管控学生的行为。当这个策略不能够有效时,则教师就会诉诸更强大的权力,例如将学生交给班主任或交给学校来处理。在通常情况下,这些问题都会被教师带到班主任那里,交由班主任处理。当一名学生和班上的科任教师发生冲突的时候,教师一般会将事情告知班主任。从表现上看来,事情的处理权力在班主任处,而实质上这是科任教师在向班主任施加一种隐性的压力。例如,班主任写道:

　　　　你又与英语老师发生冲突了,老师说你每节课都没教材,没有一节课是在听课。你又吵上了,作业不做的事情被老师指出,你死不承认。

　　当班上的科任教师不断向班主任反映某个或某些学生的情况时,这种反映本身就构成了班主任工作的一种管理生态。无论如何,班主任都必须要对这种集体性施压作出反应。

　　教育是一项极其复杂的实践活动。其复杂性就在于,一方面,教育实质性影响儿童的本质,要求教育要触及儿童的内心深处,并使其产生社会所期望的变化;另一方面,要实现教育的实质性影响作用,需要教育者理解儿童的意识体验,否则教育就难以获得成功。正是后一种情况对教师提出了爱、耐心、细心等职业道德要求。儿童意识体验的非直接显现性意味着把握这个意识体验需要教育者投入更多的时间和精力来研究儿童的各种表现,需要教育者投入更多的时间和精力来获得反思性理解的能力和素养。这是一种双重的投入,前者是直接介入事务的过程,后者则是掌握进入这个事务过程的工具和手段。然而,两个方面的原因使得理解儿童的意识体验面临困境:一方面,传统的教育理论,特别是传统的教育对象观以及教师的日常生活经验,同事在工作中的表现所给予的"榜样"的作用,使得教师往往将关注的对象放在行为表现上,而不是意识体验上。另一方面,在这个功利主义盛行的教育大环境下,在不断加强管理的语境下,教师已经没有多少时间和精力来深入学生的意义世界,同时也没有多少兴趣来关注学生在想什么、通过某种行为想表达什么。教师的愿望已经变得非常的简单——学生的行为与某种外在的规范保持一致。简单的愿望又是可理解的愿望,因为整个教育就处于一种划一的管理语境之下。

教育是一项极其复杂的实践活动。其复杂性就在于,它不是单纯个体的事业,而是需要群体的相互合作与密切配合,需要形成一个分有共同教育理念的教育共同体的存在。班主任在工作中受到来自教师的压力,恰恰表明这样的一个教育共同体并不存在。看起来是一个"教育集体",但这个表面上的"教育集体"并不拥有共同的教育价值观,集体之成员也并不分有某种共同的教育理念。例如,当科任教师都在关注学生的外显行为时,班主任便也不得不关注学生的外显行为。面对一个好学生,大概是不需要教师有什么高超的教育艺术的,而一旦面对一个有严重问题行为的学生时,教师的能力与水平的差异就显现出来了。

教育是一项极其复杂的实践活动。其复杂性就在于,成功的教育需要教师理解学生。理解学生是不同教育理论都认可并倡导的原则。但是,如何理解学生,却绝非易事。我们往往只是通过教师所看到的一面来对学生作出某种判断;而没有注意到,学生在向教师呈现的同时,还有许多未曾呈现出来的东西。学生是一个完整的整体,有其非常丰富的内心世界。外显的行为当然是一种显露。教师所看到的也只是一种显露。只是不显露的永远多于显露出来的。在场与缺场、显露与隐藏、以这种方式显现而不是以那种方式显现等,都是理解学生所不可或缺的。当学生以违纪行为的方式来显现其自身时,这种显现方式意味着什么,就需要教师进行深入的反思。

第四节 对几种日常教育行为的反思

一、命令或要求

命令或要求是教师在教育教学活动中最经常的言语行为,以祈使句的形式出现在日常教育生活中。当儿童走进学校成为学生时,各种命令或要求也就随之而来。可以这样说,儿童的成长过程总是与各种命令或要求相伴随。"打开书""完成作业""背诵课文""尊敬师长"……被命令或被要求的行为通常总是成年人所期待的行为,因而是被视为需要经常保持或养成的行为,甚而至于要求养成行为习惯。然而,教育中的命令或要求,并不单纯只是命令或要求,而是附带有相应成效的规范性后果,即命令或要求应该且必须被接受并被他人付诸行动或实践(命令的执行)。然而,命令的执行又总是预设了诸多条件:规范的语境、命令者的资格与权威、规范性意指及其与被命令者的关系等。命令或要求的实质是,通过指令式的言语行为,言语者力图使听话人(儿童、学生)的行为和指令与命题内容相一致,命令者将意志转化为儿童的具体行为。

一个指令式的言语行为发生后,通常可能出现诸如服从、拒绝、遵照、承认、否定等不同的结果。教育者的愿望和儿童的行为,构成了指令式言语行为的两极。然而,必须要看到,并非所有命令或要求都能得到遵从或服从。儿童总是会以各种理由、各种形式、各种方法来拒绝遵从命令或要求。而当拒绝或否定在儿童那里成为经常性的行为表现时,教育者就可能会认为,儿童的行为出问题了。事实当然也是这样。由此,教育学就有必要来研究命令或要求被拒绝或否定的现象。不遵从教师的命令或要求,有各种可能的情况。可能未必就是儿童不愿意或故意不服从,而只是由于能力方面的问题而难以遵从教师所发出的命令或要求;或者可能是因为儿童偶尔的意志方面的或其他方面的原因,而并非是故意的不遵从。然而,一旦拒绝或不遵从,就有可能出现持续性的拒绝或不遵从行为,那么有关教育的问题也就产生了。

从行为的指向来看,教育者向儿童发出的命令或要求可以区分为具体要求和一般性要求。具体要求所指向的行为非常明确,具有可直接操作性;一般性要求的指向则往往并不明确,如"好好读书""把成绩搞上去""要团结同学""要按时回家"。这些要求因为没有具体的指向,且达到这个要求需要儿童付出很大的努力,因而往往难以成为儿童的实际行为。一些具体指令被遵从,即指令变成儿童的行为,教育的任务或管理的任务也就完成了,无须再作其他方面的努力,例如要求儿童大声地诵读或者要求儿童参加一项活动,诵读或参与行为本身就是教育的目的。通常有着具体指向的命令或要求的言语行为,在条件具备的情况下,会产生教育者所期待的行为。而一般性的命令或要求,只有在把它转换为一系列具体的命令或要求时,才有可能产生教师所期待的结果。这样的命令往往并不是指向行为,而是指向一个结果。实际上,每个命令或要求之实现,都是需要一定条件的。这里所说的条件既包括物理条件,也包括心理条件。例如,"你应该按时回家",在正常的物理条件具备的前提下,还需要考虑是否具备按时回家的心理条件,也就是说,待在家里是否会给他/她带来不愉快的情绪体验。如果是,则不按时回家就有了充分的内在条件。

命令或要求的言语行为呈现出世界向语词适应的特征。就师生关系而言,学生的行为是教师所面对的世界,而命令或要求则表现出语词的形式。世界向语词的适应,即是命令或要求的实现。不过,这个适应过程并非是一个孤立的事件,而是由物理空间和意义世界共同组成的一个完整的世界。其中各种可能的因素,都会影响到特定行为的发生,影响到命令或要求的以言行事的效果。

命令或要求之成为现实,意味着学生某种行为的出现。由此,分析命令或要求之成为现实的可能性,就在于分析一个行为之发生的条件。任何行为都是发生在一定的环境之中,行为的发生意味着一种行动的能力、一种行为的允许条件、一个行为发生的意识体验、一个行为发生后的期待结果。不按时回家,这个行为的环境是,几个玩伴在一个小小的公园谈论一个彼此感兴趣的话题或玩游戏,将他们联系在一起的共同表现;一种彼此都能够具有的自我决定的能力(很有可能是暂时性的);回家后的孤独与不回家的快乐之间强烈的情绪体验反差;不按时回家通常不会遇到严重的惩罚。在这里我们可能会发现,说服教育在这个时候其实是没有什么意义的。说服教育或讲道理只是在行为者并不明了行为之宗旨的前提下,在思想认识不甚明了的情况下才会起作用。一般情况下,道理对于行为的发生或禁止,往往起不了多大作用。道理通常是有关行为发生之后果的分析与认识。一种行为后果如果需要很长的时间才能够显现,那么对于只关注眼前的儿童而言,这样的道理就没有任何意义。

对行为结构的分析意味着,教育者必须要从关注自身效果的目的理性的自我中心论当中走出来。一些教师对于学生教育与管理工作的抱怨,虽然并非完全没有道理,但其中所隐含的追求之合理性,很值得怀疑。通常的追求及前提包括:关注命令或要求之效果,而忽略对学生行为意义的关注;关注自身所设定的目的,而无视学生的行为意图。两者结合在一起,就会形成"自我中心论"。目的理性支配下的自我中心论者,只关心自己的目的如何达到,而不关心他者的意识或处境如何。

二、威胁或恐吓

"如果……那么",一种在学校教育中较为常见的表达方式。这种表达方式借助有限的教育权力而发挥其作用,从而形成某种威慑。惧慑于教育权力,受教育者在一般情况下,将会不得不接受某种要求或命令,没有选择,没有相互的交流与沟通,没有理解,也不需要理解,一切都只有"执行"二字。在这种句式中,语言的交往功能丧失,剩下的就只有"信息功能"。这是一种威胁性的表达式,在提出某种要求的同时则隐含着某种威胁。威胁是一种潜在的力量,隐含某种难以接受的后果。当行为不符合某种要求时,相应的后果就会随之而产生。威胁性的要求将可能出现的不可接受的后果事先显示出来。实际上,当被威胁者并不在意所威胁的后果时,或者说,当不可接受的后果被接受时,威胁也就不再起任何作用了。

在教育活动中,威胁可能是多方面的,既有教育者的威胁,也可能会存在儿童的威胁。威胁的存在同样是以某种因素的存在为条件的,例如,对于教育资源的控制而产生的权力意识,以及由此而带来的控制感。从教育学的角度来看,值得关注的现象是教育者的威胁。通常有关儿童对教育者的威胁,当然是一个问题,但它似乎更多是学校管理学的问题,而非教育学的问题,即使儿童威胁的出现与教育出了问题有关,它也主要不是一个教育学问题。

尽管威胁也许会产生类似教育的作用,如实现对某种行为的约束,但无论如何威胁都不是教育。威胁可以看作是命令的另外一种表面形式。命令通常是直接的行为要求,其中充满着命令者的意志与主观愿望。威胁则是有条件的命令表达:"如果……那么……"它所表明的是一种看起来可以选择但实际上并无任何选择的指令。教育中的威胁不是教育,是因为它从来不和学生讲道理。"如果你再不交作业,那就请你别再来学校了。"儿童不交作业的行为促使教师提出如下要求:或者是交作业来学校,或者是不交作业别进学校。然而不来学校将面临多方的压力。最终的可能是,儿童草率地完成作业继续到学校来上课。至于儿童为何不交作业,儿童不交作业的行为到底意味着什么,这些直接与儿童的意识体验、与儿童的意义世界密切相关的问题,都不是教师关注的焦点。从这个意义上讲,威胁往往导致教育时机的丧失,而在极端的情形下威胁还会引发师生之间的冲突,以致促使学生出现心理问题和发展问题。因此,就教育的本质而言,威胁是没有意义的。即使威胁发生了作用,如在教师的威胁下学生交作业了,这也并不能表明这就是教育,只是表明威胁本身起了作用,它产生了教师期待的效果。然而儿童的自我是否有所改变,儿童的意义世界是否由此得到更完善的建构,仍然是一个悬而未决的问题。

通常,教育者的威胁包含着威胁者的行为意向。这有两层含义:其一,它表明了教育者的一种意图。以学生交作业为例,这个意图就是学生交作业,它所传达的是一种意义意向。其二,它是威胁者的一种意向传达,教育者将他的意图传达给了儿童,这个可称之为传达意向。然而,教师没有意识到,学生不交作业的行为也在传达着某种需要通过理解而能够确定的意义意向。然而,威胁并不考虑儿童的行为意向。无论是交作业还是不交作业,都有行为者的行为意向贯穿其中。无视儿童的行为意向,而只关注通过威胁来实现教育者的意图,也同样是教育者自我中心的表现。实际上,如果教师的行为意向和学生的行为意向不能够形成一个交集,或者产生一个共同的契合点,那么教师的威胁就只能成为单纯的行为要求,而非教育工作了。而威胁只是突出自我行为的目的,不过是实现这个目的的手段而已。真正的教育则需要教育者的行为计划与儿童的行为计划相互联系起来。所谓"相互联系起来",简单地说就是通过影响他者的行为意向,促使其行为发生改变,而不是只关注行为本身。

三、教　　训

教训表明了教育者对于儿童的不满意的态度,体现出教师这样一种焦虑情绪,即对于儿童未达到自己所期望的状态而感到不满和无奈。

"教训"一词,较早见于《亢仓子》:"吾闻至人忘情,黎人不事情。存情之曹,务其教训而尊信义。"①《礼记·曲礼上》亦云:"教训正俗,非礼不备。"后人对"教训"的解释:"率之以身而使效之谓教,论之以言而使循之谓训。"②在古人那里,"教训"是两个概念,一个是"教",一个是"训"。今人则视"教训"为一个概念,所谓"论之以言而使循之",即言辞的教训。不过,今人使用"教训",在动词的意义上,不仅有"使循之"的意思,还有"训斥"的意思。前者侧重于训导,后者侧重于训诫。在教育过程中,教育者发现儿童

① 《亢仓子·贤道第六》。
② (清)孙希旦:《礼记集解》,中华书局1989年版,第8页。

在其成长过程中出现问题,采用修辞的方法,即通过言谈的方式来解决学生的发展问题。

言辞的教训是日常教育生活中较为常见的一种现象。日常的观察能够发现,一些教育者,包括父母和老师,在面对儿童的一些"问题行为"时,往往喜欢采取一种吆喝、训诫、言谈的方式,对儿童提出这样那样的要求。而当儿童并不按照教育要求去行动时,相应的训斥、情绪化的威胁甚至惩戒,就会随之而出现。言辞的教训与苏格拉底式辩证法(即苏格拉底式对话)不同。尽管苏格拉底式辩证法亦要诉诸言辞,然而这个言辞是互动交往式的,是教育者和受教育者就事物的真相进行对话而使真相逐渐显现的过程,也可以视为事物意义的建构过程。而言辞的教训则是单向度的,它所呈现的是教育者的态度与要求,教育者的理想和期待。在这个过程中,儿童始终处于被动、消极和外在否定之中。言辞的教训由说理和指令两个方面的内容构成。前者重在讲道理摆事实,而让儿童相信教育者所说是正确的,在此基础上对儿童提出各种要求。一些明智的教育者在此之后通常还会对提出的要求进行跟踪观察,以监督儿童是否将教育者的意志转化为具体行为。一部分教育者往往因为日常事务的繁忙而将后一个环节遗忘。言辞的教训由此沦为教育者的空谈。

对言辞的教训进行分析就会发现,如果把儿童的日常表现看作是儿童在世界中的显现方式,且这种显现方式并不为教育者所满意,那么教育者就试图通过言谈来建构另外一个想象世界,且这个由教育者通过言谈而建构起来的世界,乃是为世人所认可,或者至少是为教育者所认可的世界。然而,儿童的言行都背离了教育者所建构的世界。于是我们就能够看到多重世界建构的尝试,至少一个是教育理论所建构出来的理想形态,另一个是由教育者基于经验而建构出来的世界。这两个世界都属于理念型的,都是与儿童相对立的世界,是需要儿童自我否定自我超越才能够进入的世界。不同的是,教育理论所建构出来的理念形态还包括教育者的应是应为,而在由教育者建构起来的世界中,它只突出了儿童的应是应为。由教育者通过言辞建构起来的世界,既不同于儿童的现实生活世界,也不同于儿童的意义世界。前者是教育者设想的儿童的应然存在方式,后者则是儿童自己所建构的关于他自己的应然存在方式,且与儿童的现实生活世界既保持着统一性,又有着不可调和的冲突性,表现为教育者的应然要求与儿童的实际状态之间的差距。

然而,教育者通过言辞建构起来的世界,既没有开辟进入这个世界的通道,同时又由于这个理想状态的世界与儿童的意义世界相背离,而导致进入这个世界缺乏应有的动力。从哪里可以进入这个言辞建构的世界呢？又从哪里获得动力来进入这个世界呢？一个学生不按时完成教师布置的作业，教师无论如何描述交作业的好处，以及告诉学生必须要交作业否则就会怎样，对于那些已经习惯性地不按时完成作业的学生来说，已经失去了言辞所应该具有的力量。这里不仅有教育者权威的丧失，还有连带由言辞建构起来的世界的无意义。这些都会促成这一事态，言辞只是言辞而已，言辞已然难以成为实际的行动。

四、对教育中唯我主义的批判

在儿童教育中，成年人不同程度地带有唯我主义倾向。其表现为，只是站在自己的立场对儿童提出各种各样的要求，而无视儿童的需求。例如，直接发出指令，要求儿童去做这个或那个。当儿童表现得不尽如其意时，便采取恫吓或威胁的方式，如禁止孩子去做这个或那个。在学校教育中，这种情形同样时有发生。教育者也是不断地提出各种各样的要求，却不管学生是否有能力去完成。

教育中的唯我主义倾向只是站在教育者的立场来看儿童，来认识儿童教育中出现的问题，并提出相关的教育要求。唯我主义教育者从来不去考虑孩子在服从指令时的实际感受和体验，而一旦孩子的行为偏离教育者的要求时，教育者则加以训斥。唯我主义的教育者忘了，孩子也是以自我为中心的。当教育者在教育儿童的过程中表现出唯我主义倾向时，孩子也会以类似的方式相抗衡，以取得心理上的某种满足。如此一来，孩子自认为正常的行为，因为教育者的负面或否定评价而内化为某种非正常的行为，并且内化为以对非正常行为的实施而感到快乐，由此，这种非正常的行为产生了类似报复的效果。

教育唯我主义者说，"去堆积木"，或者大声命令"去看书""把电视关掉"。然而儿童却无动于衷，我行我素。于是教育者试图通过实施暴力行为而逼迫儿童就范。当儿童年幼时，还没有足够的能力反抗，儿童可能以哭泣来结束自己的行为；当儿童有足够的力量时，一种潜在的消极的甚至是有意而为之的对抗就会产生。其结果是，教育者所获得的是权威的丧失，是不期望的结果的产生，而失去的则是进一步教育的可能性。

教育唯我主义者采取的策略主要是威胁和呵斥，因为无视儿童需求的外在教育要求只有通过外在的强制才能够产生短时的效果。当威胁和呵斥不能产生预期效果时，唯我主义者倾向于指责与此相关的他人，而自己总是处在正确的位置，总是绝对正确的，错误的永远是别人。唯我主义者总能找到借口为自己开脱。毫无关联的两个事情,都有可能被唯我主义者说成是具有必然的关系,从而也就使自己始终处于裁判者的地位。唯我主义者制造了孩子的坏毛病,而绝不承认这个结果是其一手制造的。

唯我主义教育是自以为是的教育。它把服从看作是教育的全部,看作是教育的唯一指向。一切以儿童是否服从为评判的标准,而不考虑其他,不考虑儿童的感受,不考虑儿童的需要。儿童成为教育者外在号令的对象,成为无法左右自己命运的玩偶。唯我主义教育以苛求为准则,一切不合意的表现都是错误的,因而需要通过强力而加以清除。

唯我主义教育有其极大的危害。其危害在于,因为完全的自我中心以及对儿童的负面评价,而使得儿童也倾向于用负面的方式来表达自我。因为正是在对正常行为的负面评价中,儿童意识到了负面行为对于自我的意义和价值,以及负面评价对于自我的肯定。随着时间的推移,儿童的日常表现就会越来越倾向于负向性的。这种状况对儿童未来的发展是极为不利的,其消极影响可能会持续到成年,形成以负向的表现来确证自我的倾向,甚至到了成年时期,这种倾向都难以改变。

第八章 转向儿童世界的意义研究

传统的教育学主要关注儿童教育中的价值、事实和规范等问题。由于问题的逻辑性质以及对教育本质认识的不同,教育学也就呈现出不同的研究范式和流派。其中,文化教育学因其关注教育中的意义问题,而成为不同于实证教育学的独特范式。但是,对科学性的渴望使得理解的范式难以成为主流。随着教育日益成为一种全社会关注的民生,举凡教育所涉及的各种问题,都进入教育学研究的视域。由于教育作为民生,所涉及的是有关公共教育资源的配置问题,因而当下中国的教育学将相当的资源放在教育政策的研究方面。无论是在宏观层面还是在微观层面,儿童的意义世界都未曾受到教育学理论研究的应有关注。正是在这种背景下,教育学对儿童世界的意义研究就显得尤为迫切。

第一节 普通教育学的困境

1806 年,赫尔巴特的《普通教育学》问世,标志着教育学开始拥有独立形态。赫尔巴特《普通教育学》问世以来,教育学开始朝着分化的方向发展。从理论的逻辑看,这种分化主要沿着两个方向发展:一个是教育学的普通化努力方向,另一个是教育学的科学化努力方向。尽管两种努力的各自取向不同,但它们共有一个逻辑前提,即对普遍化的追求,教育学的科学化努力追求普遍化理论知识,教育学的普通化努力追求普遍化实践原则。

教育学的科学化试图以自然科学为指向,采用科学研究的实验方法,或者采用调查、统计等实证方法来研究教育中的事实问题,由此形成实证主义倾向的教育学。实证主义教育学将教育中的事实问题作为研究的出发点。无论是采用自然科学的方法来研究教育问题,还是采用社会科学的方法来研究教育问题,这些问题在逻辑上都归属于事实问题,亦即有关"是什么"和"为什么"的问题。教育学的科学化有着本体论基础。个体在成长过程中受外部世界的影响,而外部世界之影响个体成长的因素又是如此之多,在不同的情境下这些影响因素所发挥的作用往往又各不相同。这种关于人的发展之本体的认识,使得实证主义的教育学拥有了理论论述的逻辑根据。正是因为如此,自独立形态的教育学产生以来,教育学的科学化或实证化就成为教育理论努力和奋斗的目标。元教育理论关于教育学建构的逻辑和方法论的讨论,为教育学的实证研究提供了合法性保证。拉伊和梅尹曼的实验教育学则为实证教育学的建构提供了典型的范例。布列钦卡的教育知识哲学进一步为科学教育学奠定了认识论和方法论基础。布列钦卡指出,"近二百年来,人们一直试图发展一门教育科学"。由此而形成大量有关科学教育学的研究文献。尽管关于教育科学一直有争论,但是在争论的过程中,研究者逐渐相信,尽管教育学的科学特征尚待定论,但"一种自主的教育科学既是可能的,也是必要的"①。教育科学的任务是,"对教育现象和现实世界相关的部分进行描述","对所描述的现象进行解释","考察实现教育目的的必要条件"。由此,布列钦卡提出,"教育科学并不仅仅描述事实,而是一门有目的论的和进行因果分析的科学"。它所关注的主要问题,是与教育有关的"什么""如何"以及"为什么"等问题。② 尽管不同的研究者对教育的科学研究有不同的取向,但他们都共享一个前提,即教育科学乃追求普遍化的教育理论知识。这就是说,描述也好,解释也好,有关教育目的实现的必要条件也好,这些都能够脱离具体的教育情境、脱离具体的儿童个体而独立存在。教育的法则隐含在具体的教育情境之中,与教育情境不可分离,但可以在理论思维中将它们抽象出来。这正是教育科学的旨趣所在。无论教育目的如何不同,但实现教育目的的条件(手段、方法)是相同的。教育科学就是要找出这些实现教育目的的条件(手段、方法)。如果我们把这些看作是教育知识,那么这些教育知识都具有客观化、形式化和普遍化的特征。

教育学的普通化是教育学发展的另一方向。赫尔巴特将他的教育学命名为"普通教育学",已经标示出了教育学普通化的基本立场,也奠定了教育学未来发展的基本方向。普通教育学和教育科学都具有普遍主义的取向。普通教育学乃试图建构一种普遍适用的教育学,为所有的教育者提供可普遍运用的教育知识和实践规范,以此来解释或解决教育领域中的一切现象或问题。在实证心理学发展的背景下,普遍主义的教育学相信,当教育者获得了有关儿童的心理特征及发展规律时,并且当一社会教育目的确定以后,教师就能够利用心理学的知识和原理,来解决儿童发展所面临的问题。有关教育的知识是可普遍化的,有关教育目的的规范手段也是可普遍

---

① [德]沃尔夫冈·布列钦卡:《教育知识的哲学》,杨明全、宋时春译,华东师范大学出版社 2006 年版,第 4 页。

② 参见[德]沃尔夫冈·布列钦卡:《教育知识的哲学》,杨明全、宋时春译,华东师范大学出版社 2006 年版,第 48、49 页。

化的,因而有关教育如何展开的内容无疑也就获得了普遍化的论证。普通教育学以对有关儿童的普遍知识为前提,或以教育规律的揭示为己任,或以提出一般的教育原则和方法为指归。普通教育学的理论预设是,教育实践领域存在着普遍性原则和一般性知识。教育者掌握了有关教育的普遍性原则和一般性知识,获得了有关儿童心理发展的知识,教育实践便可有效展开,教育目的就能够得到实现。

　　然而,普通教育学在教育实践中的应用,并没有产生教育理论建构者所期望的实践效果。由此人们发现,在理论和实践之间似乎存在着巨大的逻辑鸿沟。这个逻辑鸿沟导致普遍化的教育理论与教育实践严重脱节,从而引发普遍主义取向的教育学理论困境。这个困境既是理论教育学(教育科学)的困境,也是实践教育学(普通教育学)的困境。理论与实践之间的逻辑鸿沟以及由此引发的普通教育学的实践困境,使得理论研究者开始思考教育理论与实践的关系问题。理论的建构者开始意识到,教育实践乃是具体的和情境化的,与普通教育学所提供的普遍性原则和一般性知识之间有着不同的逻辑。由此,在普遍性原则和一般性知识与具体的实践情境中存在着的裂缝,导致这样一个问题的提出,即如何将普遍的教育原则和一般性的教育知识运用到具体的教育情境之中? 教育学的理论建构者并不对普遍主义取向的教育学理论表示怀疑,而是试图将教育理论脱离实践的责任归之于教育实践者,并尝试通过引入实践智慧的概念,以此来获得解决理论脱离问题的方案。教育理论的建构者认为,将普遍性原则和知识运用到具体的实践情境之中,需要教育实践者拥有一种品质。这种品质被称为实践智慧。这就是说,普遍的原则、原理、知识与具体实践情境的裂缝,可以通过实践者的实践智慧来加以弥合。由此,在亚里士多德的伦理学中,在赫尔巴特的实践哲学中,在康德的历史理性批判中,我们都可以看到对实践智慧的论述。亚里士多德在《尼各马科伦理学》中提出了一种"明智"的品质,以与科学相对。在亚里士多德看来,科学是"对普遍者和那出于必然的事物的把握","明智以个别事物为最后对象","明智不只是对普遍性的知识,而应该通晓个别事物"。①"明智是实践的"问题在于,这个实践智慧作为品质,以及对个别事物的认识的观念,并没有在教育学中得到彻底贯彻。赫尔巴特的理想是建构出普通教育学的理论体系,即使如此他也意识到普通教育学运用到教育实践的困难所在。为此,他把目光聚集到"机智"这个概念上

---

　　① [古希腊]亚里士多德:《尼各马科伦理学》,苗力田译,中国人民大学出版社2003年版,第124、127、126页。

来。赫尔巴特指出,"在理论和实践之间,总会潜入一个中间项——健全的机智的。……机智理应成为实践的直接的主宰。……谁将成为好的教师或坏的教师,左右这个大问题的只有一个,这就是他是如何地形成这种机智"①。康德同样提出"判断力"的概念。对于康德来说,将普遍的东西运用到特殊的东西上,需要一种能力,即判断力。② 这个判断力,康德称之为实践机智。康德指出:"不管理论可能是多么完美,在理论与实践之间仍然需要一种从这一个联系到并过渡到另一个中间项的媒介,这个媒介的核心便是主体的判断力——实践机智。"③乌申斯基也注意到教育机智问题。在乌申斯基看来,"不论教育者对教育学理论是怎样,如果他没有那种所谓的教育机智,他就不可能成为一个良好的教育实践者,这种教育机智在本质上不是什么别的东西。无非是文学家、诗人、演说家、演员、政治家、传教者所需要的那种心理学机智,总之,就是一切想跟教育学者一样对别人的心灵发挥某些影响的那些人所需要的那种心理学机智。"④亚里士多德的"明智"品质,尽管将有关实践引向个体的品质上来,但其关于个别事物的认识,却成为现代实践论的最早的思想萌芽。

　　问题在于,教育机智论并没有从根本上解决理论与实践的裂缝问题。教育理论脱离实践,教育理论不能有效指导实践的现象仍然十分突出。换言之,个别与一般、具体与普遍,始终面临着如何链接的问题。在教育实践中,教育学总是会面临理论不能指导实践的质疑,这种质疑往往使得实践者对教育理论持怀疑的态度。真正的问题在于,拥有了实践机智,理论就能够恰当地运用于具体的情境之中? 或者除了实践机智这个实践品质外,理论的运用还需要依赖另外的前提? 理论不能指导实践,这当然不能抱怨教育实践者,而只能归咎于教育理论对其自己定位的不清晰,即教育理论只能提供有关教育实践的普遍性的知识,却并不能提供有效教育实践所必需的个别性的知识,特别是有关教育对象的个别性认识。依赖普遍性的原理和知识来解决具体的实践问题,成为如此广泛的实践信念,以至于人们并不对这个前提提出任何质疑,而是不断地去批判教育学没有能够提供教育实践所

---

① 转引自[日]筑波大学教育学研究会编:《现代教育学基础》,钟启泉译,上海教育出版社1986年版,第240页。

② 参见[德]伊曼努尔·康德:《论教育学》,赵鹏、何兆武译,上海人民出版社2005年版,第29页。

③ [德]伊曼努尔·康德:《历史理性批判文集》,何兆武译,商务印书馆1990年版,第164页。

④ [俄]康·德·乌申斯基:《人是教育的对象——教育人类学初探》,张佩珍等译,人民教育出版社2007年版,第35页。

需要的真正的普遍性知识。

随着人们对实践逻辑认识的不断深入,人们逐渐发现,好的实践需要普遍性的知识和原理,还需要有关实践对象的具体的知识。换言之,好的教育实践,需要具备两个方面的知识,既需要普遍性的理论知识,也需要个别性的具体情境的知识。亚里士多德很早就认识到对个体事物认识之于实践的重要性。教育实践与人类的其他实践形式一样,都是一个涉及实践推理的过程。实践推理既有理论推理的逻辑要求,又有不同于理论推理的逻辑结果。从逻辑结果看,理论推理的结果是一个确定无疑的结论,而实践推理的结果则是一个至少对于推理者来说是合理的决定。"实践推理就是证明一个决定的正确。""一切实践推理都从最初承认的规范开始,企图通过特殊的论证技术去论证根据这些被承认的规范而作出的决定,这种决定又反过来可成为未来诸决定的前提,因而扩大了规范领域。"①两者都预设了推理的前提。如果说理论推理和实践推理的大前提都涉及普遍化的原理或立场,那么理论推理的小前提则是给定的条件,而实践推理的小前提则是实践所面临的具体情境或情势。而实践的情境或情势恰恰是不能由理论来提供的,而需要实践者对所处实践情境或情势进行认识。

经济学的发展为教育理论与实践关系问题的思考提供了一个新的视角。哈耶克的地方性知识,阐述了有关有效实践所必需的个别事物的知识。这就是说,科学知识并不是有效实践的全部知识。除科学知识外,还有另外一种知识。哈耶克指出,"我们只要稍加思索就会发现,现实生活中无疑还存在一种极其重要但却未经系统组织的知识,亦即有关特定时空之情势的那种知识——它们不可能称为科学知识(也就是一般性原则之知识那种意义上的科学知识)……在各行各业中,有关人的知识、有关当地环境的知识、有关特定情势的知识,都是一笔极其宝贵的财富"②。这些知识往往难以在理论中获取,而只能由实践者在实践中不断积累。对此,哈耶克进一步指出:"我们必须运用的有关各种情势的知识,从来就不是以一种集中的且整合的形式存在的,而仅仅是作为所有彼此独立的个人所掌握的不完全的而且常常是相互矛盾的分散知识而存在的。"③不仅如此,我们在奥斯特罗

---

① 〔法〕保罗·利科主编:《哲学主要趋向》,李幼蒸、徐奕春译,商务印书馆1988年版,第420、422页。

② 〔英〕F.A.冯·哈耶克:《个人主义 与经济秩序》,邓正来译,生活·读书·新知三联书店2003年版,第121页。

③ 〔英〕F.A.冯·哈耶克:《个人主义与经济秩序》,邓正来译,生活·读书·新知三联书店2003年版,第117页。

姆的制度分析理论中也可以看到类似的论述。奥斯特罗姆基于哈耶克的观点,认为基础设施开发将使用两种信息——时空信息和科学知识。其中,时空信息是有关"某一具体的物质环境和社会环境属性"①的信息。经济学和政治学关于情势知识或时空信息对于有效实践之不可或缺性的论述,意味着实践者在实践中所要具备的知识之多样性和复杂性。教育实践亦是如此。教育理论只是为教育实践提供了普遍性的知识。然而有意义的教育实践除了要求教育者拥有普遍性的知识以外,还需要拥有关于教育对象的具体知识,特别是关于儿童的意义世界的知识。这就是说,教育者不仅要具备实践机智,还需要拥有无法从教育理论中获取的具体情境的知识,特别是与教育对象有关的具体知识。正是在这个意义上,理解儿童就具有了极为独特的实践意义。

现象学社会学亦持有类似的观点。许茨(亦译舒茨)指出:"每当我面对我的同伴的时候,我都会把某种以前构成的知识储备到每一个具体的情境中,这种知识储备既包含了由一般的人类各种类型化构成的网络,也包含了由各种类型的人类动机形成过程、目标,以及行动模式构成的网络,还包含着有关各种表达图式和图式的知识、有关各种客观的指号系统的知识,特别是包含着有关本国语言的知识。除了诸如此类的一般性知识以外,我还拥有更加具体的、有关具体的人的种类和人类群体,以及有关他们的动机形成过程和行动的信息。"②我们需要具有关于交往对象的具体知识。这些知识或者是通过他的研究而获得,或者是通过同伴的特定行动而获得,特别是通过同伴的交往取向而获得。没有这个具体性的知识,个体想要建立起与他人正常的社会关系,几乎是不可能的,或者说是注定要失败的。

毛泽东同志针对实践所需知识,提出"调查研究"的理论,远早于西方学者。并且他将之应用于中国革命实践,取得了举世瞩目的伟大成就。关于调查研究,毛泽东同志在《反对本本主义》一文中指出,"没有调查,没有发言权"③。调查是什么?调查本质就是获得与中国革命实践相关的具体知识。中国革命的普遍原理是由马克思主义来提供,中国革命的具体知识则需要通过调查研究才能够获得。所以毛泽东同志明确提出,"你对那个问题的现实情况和历史情况既然没有调查,不知底里,对于那个问题的发言

---

① [美]埃莉诺·奥斯特罗姆等:《制度激励与可持续发展——基础设施政策透视》,陈幽泓等译,上海三联书店2000年版,第59—60页。
② [奥地利]阿尔弗雷德·许茨:《社会实在问题》,霍桂桓译,浙江大学出版社2011年版,第33—34页。
③ 《毛泽东选集》第一卷,人民出版社1991年版,第109页。

便一定是瞎说一顿","中国革命斗争的胜利要靠中国同志了解中国情况"。① 了解中国情况,就是获取有关中国革命的具体知识。这个具体知识对于中国革命的重要性已经为中国革命的胜利所证明。在《〈农村调查〉的序言和跋》一文中,毛泽东同志再次强调:"对于中国各个社会阶级的实际情况,没有真正具体的了解,真正好的领导是不会有的"②。毛泽东同志不仅有关于调查研究的理论性认识,更重要的是,他还作了大量有关阶级关系和社会经济发展的调查研究,为正确的方针政策的制定提供了认识论基础。毛泽东同志关于调查研究的论述,指出了普遍认识与具体知识之于革命实践的重要意义,而且在人们普遍关注普遍知识的时候,提出实事求是、调查研究,从群众中来到群众中去等思想,具有实践方法论的重要意义。理论的认识有方法论问题,实践的展开同样也有方法论问题,而且就理论和实践的关系而言,实践的方法论更具有优先性意义。实践方法论不仅仅是有关实践原则的论述,更是立足于对具体知识的获得。

在这里,我们可以看到普通教育学的困境之所在。这就是,普通教育学只提供有关教育实践的普遍性原理和认识,却并没有提供有关教育实践的具体性的知识。关于教育对象的认识亦是如此。普遍教育学将儿童视为一般存在的对象。儿童只是有别于成年人的受教育者。但是就儿童来说,他们拥有共同的年龄特征和心理发展规律。因为儿童的思想、情感、意识等不同于成年人,因而不能再像传统教育学那样,把儿童当作成年人来处理。然而,每一个儿童的独特性,尽管已经被教育理论所认识,且教育实践者亦意识到从独特性出发来实施教育的重要意义,但如何把握每一个儿童的独特性,却成为突出的教育实践问题。在许多时候,教育者只是从儿童的普遍特征出发来认识儿童的独特性,却很少从儿童的意义世界来把握其独特性。造成这个问题的根本原因在于,教育理论在这方面的努力还很不够。在许多情况下,一般的教育者还只是从那些优秀的教师那里吸取经验。在这种情况下,儿童个体的独特性、特定教育情境中的每一个儿童的意义世界,尽管在有些时候亦为研究者所关注,但却并没有成为理论探究的焦点。现代教育学理论开始认识到,每一个个体都是独特的,一种教育方法能够解决某个儿童的问题,却未必能够解决另外一个有同样行为表现的儿童的问题。教育不应从抽象的儿童概念出发,而应该基于具体而个别的儿童。然而,这种关于教育、关于儿童的意识还只是停留在理念层面,还没有成为理论研究

　　① 《毛泽东选集》第一卷,人民出版社 1991 年版,第 109、115 页。
　　② 《毛泽东选集》第三卷,人民出版社 1991 年版,第 789 页。

的课题。

　　普通教育学的困境提出了认识儿童的理论要求。由此,对儿童个体的理解和认识,就成为现代教育的基本条件。普遍性的教育知识、心理学知识能够为认识个别儿童的独特性提供相关的知识基础,但这些普遍性的知识并不能够取代关于儿童的个别性的知识。普通教育学提供有关教育的普遍性原理和原则,而不涉及教育实践情境的具体知识,这是否意味着普通教育学不能够在提供教育实践具体情境知识方面,就应该完全让渡给实践呢?答案显然是否定的。理论在这方面仍然有它认识儿童的方法论意义。教育理论提供具体教育情境的具体知识的意义,在于它显然不能直接提供相关具体知识,但却可以为获取有关教育实践具体情境知识提供方法论指导。理解儿童,既是一个实践论问题,同时也是一个认识论和方法论问题。理解儿童是有意义教育实践的重要前提,这是实践论的要求。而理解本身则是认识问题。提供理解儿童的方法及对其原则进行阐述,便属于方法论问题。有关教育情境的具体知识,最核心也是最重要的,是有关儿童个体的知识,特别是具体而个别儿童的意义世界和精神世界的知识。正是在这个意义上,意义问题才显示出它越来越突出的教育学价值。

第二节　儿童的意义世界作为教育学的主题

　　科学的教育学研究采用一种类型化的策略,以获得关于儿童教育的普遍知识。这种研究策略已经取得了丰富的成果。科学的教育学提供的关于儿童教育的普遍性知识,能够为儿童的教育实践提供理论上的指导。但对于有意义的儿童教育实践来说,仅仅拥有关于儿童教育的普遍性的知识是不充分的。真正有意义的儿童教育,需要教育者拥有关于具体对象的知识,这些具体对象的知识属于儿童教育的个别性知识。由此出发,在有关儿童教育的问题上,更需要一种个别化的研究取向,即利用心理学、现象学研究所取得的成果,特别是运用现象学的方法论,对日常教育生活中凸显出来的并为教师所特别关注的儿童之意义世界展开研究。儿童的意义世界,是儿童在生活世界中的各种意识体验之概括,包括儿童的所思、所想、所感、所悟,包括儿童对于世界的认识、思想、看法、意识、判断等。儿童的意识体验研究可以在两个层面展开:一是在教育实践层面,在教育者的教育行动中,由教育者基于反思性的理解来进行。实践层面的儿童意识体验研究,是教育者在与儿童的日常交流中,在对儿童的生活史的考察与经验的把握中,通过对儿童的行为表现及话语的分析来展开。二是在理论层面,通过各种关于人的生存体验之叙述,例如小说、诗歌、传记、日记等,来探寻每一个特定情境的个别儿童在行为表现中所带来的意识体验。随着研究个案的增加,围绕理解而展开的探讨和思考,就可以抽象出带有普遍意义的关于理解的认识,并由此而建构具有普遍的方法论指导的理解教育学。理解教育学的普遍性并不是指向实践的原则、方法和信念,而是指向理解本身。

　　把儿童的意义世界看作是教育学的核心主题,也就是把儿童的意识体验作为研究的核心主题,主要源自这样一个基本的事实,即教育活动的展开是以当下儿童的意识体验为前提的。这种意识体验是内隐的,却能够外显化为行为和言语,并通过理解而认识和把握。换言之,实质性地影响儿童的教育行动,乃是基于儿童在特定情境中的意识体验的实践推理的结果。千百年来,哲学和人文科学就人的意识体验进行了大量的描述和分析。心理学、现象学以及存在主义哲学更是对人的意识体验进行了深入而系统的探讨。例如,我们在萨特的《存在与虚无》中可以看到他对自欺和说谎,对爱、冷漠、憎恨等的分析;在舍勒那里,我们可以看到他对爱与怨恨的分析;在海德格尔那里,我们可以看到他对烦、畏的分析;在巴什拉那里,我们可以看到他基于诗歌的空间体验分析。这些关于意识体验的分析,为认识人类的一般存在状态提供了深刻的见解。为我们理解和把握儿童的意识体验提供了方法论的基础和有关儿童生存的实质性的观点。然而,这些分析也同时是在普遍的意义上展开的。也就是说,它们仍然着眼于人的一般生存状态。尽管如此,它们仍然为教育学关于儿童的意识体验的分析提供了理论依据。由于各门学科是在各自的学科传统、范畴和逻辑下展开相关研究的,因而各门学科关于人的意识体验的成果,还难以直接地用于教育理论的建构,同时也难以直接指导教育实践的展开。正如赫斯特所指出的那样:"每一门学科,即使在它关注教育实践时,也有它自己的概念,并用这些概念提出它自己的独特理论问题,这些问题基本上可以说是具有哲学的、心理学的或历史学的性质,而不是实践性的。在每一门学科中,尽管实质性作出的结论会把重点放在教育实践方面的问题上,但这些结论在性质上仍然是哲学的、心理学的或历史学的,这些结论本身不是实践原则。"[①]这就是说,哲学、心理学、现象学为我们把握儿童的意识体验提供了丰富的资源,却不能代替对儿童意识体验的教育学探究。

　　儿童的意识体验对于教育的价值源自个体之共在的在世方式。海德格尔在《存在与时间》中深入地讨论了共在作为此在的存在方式问题。海德

---

　　①　瞿葆奎主编:《教育学文集·教育与教育学》,人民教育出版社1993年版,第444页。

格尔把"此在的所有结构"规定为："共同存在与共同此在"，把此在的世界看作是共同世界。因此，"共同存在"就是"他在世界之内的自在存在"，而在世界之中就是与他人共同存在。然而，这个"世界"、这个"他人"，其实在含义上是模糊不清的。我们所在的这个世界，其实是有区分的。从生存论看，我们进入一个特定的空间区域，这样环绕在我们周围的一切就构成了我们所生活的"这个世界"，然而在我们的意识深处，我们还拥有另外一个世界——一个无法能够叙述清楚而又切实存在的世界，它是物理意义上的，也是意识意义上的；既是物质的，也是社会的和精神的。它是人的想象和建构的结果。"他人"亦如此。海德格尔说，"他人并不等于说在我之外的其余的全体余数，而这个我则是从这个全部余数中兀然特立的。他人倒是我们本身多半与之无别，我也在其中的那些人"①。照面不是面对面，而是通过"事情"或"工作"或"任务"而照面，即海德格尔所说的"通过周围世界而照面"，或者说是"发现'自己本身'在它所经营、所需要、所期待、所防备的东西中"。② 正是这个"通过周围世界而照面"，使得意识体验成为一个凸显的问题。共在还意味着，对于我们每一个人来说，我们都是通过世界而显示出我是一个什么样的人。正是在世界之中，我把自己显示为"我之所是"。而这个"我之所是"不是我的外表，也不是我外显出来的行为，而是我的意识体验：我对这个世界的关注，以及在关注中通过我的活动而把我塑造成我所应是。萨特在《存在与虚无》中亦讨论了共在的问题，只不过这个讨论是在分析海德格尔"共在"概念的基础上展开的。与海德格尔把共在理解为在世界中的自在存在不同，萨特把共在视为"肩并肩的相互依赖"。对于海德格尔来说，我是通过世界而显示出我是什么；对于萨特来说，世界概念太过含糊。严格说来，我总是通过实践，即通过我与外部世界的改造关系来实现的，"我总是在实践着我思"③。

　　个体存在的共在规定，以及在共在中所展现出来的意识体验，构成了个体生存的最直接的原点。这在儿童那里亦是如此。尽管可能存在着意识体验之层次和程度的差异，但是意识体验确实是儿童融入这个世界的基点，也是儿童运动自我建构的原点。人总是为意识体验所纠缠，并且它也成为一

---

① ［德］马丁·海德格尔：《存在与时间》，陈嘉映、王庆节合译，生活·读书·新知三联书店1987年版，第146页。

② ［德］马丁·海德格尔：《存在与时间》，陈嘉映、王庆节合译，生活·读书·新知三联书店1987年版，第148—149页。

③ ［法］萨特：《存在与虚无》，陈宣良等译，杜小真校，生活·读书·新知三联书店2014年版，第317页。

个人之所是的核心。儿童对这个世界的融入,恰恰是一种意识体验的融入,也就是说,个性化的意识体验在教育的过程中逐渐地发展为与他人共在的意识体验。

儿童的意义世界不是孤立的存在,是儿童对生活世界主观建构的结果。它既属于理论的问题,特别是在对儿童的意义世界的理解上;同时它也是最基本的实践问题,即需要教育者在理解儿童意义世界的基础上来帮助其建立起意义世界与生活世界的平衡关系。儿童的一切不良表现都可以看作是这种平衡关系的失衡、破坏。教育学理论研究应聚焦有关儿童世界的意义理解问题,从而为实践问题的解决建立确定性的前提。

第三节 探寻儿童意义世界的方法论要求

问题的逻辑性质决定着方法的选择和运用,反过来方法本身也制约着问题的设定。范梅南指出,"在问题与方法之间,便存在着某种辩证关系"①。实证主义的教育科学研究突出问题的事实逻辑,以试图描述和揭示已经发生的事情及发生机制。价值问题和规范问题,尽管需要依据事实来加以框定——正是在这里,实证主义的教育科学研究能够发挥其解释和说明的功能——但在方法论上,却不能依靠实证的方法,而只能诉诸反思辩护以及规范研究的方法。在这里,我们就可以看到实证研究、反思辩护和规范研究各自所面临的局限。这种局限突出地表现为,这些研究都难以解决意义问题。由于意义问题总是密切关涉人的存在,因而需要一种人文科学的方法论来加以研究。

探索儿童的意义世界,或对儿童世界进行意义阐释,有赖于人文科学的研究方法。这种研究方法,主要是以解释学、语言哲学以及现象学为理论基础。我们可以在胡塞尔、梅洛-庞蒂、伽达默尔、狄尔泰等哲学家那里,在德国、荷兰、加拿大的教育学者那里发现其应用。决定性的分歧在于对研究对象的不同本体论立场,即人与自然的分野以及由此而带来的方法论上的差异。现象学、解释学以及语言哲学关于意义问题的反思和立场,以及存在主义关于存在的学说,能够帮助我们建立起儿童的意义世界之理解的启示,马克思主义哲学理论对理解和分析由儿童行为所表现出来的意义,乃具有方法论上的意义。这就是说,对儿童的意义世界之把握,对儿童行为的意义之

---

① [加]马克斯·范梅南:《生活体验研究——人文科学视野中的教育学》,宋广文等译,教育科学出版社 2003 年版,第 2 页。

理解、意义来源之解释,仍然是在马克思关于社会存在和社会意识之关系的理论框架中,并使之成为关于意义解释的基本原理。探索儿童意义世界的方法论立场是,儿童的意义世界是教育的出发点,而构成儿童意义世界之观念、意识、思想、判断、思维、体验等则与儿童所生活的社会世界即社会存在密切相关。因此,与儿童教育相关的问题便包含以下两个方面:一方面,对于教育学来说,核心的问题是儿童意义世界的理解问题,以及对相关意义的解释问题。前者的重点是探明意义是什么,核心是儿童与自我的关系;后者则立足于探明为何形成如此这般的意义,其核心是儿童与世界的关系。儿童与世界的关系,及儿童与自我的关系,两者是相互支撑和相互建构的,并最终表现在儿童的行为上。另一方面,对于教育学来说,核心的问题是在理解儿童意义世界基础上的教育问题,即从给定的意义出发来确立相应的教育手段、策略、途径和方法等,不仅要考虑儿童能学什么,而且更要从儿童的体验及其关于世界的意义出发。

　　探寻儿童的意义世界,特别是在对叙事性意识体验描述进行反思性理解的过程中,将借用现象学的"悬搁"和"还原"的方法,即面对儿童及其表现,将自己所持有的想法、常识性理解、理论以及意识暂时性搁置一旁,而不是将其用作分析和理解的前提性框架。需要意识到,实践中儿童问题行为的内在意义,常处于非直接显现状态,难以为教育者直接把握。这是因为,教育者在面对儿童的问题行为时,往往以自然的态度将所观察到的行为纳入自己的知识和观念体系中,并基于自己所拥有的知识和观念体系来对儿童行为进行类型的辨识,而不去探求儿童行为所要表达的意识体验。或者是因为行为类型的辨识是日常生活中最基本的认识活动,或者是因为行为的意图把握需要投入更多的时间和精力,其结果是,教育者总是基于自然的态度来面对他所观察到的行为,而不是用反思的立场来探寻行为的意图或意向。在自然态度的支配下,对儿童行为的意义理解不得不服从于教育者已经拥有的观念和知识。对问题行为的自然态度,由于下面两个方面的原因,使得教育者往往会对问题行为的意义理解出现偏差:一是站在教育者立场上对学生所表现出来的行为进行诠释,其结果往往偏离学生所赋予行为的内在需求意义。由于受到培根所说的"种族假想"和"洞穴假想"的束缚,教育者往往不能够从行为者所赋予的意义出发,而是基于自己所持有的观念、立场、意识、规范、理论等,将对行为的规范判断视为行为的意义所在。二是作为表达的行为具有多重意涵。行为不仅会显示出行为者的行为意图,而且还会表达行为者与特定行为对象以及行为相关者的关系。"交往所使用的表达是要表达某个言语者的意图(或经验),表现事态(或言语者在世界中所遇到的事物），确立言语者与接受者之间的关系。"①其结果是，教育者往往只是将行为之意义的某个方面凸显出来，而遮蔽了其他方面的意义。两个方面的原因往往使班主任倾向于对学生在教育情境中出现的各种行为作出独断性的判断。正是这种基于已有知识体系和观念体系的独断性判断，遮蔽了问题行为所指示的意义。

　　为了理解问题行为的本来意义，教育者需要采用胡塞尔提出的中止判断的现象学方法。胡塞尔指出："我们现在不是要停留于这种态度上，而是建议彻底地改变它。"而这种改变恰恰在于"一种判断的中止"。② 中止判断即意味着，为了正确地达到儿童行为的本有意义所在，就需要教育者采取反思的态度，即对自然态度下的判断、想象、感觉和意愿等进行分析和批判，以探询儿童行为的存在意义。这种反思性理解要求教育者轻装上阵，悬置自己所拥有的知识和观念体系，如其所是地理解儿童行为，真正把握儿童行为所显现出来的"是"，即把握儿童行为中隐含的或显现出来的东西。这个通过身体动作而显现出来的东西对于教育者来说，才是至为重要的。例如，当教师面对儿童课堂上的讲话行为时，教师需要做的是直面行为本身，而不是用诸如"课堂纪律"或"捣乱"之类的观念来评判这个讲话行为。需要教师去思考的问题是："这种讲话行为究竟意味着什么？由这种讲话行为而获得的体验又是什么？这个讲话行为具有怎样的教育意义？"在对此问题的思考和回答后，教师还可以进一步提出这样的问题："改变儿童还是改变自己？"

　　把儿童放在世界之中，放在社会关系中来考察，意味着儿童的任何行为都不是孤立的。可能恰恰是教育者在促成儿童的某些人所不希望的行为，只是其对此茫然不知而已。悬搁的目的在于理解行为的本质或"现象"的本质，即暂时性地放下对行为的规范性评价，而进入行为的深层次意义或意义结构之中，如其所是地理解行为的意义所在。如其所是地理解行为的意义所在，发生在教育者认识和理解儿童意义世界的阶段，一旦这个任务完成，教育者仍然需要回到规范的立场，即回到教育实践的立场。只不过，这种返回已经不是简单的返回，而是一种重新获得出发点的返回。

　　就行为是个体内在意识的外在显示而言，儿童的行为具有双重意义，即描述性意义和阐释性意义。前者是行为的直接显现，或者是在教育者、他人面前的显现。在这种情况下，行为能够直观地呈现出来，并作为被给予的对

---

① ［德］于尔根·哈贝马斯：《后形而上学思想》，译林出版社 2001 年版，第 91 页。
② ［德］胡塞尔：《纯粹现象学通论》，李幼蒸译，商务印书馆 1992 年版，第 96 页。

象而显现。例如，课堂上的举手动作。人们可以对举手动作作详尽的描述，包括举手时的情境、举手时的姿势、举手时的面部表情等。行为的描述性意义在于行为已经并不仅仅是行为，而是某种信号或指号，提醒他人或其他观察者，行为者意图通过举手在表达什么。这既是表达行为者意欲表达的思想或情感，也是表达行为者作为存在者的自我存在。而儿童行为的阐释性意义，是在理解儿童行为之描述性意义的基础上，对行为的理解或解读。这里同样可能存在双重的解读或理解：一是行为者赋予行为的意义，二是他者所赋予的行为的意义。例如，对于举手者来说，举手只是在向教师示意自己有话要说；但是对于教师来说，举手可能会被理解为表示反对或抗议。于是我们可以看到，一个可被理解的行为至少具有二重意涵，即行为者的意义和他者所理解的意义，只是行为意义的二重意涵往往并没有被教育者所意识到。由于教育者和受教育者具有一种天然的不平等关系，从而使得教育者往往无视儿童赋予行为的意义，而总是从自己所理解的意义出发，并据此来作出相应的判断和决定。在这里，我们先将行为的关系意义或外在指向意义暂时性地搁置一边。这并不是说行为的关系意义或外在指向意义不重要。实际上，要理解行为的意义时，这些必定是同时发生的。麻烦在于，在每一次的行为理解中，行为的某种意义会处于凸显的地位而为教师所辨识。

如此看来，阐释儿童的意义世界乃是现代教育实践中最重要的课题之一。现有的实证主义取向的教育科学从事实出发，将全部的教育现象看作是事实，运用行为主义心理学的刺激—反应原理确立儿童的学习行为与教育者的施教行为的有效关系。例如，由大数据所支配的关于学习行为的分析技术，试图通过对细微的学习行为变化的分析，来发现教育者的行为与其变化的相互关系，由此希望通过调整教育者的行为而改变儿童的学习行为模式。于是，我们在这里可以发现这样的意识，即儿童是可被操控的对象，儿童实际上已经处在被操控之中，并且可以在不知不觉中完成对儿童实际而有效的操控。实证主义的教育学理论从决定论的立场出发来探索儿童的教育问题，从而激发儿童的潜能。然而，儿童的学习并不单纯是外部刺激的行为反应，也不仅仅获得关于外部客观世界的知识，这个过程中他还体验着他与世界的关系。此外，人之生存的意义，恰恰在于人对世界的体验关系、人作为精神性的存在、人对于精神生活的追求，以及人与世界的相互建构。这就是说，人之生存的意义，恰恰在于他的意义世界。这个决定人之生存的意义世界，并非是凭空产生的，而是从儿童被抛进这个世界之中就已经开始。遗憾的是，实证主义的教育学理论无法解决意义世界问题，同样不能解决价值问题和规范问题。它所能够触及的乃是事实问题。我们承认事实问题的普遍存在,由此确认实证主义教育学理论的部分合理性,但它却不是教育学理论的全部。

理解由行为所表征的意义世界有两个重要的指标,即他人的身体运行及由此身体运行所带来的外在世界的变化。舒茨指出,"构成他人行动意识经验对我而言只能通过外在世界的事件展现出来,这些可能是他的身体动作,或是身体动作造成的外在世界的变化,这些都可当作他人意识经验的指标"①。这意味着,"中止判断"只是理解儿童意义世界的方法论要求,而从表征儿童意义世界的两个指标出发来理解儿童,则是教育者理解儿童行为的实践论要求。需要提请注意的是,"身体动作"和"身体动作所造成的外在世界的变化"只是对所观察到的"问题行为"的客观表述,其中并没有渗入教育者关于行为之判断的价值立场。恰恰在这里,恰恰在渗透对学生行为的价值判断中,儿童的意义世界被遮蔽起来。这是教育者在理解儿童时特别要注意避免的。

当教育者以反思性的态度来反思性地理解儿童行为,并真正切中了儿童行为的意识体验时,则教育实践的本质规定要求教育者重新回到一种自然的态度、一种基于前反思性理解基础上的关于儿童教育的实践努力。由此,理解教育学就需要确定一种认识—实践的理论立场,即把教育看作是由教育者的认识—评价—行动三个环节构成的有意识的实践。首先,教育实践对教育者提出了认识论的要求,即要求教育者把握儿童行为的意义。这个把握的过程,属于认识的过程,是对儿童作为教育对象的个别事物的认识。这种认识不同于实证主义基于实证原则而获得的有关事实知识的认识,而是属于对儿童个体意义世界的认识,是有关行为意义的理解或阐释。对儿童作为个体对象的认识,是确立教育实践的前提条件。教育者在获得有关教育及教育对象的普遍性知识的同时,还需要在教育情境中适时地通过自己的理论活动来把握每个情境中的儿童的意义世界。一些教育者在教育活动中往往忽视这个环节,而根据自己的日常经验对有关儿童的个别性认识作出想象的判断。其次,在基于对行为意义理解的基础上,对儿童的行为作出价值判断和规范判断——行为评价。这是教育者在教育实践中的经常性的思维活动。它通常以外在的规范要求或教育者自己的主观期待为依据。但是,许多时候,教育者是根据自己的主观期待而非外在的规范要求作出的。这是一个值得注意的倾向,且这种倾向在教育实践中还比较突出。

---

① [奥地利]阿尔弗雷德·舒茨:《社会世界的意义构成》,游淙祺译,商务印书馆 2012 年版,第 46 页。

要让儿童学会依照规则来行动,教育者就应当以规范要求来对行为作出评价。行为评价有两个方面的尺度,一是规范要求或规则,二是思维方式。前者立足于防止越轨,后者立足于考察行为由以发生的思维本身。二者都是对特定的行为作出性质上的评价。最后,采取立足于行为意义、行为性质的教育行动。因为行为出现了性质上的问题,所以教育者就需要根据行为的意义来采取行动,以引导和帮助儿童以正确的行为方式来应对外部世界的刺激。

参 考 文 献

一、经 典 文 献

1.《马克思恩格斯文集》第1—10卷,人民出版社 2009 年版。

2.《毛泽东选集》第一——四卷,人民出版社 1991 年版。

3.《毛泽东文集》第七卷,人民出版社 1999 年版。

4.《习近平谈治国理政》第一卷,外文出版社 2018 年版。

5.《习近平谈治国理政》第二卷,外文出版社 2017 年版。

6.《习近平谈治国理政》第三卷,外文出版社 2020 年版。

7.《习近平谈治国理政》第四卷,外文出版社 2022 年版。

8. 习近平:《论教育》,中央文献出版社 2024 年版。

9.《马克思恩格斯列宁论教育》,人民教育出版社 1993 年版。

10.《列宁论教育》,人民教育出版社 1990 年版。

11.《毛泽东同志论教育工作》,人民教育出版社 1958 年版。

12.《邓小平论教育》,人民教育出版社 1995 年版。

13.《毛泽东邓小平江泽民论青少年和青少年工作》,中央文献出版社、中国青年出版社 2000 年版。

二、古 籍

1.《孟子》,中华书局 2006 年版。

2. (清)孙希旦:《礼记集解》,中华书局 1989 年版。

3. (清)王先谦:《荀子集解》,中华书局 1988 年版。

4. 程树德:《论语集释》,中华书局 2013 年版。

5.《陆九渊集》,中华书局 1980 年版。

三、研究性著作

1. 陈桂生:《人的全面发展理论与现时代》,华东师范大学出版社 2012 年版。

2. 陈桂生:《历史的"教育学现象"透视——近代教育学史探索》,人民教育出版社 1998 年版。

3. 车文博主编:《心理咨询百科全书》,吉林人民出版社 1991 年版。

4. 冯建军:《回归本真:"教育与人"的哲学探索》,中国人民大学出版社 2019 年版。

5. 扈中平:《教育人性化四讲》,华东师范大学出版社 2020 年版。

6. 贺照田主编:《西方现代性的曲折与展开》,吉林人民出版社 2002 年版。

7. 金生鈜:《理解与教育——走向哲学解释学的教育哲学导论》,教育科学出版社1997年版。

8.《教育学原理》编写组编:《教育学原理》,高等教育出版社2019年版。

9. 厉以贤主编:《马克思列宁教育论著讲》,北京师范大学出版社1992年版。

10. 李政涛:《倾听着的教育》,华东师范大学出版社2017年版。

11. 刘晓东:《儿童教育哲学》(第三版),江苏凤凰教育出版社2018年版。

12. 毛礼锐、瞿菊农、邵鹤亭编:《中国古代教育史》,人民教育出版社1979年版。

13. 孟宪承编:《中国古代教育文选》,人民教育出版社1979年版。

14. 宁虹:《教师的能力》,教育科学出版社2018年版。

15. 南京师范大学《教育学》编写组:《教育学》,人民教育出版社1984年版。

16. 石中英:《教育哲学导论》,北京师范大学出版社2004年版。

17. 石中英:《知识转型与教育改革》,教育科学出版社2001年版。

18. 吴元训选编:《中世纪教育文选》,人民教育出版社2005年版。

19. 王道俊、王汉澜主编:《教育学》(新编本),人民教育出版社1989年版。

20. 叶澜:《教育概论》,人民教育出版社2006年版。

21. 叶澜:《回归突破:"生命·实践"教育学论纲》,华东师范大学出版社2015年版。

22. 于伟:《率性教育之思》,东北师范大学出版社2019年版。

23. 张人杰主编:《国外教育社会学基本文选》,华东师范大学出版社1989年版。

24. 张祥龙:《现象学导论七讲——从原著阐发原意》(修订新版),中国人民大学出版社2011年版。

四、外文译著

1. [美]A. J. 赫舍尔:《人是谁》,隗仁莲译,贵州人民出版社1994年版。

2. [美]A. P. 马蒂尼奇编:《语言哲学》,牟博等译,商务印书馆1998年版。

3. [美]C. M. Charles & Gail W. Senter:《小学课堂管理》,吕良环等译,中国轻工业出版社2003年版。

4. [美]C. W. 莫里斯:《开放的自我》,定扬译,上海人民出版社1965年版。

5. [美]D. A. 杜普伊斯、M. 高尔顿:《历史视野中的西方教育哲学》,彭正梅等译,北京师范大学出版社2008年版。

6. [荷兰]F. R. 安克斯密特:《历史表现》,周建漳译,北京大学出版社2011年版。

7. [美]M. H. 米勒:《灵魂的转向——柏拉图的〈帕默尼德〉》,华东师范大学出版社2015年版。

8. [英]R. D. 莱恩:《分裂的自我——对健全与疯狂的生存论研究》,林和生、侯东民译,贵州人民出版社1994年版。

9. [英]Randall Curren:《教育哲学指南》,彭正梅等译,华东师范大学出版社2011年版。

10. [美]埃莉诺·奥斯特罗姆等:《制度激励与可持续发展——基础设施政策透

视》，陈幽泓等译，上海三联书店 2000 年版。

11. ［德］W. A. 拉伊：《实验教育学》，沈剑平、瞿葆奎译，人民教育出版社 2007年版。

12. ［美］W. 考夫曼编著：《存在主义》，陈鼓应、孟祥森、刘崎译，商务印书馆 1987年版。

13. ［德］沃夫冈·布雷钦卡：《教育目的、教育手段和教育成功：教育科学体系引论》，彭正梅译，华东师范大学出版社 2008 年版。

14. ［奥地利］阿尔弗雷德·舒茨：《社会世界的意义构成》，游淙祺译，商务印书馆 2012 年版。

15. ［奥地利］阿尔弗雷德·许茨：《社会理论研究》，霍桂桓译，浙江大学出版社 2011 年版。

16. ［奥地利］阿尔弗雷德·许茨：《社会实在问题》，霍桂桓译，浙江大学出版社 2011 年版。

17. ［阿拉伯］阿威罗伊·《阿威罗伊论〈王制〉》，刘舒译，华夏出版社 2008 年版。

18. ［美］A.麦金太尔：《追寻美德：道德理论研究》，宋继杰译，译林出版社 2003年版。

19. ［英］安东尼·吉登斯：《现代性与自我认同》，赵旭东、方文译，生活·读书·新知三联书店 1998 年版。

20. ［英］安东尼·吉登斯：《社会的构成——结构化理论纲要》，李康、李猛译，中国人民大学出版社 2016 年版。

21. ［美］埃里克·H. 埃里克森：《同一性：青少年与危机》，孙名之译，浙江教育出版社 1998 年版。

22. ［德］埃德蒙德·胡塞尔：《纯粹现象学通论》，李幼蒸译，商务印书馆 1992年版。

23. ［德］埃德蒙德·胡塞尔：《笛卡尔沉思与巴黎讲演》，张宪译，人民出版社 2008年版。

24. ［德］埃德蒙德·胡塞尔：《逻辑研究》，倪梁康译，上海译文出版社 1994 年版。

25.《柏拉图全集》，王晓朝译，人民出版社 2006 年版。

26. ［古希腊］柏拉图：《理想国》，郭斌和、张竹明译，商务印书馆 1986 年版。

27. ［法］保罗·利科：《解释的冲突——解释学文集》，莫伟民译，商务印书馆 2008年版。

28. ［法］保罗·利科主编：《哲学主要趋向》，李幼蒸、徐奕春译，商务印书馆 2004年版。

29. ［美］彼德·布劳：《社会生活中的交换与权力》，孙非、张黎勤译，华夏出版社 1988 年版。

30. ［加拿大］查尔斯·泰勒：《自我的根源：现代认同的形成》，韩震等译，译林出版社 2001 年版。

31. ［丹麦］丹·扎哈维：《胡塞尔现象学》，李忠伟译，上海译文出版社 2007 年版。

32. ［英］F.A.冯·哈耶克：《个人主义与经济秩序》，邓正来译，生活·读书·新知三联书店 2003 年版。

33. ［德］弗里德里希·丹尼尔·施莱尔马赫：《论柏拉图对话》，黄瑞成译，华夏出版社 2011 年版。

34. ［英］弗兰西斯·培根：《新工具》，陈伟功译，北京出版社 2008 年版。

35. ［美］亨利·克莱·林格伦：《课堂教育心理学》，章志光等译，云南人民出版社 1983 年版。

36. ［德］汉斯-格奥尔格·伽达默尔：《真理与方法》，洪汉鼎译，商务印书馆 2010 年版。

37. ［美］汉娜·阿伦特：《人的条件》，竺乾威等译，上海人民出版社 1999 年版。

38. ［美］简·卢文格：《自我的发展》，韦子木译，浙江教育出版社 1998 年版。

39. ［法］吉尔·德勒兹：《斯宾诺莎与表现问题》，龚重林译，商务印书馆 2013 年版。

40. ［俄］康·德·乌申斯基：《人是教育的对象——教育人类学初探》，张佩珍等译，人民教育出版社 2004 年版。

41. ［德］卡尔·雅斯贝尔斯：《什么是教育》，邹进译，生活·读书·新知三联书店 1991 年版。

42. ［法］勒内·笛卡尔：《第一哲学沉思集》，庞景仁译，商务印书馆 1986 年版。

43. ［法］雷蒙·阿隆：《历史讲演录》，张琳敏译，上海译文出版社 2011 年版。

44. ［美］列奥·施特劳斯等主编：《政治哲学史》，李天然等译，河北人民出版社 1993 年版。

45. ［法］伊曼努尔·列维纳斯：《论来到观念的上帝》，王恒、王士盛译，商务印书馆 2019 年版。

46. ［加］马克斯·范梅南：《生活体验研究——人文科学视野中的教育学》，宋文广等译，教育科学出版社 2003 年版。

47. ［法］雅克·马里坦：《教育在十字路口》，高旭平译，首都师范大学出版社 2010 年版。

48. ［德］马丁·布伯：《我和你》，杨俊杰译，浙江人民出版社 2017 年版。

49. ［德］马丁·海德格尔：《存在与时间》，陈嘉映、王庆节合译，生活·读书·新知三联书店 1987 年版。

50. ［法］莫里斯·梅洛-庞蒂：《行为的结构》，杨大春、张尧均译，商务印书馆 2010 年版。

51. ［法］莫里斯·梅洛-庞蒂：《知觉现象学》，姜志辉译，商务印书馆 2001 年版。

52. ［法］莫里斯·梅洛-庞蒂：《辩证法的历险》，杨大春、张尧均译，上海译文出版社 2009 年版。

53. ［法］莫里斯·梅洛-庞蒂：《可见的与不可见的》，罗国祥译，商务印书馆 2016 年版。

54. ［法］莫里斯·梅洛-庞蒂：《世界的散文》，杨大春译，商务印书馆 2005 年版。

55. ［法］莫里斯·梅洛-庞蒂：《意义与无意义》，张颖译，商务印书馆 2018 年版。

56. ［法］莫里斯·梅洛-庞蒂：《眼与心》，杨大春译，商务印书馆 2007 年版。

57.［法］米歇尔·法布尔:《问题世界的教育》,晓祥、卞文婧译,中国社会科学出版社2014年版。

58.［法］米歇尔·福柯:《主体解释学》,余碧平译,上海人民出版社2005年版。

59.［意］尼科洛·马基雅维里:《君主论》,潘汉典译,商务印书馆1985年版。

60.［英］诺曼·费尔克拉夫:《话语与社会变迁》,殷晓蓉译,华夏出版社2003年版。

61.［法］皮埃尔·布尔迪厄:《实践理论大纲》,高振华、李思宇译,中国人民大学出版社2017年版。

62.［法］皮埃尔·布迪厄、［美］华康德:《实践与反思——反思社会学导引》,李猛、李康译,中央编译出版社1998年版。

63.［法］皮埃尔·布尔迪厄:《帕斯卡尔式的沉思》,刘晖译,生活·读书·新知三联书店2009年版。

64.［英］齐格蒙特·鲍曼:《后现代伦理学》,张成岗译,江苏人民出版社2003年版。

65.［法］乔纳森·布朗等:《自我》,陈浩莺等译,人民邮电出版社2015年版。

66.［法］让-雅克·卢梭:《爱弥儿》,李平沤译,商务印书馆1978年版。

67.［法］让-皮埃尔·内罗杜:《古罗马的儿童》,张鸿等译,广西师范大学出版社2005年版。

68.［法］让·保罗·萨特:《存在与虚无》,陈宣良等译,生活·读书·新知三联书店2014年版。

69.［古罗马］圣·奥勒留·奥古斯丁:《忏悔录》,任晓晋等译,光明日报出版社2007年版。

70.［德］沃尔夫冈·布列钦卡:《教育知识的哲学》,杨明全、宋时春译,华东师范大学出版社2006年版。

71.［斯洛文尼亚］斯拉沃热·齐泽克:《视差之见》,季广茂译,浙江大学出版社2014年版。

72.［丹］索伦·奥贝·克尔凯郭尔:《非此即彼》,京不特译,中国社会科学出版社2009年版。

73.［美］威廉·格拉瑟:《了解你的学生——选择理论下的师生双赢》,杨诚译,首都师范大学出版社2011年版。

74.［德］威廉·狄尔泰:《历史中的意义》,艾彦、逸飞译,中国城市出版社2002年版。

75.［奥地利］西格蒙德·弗洛伊德:《自我与本我》,林尘等译,上海译文出版社2011年版。

76.［美］约翰·杜威:《民主主义与教育》,王承绪译,人民教育出版社1990年版。

77.［美］约翰·杜威:《学校与社会·明日之学校》,赵祥麟、任钟印、吴志宏译,人民教育出版社1994年版。

78.［美］约翰·杜威:《艺术即经验》,高建平译,商务印书馆2010年版。

79.［美］约翰·杜威:《人的问题》,傅统先、邱椿译,上海人民出版社1965年版。

80.［英］约翰・洛克:《教育片论・编者导言》,熊春文译,上海人民出版社 2005 年版。

81.［美］约翰・R. 塞尔:《心灵、语言和社会》,李步楼译,上海译文出版社 2001 年版。

82.［美］约翰・R. 塞尔:《心、脑与科学》,杨音莱译,上海译文出版社 2006 年版。

83.［美］约翰・R. 塞尔:《意向性——论心灵哲学》,刘叶涛译,上海人民出版社 2007 年版。

84.［美］约翰・霍特:《孩子为何失败》,张惠卿译,首都师范大学出版社 2010 年版。

85.［捷克］扬・阿姆斯・夸美纽斯:《大教学论》,傅任敢译,人民教育出版社 1984 年版。

86.［德］伊曼努尔・康德:《论教育学》,赵鹏、何兆武译,上海人民出版社 2005 年版。

87.［德］伊曼努尔・康德:《历史理性批判文集》,何兆武译,商务印书馆 1990 年版。

88.［波兰］亚当・沙夫:《语义学引论》,罗兰、周易合译,商务印书馆 1979 年版。

89.［古希腊］亚里士多德:《尼各马可伦理学》,苗力田译,中国人民大学出版社 2003 年版。

90.［古希腊］亚里士多德:《政治学》,颜一等译,中国人民大学出版社 2003 年版。

91.［英］以赛亚・柏林:《自由论》,胡传胜译,译林出版社 2003 年版。

92.［德］于尔根・哈贝马斯:《后形而上学思想》,译林出版社 2001 年版。

93.［德］于尔根・哈贝马斯:《交往与社会进化》,张博树译,重庆出版社 1989 年版。

94.［荷］格特・比斯塔:《超越人本主义教育:与他者共存》,杨超、冯娜译,北京师范大学出版社 2020 年版。

95.［英］克里斯托弗・温奇:《学习的哲学》,丁道勇译,北京师范大学出版社 2022 年版。

96.［日］筑波大学教育学研究会编:《现代教育学基础》,钟启泉译,上海教育出版社 1986 年版。

后　记

　　关注儿童世界的意义问题，源自本人给研究生上课布置的作业论文。从给研究生上教育哲学课，和学生一道读马克斯·范梅南的《生活体验研究——人文科学视野中的教育学》，我开始接触人文科学教育学。正是在这个时候，教育实践中的意义问题成为我所关注的对象。原本并无这方面的写作计划，只是因为要求学生结合阅读和思考，作一个教育实践的案例分析，作为课程的论文作业。无奈自己孤陋寡闻，没有找到这方面可参考的案例分析文本。尽管提出一般的要求，但学生仍无从下手。迫不得已，我只好尝试自己先去分析，并形成一篇类似于论文的案例分析，以为学生提供一个可参考的样式。此后，每个学期，我在与学生共同阅读的过程中，不断进行类似的案例分析。本书第六章"对儿童问题行为之意义的探索性分析"正是诸多案例分析之呈现。案例分析的重点是深入儿童的意义世界，着力于儿童世界的意义阐释。与此同时，教育学的科学化问题，教育学理论建构的旨趣问题、逻辑和方法论问题等也相继成为我思考的对象。此外，为了做好本科教学和研究生教学工作，我也阅读了一些相关的理论文献，思考了一些相关的教育理论问题，渐渐对人文科学教育学有了一点儿理解和认识。理论著作的阅读以及学生发展问题个案分析使我意识到，尽管教育学研究的实证化已经成为当下研究的主流，但教育中的意义问题乃是有意义教育实践中必须要正视的问题，因而教育的意义问题理当成为教育学研究的重要问题，而教育学研究不能完全为实证研究所左右。

　　2020年，突如其来的疫情将人们困在家里。至少半年时间，我的教学工作暂停了。这使得我有时间和机会来整理十多年来与学生研讨和交流中的点滴收获，从而反思人文科学的教育学理论建构问题。于是，我静下心来，将此前零散的思考作一系统的分析，也就有了这部书稿的初稿。恰逢国家社科基金后期资助项目申报，在学院领导的催促下，我勉力申报并获立项资助。

　　此书成稿历经十余年，思考的时间不可谓不长，但内容却并不深刻，许多认识都十分肤浅，也存在许多不足、缺陷。例如，评审专家在评审修改意见中提到的研究视角问题，尽管我试图去阐释儿童的意义世界，但仍然是采取研究者的视角而非真正的儿童视角。此类意见犹如醍醐灌顶，一下子触碰到了问题的根本。至少,相关的分析主要局限于教育者的叙事,而缺少儿童的视角。这可能不单单是认识视角的问题,还有一个认识能力的限制问题。即便意识到了阐释视角存有偏颇,我可能也难以完全站在儿童的视角来进行意义阐释。"非不为也,是不能也。"

　　尽管如此,我仍然要在这里表达感谢之意。本书的研究得到了安徽师范大学教育科学学院朱家存教授、阮成武教授、李宜江教授、辛治洋教授的关注、指导和支持。与他们的日常交流,既是相关学术问题的对话,亦是对我思考的启发和提示。感谢我的研究生在教育哲学、儿童哲学课上提出的各种各样的问题,正是这些问题促使我去思考,去阅读,去反思与写作。感谢北京教育科学研究院的张蕾博士。她曾在芜湖市教育局任职,我们在一个小学交流研讨会上相识。我的第一个案例分析的论文刊发在《教育科学研究》上。当时在《教育科学研究》任编辑的张蕾博士给予厚爱,使得论文能够发表,也给了我后续研究的动力。感谢南京师范大学的程天君教授给我提供机会发表相关论述。感谢人民出版社同人在编辑本书过程中付出的艰辛劳动。感谢学院科研管理办公室孟庆娟老师,为项目结项及出版的具体事务付出的辛劳。